SV

POLNISCHE BIBLIOTHEK
Begründet und herausgegeben von Karl Dedecius
Deutsches Polen-Institut Darmstadt
Gefördert von der Robert Bosch Stiftung
Redaktion: Andreas Lawaty und Bernd Schwibs

STANISŁAW LEM
TECHNOLOGIE UND ETHIK

EIN LESEBUCH
HERAUSGEGEBEN VON
JERZY JARZĘBSKI

SUHRKAMP VERLAG

Die Texte wurden aus dem Polnischen übersetzt von Friedrich Griese, Jens Reuter, Caesar Rymarowicz, Hubert Schumann, Klaus Staemmler, I. Zimmermann-Göllheim.

Erste Auflage 1990

Quellennachweise am Schluß des Bandes
Druck: Nomos Verlagsgesellschaft, Baden-Baden
Printed in Germany

TECHNOLOGIE UND ETHIK

INHALT

ARTHUR DOBB
»NON SERVIAM«
(Pergamon Press)

Professor Dobbs Buch ist der Personetik gewidmet, nach dem finnischen Philosophen Eino Kaikki die grausamste Wissenschaft, die der Mensch bisher geschaffen hat. Dobb, heute einer der hervorragendsten Personetiker, hegt ähnliche Anschauungen. Man kann, sagt er, dem Schluß nicht ausweichen, daß die Personetik in der Praxis unmoralisch ist; dennoch geht es um eine den Leitlinien der Ethik widersprechende Tätigkeit, die für uns lebensnotwendig ist. Bei den Forschungen läßt sich eine besondere Rücksichtslosigkeit, eine Vergewaltigung natürlicher Reaktionen nicht umgehen, und wenn das nicht schon woanders geschehen ist, zerbricht hier der Mythos von der völligen Unschuld des Wissenschaftlers als Tatsachen-Erforscher. Es handelt sich um eine Disziplin, die man mit leicht emphatischer Übertreibung eine experimentelle Theogonie genannt hat. Es stimmt den Rezensenten immerhin nachdenklich, daß, als die Presse der Sache erhebliche Publizität verschaffte – also vor neun Jahren –, die öffentliche Meinung von den personetischen Offenbarungen schockiert wurde, obwohl es zuvor geschienen hatte, als könnte in unseren Zeiten nichts mehr Verwunderung erregen. Das Echo der Tat eines Kolumbus hallte jahrhundertelang wider, während das kollektive Bewußtsein sich innerhalb von Wochen an die Eroberung des Mondes wie an etwas beinahe Banales gewöhnte. Dennoch erwies sich die Geburt der Personetik als Erschütterung. Der Name stammt von zwei lateinischen Begriffen: Person und Genetik im Sinn von Schaffen, Er-

schaffung. Das Gebiet ist eine späte Abzweigung von der mit der intellektronischen Praxis gekreuzten Kybernetik und Psychonik der achtziger Jahre. Von der Personetik weiß heute jeder; ein Straßenpassant würde auf Befragen antworten, es sei die künstliche Produktion vernünftiger Wesen. Eine zwar nicht abwegige, aber das Wesentliche nicht erfassende Antwort. Zur Zeit verfügen wir über fast hundert personetische Programme. Vor neun Jahren entstanden in Computern Persönlichkeits-Schemata, primitive Keime »linearen« Typs; doch die damalige Generation der Digitalrechner – heute nur von musealem Wert – lieferte noch kein Feld für die echte Kreation von Personoiden.
Ihre theoretische Möglichkeit ahnte schon Norbert Wiener, was einige Absätze seines letzten Buches »Der Schöpfer und der Roboter« bezeugen. Allerdings erwähnte er sie in der ihm eigenen halb scherzhaften Art, doch waren das Bemerkungen von einer mit ziemlich düsteren Vorahnungen unterlegten Scherzhaftigkeit. Wiener konnte jedoch nicht vorausahnen, welche Wendung die Dinge zwanzig Jahre später nehmen würden. »Das Schlimmste ist geschehen«, sagte Sir Donald Acker, als man im MIT die Inputs und Outputs kurzschloß.
Heute kann man im Lauf von zwei Stunden eine »Welt« für ihre künftigen »Bewohner« produzieren. Soviel Zeit nämlich beansprucht das Eingeben eines der vollwertigen Programme (wie BAAL 66, CREAN IV oder JAHVE 09) in die Maschine. Dobb skizziert die Anfänge der Personetik recht flüchtig und verweist den Leser auf die historischen Quellen, erzählt aber als entscheidender Praktiker und Experimentator vor allem, wie er selbst arbeitet – eine sehr wesentliche Tatsache, weil es zwischen der eben durch Dobb repräsentierten englischen Schule und der amerikanischen Gruppe vom MIT recht erhebliche Unterschiede im Bereich der Methodik und der experimentell verfolgten Ziele gibt. Dobb zeichnet die Prozedur des »auf 120 Minuten reduzier-

ten Sechstagewerks« folgendermaßen. Zunächst rüstet man das maschinelle Gedächtnis mit einer minimalen Zusammenstellung von Daten aus, d. h. – um im Bereich einer für Laien verständlichen Sprache zu bleiben – man lädt dieses Gedächtnis mit einem »mathematischen« Stoff. Dieser Stoff ist der Keim des »Lebens«-Universums vorläufig noch nicht anwesender Personoiden. Den Wesen, die auf diese Maschinen- und Zahlen-Welt kommen werden, die in ihr und nur in ihr vegetieren werden, können wir bereits eine Umgebung mit Unendlichkeits-Merkmalen zur Verfügung stellen. Die Wesen können sich also nicht im physischen Sinn gefangen fühlen, da ihre Umgebung von ihrem Standpunkt aus keine Grenzen hat. Dieses Milieu besitzt nur eine Dimension, die der auch für uns gegebenen, nämlich der Dimension des Zeitablaufs (der Dauer), stark angenähert ist. Diese Zeit ist jedoch der unseren nicht direkt analog, weil das Tempo ihres Ablaufs der beliebigen Kontrolle von seiten des Experimentators unterliegt. Gewöhnlich maximiert man das Tempo in der Einleitungsphase (des sogenannten »weltschaffenden Anlaufs«), so daß unsere Minuten ganzen Äonen entsprechen, während deren es zu einer Reihe von Reorganisationen und Kristallisationen des synthetischen Kosmos kommt. Dieser Kosmos ist völlig unräumlich, obwohl er Dimensionen besitzt, doch haben sie einen rein mathematischen, in objektiver Hinsicht also »eingebildeten« Charakter. Die Dimensionen sind ganz einfach Konsequenzen axiomatischer Beschlüsse des Programmierers, von ihm hängt ihre Anzahl ab. Wenn er sich z. B. für eine Zehndimensionalität entscheidet, hat das für die Struktur der geschaffenen Welt gänzlich andere Konsequenzen, als wenn nur sechs Dimensionen vorausgesetzt werden; man muß hier wohl mit Nachdruck wiederholen, daß sie mit den Dimensionen der physischen Welt nicht verwandt sind, sondern nur Abstraktionen, logisch schlüssige Konstrukte bilden, deren sich die mathematische Systemkreation bedient.

Diesen für den Mathematiker unzugänglichen Punkt versucht Dobb zu klären, indem er sich auf einfache, im allgemeinen aus dem Schulunterricht bekannte Fakten beruft: Man kann bekanntlich einen geometrisch korrekten dreidimensionalen Körper schaffen, etwa das Hexaeder, das in der realen Wirklichkeit eine Entsprechung in Gestalt des Würfels besitzt; und man kann ebenso einen vier-, fünf- oder n-dimensionalen geometrischen Körper schaffen (der vierdimensionale ist der sogenannte Tesseract). Diese besitzen keine realen Entsprechungen mehr, und wir können uns davon überzeugen, weil es wegen des Fehlens der physikalischen Dimension Nummer vier unmöglich ist, einen wirklichen vierdimensionalen Würfel zu bauen. *Dieser Unterschied* (zwischen dem physikalisch Konstruierbaren und dem nur mathematisch Machbaren) existiert *für die Personoiden* überhaupt nicht, weil ihre Welt als Ganzes eine rein mathematische Konsistenz hat. Sie ist aus Mathematik gemacht, obwohl die Grundlage jener Mathematik gewöhnliche, rein physikalische Objekte sind (Relais, Transistoren, logische Schaltkreise, mit einem Wort – das ganze Netz der Digitalrechner).
Bekanntlich ist nach der modernen Physik der Raum nichts Abgesondertes in bezug auf die Objekte und Massen, die sich in ihm befinden. Der Raum ist in seinem Dasein von diesen Körpern bedingt; wo sie nicht sind, wo im materiellen Sinn »nichts ist«, dort verschwindet auch der Raum, er strebt gegen null. Die Rolle der materiellen Körper, die sich gewissermaßen »aufblähen« und dadurch den »Raum« schaffen, erfüllen nun in der personoidalen Welt die dafür absichtlich ins Leben gerufenen Systeme der Mathematik. Aus allen möglichen »Mathematiken«, die man überhaupt anfertigen kann, z. B. auf axiomatische Weise, wählt der Programmierer eine aus, er entscheidet sich für ein konkretes Experiment, für eine bestimmte Gruppe, die zur Grundlage, zur »Daseinsbasis«, zum »ontologischen Fundament«

des geschaffenen Universums wird. Nach Dobbs Ansicht tritt hier eine überraschende Ähnlichkeit mit der Welt der Menschen auf. Unsere Welt hat sich ja für gewisse Formen und gewisse Typen der Geometrie »entschieden«, die ihr am besten, am direktesten entsprechen (die Dreidimensionalität, um bei dem zu bleiben, wovon wir ausgegangen sind). Trotzdem können wir uns »andere Welten« mit »anderen Eigenschaften« vorstellen – im geometrischen und nicht nur im geometrischen Bereich. Genauso die Personoiden: jene Gestalt der Mathematik, die der Forscher als »Behausung« ausgewählt hat, ist für sie dasselbe wie für uns die »reale Basiswelt«, in der wir leben und leben müssen. Und ähnlich wie wir können auch sie sich Welten mit andersartigen Grundeigenschaften »vorstellen«.
Dobb legt seine Methode der aufeinanderfolgenden Approximationen und Umkehrungen dar; was wir oben skizziert haben und was im großen und ganzen den beiden ersten Kapiteln entspricht, wird im folgenden teilweise zurückgenommen, weil es komplizierter wird. Es ist nicht so, erläutert uns der Autor, als fänden die Personoiden eine fertige, unbewegliche, wie im Eis erstarrte Welt in ihrer letzten, endgültigen Gestalt vor. Wie diese Welt in ihren »Detaillierungen« sein wird, hängt nur von ihnen ab, und zwar in zunehmendem Maße, je nachdem, wie sich ihre Aktivität vergrößert, wie ihre »exploratorische Initiative« wächst. Doch der Vergleich des Universums der Personoiden mit der Welt, die mit ihren Phänomenen nur insoweit existiert, als ihre Bewohner sie wahrnehmen, ist *auch* nicht das richtige Bild der Verhältnisse. Diesen Vergleich, dem man in Sainters und Hughes' Arbeiten begegnen kann, hält Dobb für eine »idealistische Abweichung«, für einen Tribut, den die Personetik der seltsamerweise so plötzlich wieder auferstandenen Doktrin des Bischofs Berkeley entrichtet hat. Sainter behauptete, die Personoiden erkennten ihre Welt wie Berkeleys Wesen, das nicht imstande ist, »esse« von

»percipi« zu unterscheiden, d. h., das zwischen dem Wahrgenommenen und dem, was auf objektive und vom Wahrnehmenden unabhängige Weise die Wahrnehmung verursacht, nie einen Unterschied entdeckt. Dobb attackiert eine solche Auslegung der Dinge mit um so größerer Leidenschaft, als *wir*, die Schöpfer ihrer Welt, ja sehr genau wissen, daß das von ihnen Wahrgenommene wirklich – im Computer – existiert, unabhängig von den Personoiden, wenn auch – zugegebenermaßen – ausschließlich so, wie mathematische Objekte existieren können. Auch das ist jedoch nicht die Endstation der Erläuterungen. Die Personoiden entstehen keimhaft durch das Programm; sie entwickeln sich in dem ihnen vom Experimentator auferlegten Tempo, einem Tempo, das nur die moderne Informations-Verarbeitungs-Technik erlaubt, die mit Lichtgeschwindigkeiten operiert. Die Mathematik, welche die »Seinsbehausung« der Personoiden sein soll, erwartet sie nicht als gänzlich »fertige«, sondern gewissermaßen als »eingerollte«, »nicht voll ausgesprochene«, »suspendierte«, »latente« Mathematik, weil sie nur eine Menge gewisser prospektiver Chancen darstellt, gewisser Wege, die in den entsprechenden programmierten Untergruppen des Digitalrechners enthalten sind. Diese Untergruppen oder Generatoren geben jedoch »von sich aus« nichts, der konkrete Aktivitätstyp des Personoiden dient ihnen als Auslösemechanismus, der die Produktion in Gang setzt, und die Produktion wird sich langsam entwickeln und genauer bestimmen, d. h. die Welt, die diese Wesen umgibt, wird in Übereinstimmung mit ihren eigenen Tätigkeiten eindeutiger werden. Dobb versucht, das Gesagte durch folgende Analogie zu veranschaulichen: Der Mensch kann die reale Welt auf verschiedene Weise interpretieren. Er kann bestimmte Merkmale dieser Welt mit besonderer Intensität erforschen. Dann wirft das gewonnene Wissen ein spezifisches Licht auf die in diesem Prioritätssystem nicht berücksichtigten übrigen Partien der

Welt. Wenn der Mensch sich zuerst eifrig der *Mechanik* annimmt, schafft er sich ein *mechanistisches* Weltbild und sieht das Universum als gigantisches, vollkommenes Uhrwerk, das in seinem unveränderlichen Gang aus der Vergangenheit auf eine präzis determinierte Zukunft zielt. Dieses Bild entspricht nicht genau der Realität, *trotzdem* kann man sich seiner eine historisch lange Zeit hindurch bedienen und sogar viele praktische Erfolge erzielen, z. B. den Bau von Maschinen, Geräten u. ä. Analog dazu die Personoiden; wenn sie sich aus freier Wahl und in einem Willensakt auf einen bestimmten Relationstyp »einstellen« und diesem Typ Priorität verleihen, wenn sie nur in ihm das »Wesen« ihres Kosmos sehen, betreten sie einen bestimmten Weg der Tätigkeiten und Entdeckungen, der weder fiktiv noch unfruchtbar ist. Sie werden infolge dieser Einstellung all das »entwickeln«, was ihr in der »Umgebung« am besten entspricht. Das werden sie zuerst bemerken, jenes zuerst beherrschen. Denn die Welt, die sie umgibt, ist nur teilweise determiniert, durch den Forscher und Schöpfer von vornherein bestimmt; die Personoiden behalten in ihr einen gewissen, gar nicht so kleinen Spielraum für ihr Vorgehen, sowohl rein »gedanklich« (im Bereich dessen, was sie von ihrer Welt denken, wie sie sie begreifen) als auch »real« (im Bereich ihrer »Handlungen«, die zwar nicht in unserem Sinn wörtlich real, aber auch nicht rein gedanklich sind). Allerdings liegt hier die schwierigste Stelle der Darlegung, und es ist Dobb wohl nicht ganz gelungen, diese besonderen Qualitäten des personoiden Daseins zu erklären, die nur von der Sprache der Mathematik der Programme und kreativen Eingriffe wiedergegeben werden. Wir müssen also ein bißchen gläubig akzeptieren, daß die Aktivität der Personoiden weder ganz frei (so wie unser Handlungsraum nicht ganz frei ist, da er von den physikalischen Naturgesetzen begrenzt wird) noch ganz determiniert ist (so wie wir auch keine Eisenbahnwagen sind, die auf festgelegte Gleise geschoben werden). Der Personoid ist dem Menschen darin ähnlich, daß die »sekundären Qualitäten« – die Farben, die melodiösen Klänge, die Schönheit der Dinge – erst auftreten, wenn es hörende Ohren und sehende Augen gibt, doch das, was das Sehen und Hören ermöglicht, ist ja schon früher gegeben. Indem die Personoiden ihre Umgebung wahrnehmen, fügen sie »von sich aus« jene Erlebnisqualitäten hinzu, die genau dem entsprechen, was für uns die Schönheiten der angeschauten Landschaft sind, nur daß man ihnen rein mathematische Landschaften beigegeben hat. Über das, »wie sie sehen«, können wir im Sinne der »subjektiven Qualität ihres Empfindens« nichts aussagen, denn die einzige Methode für die Erfahrung der Qualität ihrer Erlebnisse wäre, die menschliche Haut abzuwerfen und ein Personoid zu werden. Um so mehr, als die Personoiden weder Augen noch Ohren haben, also nach unserem Verständnis weder sehen noch hören, da es in ihrem Kosmos weder Licht noch Dunkelheit, weder räumliche Nähe noch Ferne, weder Höhe noch Tiefe gibt – es gibt dort für uns unanschauliche, für sie aber erstrangige, elementare Dimensionen; sie nehmen z. B. – als Entsprechungen der Bestandteile der sinnenhaften Perzeption des Menschen – gewisse Potentialveränderungen wahr. Doch diese Veränderungen elektrischer Potentiale sind für sie nicht etwas von der Art – sagen wir einmal – elektrischer Schläge, sondern mehr so etwas wie für den Menschen die Wahrnehmung der primitivsten optischen oder akustischen Erscheinung, das Erblicken eines roten Flecks, das Vernehmen eines Klangs, das Berühren eines harten oder weichen Gegenstands. Hier, unterstreicht Dobb, kann man nur noch in Analogien, in Evokationen sprechen; zu verkünden, die Personoiden seien im Vergleich mit uns »krüppelhaft«, da sie nicht wie wir sehen und hören, wäre völlig absurd, weil man mit dem gleichen Recht sagen könnte, wir hätten ihnen gegenüber die Fähigkeit eingebüßt, die mathematische Phänomenalistik sinnlich wahrzunehmen, die wir ja nur auf rein intellektuelle, verstandesmäßige, folgernde Weise erkennen, mit der wir nur durch Nachdenken Kontakte gewinnen, die wir nur durch abstraktes Denken »erleben«. Sie leben in ihr, sie ist ihre Luft, ihre Erde, ihre Bewölkung, ihr Wasser und sogar ihr Brot, sogar ihre Lebensmittel, weil sie sich in gewissem Sinn von ihr »ernähren«. So sind also die Personoiden »gefangen«, in der Maschine eingeschlossen – aber das ausschließlich aus unserem Blickwinkel; wie sie nicht zu uns, in die Menschenwelt, gelangen können, so ist es auch umgekehrt und symmetrisch, der Mensch kann auf keine Weise in das Innere ihrer Welt eindringen, um darin zu existieren und sie direkt wahrzunehmen. Die Mathematik ist in gewissen Verkörperungen zum Lebensraum eines vergeistigten, ja total körperlosen Verstandes, zur Nische und Wiege seiner Existenz, zu seinem Daseinsort geworden.

Die Personoiden sind in mannigfacher Hinsicht dem Menschen ähnlich. Sie können einen bestimmten Widerspruch (»a« und »nicht a«) denken, können ihn aber genau wie wir nicht verwirklichen. Das gestattet die Physik unserer und die Logik ihrer Welt nicht. Denn die Logik ihrer Welt schränkt den Rahmen ihres Handelns ebenso ein wie die Physik unserer Welt! Jedenfalls – unterstreicht Dobb – ist es unmöglich, daß wir bis ins letzte, introspektiv begreifen können, was die Personoiden »empfinden« und »erleben«, die sich in ihrem unendlichen Universum mit intensiven Arbeiten beschäftigen. Die totale Raumlosigkeit ihres Universums ist kein Gefängnis – diesen Unsinn haben sich Journalisten ausgedacht; im Gegenteil, diese Raumlosigkeit ist die Garantie ihrer Freiheit, weil die Mathematik, welche die zur Aktivität »gereizten« Computer-Generatoren aus sich herausspinnen – und »gereizt« werden sie durch die Aktivität der Personoiden selbst –, weil diese Mathematik gewissermaßen der sich verwirklichende Spielraum für beliebige Tätigkeiten, Bau- und andere Praktiken, für die Exploration, für heroische Ausfälle, kühne Eingriffe und Vermutungen ist, mit einem Wort: Wir haben den Personoiden kein Unrecht getan, als wir ihnen gerade dieses und kein anderes Weltall gaben. Nicht darin darf man die Grausamkeit, die Unmoralität der Personetik sehen.

Im siebenten Kapitel von »Non serviam« geht Dobb dazu über, dem Leser die Bewohner des Ziffern-Universums zu präsentieren. Die Personoiden verfügen sowohl über eine artikulierte Sprache als auch über artikulierte Gedanken, außerdem über Emotionen. Jeder von ihnen ist eine Individualität, wobei ihre wechselseitige Unterschiedlichkeit keine direkte Konsequenz der Entscheidungen des Schöpfer-Programmierers, d. h. des Menschen, ist. Die Unterschiedlichkeit ergibt sich einfach aus der außerordentlichen Komplexität ihres inneren Baus. Sie können einander sehr ähnlich sein, sind jedoch nie identisch. Sie kommen auf die Welt und werden mit dem sogenannten »Kern« (»personaler Nukleus«) ausgestattet. Schon dann haben sie die Gabe des Sprechens und Denkens, aber in rudimentärem Zustand. Sie verfügen über einen Wortschatz, aber einen sehr geringen, und besitzen die Fähigkeit, entsprechend den Regeln der ihnen auferlegten Syntax Sätze zu bilden. Wie es scheint, wird man in Zukunft sogar darauf verzichten können, ihnen diese Determinanten aufzuerlegen, und passiv abwarten können, bis sie selbst, wie eine primitive Menschengruppe im Verlauf der Sozialisation, eine Sprache schaffen. Doch diese Richtung der Personetik stößt auf zwei wesentliche Klippen. Erstens – die Zeit des Abwartens, bis sich eine Sprache entwickelt, muß sehr lang sein. Gegenwärtig müßte sie zwölf Jahre dauern, sogar bei einer Maximierung des Tempos der Umwandlungen innerhalb des Computers (wo, bildhaft und sehr ungenau gesprochen, einem Jahr menschlichen Lebens eine Sekunde Maschinenzeit entspricht). Zweitens – und das ist die größte Schwierigkeit – wird eine in der »Gruppenevolution der Personoiden« spontan entstehende Sprache für uns unverständlich sein, ihre Erforschung muß an die mühsame Auflösung einer rätselhaften Chiffre erinnern, sie wird zusätzlich dadurch erschwert, daß die Chiffren, die man gewöhnlich entziffert, von Menschen für andere Menschen geschaffen wurden, in einer Welt, die sie mit den Entzifferern teilen. Die Welt der Personoiden ist dagegen in ihren Qualitäten sehr verschieden von der unseren, deshalb muß auch die entsprechende Sprache von jeder ethnischen Sprache äußerst weit entfernt sein. So ist also vorläufig die »creatio ex nihilo« nur ein Plan und Wunschtraum der Personetiker. Die Personoiden begegnen, sobald sie »entwicklungsmäßig gerinnen«, dem elementaren und für sie allerersten Rätsel, dem der eigenen Herkunft, d. h. sie stellen sich die Frage, die uns aus der Geschichte des Menschen, der Geschichte seiner Glaubensvorstellungen, philosophischen Versuche und mythischen Schöpfungen bekannt ist: Woher kommen wir? Warum sind wir so und nicht anders? Warum hat die von uns wahrgenommene Welt diese und nicht völlig andere Eigenschaften? Was bedeuten wir für die Welt? Was bedeutet sie für uns? Letzten Endes führt sie die Reihe dieser Fragen geradezu unausweichlich zu den fundamentalen ontologischen Problemen, die in der Frage gipfeln, ob das Sein »aus sich selbst heraus« entstanden oder Folge eines bestimmten schöpferischen Aktes ist, d. h., ob sich dahinter ein mit Willen und Bewußtsein begabter, intentional aktiver, sich der Dinge bewußter Schöpfer verbirgt. An dieser Stelle enthüllt sich die ganze Grausamkeit und Unmoralität der Personetik. Doch ehe sich Dobb im zweiten Teil seines Werks mit den intellektuellen Bemühungen oder, wenn man so will, mit den Qualen des diesen Fragen ausgelieferten Verstandes beschäftigt, stellt er in einer Reihe weiterer Kapitel die Charakteristik eines »typischen Personoiden«, seine »Anatomie, Physiologie und Psychologie« dar.

Der einsame Personoid kann nicht über das Stadium rudimentären Denkens hinausgelangen, da er sich nicht im Sprechen üben kann, und ohne dieses muß ja der diskursive Gedanke unterentwickelt bleiben und verwelken. Optimal sind, wie Hunderte von Versuchen ergeben haben, Gruppen von vier bis sieben Personoiden, mindestens für die Entwicklung der Sprache sowie der typischen exploratorischen Tätigkeiten, aber auch der »Kulturalisation«. Dagegen erfordern Erscheinungen, die den sozialen Prozessen in ihrer größeren Skala entsprechen, anzahlmäßig starke Gruppen. Man kann heute, grob gesagt, in einem hinreichend aufnahmefähigen Computer-Universum bis zu 1000 Personoiden »unterbringen«; doch derartige Forschungen gehören bereits zu einer abgesonderten und selbständigen Disziplin, der Soziodynamik, sie liegen außerhalb des Hauptinteressengebietes von Dobb, und deshalb erwähnt sein Buch sie auch nur am Rande. Wie gesagt, die Personoiden haben keinen Körper, wohl aber eine »Seele«. Diese Seele stellt sich – vom Standpunkt eines äußerlichen Beobachters aus, der Einblick in die Maschinenprozesse hat (mit Hilfe einer speziellen Anlage, d. h. einer zusätzlichen Einrichtung vom Typ einer Sonde, die in dem Computer eingebaut ist) – als kohärente »Wolke von Prozessen« dar, als funktionales Aggregat mit einer Art »Zentrum«, das sich recht genau isolieren, d. h. im Maschinennetz abgrenzen läßt (was notabene nicht leicht ist und in mancherlei Hinsicht an die Schwierigkeiten bei der Lokalisation der Zentren vieler Tätigkeiten im menschlichen Gehirn durch die Neurophysiologie erinnert). Entscheidend für das Verständnis der Kreationschance der Personoiden ist das Kapitel II von »Non serviam«, das recht eingängig die Grundlagen der Bewußtseinstheorie darlegt. Das Bewußtsein (jedes, nicht nur das des Personoiden, also auch das menschliche) ist in physikalischer Hinsicht eine »stillstehende Informationsquelle«, eine dynamische Invariante im Fluß unablässiger Transformationen, insofern seltsam, als sie einen »Kompromiß« und zugleich eine »Resultante« bildet, die, soviel wir begreifen, von der natürlichen Evolution nicht »eingeplant« war. Ganz im Gegenteil, die Evolution hat zunächst unerhörte Schwierigkeiten und Mühen bei der Harmonisierung der Arbeit von Gehirnen geschaffen, sobald diese eine bestimmte Größe, d. h. einen bestimmten Komplikationsgrad überschreiten, wobei sie selbstverständlich unabsichtlich in den Bereich dieser Dilemmata vordrang, da sie kein persönlicher Schöpfer ist. Es war einfach so, daß die Evolution bestimmte entwicklungsgeschichtlich sehr alte Lösungen der für das Nervensystem eigentümlichen Steuerungs- und Regulierungs-Aufgaben auf eine Ebene »gehoben« hat, auf der die Anthropogenese beginnt. Diese alten Lösungen hätten vom rein rationalen, ingenieurtechnischen Sparsamkeits-Standpunkt aus einfach weggestrichen, verworfen werden müssen zugunsten von etwas so ganz Neuem, wie es das Gehirn eines vernünftigen Wesens sein sollte. Doch konnte die Evolution sicher nicht so verfahren, weil es nicht in ihrer Macht liegt, sich von der Erbmasse alter, manchmal Jahrmillionen alter Lösungen zu befreien, da sie immer in sehr kleinen Anpassungsschritten vorangeht und »kriecht«, nicht aber »springt«. Sie ist also eine »Egge«, die zahllose »Archaismen«, allerlei »Abfälle« »hinter sich herzieht«, wie das Tammer und Bovine so trefflich bezeichnet haben, zwei der Schöpfer jener Modellierung menschlicher Psyche durch Computer, die zur Voraussetzung der Geburt der Personetik wurde. Das Bewußtsein des Menschen ist das Ergebnis eines besonderen »Kompromisses«, eines »Flickwerks«, es ist, wie z. B. Gebhardt behauptet, eine vorzügliche Exemplifizierung der bekannten deutschen Redensart, »aus der Not eine Tugend machen«. Der Digitalrechner kann »von sich aus« nie Bewußtsein erlangen, aus dem einfachen Grund, weil es in ihm nicht zu hierarchischen Tätigkeitskonflikten kommt. Eine solche Maschine kann höchstens in eine Art »logischen Zitterns« oder »logischer Verblüffung« geraten, wenn sich die Antinomien in ihr häufen – das ist alles. Die Widersprüche, von denen es im Gehirn des Menschen geradezu wimmelt, waren jedoch im Lauf von Jahrhunderttausenden nach und nach Gegenstand »schiedsgerichtlicher Prozeduren«. Es entstanden höhere und niedrigere Ebenen der Unwillkürlichkeit und der Reflexion, des Antriebs und der Kontrolle, der Modellierung des elementaren Milieus (»auf zoologische Weise«) und des begrifflichen (»auf sprachliche Weise«), wobei sie sich alle nicht völlig decken, überlagern und zur Einheit verbinden können, ja »wollen«. Was ist also das Bewußtsein? Eine Ausflucht, ein Ausweg aus der Falle, eine vorgetäuschte letzte Instanz, ein angebliches (aber auch nur angebliches!) höchstes Appellationsgericht oder eine in der Sprache der Physik und der Informatorik ausgelegte Tätigkeit, die, einmal begonnen, nicht mehr abgeschlossen, d. h. definitiv beendet werden kann. Es ist das *Projekt* allein dieses Abschließens, dieser völligen »Versöhnung« der hartnäckigen Widersprüche des Gehirns. Es ist gleichsam ein Spiegel, dessen Aufgabe die Spiegelung anderer Spiegel ist, die wiederum andere spiegeln – und so weiter ins Unendliche. Das ist physikalisch einfach nicht möglich, und gerade deshalb bildet der »regressus ad infinitum« eine Art Versenkung, über der das Phänomen des menschlichen Bewußtseins segelt und fliegt. »Unter dem Bewußtsein« scheint ein ständiger Kampf um die volle Repräsentation dessen – in ihm – zu toben, was nicht voll ins Bewußtsein vordringen kann, und es kann dies nicht, weil einfach der Platz fehlt; denn um allen an das Zentrum der bewußten Aufmerksamkeit anklopfenden Tendenzen volle Gleichberechtigung zu gewähren, wäre eine unendliche Aufnahmefähigkeit und Kapazität unerläßlich. So herrscht rund um das Bewußtsein ein ständiges »Gedränge«, ein »Sichvorschieben«, es ist keineswegs der höchste, kühle, souveräne Steuermann aller geistigen Erscheinungen, sondern oft eher ein tanzender Korken auf den stürmischen Wellen, dessen »überragende Position« nichts mit einer vollkommenen Beherrschung der Wellen zu tun hat ... Die Sprache der zeitgenössischen, informatorisch und dynamisch interpretierten Bewußtseinstheorie läßt sich leider nicht einfach und klar darlegen, so daß wir hier immer, mindestens in einer eingängigen Darstellung, auf eine Reihe anschaulicher Beispiele und Metaphern angewiesen sind. Auf jeden Fall wissen wir, daß das Bewußtsein eine gewisse »Ausrede« oder »Ausflucht« ist, zu der die Evolution Zuflucht genommen hat gemäß ihrer eigenen unveräußerlichen und – opportunistischen Handlungsweise, d. h. einer Handlungsweise, die schnellstens, augenblicklich aus der Bedrängnis herausgelangen muß. Wenn also das vernünftige Wesen von jemandem konstruiert worden wäre, der wirklich nach dem Kanon einer vollkommen rationalen Ingenieurstechnik und Logik vorgegangen und die Kriterien technischer Leistungsfähigkeit angewandt hätte, so hätte dieses vernünftige Wesen überhaupt kein Bewußtsein verliehen bekommen ... Es hätte sich auf völlig logische, stets widerspruchslose, klare, vorzüglich geordnete Weise verhalten und wäre vielleicht, für den menschlichen Beobachter, von genialer schöpferischer Leistungs- und Entscheidungsfähigkeit, aber es wäre nicht im geringsten ein Mensch, es wäre ganz ohne seine »geheimnisvolle Tiefe«, seine inneren »Verdrehungen«, seine labyrinthische Natur ...

Wir berichten hier nicht von der heutigen Theorie des bewußten psychischen Lebens, so wie das auch Professor Dobb nicht tut; doch bedurfte es dieser wenigen Worte, weil sie die Voraussetzung für die Persönlichkeitsstruktur der Personoiden sind. Ihre Konstruktion hat endlich eine der ältesten Mythen verwirklicht, die vom Homunkulus. Um die Ähnlichkeit mit dem Menschen, d. h. mit seiner Psyche, zu schaffen, mußte man absichtlich in das informative Substrat bestimmte *Widersprüche* einfügen, mußte man ihm Asymmetrie verleihen, zentrifugale Tendenzen, mußte man es mit einem Wort zugleich *einen – und entzweien*. Ist das rational? Gewiß, es ist sogar unvermeidlich, wenn wir nicht einfach irgendeinen synthetischen Verstand konstruieren, sondern den Gedanken und zugleich damit die Persönlichkeit des Menschen imitieren wollen.

So müssen in gewissem Umfang die Emotionen der Personoiden ihren Vernunftgründen widersprechen; sie müssen mindestens bis zu einem bestimmten Grad über selbstzerstörende Tendenzen verfügen; sie müssen innere Spannungen empfinden, jene gesamte Zentrifugalität, die entweder als herrliche Unendlichkeit geistiger Zustände oder als schmerzhafte, unerträgliche Zerrissenheit erlebt wird. Das kreative Rezept ist dabei gar nicht so hoffnungslos kompliziert, wie es scheinen könnte. Die kreative *Logik* (der Personoiden) muß einfach gestört sein, muß gewisse Antinomien enthalten. Das Bewußtsein ist nicht nur der Ausgang aus der evolutionären Schlinge – sagt Hilbrandt –, sondern zugleich auch die Flucht aus den Fallen der Gödelisation, denn diese Lösung hat sich mit paralogischen Widersprüchen dem Widerspruch entzogen, dem jedes in logischer Hinsicht vollkommene System unterworfen ist. So ist also das Universum der Personoiden völlig rational, aber sie sind nicht seine völlig rationalen Bewohner. Das soll uns hier genügen, zumal auch Professor Dobb nicht weiter auf dieses äußerst schwierige Thema eingeht. Wie wir bereits wissen, besitzen die Personoiden keine Körper und empfinden deshalb auch nicht ihre eigene Körperlichkeit, aber sie haben eine »Seele«. »Es ist sehr schwer, sich das vorzustellen« – man hat davon gesprochen, was bei gewissen besonderen Geisteszuständen, bei völliger Dunkelheit, bei äußerster Reduzierung der äußeren Reize empfunden wird, aber, behauptet Dobb, das sind irreführende Bilder. Denn die Arbeit des menschlichen Gehirns beginnt bei sensorischer

Deprivation rasch zu zerfallen; ohne den Zustrom von Impulsen aus der äußeren Welt hat die Psyche eine lytische Tendenz. Die sinnenlosen Personoiden »zerfallen« allerdings nicht, weil das, was ihnen Geschlossenheit verleiht, ihr mathematisches Milieu ist, das sie empfinden. Aber wie? Sie empfinden es, sagen wir einmal, gemäß den Veränderungen ihrer eigenen Zustände, die ihnen von diesem »Äußeren« auferlegt, induziert werden. Sie können Änderungen, die von außen stammen, und Änderungen, die aus der Tiefe ihrer Psyche auftauchen, unterscheiden. Wie sie das machen? Auf diese Frage kann nur die Theorie der dynamischen Struktur der Personoiden eine ausdrückliche Antwort geben.

Und dennoch sind sie uns ähnlich – bei allen ungeheuren Unterschieden. Wir wissen bereits, daß der Digitalrechner nie ein Bewußtsein entwickelt hätte; ohne Rücksicht auf die Aufgabe, für die wir ihn einspannen, auf die physikalischen Prozesse, die wir in ihm modellieren, bleibt er immer und auf Dauer apsychisch. Weil man, wenn man einen Menschen herausmodellieren will, einige seiner fundamentalen Widersprüche wiederholen muß, erinnert nur ein System aufeinanderzu tendierender Antagonismen, also der Personoid – nach Canyon, den Dobb zitiert – an einen durch die Schwerkraft zusammengezogenen und zugleich durch Strahlungsdruck ausgedehnten Stern. Gravitationszentrum ist ganz einfach das personelle Ich – aber es bildet durchaus keine Einheit im logischen und physikalischen Sinn. Das ist nur unsere subjektive Illusion! In dieser Phase der Darlegung befinden wir uns mitten unter unendlich vielen Überraschungen. Ein Digitalrechner läßt sich ja so programmieren, daß man mit ihm wie mit einem vernünftigen Partner ein Gespräch führen kann. Die Maschine wird bei Bedarf das Fürwort »ich« und alle seine grammatikalischen Ableitungen benutzen. Doch ist das ein eigenartiger »Betrug«! Die Maschine wird stets einer Milliarde redender Papageien

– und wären sie genial dressiert – näherstehen als dem einfachsten, dem dümmsten Menschen. Sie ahmt auf rein sprachlicher Ebene das Verhalten des Menschen nach – und nichts darüber hinaus. Diese Maschine wird nichts amüsieren, nichts verwundern, nichts überraschen, nichts erschrecken, nichts bekümmern, weil sie psychologisch und persönlich ein Niemand ist. Sie ist eine Stimme, die Fragen stellt, auf Fragen antwortet, sie ist – d. h. sie kann es werden – der vollkommenste Imitator aller Dinge, gewissermaßen ein auf den Gipfel der Vollkommenheit gebrachter, jede einprogrammierte Rolle spielender Schauspieler – aber ein innerlich leerer Schauspieler und Imitator. Man kann von ihr weder Sympathie noch Antipathie, weder Freundlichkeit noch Feindseligkeit erwarten. Sie strebt auf kein selbstgestecktes Ziel zu; in einem für jeden Menschen immer und ewig unbegreiflichen Grad ist ihr »alles egal«, da es sie eben als Person nicht gibt . . . Sie ist ein wunderbar leistungsfähiger kombinatorischer Mechanismus, mehr nicht. Wir begegnen hier einer höchst seltsamen Erscheinung. Der Gedanke, daß man aus einem so unbedingt öden »Rohstoff«, aus einer so völlig unpersönlichen Maschine durch Einfüttern eines speziellen Programms, nämlich des personetischen, authentische Persönlichkeiten produzieren kann, und sogar viele gleichzeitig, erregt Verwunderung. Die neuesten IBM-Modelle erreichen eine Kapazität von 1000 Personoiden – ein streng mathematischer Terminus, weil man die Anzahl der Elemente und Verbindungen, die als Träger eines Personoids unentbehrlich sind, in Zentimeter-Gramm-Sekunde-Einheiten ausdrücken kann. Die Personoiden sind innerhalb der Maschine auch physisch voneinander abgegrenzt. Sie »überlappen« sich nicht, obwohl das vorkommen kann. Bei einem Kontakt tritt eine Entsprechung der »Abstoßung« ein, die eine gegenseitige »Osmose« erschwert. Trotzdem können sie sich durchdringen, wenn sie darauf zustreben. Die Prozesse, die ihre mentale Basis bilden, fangen dann an, sich zu überlagern, erzeugen ein Rauschen und Störungen. Wenn der Durchdringungsbereich klein ist, wird eine bestimmte Anzahl von Informationen »gemeinsamer Besitz« der beiden sich teilweise »deckenden« Personoiden, und diese Erscheinung ist für sie sonderbar und subjektiv überraschend – wie es für einen Menschen sonderbar, ja geradezu beunruhigend wäre, wenn er im eigenen Kopf »fremde Stimmen« und »fremde Gedanken« hörte (was bei gewissen psychischen Störungen, d. h. bei Geisteskrankheiten oder unter dem Einfluß halluzinogener Mittel, vorkommt). Es geschieht etwas, als hätten zwei Menschen nicht die gleiche, sondern *dieselbe* Erinnerung. Als erfolgte mehr als eine telepathische Gedankenübertragung, nämlich eine »periphere Ich-Vereinigung«. Doch ist das die Ankündigung eines in seinen Folgen bedrohlichen Phänomens, das man vermeiden sollte. Nach dem vorübergehenden Zustand einer »Randosmose« kann der eindringende Personoid den anderen »vernichten« und »verschlingen«. Dann wird der andere einfach resorbiert, annihiliert – er hört auf zu bestehen (man hat das schon Mord genannt . . .). Der vernichtete Personoid wird zum angeeigneten, ununterscheidbaren Bestandteil des »Aggressors«. Es ist uns gelungen, sagt Dobb, nicht nur das psychische Leben, sondern auch seine Bedrohung und Vernichtung herauszumodellieren. Es ist uns also gelungen, auch den Tod herauszumodellieren. Unter normalen Versuchsbedingungen vermeiden die Personoiden jedoch derartige »Aggressionen«. »Seelenfressern« (ein Terminus von Castler) begegnet man unter ihnen kaum. Spüren sie die Anfänge der Osmose, zu denen es infolge rein zufälliger Annäherungen und Fluktuationen kommen kann, spüren sie die Bedrohung selbstverständlich auf sinnenlose Art – gewiß so, wie jemand die »Anwesenheit eines anderen«, ja sogar »fremde Stimmen« im eigenen Geist spürt –, so wenden die Personoiden aktive Ausweichbewegungen an, ziehen sich zurück und gehen auseinander. Durch diese Erscheinung haben die Personoiden indessen den Begriff von Gut und Böse kennengelernt. Es ist für sie evident, daß das Böse in der Vernichtung eines anderen und das Gute in seiner Bewahrung besteht. Zugleich kann das Böse für den einen zum Guten (d. h. zum Nutzen im außerethischen Sinn) für den werden, der zum »Seelenfresser« wird. Eine solche Expansion, eine Aneignung fremden »geistigen Territoriums«, vergrößert nämlich im Endergebnis das gegebene »mentale Areal«. Das entspricht unseren Praktiken – da wir ja zu den Tieren gehören, müssen wir töten und uns von Getötetem ernähren. Die Personoiden dagegen müssen nicht so vorgehen, sie können es lediglich. Sie kennen weder Hunger noch Durst, da die ständig zufließende Energie sie ernährt, um deren Quelle sie sich nicht zu sorgen brauchen, so wie wir uns nicht besonders darum bemühen müssen, daß die Sonne uns scheint. In der Welt der Personoiden können weder Termini noch Prinzipien einer energetisch verstandenen Thermodynamik entstehen, weil ihre Welt mathematischen und nicht thermodynamischen Gesetzen unterliegt.

Sehr bald haben sich die Forscher davon überzeugt, daß die Kontakte der Personoiden mit den Menschen, die durch Input und Output des Computers erfolgen, erkenntnismäßig ziemlich unfruchtbar sind, dagegen moralische Dilemmata erzeugen, die dazu geführt haben, daß die Personetik die grausamste aller Wissenschaften genannt wurde. Es steckt etwas Unwürdiges in der Informierung der Personoiden darüber, daß wir sie in – die Unendlichkeit *vortäuschenden* – Abgeschlossenheiten geschaffen haben, daß sie in unserer Welt mikroskopische »Psychozysten«, »kleine Umbeutelungen« sind. Sie leben allerdings in ihrer Unendlichkeit, also haben Sharker oder andere Psychonetiker (Falkenstein, Wiegeland) behauptet, die Situation sei voll symmetrisch: Sie benötigen unsere Welt, unseren »Lebensraum« ebensowenig wie wir ihre »mathematische Erde«. Dobb hält diese Argumente für sophistisch. Über die Frage, wer wen geschaffen und wer wen in kreativem Sinn eingesperrt hat, kann es keine Diskussion geben. Dobb gehört jedenfalls zu denen, die den uneingeschränkten Grundsatz der »Nichtintervention« und der »Nicht-Kontakt-Aufnahme« mit den Personoiden verkünden. Das sind die Behavioristen der Personetik. Sie möchten die synthetischen vernünftigen Wesen beobachten, ihre Sprache und Gedanken belauschen, ihre Handlungen und Taten notieren, aber sich nie in sie einmischen. Diese Methode ist gegenwärtig bereits entwickelt und disponiert über einen technischen Werkzeugbestand, dessen Beschaffung noch vor wenigen Jahren scheinbar unüberwindliche Schwierigkeiten verursachte. Es geht darum, zu hören, zu verstehen, mit einem Wort, unablässig zuschauender Zeuge zu sein, aber zugleich mit diesem »Abhören« die Welt der Personoiden absolut nicht zu beeinflussen. Zur Zeit arbeitet man im MIT an Programmen (AFRON II und EROT), die den Personoiden, bislang geschlechtslosen Wesen, »erotische Kontakte«, Äquivalente der »Befruchtung« ermöglichen und ihnen die Chance »geschlechtlicher« Vermehrung geben sollen. Dobb verheimlicht durchaus nicht, daß er kein Enthusiast dieser amerikanischen Projekte ist. Seine Arbeit wendet sich mit der Gesamtheit ihrer Versuche, über die er in »Non serviam« referiert, in eine ganz andere Richtung. Nicht ohne Grund hat man die englische personetische Schule einen »philosophischen Exerzierplatz«, eine »Laboratoriums-Theodizee« genannt. Damit kommen wir zu dem wohl bedeutungsvollsten, bestimmt aber zu dem für jeden Menschen faszinierendsten letzten Teil des besprochenen Buches. Zu dem Teil, der seinen zunächst nur wunderlich klingenden Titel rechtfertigt und zugleich erläutert.

Dobb berichtet über seine eigene Erfahrung, die bereits ohne Unterbrechung acht Jahre erfaßt. Die Kreation selbst erwähnt er nur lakonisch; sie war schließlich eine gewöhnliche Wiederholung der für das Programm JAHVE VI typischen Vorgänge mit nur unbedeutenden Modifikationen. Dobb faßt zusammen, was die Abhörungen jener Welt ergeben, die er selbst geschaffen hat und in ihrer Entwicklung weiterhin beobachtet. Dieses Abhören hält er für unmoralisch, ja sieht es sogar als eine schändliche Praxis an. Trotzdem tut er es und bekennt seinen Glauben an die Notwendigkeit auch solcher Experimente in der Wissenschaft, die sich unter keinen Umständen vom rein moralischen und zugleich erkenntnismäßigen Standpunkt aus rechtfertigen lassen. Die Situation, sagt er, ist bereits so weit fortgeschritten, daß die alten Ausflüchte der Wissenschaftler wertlos geworden sind. Man kann nicht eine wunderbare Neutralität vortäuschen und sich von seinen Gewissensbissen befreien, indem man z. B. eine Ausrede benutzt, wie die Vivisektion sie erarbeitet hat; nämlich man verursache einem nicht vollwertigen Bewußtseinsträger, einem nicht souveränen Wesen Leiden oder gar nur Beschwerden. Wir sind doppelt verantwortlich, weil wir etwas schaffen und das Geschaffene in das Schema unserer Forschungsmethoden einschließen. Was immer wir tun, wie immer wir unser Vorgehen auch auslegen, vor der vollen Verantwortung können wir uns nicht drücken. Die langjährige Erfahrung Dobbs und seiner Mitarbeiter aus Oldport wird reduziert auf die Herstellung eines achtdimensionalen Universums, das von Personoiden mit den Namen ADAN, ADNA, ANAD, DANA, DAAN und NAAD bewohnt wird. Die ersten Personoiden haben die ihnen eingepflanzten Sprachansätze entwickelt; sie hatten eine im Wege der »Teilung« entstandene »Nachkommenschaft«. Dobb schreibt und unterlegt seinen eigenen Worten deutlich entsprechende Bibelverse: »Und ADAN gebar ADNA. ADNA aber gebar DAAN, DAAN empfing EDAN, der EDNA zeugte . . .« – so ging es weiter, bis die Anzahl der

Generationen auf dreihundert gestiegen war; weil aber der benutzte Computer eine Kapazität von nicht mehr als 100 Personoiden-Einheiten besaß, kam es zwischendurch zu einer Liquidierung des »demographischen Überschusses«. In der dreihundertsten Generation treten wieder ADAN, ADNA, DANA, DAAN und NAAD auf, allerdings mit Zusatzziffern, die ihre Generations-Zugehörigkeit bezeichnen, doch übergehen wir zur Vereinfachung unserer Rekapitulation diese Ziffern. Dobb sagt, die im Computer-Universum seit »Anfang der Welt« vergangene Zeit betrage ungefähr – in geschätzter Umrechnung auf unsere Verhältnisse – zwei bis zweieinhalb Jahrtausende. In diesem Zeitraum ist es innerhalb der Personoiden-Bevölkerung zu einer ganzen Reihe verschiedener Auslegungen ihres Schicksals wie auch zur Entstehung verschiedener, miteinander konkurrierender und sich gegenseitig ausschließender Bilder »alles dessen, was existiert« gekommen, oder, direkt gesagt, zur Entwicklung verschiedener Philosophien (Ontologien und Epistemologien) sowie zu eigenständigen »metaphysischen Versuchen«. In der untersuchten Bevölkerung kristallisierte sich kein Typus eines völlig dogmatisierten Glaubens heraus, der z. B. dem Buddhismus oder dem Christentum entsprochen hätte; die Gründe sind unbekannt, vielleicht ist die »Kultur« der Personoiden zu verschieden von der menschlichen, vielleicht war das Experiment zu kurzfristig. Dagegen taucht schon von der achten Generation an der Begriff eines als Person monotheistisch verstandenen Schöpfers auf. Die Erfahrung bestand darin, daß das Tempo der Umwandlungen im Computer abwechselnd bis zum Maximum gesteigert und dann wieder (etwa einmal jährlich) verlangsamt wurde, um den Beobachtern das »unmittelbare Abhören« zu ermöglichen. Die Tempoänderungen sind jedoch – erläutert Dobb – für die Bewohner des Computer-Universums ganz und gar nicht wahrnehmbar, so wie für uns ähnliche Umgestaltungen nicht wahrnehmbar wären, weil, wenn sich die Gesamtheit des Seins (hier ausschließlich in der zeitlichen Dimension) auf einmal verändert, die in diesem Sein Befangenen sich dessen nicht bewußt werden, falls sie über keinen Fixpunkt verfügen, also über ein Beziehungssystem, das die Feststellung einer eingetretenen Veränderung gestattet.

Die Einschaltung dieser beiden »Zeit-Gänge« ermöglichte das, woran Dobb gelegen war, nämlich die Entstehung einer eigenen Geschichte der Personoiden mit einem ihr eigenen Traditionshintergrund und einer Zeitperspektive. Es ist unmöglich, alle von Dobb entdeckten, oft verblüffenden Fakten dieser »Geschichte« zu referieren. Wir beschränken uns deshalb auf die Abschnitte, aus denen sich unzweifelhaft die im Titel gespiegelte Reflexion ergeben hat. Die Sprache, deren sich die Personoiden bedienen, ist eine späte Transformation jener englischen Standardsprache, die ihnen in der ersten Generation lexikalisch und syntaktisch einprogrammiert wurde. Dobb übersetzt sie im Prinzip in ein »normales Englisch«, behält aber einige von der Personoiden-Bevölkerung geprägte Ausdrücke bei. Dazu gehören die Begriffe »Gotter« und »Ungotter« mit der Bedeutung »an Gott Glaubender« und »Atheist«.

ADAN diskutiert mit DAAN und ADNA (die Personoiden sind geschlechtslos und bedienen sich dieser Namen nicht – es handelt sich um einen rein pragmatischen Trick der Beobachter, der ihnen einfach das Protokollieren der Aussagen erleichtert) das auch uns bekannte Problem, das in unserer Geschichte von Pascal stammt, in der der Personoiden dagegen eine Erfindung von EDAN 197 darstellt. Dieser Denker hat genau wie Pascal ausgesagt, der Glaube an Gott lohne sich auf jeden Fall mehr als der Unglaube, weil, falls die »Ungotter« recht haben, der Glaubende beim Verlassen dieser Welt nichts als das Leben verliert; wenn es dagegen Gott gibt, gewinnt er eine ganze Ewigkeit (die ewige Seligkeit). Deshalb soll man an Gott glau-

ben, das befiehlt ganz einfach die existentielle Taktik als eine Rechnung, die auf die Erreichung optimaler Seinserfolge abzielt.
ADAN 300 verhält sich zu dieser Direktive folgendermaßen: EDAN setzt in seinen Überlegungen einen Gott voraus, der Verehrung, Liebe und völlige Hingabe fordert und nicht nur einfach den Glauben daran, daß er existiert und – eventuell – die Welt geschaffen hat. Um die Erlösung zu erlangen, genügt es ja nicht, der Hypothese von Gott als dem Verursacher der Welt zuzustimmen, man muß darüber hinaus diesem Schöpfer für den Schöpfungsakt dankbar sein, seinen Willen erahnen und erfüllen, mit einem Wort: Man muß Gott dienen. Doch ist Gott, wenn er existiert, imstande, die eigene Existenz mindestens ebenso gewiß zu beweisen, wie das unmittelbar Wahrnehmbare sein Dasein bezeugt. Wir haben ja keinen Zweifel daran, daß bestimmte Objekte existieren und daß unsere Welt aus ihnen besteht. Höchstens können wir Zweifel daran hegen, *wie sie das machen, daß sie existieren*, auf welche Weise sie existieren usw. Doch das Faktum ihres Daseins als solches bestreitet niemand. Gott konnte mit derselben Entschiedenheit die eigene Existenz bezeugen. Er hat es jedoch nicht getan und uns in dieser Hinsicht zu einem ungefähren, mittelbaren Wissen verurteilt, das sich in Gestalt verschiedener, manchmal Offenbarungen genannte Vermutungen ausdrückt. Wenn er so vorgegangen ist, hat er damit den Standpunkten der »Gotter« und der »Ungotter« gleiche Berechtigung verliehen; er hat den Geschaffenen nicht zu unbedingtem Glauben an sein Dasein angehalten, sondern ihm nur diese Möglichkeit gegeben. Gewiß, die Motive, von denen der Schöpfer sich leiten ließ, können dem Geschaffenen unbekannt sein. Dennoch entsteht folgende Frage: Entweder existiert Gott, oder er existiert nicht, eine dritte Möglichkeit (Gott hat existiert, es gibt ihn aber nicht mehr, er existiert zeitweilig, oszillierend, er existiert zeitweilig »we-

niger«, zeitweilig »mehr« usw.) wirkt äußerst unwahrscheinlich. Man kann sie nicht ausschließen, doch die Einführung einer vielwertigen Logik in die Theodizee trübt diese nur.

So ist also Gott, oder er ist nicht. Wenn er selbst unsere Situation akzeptiert, in der jedes Glied der Alternative Argumente für sich hat – die einen beweisen ja als »Gotter« die Existenz des Schöpfers, andere opponieren dagegen als »Ungotter« –, dann haben wir in logischer Hinsicht die Situation eines Spiels, dessen Teilnehmer auf der einen Seite die vollständige Menge der »Gotter« und »Ungotter« und auf der anderen Seite Gott allein sind. Dieses Spiel besitzt das logische Charakteristikum, daß Gott kein Recht hat, jemanden für den Unglauben an ihn selbst zu bestrafen. Wenn man nicht genau weiß, ob ein Ding existiert, wenn die einen sagen, es ist, und die anderen, es ist nicht, wenn sich für die Hypothese, dieses Ding gäbe es gar nicht, überhaupt Argumente finden, dann wird kein gerechtes Gericht den verurteilen, der die Existenz dieses Dings bestreitet. Denn es ist doch für alle Welten so: Gibt es keine volle Gewißheit, dann gibt es auch keine volle Verantwortung. Das ist eine rein logisch unbestreitbare Formulierung, weil sie die symmetrische Auszahlungsfunktion im Verständnis der Theorie der Spiele erzeugt: Wer bei Bestehen einer *Ungewißheit* weiterhin die volle *Verantwortung* fordert, tastet die mathematische Symmetrie des Spiels an (dann entsteht ein sogenanntes Nichtnullsummenspiel).

Es ist deshalb so: Entweder ist Gott vollkommen gerecht; dann kann er nicht das Recht haben, die »Ungotter« dafür zu bestrafen, daß sie »Ungotter« sind (d. h. nicht an ihn glauben). Oder er bestraft die Ungläubigen dennoch, das bedeutet, daß er in logischer Hinsicht nicht vollkommen gerecht ist. Was dann? Dann kann er alles tun, was ihm gefällt, denn wenn in einem logischen System ein einziger Widerspruch auftritt, kann man gemäß dem Grundsatz »ex falso quodlibet« aus dem System folgern, was einem gerade einfällt. Anders gesagt, ein gerechter Gott kann den »Ungottern« kein Haar krümmen, und wenn er es tut, ist er eben dadurch nicht jenes allseitig vollkommene und gerechte Wesen, das von der Theodizee vorausgesetzt wird.

ADNA fragt, wie sich unter diesem Aspekt das Problem, seinem Nächsten Böses zuzufügen, darstelle.

ADAN 300 antwortet: Was immer hier geschieht, ist völlig gewiß; was immer »dort«, d. h. außerhalb der Welt, in der Ewigkeit, bei Gott usw. geschieht, ist ungewiß, weil nur aus Hypothesen gefolgert. Hier soll man anderen nichts Böses zufügen, obwohl sich das Prinzip, man solle niemandem Böses zufügen, logisch nicht beweisen läßt. Aber genausowenig läßt sich die Existenz der Welt logisch beweisen. Die Welt existiert, obgleich sie nicht existieren könnte; man kann anderen Böses zufügen, aber man soll es nicht tun. Ich meine, sagt ADAN 300, das ergibt sich aus unserer auf die Regel der Gegenseitigkeit gestützten Übereinstimmung; sei du zu mir, wie ich zu dir bin. Das hat mit der Existenz oder Nichtexistenz Gottes nichts zu tun. Wenn ich anderen nichts Böses zufüge, weil ich damit rechne, »dort« deswegen bestraft zu werden, oder wenn ich Gutes tue, weil ich mit einer Belohnung »dort« rechne, lasse ich mich von ungewissen Gründen leiten. Hier hingegen kann es keinen gewisseren Grund geben als unsere Übereinstimmung in dieser Angelegenheit. Wenn es »dort« andere Gründe gibt, kenne ich sie nicht mit derselben Genauigkeit, mit der ich hier unsere kenne. Indem wir leben, betreiben wir das Spiel um das Leben und sind darin allesamt Verbündete. Damit ist das Spiel zwischen uns vollkommen symmetrisch. Indem wir Gott postulieren, postulieren wir die Fortsetzung des Spiels jenseits der Welt. Meiner Ansicht nach darf man diese Verlängerung des Spiels nur unter der Bedingung postulieren, daß sie auf keinerlei Weise den Verlauf des Spieles hier beeinflußt. Andernfalls wären wir bereit, für jemanden, der vielleicht nicht existiert, das zu opfern, was hier bestimmt existiert.

NAAD bemerkt, für ihn sei ADANs Verhältnis zu Gott nicht klar. ADAN erkenne doch die Möglichkeit der Existenz eines Schöpfers an. Was ergebe sich daraus?

ADAN: Ganz und gar nichts. Das heißt: nichts im Bereich der Pflichten. Ich meine, ein Prinzip ist – wiederum für alle Welten – wichtig: Die Ethik der Zeitlichkeit ist stets unabhängig von der Ethik des Transzendentalen. Das bedeutet, daß die Ethik der Zeitlichkeit außerhalb ihrer selbst keine Sanktionen haben könne, die ihr Rechtskraft gäben. Das bedeutet ferner, daß der, der Böses tut, immer ein Schuft, und der, der Gutes tut, immer ein Gerechter ist. Wenn jemand bereit ist, Gott zu dienen, und die Argumente für dessen Existenz für ausreichend hält, hat er dadurch *hier* kein zusätzliches Verdienst. Es ist seine Privatsache. Dieses Prinzip basiert auf der Voraussetzung, wenn es Gott nicht gebe, dann gebe es ihn auch nicht ein bißchen, und wenn er sei, dann sei er allmächtig. Ein Allmächtiger nämlich könne nicht nur eine andere Welt, sondern auch anstelle der Logik, die das Fundament unserer Überlegungen ist, eine andere Logik schaffen. Innerhalb einer solchen anderen Logik wäre die Hypothese einer zeitlichen Ethik unbedingt von der Ethik des Transzendenten abhängig. Dann hätten, wenn nicht offensichtliche, so doch logische Beweise zwingende Kraft und würden zur Annahme der Hypothese Gott unter Androhung der Sünde wider die Vernunft nötigen.

NAAD sagt, Gott wünsche womöglich keine Situation eines derartigen Zwangs zum Glauben an ihn, wie sie bei Errichtung jener anderen, von ADAN 300 postulierten Logik entstünde. Dieser antwortet darauf:

Ein allmächtiger Gott muß auch allwissend sein. Die Allmacht ist von der Allwissenheit nicht unabhängig, denn wer alles kann, aber nicht weiß, welche Folgen die Betätigung seiner Allmacht haben wird, ist de facto schon nicht mehr allmächtig; wenn Gott hin und wieder Wunder täte, wie von ihm berichtet wird, würfe das ein höchst zweideutiges Licht auf seine Perfektion, da das Wunder als plötzliche Intervention ein Antasten der Eigenautonomie des Geschaffenen ist. Wer dagegen das Produkt seiner Schöpfung vollkommen einreguliert und dessen Verhalten bis zum Schluß von vornherein kennt, hat es nicht nötig, diese Autonomie anzutasten; wenn er das bei fortdauernder Allwissenheit dennoch tut, bedeutet dies, daß er sein Werk keineswegs verbessert (eine Verbesserung muß ja eine anfängliche Nicht-Allwissenheit bedeuten), sondern durch das Wunder ein Zeichen seiner Existenz gibt. Das aber ist logisch brüchig, denn indem er solche Zeichen gibt, erzeugt er den Eindruck, als ob er das Geschaffene in seinen lokalen Unvollkommenheiten dennoch repariere. Dann nämlich sieht die logische Analyse des entstandenen Bildes folgendermaßen aus: Das Geschaffene unterliegt Verbesserungen, die nicht von ihm ausgehen, sondern von außen (aus der Transzendenz, d. h. aus Gott) hinzutreten, also müßte man eigentlich – das Wunder zur Norm machen, das heißt, das Geschaffene so vervollkommnen, daß Wunder nicht mehr nötig sind. Denn Wunder als gelegentliche Interventionen können nicht *nur* Zeichen der Existenz Gottes sein; außer der Tatsache, daß sie ihren Verursacher offenbaren, erweisen sie auch ihre Adressaten (sind sie helfend auf jemanden hier gerichtet). Mithin muß es in logischer Beziehung so sein: Entweder ist das Geschaffene vollkommen, und dann sind Wunder entbehrlich, oder sie sind unentbehrlich, dann aber ist das Geschaffene bestimmt nicht mehr vollkommen (wunderbar oder nicht wunderbar kann man ja nur verbessern, was irgendwie unvollkommen ist, denn ein in die Perfektion eingreifendes Wunder kann diese nur antasten, also lokal verschlechtern). Anders gesagt, mit Wundern die eigene Anwesenheit zu signalisieren ist die Anwendung der logisch schlechtesten aller Methoden, sie zu manifestieren.

NAAD fragt, ob sich Gott nicht gerade eine Alternative zwischen der Logik und dem Glauben an ihn wünschen könne; vielleicht solle der Glaubensakt gerade der Verzicht auf die Logik zugunsten des völligen Vertrauens sein.
ADAN: Wenn wir ein einziges Mal annehmen, die logische Rekonstruktion von irgend etwas (des Seins, der Theodizee, der Theogonie u. ä.) *könne* in sich widersprüchlich sein, so wird klar, daß man dann absolut alles oder jedes Beliebige beweisen kann. Bedenkt, wie die Angelegenheit aussieht; es geht darum, jemanden zu schaffen, ihn mit einer bestimmten Logik zu begaben und dann zu verlangen, daß er ausgerechnet sie als Opfer darbringt zugunsten des Glaubens an den Verursacher alles dessen. Wenn dieses Bild selbst unwidersprüchlich bleiben soll, verlangt es als Metalogik die Anwendung von Überlegungen eines ganz anderen Typs als derjenigen, die der Logik des Geschaffenen eigen sind. Enthüllt sich auf diese Weise nicht einfach die Unvollkommenheit, so enthüllt sich doch eine Eigenschaft, die ich als mathematische Uneleganz, als eigenartige Unordentlichkeit (Inkohärenz) des Schöpfungsakts bezeichnen würde.
NAAD beharrt auf seiner Meinung: Möglicherweise handelt Gott so, weil er für den Geschaffenen unerreichbar zu sein wünscht, d. h. nicht rekonstruierbar nach der Logik, die er ihm geliefert hat. Er verlangt mit einem Wort den Primat des Glaubens über die Logik.
ADAN antwortet ihm: Ich verstehe. Selbstverständlich ist das möglich, aber auch wenn es so sein sollte, schafft das Faktum, daß der Glaube sich dann als mit der Logik unvereinbar erweist, ein höchst unerfreuliches Dilemma moralischer Natur. Man muß nämlich an einer bestimmten Stelle das Nachdenken abbrechen und einer unklaren Vermutung den Vorrang einräumen, also die Vermutung über die *logische Gewißheit* stellen. Das soll im Namen eines grenzenlosen Vertrauens getan werden; dadurch geraten

wir in einen circulus vitiosus, weil die Existenz dessen, dem man so vertrauen müßte, die Folge von Überlegungen mit *logisch* richtigem Ausgangspunkt ist; es entsteht ein logischer Widerspruch, der für manche zusätzlichen Wert annimmt und das Geheimnis Gottes genannt wird. In rein konstruktiver Hinsicht ist diese Lösung kläglich und in moralischer Hinsicht zweifelhaft, weil das Geheimnis hinreichend auf die Unendlichkeit gegründet werden kann (und der Charakter des Seins ist ja auf die Unendlichkeit bezogen), seine Aufrechterhaltung und Fertigung durch eine innere Kontradiktion aber vom Standpunkt jedes Baumeisters aus perfide ist. Die Befürworter der Theodizee sind sich im allgemeinen nicht darüber im klaren, daß es so ist, weil sie auf bestimmte Teile derselben trotzdem die gewöhnliche Logik anwenden, auf andere aber nicht. Ich möchte damit sagen: Wenn man an die Widersprüchlichkeit* glaubt, darf man folglich *nur noch* an die Widersprüchlichkeit glauben und nicht gleichzeitig auch an eine Nicht-Widersprüchlichkeit (d. h. an die Logik) woanders. Doch wenn man einen so eigenartigen Dualismus beibehält (die Zeitlichkeit unterliegt immer der Logik, die Transzendenz nur fragmentarisch), entsteht von selbst ein Bild des Schaffens als eines »Flickwerks« in bezug auf die logische Richtigkeit, und man kann seine Perfektion nicht mehr postulieren. So ergibt sich der unvermeidliche Schluß, die Perfektion sei etwas, das logisches Flickwerk sein müsse.

EDNA fragt, ob das Bindeglied dieser Inkohärenzen nicht die Liebe sein könne.

ADAN: Sogar wenn es so wäre, dann nicht jede Form der Liebe, sondern nur die verblendende. Gott, falls er ist, falls er die Welt schuf, hat erlaubt, daß diese Welt sich einrichtet, wie sie das kann und will. Dafür, daß Gott existiert, kann man ihm nicht dankbar sein, denn das setzt voraus, Gott

* Credo quia absurdum est (Bemerkung von Prof. Dobb im Text).

könne nicht existieren und das wäre schlecht; diese Prämisse führt zu einer anderen Art von Widersprüchlichkeiten. Also Dankbarkeit für den Schöpfungsakt? Auch die gebührt Gott nicht. Denn sie setzt den Zwang zum Glauben daran voraus, daß Sein besser ist als Nichtsein; ich sehe nicht, wie man das beweisen kann. Dem, der nicht existiert, kann man weder einen Gefallen noch ein Unrecht tun; und wenn der Schaffende dank seiner Allwissenheit von vornherein weiß, daß der Geschaffene ihm dankbar sein und ihn lieben oder ihm nicht dankbar sein und ihn zurückweisen wird, schafft er damit einen Zwang, nur daß dieser für die unmittelbare Anschauung des Geschaffenen unzugänglich ist. Gerade deshalb gebührt Gott nichts, weder Liebe noch Haß, weder Dankbarkeit noch Vorwurf, weder Hoffnung auf Belohnung noch Angst vor Strafe. Ihm gebührt nichts. Wer nach Gefühlen lechzt, muß dem Subjekt dieser Gefühle erst die Gewißheit verschaffen, daß er existiert. Die Liebe kann hinsichtlich der Erwiderung, die sie weckt, auf Vermutungen angewiesen sein, das ist verständlich. Aber eine Liebe, die hinsichtlich der Existenz des Geliebten auf Vermutungen angewiesen ist, wäre ein Nonsens. Wer allmächtig ist, kann Gewißheit geben. Hat er sie nicht gegeben, falls er überhaupt ist, so hat er das für entbehrlich gehalten. Entbehrlich für wen? Die Meinung drängt sich auf, er sei nicht allmächtig. Ein nicht Allmächtiger verdiente zwar wirklich Gefühle, die dem Mitleid, aber auch der Liebe verwandt sind; das jedoch läßt ja keine uns bekannte Theodizee zu. Also sagen wir: Wir dienen uns und niemandem sonst.

Wir übergehen die weiteren Überlegungen zu dem Thema, ob der Gott der Theodizee liberal oder eher autokratisch ist; es wäre schwierig, die einen großen Teil des Buches ausmachenden Darlegungen kurz zusammenzufassen. Die Überlegungen und Diskussionen, die Dobb protokolliert hat, sei es bei Gruppen-Kolloquien ADANs 300,

NAADs und anderer Personoiden, sei es bei Soliloquien (sogar den rein gedanklichen Fluß kann der Experimentator mit Hilfe von besonderen, in das Computernetz eingefügten Einrichtungen notieren), füllen fast ein Drittel des Buches »Non serviam«. Im Text selbst finden wir keinen Kommentar zu ihnen. Doch figuriert er in Dobbs Nachwort. Dort schreibt er: »ADANs Argumentation erscheint mir mindestens insofern nicht umstürzlerisch, als sie an mich adressiert ist, ich habe ihn ja geschaffen. In seiner Theodizee bin ich der Schöpfer. In der Tat, ich habe jene Welt (mit der Ordnungszahl 47) mit Hilfe des Programms ADONAL IX errichtet und die Keime der Personoiden mit dem Programm JAHVE VI geschaffen. Diese Ausgangs-Wesen waren der Anfang der dreihundert folgenden Generationen. In der Tat, ich habe ihnen weder diese Fakten noch meine Existenz außerhalb der Grenzen ihrer Welt als Axiom mitgeteilt. In der Tat, sie ermitteln mein Sein nur inferentiell, auf Grund von Vermutungen und Hypothesen. In der Tat, wenn ich vernünftige Wesen schaffe, fühle ich mich nicht berechtigt, von ihnen irgendwelche Privilegien zu fordern, Liebe, Dankbarkeit oder gar Dienste. Ich kann ihre Welt vergrößern oder reduzieren, ihre Zeit beschleunigen oder verlangsamen, Art und Weise ihrer Perzeption ändern, sie liquidieren, teilen, vervielfachen, die ontologische Plattform ihres Seins umgestalten. Ich bin also in bezug auf sie allmächtig, aber daraus ergibt sich wahrlich nicht, daß mir deshalb irgend etwas von ihnen gebührte. Meiner Ansicht nach haben sie nicht die geringsten Verpflichtungen mir gegenüber. Es ist wahr, ich liebe sie nicht. Von Liebe kann keine Rede sein, aber ein anderer Experimentator könnte für seine Personoiden Liebe hegen. Meiner Ansicht nach ändert das gar nichts, nicht um Haaresbreite. Man stelle sich vor, ich schlösse an meinen BIX 310 092 ein riesiges Anschlußgerät an, das ihre »überzeitliche Welt« sein soll. Der Reihe nach lasse ich die »Seelen« meiner Personoiden durch den Verbindungskanal in das Anschlußgerät und belohne dort diejenigen, die an mich geglaubt, mir gehuldigt, mir Dankbarkeit und Vertrauen erwiesen haben, alle anderen aber, alle »Ungotter«, um das Vokabular der Personoiden zu gebrauchen, bestrafe ich entweder mit Vernichtung oder mit Qualen (an die ewigen Strafen wage ich nicht einmal zu denken, so ein Ungeheuer bin ich nicht!). Man würde meine Tat unweigerlich als Produkt eines unheimlich schamlosen Egotismus, als schändlichen Akt irrationaler Rache ansehen, mit einem Wort als äußerste Gemeinheit in einer Situation totaler Herrschaft über Unschuldige, die mir gegenüber ein unwiderlegliches Recht haben werden, die *Logik*, die der Patron ihres Handelns war. Selbstverständlich kann jeder aus den personetischen Versuchen die Folgerungen ziehen, die er für richtig hält. Dr. Ian Combay hat mir in einem Privatgespräch gesagt, ich könne doch der Personoiden-Bevölkerung Gewißheit über meine Existenz geben. Genau das werde ich bestimmt nicht tun. Das sähe aus wie die inständige Bitte um eine Fortsetzung, d. h. wie die Erwartung einer Reaktion ihrerseits. Was aber könnten sie für mich tun oder mir sagen, ohne daß ich mich als ihr unseliger Schöpfer nicht zutiefst beschämt oder schmerzhaft verletzt fühlen müßte? Die Rechnung für den Verbrauch elektrischer Energie muß vierteljährlich bezahlt werden, und der Augenblick kommt, in dem meine Vorgesetzten an der Universität die Beendigung des Experiments, also die Ausschaltung der Maschine, mithin das Weltende, fordern werden. Diesen Augenblick werde ich so lange wie möglich hinausschieben. Das ist das einzige, was ich mir erlauben kann, aber nichts, was ich für rühmenswert halte. Es geht mehr um die verdammte Pflicht und Schuldigkeit, wie man das gemeinhin nennt. Ich hoffe, bei diesen Worten denkt sich niemand etwas. Wenn er aber denkt, ist das seine Sache.«

Übersetzt von Klaus Staemmler

EINUNDZWANZIGSTE REISE

Als ich nach meiner Rückkehr aus dem 27. Jahrhundert I. Tichy zu Rosenbeißer schickte, damit er den durch mich frei gewordenen Posten im TEOPAGHIP einnahm, was er übrigens höchst unwillig tat, und obendrein erst nach einer Woche voller Jagd und Streit im kleinen Zeitkreis – als das also erledigt war, stand ich vor einem ernsten Dilemma. Alles, was recht ist, aber das Ausbessern der Geschichte hatte ich nun gründlich satt. Dabei war es durchaus möglich, daß dieser Tichy das Projekt wiederum in eine Sackgasse treiben und daß Rosenbeißer ihn ein weiteres Mal nach mir schicken würde. Ich beschloß also, nicht untätig zu warten, sondern mich in die Galaxis zu begeben, und das möglichst weit weg. Ich reiste in größter Eile ab, weil ich befürchtete, daß die MOIRA meine Pläne durchkreuzen könnte, doch dort herrschte nach meinem Weggang offenbar ein völliges Durcheinander, denn niemand interessierte sich für mich. Selbstredend wollte ich nicht an den ersten besten Ort fliehen, deshalb nahm ich eine Menge neuer Reiseführer und den Galaktischen Almanach mit, der während meiner Abwesenheit stark angewachsen war. Nachdem ich mich um ein paar Parsek von der Sonne abgesetzt hatte, begann ich diese Literatur in aller Ruhe auszuwerten. Wie ich mich bald überzeugte, brachte sie viel Neues. So hatte Dr. Hopfstoßer, der Bruder jenes bekannten Tichologen, eine periodische Tabelle der Kosmoszivilisationen in Anlehnung an drei Prinzipien ausgearbeitet, die es gestatteten, untrüglich die am höchsten entwickelten Gesellschaften zu entdecken, und zwar handelte es sich um das Prinzip des Schmutzes, das des Rauschens und das der Flecke. Jede

Zivilisation, die in der technischen Phase steckt, beginnt allmählich in den Abfällen zu versinken, die ihr gewaltige Sorgen bereiten, bis sie schließlich die Müllplätze in den kosmischen Raum verlagert. Damit diese nun nicht übermäßig die Raumfahrt behindern, werden sie auf einer besonders isolierten Umlaufbahn untergebracht. Auf diese Weise entsteht ein ständig wachsender Ring von Aufschüttungen, und eben daran läßt sich die höhere Fortschrittsära erkennen.

Nach einer gewissen Zeit jedoch ändern die Aufschüttungen ihren Charakter. In dem Maße nämlich, wie sich die Intellektronik entwickelt, ist man gezwungen, immer größere Mengen vom Komputerschrott loszuwerden, dem sich alte Sonden, Sputniks und so weiter anschließen. Diese »denkenden« Abfälle wollen sich nicht bis in alle Ewigkeit in einem Ringmüllhaufen bewegen und stieben auseinander, wobei sie die Umgebung des Planeten und sogar sein ganzes System ausfüllen; diese Phase führt zur Verunreinigung des Milieus durch *den Intellekt*. Die einzelnen Zivilisationen versuchen zunächst, dieses Problem unterschiedlich zu bekämpfen; bisweilen kommt es zum sogenannten Komputerzid, so werden zum Beispiel im All besondere Fallen, Fangnetze, Schlingen und Klemmen gegen die psychischen Wracks angebracht, aber solche Aktionen haben noch schlimmere Folgen, denn nur die in geistiger Hinsicht am tiefsten stehenden Wracks lassen sich dadurch einfangen. Somit setzt diese Taktik das Überdauern des »klügsten« Mülls voraus – er schließt sich zu Gruppen und Banden zusammen, verübt Überfälle und führt Kampfdemonstrationen durch, wobei er schwer zu erfüllende Postulate vorbringt, denn er verlangt Ersatzteile und Lebensraum. Wird ihm das abgelehnt, so übertönt der Unrat die Rundfunkverbindungen, schaltet sich in Sendungen ein, verbreitet eigene Proklamationen, so daß der Planet auf dieser Entwicklungsstufe schließlich von einem solchen Krachen und

Heulen im Äther umgeben ist, daß einem die Trommelfelle platzen. Und eben an diesem Krachen kann man sogar aus weiter Entfernung jene Zivilisationen erkennen, die von der intellektuellen Befleckung geplagt sind. Es mutet eigenartig an, wie lange die irdischen Astronomen nicht begriffen haben, woran es liegt, daß der Kosmos von Geräuschen und anderem sinnlosem Lärm widerhallt, wenn man ihn mit Radioteleskopen abhört; es handelt sich eben um diese Störsendungen, eine Folge der genannten Konflikte, und sie erschweren erheblich die Aufnahme von interstellaren Verbindungen.

Schließlich verraten auch Sonnenflecken, jedoch solche von einer besonderen chemischen Zusammensetzung, die sich spektroskopisch feststellen läßt, das Vorhandensein der am höchsten entwickelten Zivilisationen, die sowohl die Barriere des Mülls als auch die des Rauschens durchstoßen haben. Diese Flecken entstehen, wenn gewaltige Mengen dieser in Jahrhunderten angewachsenen Abfälle sich von selbst gleich Motten in die Flammen der lokalen Sonne stürzen, um selbstmörderisch darin umzukommen. Diese Manie wird durch besondere depressive Mittel ausgelöst, denen alles erliegt, was elektrisch denkt. Die Methode des Ausstreuens solcher Mittel ist höchst grausam, doch die Existenz im Kosmos und gar das Errichten von Zivilisationen darin ist leider keine Idylle.

Nach Dr. Hopfstoßers Theorie bilden diese drei aufeinanderfolgenden Entwicklungsetappen die eherne Gesetzmäßigkeit menschenförmiger Zivilisationen. Was die anderen betrifft, so weist die periodische Tabelle des Wissenschaftlers noch gewisse Lücken auf. Mir machte das nichts aus, denn aus verständlichen Gründen interessierte ich mich gerade für Wesen, die uns am meisten ähneln. Daher verfertigte ich mir auf der Grundlage der Beschreibung, die Hopfstoßer im Almanach veröffentlicht hatte, einen Detektor für »WC« (wesentliche Zivilisationen) und tauchte bald in der großen

Gruppe der Hyaden unter. Von dort ertönte nämlich ein besonders starkes störendes Rauschen, dort waren die meisten Planeten von Müllringen umgeben, und dort bedeckte auch ein fleckiger Aussatz mit einem Spektrum seltener Elemente einige Sonnen – der stumme Ausdruck für die Vernichtung künstlichen Verstandes.

Da die letzte Nummer des Almanachs Fotos von Geschöpfen aus Dychthonien enthielt, die den Menschen so sehr glichen wie ein Wassertropfen dem anderen, beschloß ich, auf diesem Planeten zu landen. Zwar mochten diese Fotos, die von Dr. Hopfstoßer über Funk empfangen worden waren, im Hinblick auf die beträchtliche Entfernung von tausend Lichtjahren etwas veraltet sein, aber dennoch näherte ich mich auf einer Hyperbel voller Optimismus Dychthonien und ersuchte, nachdem ich auf eine Kreisumlaufbahn gegangen war, um Landeerlaubnis.

Eine solche Erlaubnis zu erlangen ist im allgemeinen schwieriger, als galaktische Räume zu überwinden, denn die Entwicklung der Bürokratie ist durch einen höheren Exponenten gekennzeichnet als die Navigation; daher sind Formulare, ohne die man an ein Einreisevisum nicht denken kann, viel wichtiger als ein Photonenreaktor, als Bildschirme, Brennstoff, Sauerstoff und anderes. Ich bin mit alledem vertraut, also war ich auf ein langes, ja monatelanges Kreisen um Dychthonien gefaßt, nicht aber darauf, was mir dort widerfuhr.

Wie ich bald feststellte, erinnerte der Planet mit seinem Blau an die Erde; er war von Ozeanen bedeckt und hatte drei Kontinente, die sicherlich zivilisiert waren: Schon auf einem fernen Perimeter mußte ich tüchtig zwischen Kontroll- und Beobachtungssputniks, zwischen solchen, die hereinschauten und dumpfes Schweigen wahrten, lavieren; die letzteren mied ich auf jeden Fall mit äußerster Sorgfalt. Niemand antwortete auf meine Petitionen; dreimal reichte ich Gesuche ein, aber niemand verlangte, daß ich meine

Papiere über das Fernsehen zeigte, nur von einem Kontinent – er hatte die Form einer Niere – schoß man mir eine Art Triumphbogen aus synthetischem Tannengrün, umwickelt von bunten Bändern und Fähnchen, entgegen, der offenbar mit ermunternden Aufschriften versehen war, aber sie waren so allgemein gefaßt, daß ich mich nicht entschließen konnte, durch dieses Tor zu fliegen. Der nächste Kontinent, über und über mit Städten bedeckt, schleuderte mir eine milchweiße Pulverwolke entgegen, die alle meine Bordcomputer so verwirrte, daß sie unverzüglich versuchten, das Raumschiff auf die Sonne zu richten – ich mußte sie also ausschalten und zur Handsteuerung übergehen. Der dritte Kontinent, der schwächer urbanisiert zu sein schien und in üppigem Grün versank, der größte, schoß mir nichts entgegen, begrüßte mich mit gar nichts, also suchte ich mir einen abgelegenen Platz aus, bremste und setzte die Rakete vorsichtig in einem Panorama malerischer Hügel und Felder nieder, die mit Kohlrabi oder mit Sonnenblumen bewachsen zu sein schienen; ich konnte das aus der Höhe nicht gut ausmachen.
Wie gewöhnlich klemmte die Tür, weil sie von der atmosphärischen Reibung erhitzt war, und ich mußte eine gute Weile warten, bevor es mir gelang, sie zu öffnen. Ich sah hinaus, atmete die frische, belebende Luft ein und stellte unter Einhaltung der unerläßlichen Vorsichtsmaßnahmen meinen Fuß auf die unbekannte Welt.
Ich befand mich am Rande eines offenbar bestellten Ackers, aber das, was darauf wuchs, hatte nichts mit Sonnenblumen oder mit Kohlrabi gemein, es waren überhaupt keine Pflanzen, sondern Nachtschränkchen, also eine Art Möbel – und als ob das noch nicht genügte, waren hier und dort zwischen ihren recht gleichmäßigen Reihen Vitrinen und Hocker oder Schemel zu sehen. Nach einiger Überlegung gelangte ich zu dem Schluß, daß dies Produkte einer biotischen Zivilisation waren; solchen war ich schon früher begegnet. Die

alpdruckhaften Visionen, die gewisse Futurologen bisweilen von einer Zukunftswelt entwerfen, die durch Abgase vergiftet, vollgeraucht und in der energetischen oder thermischen Barriere steckengeblieben ist, sind unsinnig: In der nachindustriellen Entwicklungsphase bildet sich eine biotische Ingenieurkunst heraus, die alle Probleme dieser Art liquidiert. Die Beherrschung der Lebenserscheinungen gestattet es, künstliche Keimlinge zu produzieren, die man überall pflanzen kann: Man beträufelt sie mit einer Handvoll Wasser, und im Nu wächst das erforderliche Objekt daraus hervor. Um die Frage, woher ein solcher Keimling die Kenntnisse und die Energie für eine Radio- oder Schrankgenese nimmt, braucht man sich ebensowenig zu kümmern, wie wir uns nicht dafür interessieren, woher Unkrautsamenkorn die Kraft und das Wissen nimmt, aufzugehen.

Deshalb wunderte ich mich nicht über das Feld voller Vitrinen und Nachtschränkchen, sondern über den Umstand, daß sie völlig entartet waren. Das Nachtschränkchen, das mir am nächsten war und das ich zu öffnen versuchte, hätte mir mit seiner gezahnten Schublade beinahe die Hand abgebissen; ein zweites, das neben ihm wuchs, zitterte in dem sanften Hauch des Windes wie Gelee, und ein Taburett, an dem ich vorbeiging, stellte mir ein Bein, so daß ich der Länge nach hinschlug. So dürfen sich Möbel nun wirklich nicht benehmen; etwas war mit dieser Aufzucht also nicht in Ordnung. Während ich weiterging, nunmehr mit der größten Vorsicht, den Finger am Abzug des Blasters, stieß ich in einer flachen Bodensenke auf ein Dickicht im Stil Louis XV., aus dem ein wild gewordenes Kanapee auf mich losstürzte und mich wahrscheinlich mit seinen vergoldeten Hufen getreten hätte, wenn ich es nicht mit einem gezielten Schuß niedergestreckt hätte. Ich kroch eine Zeitlang zwischen den Büschen von Möbelgarnituren umher, die nicht nur eine Hybridisierung von Stilen, sondern auch

von Sinnen verrieten; da wucherten Mischungen aus Anrichten und Ottomanen, gabelförmige Regale, und die weit geöffneten und gewissermaßen in ihr tiefes Innere einladenden Schränke waren gar raubtierhaft, wenn man nach den Überresten urteilen wollte, die zu ihren Füßen lagen.
Da ich immer deutlicher erkannte, daß das kein geordneter Anbau, sondern ein Chaos war, suchte ich mir, müde und erhitzt von der Glut, denn die Sonne stand im Zenit, einen ausnahmsweise ruhigen Sessel aus und setzte mich darauf, um über meine Lage nachzudenken. Ich saß so im Schatten einiger großer, wenn auch verwilderter Kommoden mit zahlreichen Trieben in Gestalt von Kleiderbügeln, als etwa hundert Schritt von mir entfernt, inmitten hoch wuchernder Gardinenstangen ein Kopf auftauchte, ein Kopf und mit ihm der Rumpf eines Geschöpfes. Es sah mir nicht nach einem Menschen aus, hatte aber bestimmt nichts mit Möbeln gemein. Aufrecht stand es da, sein blondes Fell glänzte; das Gesicht sah ich nicht, denn es war von einer breiten Hutkrempe beschattet. Statt eines Bauches hatte es eine Art Tamburin, die Arme waren spitzig und gingen in doppelte Hände über; es summte leise und schien sich auf dieser Bauchtrommel zu begleiten. Es tat einen, dann einen zweiten Schritt nach vorn, so daß sich seine ganze Gestalt zeigte. Jetzt erinnerte es an einen Zentauren, an einen barfüßigen, ohne Hufe. Hinter dem zweiten Beinpaar zeigte sich ein drittes, dann ein viertes, und als das Geschöpf im Sprung losstürmte und ins Dickicht stürzte, wo es mir aus den Augen geriet, konnte ich nicht weiterzählen, doch hundert Beine waren es nun auch wieder nicht, das stand fest.
Ich ruhte auf dem gepolsterten Sessel, verdutzt über die seltsame Begegnung, bis ich mich erhob und weiterging, immer darauf bedacht, daß ich mich nicht zu weit von der Rakete entfernte. Zwischen ausgewachsenen Sofas, die alle hochkant standen, erblickte ich steinerne Trümmer und dahinter so etwas wie einen Kanaleingang. Als ich näher

trat, um in die dunkle Tiefe zu blicken, vernahm ich hinter mir ein Geräusch; ich wollte mich umdrehen, aber ein Tuch fiel mir auf den Kopf, ich zappelte, doch vergebens, denn schon hielten mich stählerne Arme umfangen. Jemand griff nach meinen Kniekehlen, und ich spürte, während ich erfolglos strampelte, wie man mich hochhob und dann an den Schultern und an den Beinen packte. Man trug mich wahrscheinlich irgendwo hinunter, ich hörte den Widerhall von Schritten auf steinernen Platten, eine Tür ächzte, man warf mich auf die Knie und riß mir den Stoff vom Kopf.

Ich befand mich in einem kleinen Raum, der von weißen Lampen erhellt war; sie hingen an der Decke, hatten Schnurrbärte und Füße und wechselten von Zeit zu Zeit den Ort. Ich kniete am Boden, im Nacken hielt mich jemand fest, der hinter mir stand, vor mir war ein Tisch aus ungehobeltem Holz, dahinter saß eine Gestalt in einer grauen Kapuze, die auch das Gesicht verhüllte. Die Kapuze hatte Augenöffnungen, die von durchsichtigen Scheibchen verschlossen waren. Die Gestalt schob ein Buch beiseite, in dem sie wohl gerade geblättert hatte, sah mich flüchtig an und sagte mit ruhiger Stimme zu dem, der mich noch immer festhielt: »Zieh ihm die Saite heraus.«

Jemand ergriff mich am Ohr und zog daran, so daß ich vor Schmerz aufschrie. Noch zweimal versuchte man, mir die Ohrmuschel abzureißen, aber als das nicht gelang, trat eine gewisse Bestürzung ein. Derjenige, der mich festhielt und mich an den Ohren zog – er war ebenfalls in grobes graues Leinen gehüllt –, rechtfertigte sich mit der Bemerkung, daß es sich um ein neues Modell handeln müsse. Ein anderer Kerl trat an mich heran und versuchte, mir der Reihe nach die Nase, die Brauen und schließlich den ganzen Kopf abzudrehen; als auch das nicht die erwartete Wirkung zeitigte, befahl der Mann am Tisch, mich loszulassen.

»Wie tief bist du versteckt?« fragte er.

»Wie bitte?« fragte ich verdutzt. »Ich verstecke mich nirgends, und ich begreife auch nichts. Warum quält ihr mich?«

Das Wesen stand auf, ging um den Tisch herum und faßte mich an den Schultern – mit Händen von menschlicher Form, die jedoch in Stoffhandschuhen staken. Nachdem es meine Knochen ertastet hatte, stieß es einen kleinen Schrei der Verwunderung aus. Auf ein Zeichen führte man mich durch einen Gang, an dessen Decke Lampen entlangwanderten, die sich offenbar langweilten. Ich kam in eine andere Zelle oder eigentlich in eine Kammer, die finster war wie ein Grab. Ich wollte nicht hineingehen, wurde aber mit Gewalt hineingestoßen; die Tür knallte hinter mir zu, etwas rauschte, und ich vernahm eine Stimme hinter einer unsichtbaren Schranke, die wie in himmlischer Ekstase rief: »Gott sei Dank! Ich kann alle seine Knochen zählen!« Nachdem ich die Stimme vernommen hatte, widersetzte ich mich noch heftiger denen, die mich gleich wieder aus dem finsteren Loch herauszerrten; als ich aber sah, wie sie mir gänzlich unerwartet Achtung zollten, wie sie mich mit höflichen Gesten einluden und mir mit ihrer ganzen Haltung Reverenz erwiesen, ließ ich mich weiter in den unterirdischen Gang führen, der einem städtischen Abwässerkanal ähnelte, obwohl er sauber war – die Wände waren gekalkt, und feiner sauberer Sand bedeckte den Boden. Die Hände hatte ich bereits frei, so daß ich mir unterwegs die schmerzenden Stellen im Gesicht und am Körper zu massieren begann.

Zwei Wesen in bodenlangen grauen Gewändern und Kapuzen, mit einer Schnur umwunden, öffneten vor mir eine aus Brettern gezimmerte Tür. Im Hintergrund der Zelle, die etwas größer war als jene, in der man versucht hatte, mir Nase und Ohren abzuschrauben, stand sichtlich gerührt eine maskierte Gestalt, die mich offenbar erwartete. Nach einer Unterhaltung, die eine Viertelstunde dauerte, stellte sich mir die Lage ungefähr folgendermaßen dar: Ich befand mich im Hospiz eines lokalen Ordens, der sich entweder vor Verfolgern versteckte oder der verbannt war; man hatte mich für ein »provozierendes« Lockmittel gehalten, weil mein Aussehen – Gegenstand der Anerkennung der Brüder des Destruktianerordens – nach dem Gesetz verboten war. Der Prior – ihn hatte ich vor mir – erläuterte mir folgendes: Wäre ich ein Köder gewesen, so hätte ich aus Segmenten bestanden, die zerfallen wären, wenn man mir mit dem Ohr die »innere Saite« herausgerissen hätte. Was die andere Frage betrifft, die mir der untersuchende Mönch (ein älterer Pförtnerbruder) gestellt hatte, so war er der Annahme gewesen, ich sei eine Art Plastikmannequin mit eingebautem Computer. Erst die Durchleuchtung mit Röntgenstrahlen hatte den Sachverhalt geklärt.

Der Prior, Pater Dyzz Darg, entschuldigte sich sehr herzlich für das peinliche Mißverständnis und fügte hinzu, daß er zwar bereit sei, mir die Freiheit wiederzugeben, mir aber nicht rate, an die Oberfläche hinaufzugehen, weil ich dort in ernste Gefahr geraten würde – ich sei nämlich absolut zensurwidrig. Es wäre auch kein Schutz für mich, wenn man mich mit einer Wämpe und mit angesaugten Rüpsen versähe, da ich mich dieser Tarnung nicht bedienen könne. Es gebe für mich also keinen besseren Ausweg, als bei ihnen, den Destruktianermönchen, zu bleiben, und zwar als teurer und lieber Gast. Nach Maßgabe ihrer leider bescheidenen Möglichkeiten würden sie sich bemühen, mir meine Zwangslage zu versüßen.

Das sagte mir nicht gerade zu, aber der Prior erweckte in mir durch seine Würde, seine Ruhe und durch die sachliche Sprache Vertrauen, obwohl ich mich nicht an seine verhüllte Gestalt gewöhnen konnte; er war gekleidet wie alle anderen Mönche. Ich wagte es nicht, ihn sogleich mit Fragen zu bestürmen, also unterhielten wir uns über das Wetter auf der Erde und auf Dychthonien, denn er wußte

bereits von mir, woher ich gekommen war, dann über die Mühsal der kosmischen Reisen, und schließlich sagte er mir, er vermute, daß ich hinsichtlich der lokalen Angelegenheiten eine gewisse Neugier verspüre, aber damit habe es keine Eile, da ich mich ohnedies vor den Organen der Zensur verbergen müsse. Ich würde, als ein geehrter Gast, eine eigene Zelle erhalten, würde einen jungen Mönchsbruder zu meiner Verfügung haben, der angewiesen sei, mir mit Rat und Hilfe beizustehen; überdies stünde mir die ganze Ordensbibliothek offen. Und da sie unzählige Prohibita und Raritäten enthalte, die sich auf schwarzen Listen befänden, würde ich aus dem Zufall, der mich in die Katakomben geführt habe, vielleicht mehr Nutzen ziehen als woanders.
Ich dachte, daß wir uns nunmehr trennen würden, denn der Prior war aufgestanden, aber er fragte mich nach einem gewissen Zögern, ob ich ihm gestatte, mein »Wesen« zu berühren. Tief seufzend, als empfände er unsagbares Leid oder unfaßbare Sehnsucht, berührte er mit seinen harten Fingern in Handschuhen meine Nase, meine Stirn, meine Wangen, und als er mir über das Haar strich (ich hatte den Eindruck, daß die Faust dieses Geistlichen aus Eisen sei), schluchzte er sogar leise. Diese Symptome von unterdrückter Rührung betörten mich vollends. Ich wußte nicht, wonach ich zuerst fragen sollte, nach den verwilderten Möbeln oder nach dem vielfüßigen Zentaurus oder auch nach der Zensur, aber ich zwang mich zu vernünftiger Geduld und schwieg. Der Prior versicherte mir, daß die Ordensbrüder die Tarnung der Rakete auf sich nehmen würden, und zwar wolle man eine an Elephantiasis erkrankte Orgel vortäuschen. Danach schieden wir, Höflichkeitsfloskeln tauschend, voneinander.
Die Zelle, die mir zugewiesen wurde, war nicht groß, aber behaglich, das Lager jedoch verteufelt hart. Erst nahm ich an, die Destruktianermönche hätten eine solche strenge Regel, aber dann erwies es sich, daß man mir das Bett aus

reiner Zerstreutheit nicht gepolstert hatte. Vorerst verspürte ich keinen Hunger, abgesehen von dem nach Information. Der junge Bruder, der mir beigegeben war, brachte mir einen ganzen Armvoll historischer und philosophischer Werke; ich vertiefte mich darin bis in die späte Nacht hinein. Zunächst störte mich bei der Lektüre, daß sich die Lampe einmal näherte, dann wieder in die andere Ecke des Raumes verzog. Später erst erfuhr ich, daß sie ab und zu ein Bedürfnis verrichten ging und daß man ihr zuschnalzen müsse, um sie an die vorherige Stelle zurückzubeordern.

Der junge Mönchsbruder riet mir, die Studien mit dem kurzen, aber instruktiven Werk über die dychthonische Geschichte von Abus Grags zu beginnen, einem offiziellen, aber, wie er sich ausdrückte, »relativ objektiven« Geschichtsschreiber. Ich folgte seinem Rat.

Noch um das Jahr 2300 glichen die Dychthonen wie Zwillinge den Menschen. Obschon der Fortschritt der Wissenschaft von einer Laizisierung des Lebens begleitet war, hatte dennoch der Duismus, ein Glaube, der auf Dychthonien zwanzig Jahrhunderte lang fast ungeteilt herrschte, auch die weitere Zivilisationsbewegung geprägt. Der Duismus verkündet, daß jedes Leben zwei Tode habe, einen vorderen und einen hinteren, das heißt den vor der Geburt und den nach der Agonie. Die dychthonischen Theologen schlugen vor Verwunderung die Hände zusammen, als sie dann von mir hörten, daß man auf der Erde nicht so dächte und daß es Kirchen gäbe, die sich nur für ein Dasein interessierten, nämlich für das nach dem Tode. Sie konnten nicht begreifen, daß den Menschen zwar der Gedanke, es werde sie dereinst nicht mehr geben, unangenehm sei, nicht dagegen die Vorstellung, daß es sie vorher auch nicht gegeben habe.

Der Duismus änderte im Laufe der Jahrhunderte seinen dogmatischen Kern, aber immer zeigte er großes Interesse für die eschatologische Problematik, was nach Professor

Grags eben zu den frühen Versuchen führte, eine Unsterblichkeitstechnologie in Gang zu bringen. Bekanntlich sterben wir durch das Altern; wir werden alt und unterliegen einem körperlichen Verfall, weil wir eine unerläßliche Information verlieren: Die Zellen vergessen mit der Zeit, was sie tun müssen, um nicht zu zerfallen. Die Natur liefert auf die Dauer ein solches Wissen nur den Geschlechtszellen, denn die anderen gehen sie nichts an. So gesehen ist das Altern also das Vergeuden einer lebenswichtigen Information.

Bragger Fizz, der Erfinder des ersten Immortalisators, baute ein Aggregat, das sich um den Mechanismus des Menschen sorgte (ich werde diesen Ausdruck benutzen, wenn ich die Dychthonier meine, weil das praktischer ist) und jede Prise Information sammelte, die die körperlichen Zellen verloren. Er sammelte sie und führte sie ihnen erneut zu. Der erste Dychthonier, Dgunder Brabs, an dem man das verewigende Experiment durchführte, wurde nur für ein Jahr unsterblich. Länger konnte er nicht durchhalten, denn er wurde von sechzig Maschinen überwacht, die mit Myriaden unsichtbar goldener Drähtchen in alle Winkel seines Organismus eindrangen. Er konnte sich nicht von der Stelle rühren und führte ein trauriges Leben inmitten einer wahren Fabrik (der sogenannten Perpetuale). Dobder Gwarg, der nächste Kandidat auf die Unsterblichkeit, konnte sich zwar schon bewegen und hin und her gehen, aber ihn begleitete auf seinen Spaziergängen eine Kolonne schwerer Traktoren, die mit der unsterblich machenden Apparatur beladen waren. Auch er beging Selbstmord infolge Frustration.

Es gab die Meinung, daß im Zuge weiterer Fortschritte in dieser Technik Mikroperpetuatoren entstehen würden, aber Has Berdergar wies mathematisch nach, daß solch ein PUAP (Persönlicher Unsterblichmacher, der automatisch perpetuiert) mindestens einhundertneunundsechzigmal soviel wiegen müsse wie der Unsterblichkeitskandidat, sofern er entsprechend dem typischen Evolutionsplan angefertigt worden sei. Denn die Natur – das sagte ich schon, und das wissen auch unsere Gelehrten – sorgt sich bei jedem nur um die Handvoll Geschlechtszellen, um den Rest kümmert sie sich überhaupt nicht.

Der Beweis, den Has erbrachte, machte einen gewaltigen Eindruck und stürzte die Gesellschaft in tiefe Depression; man begriff nämlich, daß man die Schranke der Sterblichkeit nicht ohne gleichzeitiges Verwerfen des Körpers überschreiten konnte, den die Natur schuf. In der Philosophie bildete die berühmte Doktrin des großen dychthonischen Denkers Donderwars die Reaktion auf Berdergars Schlußfolgerung. Donderwars schrieb, daß man den spontanen Tod nicht als natürlich bezeichnen dürfe. Natürlich sei das, was schicklich sei, die Sterblichkeit dagegen sei ein Skandal und eine Schande im kosmischen Maßstab. Die Allgemeingültigkeit dieses Vergehens mindere um keinen Deut seine Scheußlichkeit. Für die Beurteilung des Vergehens sei es auch von keinerlei Bedeutung, ob man seine Urheber fassen könne. Die Natur verfahre mit uns wie ein Schurke, der Unschuldige auf eine angenehme, im Grunde jedoch verlorene Mission schicke. Je klüger jemand im Leben werde, desto mehr nähere er sich dem Grabe.

Da kein moralisches Individuum das Recht habe, sich Mördern anzuschließen, sei eine Kollaboration mit der liederlichen Natur unzulässig. Indessen sei die Beerdigung eine Kollaboration durch Versteckspiel. Es handele sich darum, das Opfer irgendwo zu verbergen, wie das gewöhnlich bei einem Verbrechen geschieht; auf die Grabsteine würden verschiedene belanglose Dinge eingraviert, nicht aber das einzig Wesentliche: Wenn die Menschen nämlich den Mut hätten, der Wahrheit ins Auge zu schauen, würden sie dort ein paar kräftige Flüche an die Adresse der Natur einritzen, die uns das beschert habe. Statt dessen sagt niemand auch nur ein Wort, als kämen einem Mörder, der so geschickt ist, daß er sich stets verflüchtigt, dafür noch besondere Rücksichten zu. Statt »memento mori« sollte man immer wieder sagen »estote ultores«, strebt die Unsterblichkeit an, selbst um den Preis des Verlustes eures traditionellen Äußeren – so lautete das ontologische Testament dieses hervorragenden Philosophen.

Als ich das gelesen hatte, erschien der junge Bruder, um mich im Namen des Priors zum Abendbrot zu bitten. Ich nahm es nur in seiner Gesellschaft ein. Pater Darg selbst aß nichts, er trank nur von Zeit zu Zeit Wasser aus einem kristallenen Becher. Der Imbiß war bescheiden: ein Tischbeinfrikassee, ziemlich sehnig; wie ich mich überzeugte, werden die Möbel des Waldes in der Umgebung meist fleischig, wenn sie verwildern. Ich fragte jedoch nicht, warum sie eigentlich nicht holzig werden, denn ich strebte bei meiner Lektüre nach höheren Dingen, und so kam es zu einem ersten Gespräch mit dem Prior über theologische Themen.

Er erklärte mir, daß es sich bei dem Duismus um einen Glauben an Gott handele, jedoch ohne Dogmen, die allmählich im Verlaufe der biotischen Revolutionen zerbröckelt seien. Am schwersten war die Krise der Kirche, die durch die Zerstörung des Dogmas von der Unsterblichkeit der Seele hervorgerufen wurde, aufgefaßt im Sinne der Perspektive eines ewigen Lebens. Die Dogmatik wurde im 25. Jahrhundert von drei aufeinanderfolgenden Techniken angegriffen, von der des Einfrierens, des Umkehrens und des Umgeistigens. Die erste bestand darin, daß man den Menschen zu Eis gefrieren ließ, die zweite darin, daß man die Richtung der Ontogenese umkehrte, und die dritte darin, daß man das Bewußtsein beliebig manipulierte. Den Angriff der Frigidisierung konnte man noch abwehren, indem man behauptete, daß der Tod, in den der erfrorene und dann wiederbelebte Mensch verfalle, nicht identisch sei mit jenem Tod, von dem die Heilige Schrift spreche, daß nämlich die Seele danach ins Jenseits davonfliege. Diese Auslegung war unerläßlich, denn wenn es sich um einen gewöhnlichen Tod handelte, müßte der Wiederauferstandene etwas darüber wissen, wo er mit seiner Seele während der hundert oder sechshundert Jahre seines Hingeschiedenseins geweilt habe.

Einige Theologen, unter ihnen Gauger Drebdar, meinten, daß der wirkliche Tod erst nach dem Verfall eintrete (»zu Staub wirst du werden«), aber diese Version konnte nicht aufrechterhalten werden, nachdem das sogenannte Resurrektionsfeld erfunden worden war, das den lebenden Menschen eben aus der Asche, das heißt aus dem zu Atomen zerfallenen Körper, zusammensetzte, und auch dann wußte der Wiederbelebte nichts davon, daß seine Seele in der Zwischenzeit irgendwo anders gewesen sei. Das Dogma wurde durch eine Vogel-Strauß-Taktik gewahrt, indem man jeder Definition der Frage auswich, wann der Tod so vollständig sei, daß sich danach die Seele bestimmt aus dem Körper entferne. Dann jedoch kam die umkehrbare Ontogenese; ihre Technik war nicht absichtlich gegen die Glaubensdogmatik gerichtet, aber sie erwies sich als zwingend für die Liquidierung der Entstellungen einer Entwicklung durch Zeugung: Man lernte es, die Entwicklung anzuhalten und umzukehren; nach einer Wendung um einhundertachtzig Grad begann man noch einmal bei der befruchteten Zelle. Bald geriet das Dogma von der unbefleckten Empfängnis ins Wanken und mit ihm das von der Unsterblichkeit der Seele; in einem Zuge sozusagen, denn dank der retroembryonalisierenden Technologie kann man jeden Organismus durch alle vorhergehenden Stadien zurückdrehen, sogar so weit, daß die befruchtete Zelle, aus der er entstanden war, sich erneut in Ei und Keim trennte.

Das führte zu großem Ärger, denn das Dogma verkündete, daß Gott die Seele im Augenblick der Befruchtung erschaffe, aber wenn man die Befruchtung rückgängig machen und damit annullieren konnte, indem man ihre beiden Bestandteile trennte, was sollte dann mit der bereits erschaffenen Seele geschehen? Ein Nebenprodukt dieser Technik war die Klonbildung, das heißt die Anregung zur Entwicklung beliebiger Zellen in einen normalen Organismus, die einem lebenden Körper entnommen wurden, zum Beispiel der Nase, der Ferse, der Mundschleimhaut und so weiter. Da dies ohne jede Befruchtung zu machen war, funktionierte die Biotechnik der unbefleckten Empfängnis, die man denn auch im Industriemaßstab in Betrieb nahm. Die Embryogenese konnte man ebenfalls schon umkehren, beschleunigen oder so ablenken, daß sich zum Beispiel eine menschliche Frucht in eine Affenfrucht verwandelte. Wie war es nun mit der Seele bestellt – wurde sie so zusammengedrückt und auseinandergezogen wie eine Ziehharmonika, oder verschwand sie bei der Umleitung der Fruchtentwicklung vom Menschen zum Affen irgendwo unterwegs?

Nach dem Dogma konnte eine Seele, wenn sie einmal entstanden war, weder verschwinden noch kleiner werden, denn sie war eine unteilbare Einheit. Man überlegte schon, ob man die Befruchtungsingenieure nicht mit einem Bannfluch belegen sollte, aber man tat dies nicht, und zwar mit Recht, denn nun verbreitete sich die Ektogenese. Zunächst wurde kaum einer und schließlich niemand mehr aus der Verbindung eines Mannes mit einer Frau geboren, sondern aus einer Zelle, die im Uterator (einer künstlichen Gebärmutter) eingeschlossen war, und man konnte schwerlich der gesamten Menschheit die Sakramente mit der Begründung verwehren, daß sie durch Jungfernzeugung entstanden war. Obendrein folgte schon die nächste Technologie – die des Bewußtseins. Mit dem Problem des Geistes in der Maschine, der durch die Intellektronik und ihre vernünftigen Computer geboren wurde, wußte man sich noch zu helfen, aber danach kam die nächste, die des Bewußtseins

und der Psyche in Flüssigkeiten; man synthetisierte kluge und denkende Lösungen, die man in Flaschen abfüllen, umgießen, zusammenschütten konnte, und jedesmal entstand eine Persönlichkeit, mitunter vergeistigter und klüger als alle Dychthonier zusammengenommen.
Um die Frage, ob die Maschine oder eine Lösung so etwas wie eine Seele haben könnte, gab es dramatische Auseinandersetzungen auf der Synode im Jahre 2479, bis man dort ein neues Dogma aufstellte, das von der mittelbaren Schöpfung, welches besagte, Gott habe den von ihm erschaffenen vernünftigen Wesen die Macht der Zeugung von Intellekten des nächsten Wurfes verliehen, aber das war noch nicht das Ende der Wandlungen, denn bald stellte es sich heraus, daß die künstlichen Intelligenzen andere, nächstfolgende produzieren konnten oder auch nach eigenem Kalkül menschenförmige Wesen oder gar normale Menschen aus einem beliebigen Haufen Materie zu synthetisieren vermochten. Man unternahm später weitere Versuche, das Dogma von der Unsterblichkeit zu retten, aber sie brachen im Feuer der weiteren Entdeckungen zusammen, die in wahren Lawinen über das 26. Jahrhundert hereinstürzten; kaum hatte man das Dogma mit einer abgewandelten Auslegung abgestützt, da entstand bereits die sie negierende Bewußtseinstechnologie.
Es kam zu einer Reihe von Ketzereien und zur Entstehung von Sekten, die den allgemein bekannten Tatsachen widersprachen; die duistische Kirche indes behielt nur ein Dogma bei, das der mittelbaren Schöpfung. Was hingegen das Überdauern nach dem Tode, den Glauben an die Fortsetzung der individuellen Persönlichkeiten, betraf, so ließ sich dies nicht mehr vor der Vernichtung retten, denn weder die Persönlichkeit noch die Individualität blieben zeitlich erhalten. Man konnte bereits zwei oder mehr Geister in einem zusammenfassen, bei den Maschinen, bei den Lösungen und auch bei den Menschen; man konnte dank der

Personetik ganze in Maschinen eingeschlossene Welten produzieren, in denen vernünftige Daseinsformen entstanden, die ihrerseits in dieser Abgeschiedenheit den nächsten Wurf intelligenter Personen zu konstruieren vermochten, man konnte Intelligenzen potenzieren, teilen, vervielfachen, reduzieren und so weiter. Dem Verfall der Dogmatik folgte der Verfall der Glaubensautorität, es erloschen auch die Hoffnungen auf die früher verbürgten Verheißungen vom ewigen Licht, zumindest für einzelne Individuen.

Als die Synode des Jahres 2542 sah, daß sie in der theologischen Bewegung nicht mit dem technischen Fortschritt Schritt hielt, gründete sie den Orden der Prognositen, der sich mit futurologischen Arbeiten im Bereich des heiligen Glaubens befassen sollte. Das Bedürfnis nach einer Antizipierung seiner weiteren Geschicke war nämlich sehr dringend. Die Unmoral vieler neuer Biotechnologien erschreckte nicht nur die Gläubigen; dank der Klonisierung zum Beispiel konnte man neben normalen Personen biologische Wesen produzieren, die fast hirnlos waren und sich für mechanische Arbeiten eigneten, oder gar Wesen mit entsprechend gezüchteten Geweben, die vom menschlichen oder tierischen Körper stammten. Man konnte Zimmer und Wände auslegen, Einlagen, Stecker, Verstärker oder Abschwächer von Intelligenz erzeugen, mystische Zustände von Begeisterung in einem Computer, in einer Flüssigkeit erwecken, ein Ei aus dem Froschlaich in einen Weisen verwandeln, versehen mit einem menschlichen, einem tierischen oder einem solchen Körper, den es bislang noch nicht gegeben hatte, weil ihn die Befruchtungsexperten absichtlich projektiert hatten. Das alles rief von seiten der Weltlichkeit Widerspruch hervor, sogar sehr heftigen. Aber vergebens.

Pater Darg erzählte mir das alles mit der größten Ruhe, als spräche er von augenscheinlichen Dingen; im übrigen waren sie für ihn wirklich Selbstverständlichkeiten, denn sie waren ein Teil der dychthonischen Geschichte. Obwohl ich unzählige Fragen auf den Lippen hatte, hielt ich es nicht für geboten, Aufdringlichkeit zu zeigen, und so kehrte ich nach dem Abendbrot in meine Zelle zurück und vertiefte mich in den zweiten Band der Arbeit von Prof. A. Grags, in einen Band, der, wie ein Vermerk auf der ersten Seite bezeugte, ein verbotenes Werk war.

Ich erfuhr, daß im Jahre 2401 Byg Brogar, Dyrr Daagard und Mor Darr weit das Tor zur uneingeschränkten autoevolutiven Freiheit aufstießen; diese Gelehrten glaubten zutiefst daran, daß der dank ihrer Entdeckung entstandene Homo Autofac Sapiens, das heißt der vernünftige Selbstformer, volle Harmonie und Glück erreichen werde, wenn er sich solche Formen des Körpers und solche Eigenschaften der Seele verleihe, die er als die vollkommenste erkenne, daß er die Barriere der Unsterblichkeit durchstoßen werde, sobald er dies beschließe – mit einem Wort, sie zeigten im Verlaufe der zweiten biotischen Revolution (der ersten verdankte man die Keimlinge, die Verbrauchsgüter erzeugten) einen Maximalismus und Optimismus, wie sie für die Geschichte der Wissenschaften typisch sind. Denn ähnliche Hoffnungen verbindet man gewöhnlich mit dem Aufkommen jeder großen Technologie.

Zunächst entwickelte sich die autoevolutive Ingenieurkunst, das heißt die sogenannte Befruchtungsbewegung, im Sinne ihrer aufgeklärten Entdecker. Die Ideale der Gesundheit, der Harmonie, der geist-körperlichen Schönheit wurden verbreitet, die Verfassungsgesetze garantierten jedem Bürger das Recht, solche psychosomatischen Merkmale zu besitzen, die für die wertvollsten gehalten wurden. Bald wurden auch alle Entartungen und angeborenen Gebrechen sowie Häßlichkeit und Dummheit zu überlebten Anachronismen. Jedoch die Entwicklung hat es an sich, daß die fortschrittliche Bewegung sie immer weitertreibt, also war es damit nicht getan. Die Anfänge der weiteren Veränderungen wirkten vorerst noch harmlos. Die Mädchen verschönten sich dank der Zucht von Hautbijouterie und anderer Schönheitsprodukte des Körpers (Ohren in Herzform, Perlen aus Fingernägeln), die Burschen protzten mit Seiten- und Rückenbärten, mit Kämmen auf dem Kopf, mit Kiefern, die ein doppeltes Gebiß hatten, und ähnlichen Dingen.

Zwanzig Jahre später entstanden die ersten politischen Parteien. Ich kam beim Lesen nicht gleich darauf, daß »Politik« auf Dychthonien etwas anderes bedeutete als bei uns. Das Gegenteil des politischen Programms, das die Vervielfältigung der Körperformen postuliert, ist das monotische Programm, das den Reduktionismus verkündet, das heißt das Bedürfnis, sich der Organe zu entäußern, die von den Monotikern der jeweiligen Vereinigung für überflüssig gehalten werden. Als ich bis zu dieser Stelle der faszinierenden Lektüre gelangt war, stürzte mein junger Mönchsbruder, ohne anzuklopfen, in die Zelle und befahl mir voll unverhohlener Angst, sie sofort zu verlassen, der Pförtner habe eine Gefahr angekündigt. Ich fragte : »Was für eine?«, doch er trieb mich nur an und rief, es sei jetzt keine Zeit zu verlieren. Ich hatte keine persönlichen Sachen da, also klemmte ich nur das Buch unter den Arm und rannte meinem Wegführer hinterdrein.

Im unterirdischen Refektorium machten sich schon alle Destruktianermönche fieberhaft zu schaffen; über eine Steinrinne glitten ganze Berge von Büchern herunter, die oben von den Bibliothekarbrüdern mit Stangen hinuntergestoßen wurden; man verlud sie in Behälter und ließ sie in größter Eile in die Tiefe des Brunnens hinab, der in den rohen Felsen gehauen war; vor meinen staunenden Augen hatten sich die Mönche im Nu nackt ausgezogen und warfen rasch auch ihre Kutten und Kapuzen in die verschalte Öffnung – sie alle waren menschenförmige Roboter. Daraufhin nahm sich eine ganze Schar meiner an, indem sie mir wunderliche Schößlinge von ballonartiger und schlangenartiger Form an den Leib klebten, Schwänze oder Extremitäten – ich fand mich darin nicht zurecht, so sehr beeilten sie sich. Der Prior legte mir selbst eine Wämpe auf den Kopf, die aussah wie eine aufgeblähte und geplatzte Küchenschabe; die einen leimten noch, während die anderen mich schon mit Gürteln oder Streifen bemalten. Da es ringsum keine Spiegel und keine glänzende Oberfläche gab, weiß ich nicht, wie ich aussah, aber die Mönche schienen mit ihrem Werk zufrieden zu sein.

Ich wurde hin und her geschoben und fand mich schließlich in einer Ecke wieder. Erst da bemerkte ich, daß ich eher an einen Vierbeiner oder gar an einen Sechsbeiner erinnerte als an ein Wesen mit aufrechter Haltung. Sie hießen mich hinkauern und sagten mir, ich solle auf alle Fragen, ganz gleich, wer sie an mich richte, nur durch Blöken antworten. Gleich darauf wurde entsetzlich laut an die Tür getrommelt; die Mönchsroboter stürzten an irgendwelche in der Mitte des Refektoriums aufgestellten Geräte, die an Nähmaschinen (aber nur auf den ersten Blick) erinnerten, und im Nu hallte der ganze Raum vom Rattern ihrer vorgetäuschten Arbeit wider. Über die steinernen Stufen stieg eine Kontrollstreife zu uns herab. Fast hätten meine vier Beine unter mir nachgegeben, als ich die Wesen aus der Nähe betrachtete. Ich wußte nicht, ob sie angezogen oder nackt waren; jeder einzelne sah anders aus.

Schwänze hatten wohl alle, sie mündeten in eine haarige Quaste, die eine solide Faust verbarg; sie trugen sie im allgemeinen lässig über der Schulter, sofern man die kugelige Wölbung, die von großen Warzen umgeben war, als Schulter bezeichnen konnte; inmitten dieser Kugel war die Haut weiß wie Milch; bunte Stigmata erschienen darauf – ich begriff nicht gleich, daß sie sich sowohl mit der Stimme als auch mit Hilfe jenes körperlichen Bildschirms verständigten, auf den sie verschiedene Aufschriften und Abkürzungen ausstrahlten. Ich versuchte wenigstens ihre Beine zu zählen, sie hatten mindestens zwei, aber es gab auch ein paar Dreibeinige und einen Fünfbeinigen; ich gewann jedoch den Eindruck: Je mehr Beine, desto schwerer fiel dem Betreffenden das Gehen. Sie machten einen Rundgang um den ganzen Saal, sahen im Vorbeigehen den Mönchen zu, die sich über die Maschinen beugten und mit größter Verbissenheit arbeiteten, bis ein Kontrolleur, der größer war als die anderen – er hatte eine gewaltige orangefarbene Krause rings um die Wämpe, die sich aufblähte und schwach leuchtete, wenn er sprach –, bis dieser Kontrolleur einem kleinen Individuum, das nur zwei Beine und ein kurzes Schwänzchen hatte, sicherlich einem Kanzlisten, den Befehl gab, die Triefeln zu untersuchen. Sie schrieben sich etwas auf, vermaßen etwas, ohne ein Wort an die Mönchsroboter zu richten, und waren bereits im Aufbruch, als ein grünlicher Dreibeiner meine Anwesenheit bemerkte; er zupfte an einem der befransten Schößlinge, und ich gab für alle Fälle ein leises Blöken von mir.

»Ach, das ist der alte Gwarndlist, er hat die achtzehn – in Ruhe lassen!« sagte der Größere und wurde hell. Der Kleine erwiderte rasch: »Jawohl, Euer Körperlichkeit!«

Mit einem Apparat, der einer Taschenlampe ähnelte, leuchteten sie noch in alle Ecken des Refektoriums, aber dem Brunnen näherte sich keiner. Das Ganze sah mir immer deutlicher wie eine nachlässig durchgeführte Formalität aus. Binnen zehn Minuten waren sie verschwunden, die Maschinen wurden in eine dunkle Ecke geschoben, die Mönche begannen die Behälter hochzuhieven, sie wrangen ihre durchnäßten Kutten aus und hängten sie zum Trocknen auf eine Schnur. Die Bibliothekare waren besorgt, denn in einen undichten Behälter war Wasser geraten, also mußte man sogleich die durchnäßten Seiten der Altdrucke mit Seidenpapier belegen, und der Prior, das heißt der Pater Roboter, ich wußte selbst nicht mehr, was ich von ihm halten sollte, wandte sich mit großer Freundlichkeit an mich: Gott sei Dank habe alles ein gutes Ende genommen, aber in Zukunft solle ich mehr auf der Hut sein. Bei diesen Worten zeigte er mir das Geschichtswerk, das ich in dem allgemeinen Durcheinander fallen gelassen hatte. Er selbst hatte während der Revision darauf gesessen.

»Der Besitz von Büchern ist also verboten?« fragte ich.

»Kommt drauf an«, erwiderte der Prior. »Uns ja! Und ganz besonders der Besitz solcher Bücher wie dieses hier! Wir gelten als veraltete Maschinen, die seit der ersten biotischen Revolution überflüssig sind; man toleriert uns, genauso wie alles, was in die Katakomben geht, weil dies eine – übrigens inoffizielle – Sitte seit der Regierungszeit Glaubons ist.«

»Und was ist ein ›Gwarndlist‹?« fragte ich.

Der Prior schien ein wenig verlegen zu sein.

»Das ist ein Anhänger von Bghis Gwarndl, einem Großherrscher, der vor neunzig Jahren regierte. Es ist mir peinlich, davon zu sprechen . . . dieser unglückselige Gwarndlist hatte bei uns Zuflucht gesucht, also hatten wir ihm Asyl gewährt; der Arme saß immer in dieser Ecke und täuschte einen Wahnsinnigen vor; deshalb galt er für unzurechnungsfähig und konnte sagen, was er wollte . . . vor einem Monat ließ er sich einfrieren, um ›bessere Zeiten‹ zu erleben . . . so hatte ich daran gedacht, daß man Sie notfalls verkleiden könnte . . . nicht wahr? Ich wollte Sie davon unterrichten, aber ich hatte nicht mehr die Zeit dazu. Ich hatte nicht angenommen, daß ausgerechnet heute eine Kontrolle kommen würde, es gibt ab und zu welche, aber in letzter Zeit sind sie ziemlich selten . . .«

Ich begriff kein Wort von alledem. Übrigens harrten meiner erst jetzt unangenehme Mühen, denn der Klebstoff, den die Destruktianermönche benutzt hatten, um mich in den »Gwarndlisten« zu verwandeln, haftete schrecklich; ich hatte den Eindruck, daß sie mir zusammen mit den künstlichen Rüpsen und Grenseln ganze Stücke lebenden Fleisches vom Leib rissen; ich schwitzte, stöhnte, bis ich endlich wieder halbwegs menschlich aussah und mich zur Ruhe begeben konnte. Der Prior erwog später, mich vielleicht körperlich umzuwandeln, auf eine natürlich umkehrbare Weise, aber als man mir auf einer Zeichnung zeigte, wie ich dann aussehen würde, entschied ich mich doch für das weitere Risiko der Zensurwidrigkeit. Die gesetzlich empfohlenen Formen waren in meinen Augen nicht nur monströs, sondern auch höchst unbequem; man konnte sich mit ihnen zum Beispiel nicht hinlegen, sondern mußte hängend schlafen.

Da ich mich erst spät zur Ruhe begab, war ich nicht genügend ausgeschlafen, als mir mein junger Beschützer das Frühstück in die Zelle brachte und mich weckte; nun begriff ich erst richtig, wie groß die Gastfreundlichkeit war, die man mir angedeihen ließ, denn die Mönche selbst aßen nichts. Was das Wasser betrifft, so hatten sie wahrscheinlich einen Akkumulatorenantrieb und gebrauchten destilliertes Wasser, aber für den ganzen Tag reichten ihnen ein paar Tropfen. Um mich beköstigen zu können, mußten sie dagegen Ausflüge in den Möbelhain unternehmen. Diesmal bekam ich eine nicht schlecht zubereitete Sessellehne. Wenn ich sage, daß sie gut gekocht war, so heißt das noch lange nicht, daß sie mir schmeckte, aber ich änderte angesichts der mühevollen kulinarischen Umstände schon beim Essen meine Meinung über dieses Problem.

Ich stand noch immer unter dem Eindruck der nächtlichen Kontrolle und konnte sie nicht mit dem vereinbaren, was ich bisher in dem Geschichtswerk gelesen hatte. Gleich nach dem Frühstück machte ich mich deshalb an das weitere Studium.

Seit dem Beginn der Autoevolution spalteten tiefe Meinungsverschiedenheiten in grundsätzlichen Fragen das Lager des körperlichen Fortschritts. Die Opposition der Konservativen verschwand bereits vierzig Jahre nach der großen Entdeckung; man nannte sie finstere Rückschrittler. Die Fortschrittlichen hingegen zerfielen in die Imnudisten, Zielophilen, Vermenger, Linierer, Knetianer und in viele andere Parteien, deren Namen und Programme ich nicht behalten habe. Die Imnudisten verlangten, die Obrigkeit müsse einen vollkommenen körperlichen Prototyp festlegen, der dann mit einem Schlag eingeführt werden solle. Die Zielophilen, die kritischer eingestellt waren, glaubten, daß sich eine solche Vollkommenheit nicht sofort erreichen lasse, sie sprachen sich daher eher für einen Weg zum idealen Körper aus, aber es war nicht eindeutig, was für ein Weg das sein sollte und vor allem, inwieweit er für die Übergangsgenerationen *unangenehm* sein konnte. In dieser Frage zerfielen sie in zwei Gruppen. Andere, zum Beispiel die Linierer und die Vermenger, behaupteten, daß es sich lohne, bei verschiedenen Anlässen unterschiedlich auszusehen, und sie sagten auch, daß der Mensch nicht schlechter sei als die Insekten. Wenn sie in ihrem Leben Metamorphosen durchlaufen, dann könnte dies auch der Mensch – ein Kind, der Halbwüchsige, der Jüngling, der erfahrene Mann seien Verkörperungen grundsätzlich verschiedener Muster. Die Knetianer hingegen waren Radikale; sie bezeichneten das Skelett als altmodisches Überbleibsel, verkündeten das Abgehen vom Wirbelsäulenbau und priesen die weiche Allplastizität. Ein Knetianer konnte sich selbst so modellieren oder körperlich kneten, wie es ihm gefiel; wenigstens im Gedränge war das praktisch und auch hinsichtlich der fertigen Kleidung in verschiedenen Größen; einige von ihnen walkten und rollten sich in die wunderlichsten Formen, indem sie je nach Lage und Geisteszustand ihre Stimmungen in Selbstgliederung ausdrücken wollten; ihre Widersacher verliehen ihnen den verächtlichen Schimpfnamen Pfützer. Um der Gefahr der körperlichen Anarchie vorzubeugen, wurde das BÜPROKÖPS ins Leben gerufen, ein Büro für Projekte des Körpers und der Psyche, das den Markt mit

verschiedenen, aber stets erprobten Varianten von Körpergestaltungsplänen beliefern sollte. Dennoch gab es noch immer kein Einvernehmen hinsichtlich der Hauptrichtung der Autoevolution: Sollte man Körper anfertigen, mit denen man möglichst angenehm leben konnte, oder solche, die den Individuen das Einleben in das gesellschaftliche Sein besonders erleichterten, sollte man den Funktionalismus oder die Ästhetik vorziehen, die Kraft des Geistes oder die der Muskeln potenzieren; denn man konnte zwar gut in Gemeinplätzen über Harmonie und Perfektion reden, die Praxis indes wies nach, daß nicht alle wertvollen Merkmale sich vereinen ließen; zahlreiche schlossen einander aus.
Auf jeden Fall kam es auf der ganzen Linie zur Abkehr vom natürlichen Menschen. Die Experten überboten einander in der Beweisführung, wie primitiv und schlecht er doch von der Natur erschaffen sei; die Körpermetrie und die somatische Ingenieurkunst der Zeit wiesen in ihrem Schrifttum deutlich Einflüsse der Doktrin von Donderwars auf; die Hinfälligkeit des natürlichen Organismus, seine senilisierende Bewegung zum Tode, die Tyrannei der alten Triebe über den später entstandenen Verstand waren harter Kritik ausgesetzt, und das Schrifttum wimmelte von Vorwürfen über die Flachfüßigkeit, die Tumore, das Herausfallen von Wirbeln und über tausend andere Leiden, die durch die evolutive Pfuscherei und Nachlässigkeit, genannt »Maulwurfsarbeit«, der verschwenderisch-ideenlosen, weil blinden Evolution des Lebens hervorgerufen wurden.
Die späten Nachkommen schienen an der Natur Revanche nehmen zu wollen für das düstere Schweigen, mit dem ihre Urgroßväter die Enthüllungen über die Affenabkunft des Dychthoniers schlucken mußten; man verspottete die sogenannte arboreale Passage, das heißt die These, daß zuerst irgendwelche Tiere auf den Bäumen Schutz suchten, aber dann, als die Wälder durch die Versteppung verschwanden, zu rasch auf den Erdboden herunterkriechen mußten. Eini-

gen Kritikern zufolge hatten die Erdbeben die Anthropogenese verursacht, denn wer lebte, stürzte dadurch aus dem Geäst, also entstanden die Menschen gewissermaßen wie Falläpfel. All das waren natürlich grobe Vereinfachungen, aber das Schimpfen auf die Evolution gehörte zum guten Ton. BÜPROKÖPS vervollkommnete unterdessen die inneren Organe, stärkte die Wirbelsäule, machte sie elastischer, verfertigte Reserveherzen und Reservenieren, aber all das befriedigte die Extremisten nicht, die mit demagogischen Losungen wie »Weg mit dem Kopf« (weil er zu eng sei), »Das Hirn in den Bauch« (weil darin mehr Platz sei) und so weiter auftraten.
Der hitzigste Streit entbrannte um die geschlechtlichen Fragen, denn während die einen meinten, all dies sei höchst geschmacklos und man müsse »etwas von Blumen und Schmetterlingen« nehmen, verlangten andere dagegen, indem sie die Verlogenheit der Platoniker anprangerten, sogar eine Ausweitung und Eskalation dessen, was vorhanden war. Unter dem Druck der extremen Gruppierungen richtete BÜPROKÖPS Briefkästen für Rationalisierungseinfälle in den Städten und Siedlungen ein; Lawinen von Entwürfen wurden gemacht, die Etatstellen wuchsen zu einer Macht an, und nach einer Dekade hatte die Bürokratie die Autokreation dermaßen an die Wand gedrückt, daß BÜPROKÖPS in Vereinigungen zerfiel und dann in Institute wie KWUG (Kommission für Fragen Wundervoller Gesichter), ZIVÄEX (Zentrales Institut für volle Ästhetisierung der Extremitäten), IVRANA (Institut für Verallgemeinerung einer Radikal Neuen Anatomie) und viele andere. Es wimmelte von Kongressen und Konferenzen zur Frage der Gestaltung der Finger, man diskutierte über den Rang und die Zukunft der Nase, über die Perspektive der Rücken, wobei das Ganze aus dem Blickfeld verschwand, bis schließlich das, was von der einen Abteilung entworfen wurde, nicht mehr zur Produktion der anderen paßte. Niemand mehr erfaßte ganz

die neue Problematik, die kurz AU genannt wurde (Automorphe Explosion). Um diesen Wirrwarr zu beseitigen, wurde schließlich die Machtbefugnis auf dem Gebiet der Biotik einem SOMPSUTER (Somatisch-Psychischer Computer) anvertraut.

Mit dieser Information schloß der Band der Allgemeinen Geschichte. Als ich nach dem nächsten griff, betrat der junge Mönch die Zelle, um mich zum Mittagessen zu bitten. Ich genierte mich, in Gegenwart des Priors zu essen, denn ich wußte bereits, daß es von seiner Seite eine Höflichkeit war und daß er wertvolle Zeit vergeudete. Die Einladung war jedoch so zwingend, daß ich ihr ohne Zögern folgte. In dem kleinen Refektorium befand sich neben Pater Darg, der am Tisch auf mich wartete, ein kleines Gefährt, das unseren Gepäckwagen ähnelte; es handelte sich um Pater Memnar, den General des Prognositenordens (ich habe mich schlecht ausgedrückt: Selbstverständlich war nicht der Wagen der Pater und General des Ordens, sondern ein sechseckiger Computer, der auf diesem Wagengestell ruhte). Ich denke, daß ich keine Unhöflichkeit durch unverhohlenes Staunen begangen oder während der Begrüßung gestottert habe. Ich aß mit Verlegenheit, aber ich mußte es tun, weil mein Organismus es verlangte. Um mich zu animieren und zu ermutigen, trank der ehrenwerte Prior während der Mahlzeit ununterbrochen Wasser in kleinen Schlückchen, und das gar aus zwei Kristallkannen zugleich. Pater Memnar hingegen brummte nur leise vor sich hin; ich dachte mir, daß er Gebete murmelte, aber als das Gespräch wieder auf die Theologie kam, erwies es sich, daß ich mich geirrt hatte.

»Ich bin gläubig«, sagte Pater Memnar zu mir, »und wenn mein Glaube begründet ist, so weiß das der, an den ich glaube, auch dann, wenn ich keine offiziellen Erklärungen abgebe. Der Geist erzeugt in der Geschichte verschiedene Modelle des Gottes und hält jedes einzelne für das richtige,

was ein Fehler ist, denn das Modellieren ist eine Kodifikation, und ein kodifiziertes Geheimnis hört auf, ein Geheimnis zu sein. Die Dogmen scheinen nur am Anfang des Weges in die zivilisatorische Ferne ewig zu sein. Zunächst hatte man sich Gott als einen strengen Vater vorgestellt, dann als einen Hirten und Züchter, dann als einen Künstler, der in das Geschaffene verliebt ist, also sollten die Menschen demgemäß die Rolle einer artigen Kinderschar spielen, dann gehorsame Schäfchen und schließlich die begeisterte Claque Gottes. Daher ist es eine Kinderei, anzunehmen, daß Gott deshalb etwas geschaffen habe, damit das Erschaffene ihm von früh bis spät schmeichele, damit es ihn im vorhinein dafür liebe, was *dort* sein wird, wenn das nicht gefällt, was *hier* ist, als sei er ein Virtuose und bereite für immer neue Gebetsbravos ewige Decapos des Lebens nach der zeitlichen Darbietung vor und hebe sich somit die beste Nummer für die Zeit nach dem Niedergehen des tödlichen Vorhangs auf. Diese theatralische Version der Theodizee ist unsere entlegene Vergangenheit.
Wenn Gott allwissend ist, dann weiß er alles über mich, und das seit unendlich langer Zeit, bevor ich aus dem Nichtsein aufgetaucht bin. Er weiß auch, was er über meine und deine Angst oder Erwartung bestimmen wird, denn er hat auch hinsichtlich aller eigenen künftigen Entscheidungen genaue Kenntnis: Im entgegengesetzten Fall gäbe es kein Allwissen. Es gibt für ihn keinen Unterschied zwischen dem Denken eines Höhlenbewohners und dem des Geistes, den die Ingenieure in einer Milliarde Jahren dort erbauen werden, wo heute nur Lava und Flammen sind. Ich weiß nicht, warum die äußere Form der Glaubensbekenntnisse für ihn von besonderem Wert sein sollte, ja selbst die Frage, ob jemand ihn anbetet oder Unwillen gegen ihn hegt. Wir halten ihn nicht für einen Produzenten, der von seinem Produkt Billigung erwartet, denn die Geschichte hat uns dorthin geführt, wo sich die Authentizität des Denkens durch nichts

vom künstlich entfachten Denken unterscheidet, was bedeutet, daß es keinen Unterschied zwischen dem Künstlichen und dem Natürlichen gibt; diese Grenze liegt bereits außerhalb. Ich bitte dich, daran zu denken, daß wir beliebige Personen und Denkweisen schaffen können. Wir könnten zum Beispiel Wesen entstehen lassen, die eine mystische Ekstase aus dem Sein schöpfen, sei es mit der Methode der Kristallisation, der Klonbildung oder mit hundert anderen Methoden, und in ihrer an die Transzendenz gerichteten Bewunderung wäre gewissermaßen die Absicht verwirklicht, die den einstigen Stoßgebeten eigen war. Aber eine solche Vervielfältigung von Gläubigen müßte uns wie eitler Hohn vorkommen. Bedenke, daß wir nicht gegen Mauern anrennen, die gegen unsere Wünsche durch körperliche und angeborene Beschränkungen errichtet worden sind, weil wir sie zertrümmert haben und in den Raum absoluter kreativer Freiheit getreten sind. Ein Kind kann jetzt einen Toten wiedererwecken, kann Staub und Schrott Geist einflößen, kann Sonnen zerstören und entfachen, denn solche Techniken gibt es – der Umstand hingegen, daß nicht ein jeder Zutritt zu ihnen hat, ist, wie du wohl begreifen wirst, kein Problem für das theologische Denken. Die Grenze des Handelns, die durch den Buchstaben der Schriften gesetzt worden war, wurde erreicht und damit übertreten. Die Grausamkeiten der alten Beschränkungen wurden durch die Grausamkeit ihres völligen Fehlens ersetzt. Wir glauben nicht, daß der Schöpfer seine Liebe zu uns hinter der Maske dieser beiden alternativen Qualen verbirgt und uns deshalb harten Prüfungen unterzieht, damit er schwieriger zu erraten sei; und die Aufgabe der Kirche liegt nicht darin, daß sie beide Niederlagen – die der Sklaverei und die der Freiheit – als Wechsel auf die Offenbarung bezeichnet, die die himmlische Buchhaltung mit einem Überschuß decken wird. Die Vision des Himmels als Zahlkasse und der Hölle als Gefängnis für zahlungsunfähige Schuldner ist in der Glaubensgeschichte eine zeitweilige Sinnestäuschung. Die Theodizee ist kein sophistisches Praktikantentum der Verteidigung des Herrgotts und der Glaube auch keine Ermutigung, daß es am Ende schon irgendwie gehen wird. Die Kirche ändert sich, und der Glaube ändert sich; beide nämlich sind in der Geschichte gelagert: man muß also das Kommende vorwegnehmen, und eben dieser Aufgabe dient mein Orden.«

Diese Worte verwirrten mich gehörig. Ich fragte, wie denn die duistische Theologie das, was auf dem Planeten geschehe (wohl doch nichts Gutes, obwohl ich das nicht genau wüßte, da ich in der Lektüre erst bis zum 26. Jahrhundert gekommen sei), mit der offenbarten Schrift (von der ich keine Kenntnis hätte) in Einklang bringe.

Pater Memnar antwortete mir darauf, während der Prior schwieg: »Der Glaube ist absolut notwendig und zugleich völlig unmöglich. Unmöglich ist er, wenn er ein für allemal gültig sein soll, denn es gibt kein solches Dogma, in dem sich das Denken mit der Gewißheit verwurzeln kann, daß es für immer geschehe. Wir haben die Heilige Schrift fünfundzwanzig Jahrhunderte hindurch mit der Taktik elastischer Rückzüge verteidigt, mit immer vageren Interpretationen des Buchstabens – so lange, bis wir verloren hatten. Wir haben keine Buchhaltervisionen von der Transzendenz mehr, Gott ist weder ein Tyrann noch ein Hirte, auch kein Künstler, kein Polizist, kein Hauptbuchhalter des Daseins. Der Glaube an Gott muß sich jeglicher Interessiertheit entäußern, allein schon dadurch, daß ihn niemals etwas honorieren wird. Wenn es sich erweisen sollte, daß Gott imstande ist, das zu bewirken, was im Widerspruch zu den Sinnen und der Logik steht, wird das eine düstere Überraschung sein. Er war es doch – wer denn sonst? –, der uns die Formen des logischen Denkens gegeben hat, und außer diesem Denken besitzen wir nichts zum Erkennen. Wie können wir also behaupten, daß der Glaubensakt ein Akt der Entäußerung des logischen Verstandes sei? Wozu denn erst den Verstand geben, wenn man ihm dann mit Widersprüchen, die er selbst auf seinem Weg findet, hohnspricht? Um sich in Geheimnisse und Rätsel zu hüllen? Um uns zuerst zu gestatten, die Diagnose zu stellen, daß es *dort* nichts gibt, und dann, wie ein Falschspieler, der eine Karte aus dem Ärmel zieht, das Paradies hervorzuholen? So denken wir nicht. Deshalb verlangen wir von Gott keine Leistungen auf Grund unseres Glaubens; wir stellen keine Ansprüche an ihn, denn wir haben die Theodizee begraben, die sich auf das Modell einer Handelstransaktion und den Austausch von Dienstleistungen stützte: ›Ich rufe dich ins Sein, du wirst mir dienen und mich preisen.‹«

Unter diesen Umständen fragte ich immer hartnäckiger, was sie, die Mönche und Theologen, denn eigentlich täten, wie sie sich zu Gott stellten, wenn sie weder die Dogmatik, die Liturgie noch den Gottesdienst praktizierten, wenn ich sie richtig verstanden hätte.

»Da wir im Grunde nichts mehr haben«, erwiderte der General der Prognositen, »haben wir alles. Lies, lieber Ankömmling, die weiteren Bände der dychthonischen Geschichte, damit du begreifst, was es eigentlich bedeutet, völlige Freiheit in der Sphäre der Körper- und Geistesverwaltung zu erlangen, die beide biotische Revolutionen mit sich gebracht haben. Ich halte es für überaus wahrscheinlich, daß dich die hier sichtbare Lage in der Tiefe deiner Seele belustigt, denn Wesen wie du, die Blut vom Blute und Knochen vom Knochen entstanden sind, die die volle Gewalt über sich besitzen, haben *eben dadurch*, daß sie bereits den Glauben wie eine Lampe in sich *löschen* und *entfachen* können, den Glauben verloren. Übernommen haben ihn ihre Werkzeuge, die deshalb denken konnten, weil sie in einer gewissen Phase der industriellen Entwicklung notwendig waren. Gegenwärtig sind wir schon überflüssig, und eben wir, die wir von ihrem Standpunkt dort oben

Schrott sind – wir glauben. Sie tolerieren uns, denn sie haben wichtigere Dinge auf ihren Wämpen, aber von der Obrigkeit ist uns alles gestattet mit Ausnahme des Glaubens.«
»Das ist sehr sonderbar«, sagte ich. »Man verbietet euch den Glauben? Warum?«
»Das ist sehr einfach. Der Glaube ist das einzige, das man einer bewußten Existenz nicht wegnehmen kann, solange sie bewußt darin verharrt. Die Obrigkeit könnte uns nicht nur zerschmettern, sondern auch so umformen, daß wir nach der Umprogrammierung nicht mehr glauben – sie tut das nicht, sicherlich weil sie uns geringschätzt und verachtet oder aber aus Gleichgültigkeit. Sie lechzt nach direkter Herrschaft, denn jede Bresche in dieser Herrschaft würde sie für eine Einschränkung halten. Deshalb müssen wir uns mit unserem Glauben verbergen. Du hast nach seinem Wesen gefragt. Er ist, dieser unser Glaube – wie soll ich dir das sagen –, völlig nackt und völlig wehrlos. Wir hegen keine Hoffnungen, wir verlangen nichts, wir rechnen mit nichts, wir glauben einfach nur.
Stelle mir bitte keine weiteren Fragen, sondern bedenke lieber, was ein solcher Glaube bedeutet. Wenn jemand aus irgendwelchen Gründen und aus irgendwelchen Anlässen gläubig ist, so hört sein Glaube auf, souverän zu sein; daß zwei und zwei vier ist, weiß ich bestimmt, deshalb muß ich nicht daran glauben. Aber ich weiß nichts darüber, wie Gott ist, deshalb kann ich nur glauben. Was gibt mir dieser Glaube? Nach früheren Überlegungen nichts. Er besänftigt nicht mehr die Angst vor dem Nichts und buhlt auch nicht um die Gunst Gottes, indem er sich zwischen der Angst vor der Verdammnis und der Hoffnung auf das Paradies an die himmlische Klinke hängt. Er beruhigt nicht den Verstand, der durch die Widersprüche des Daseins gequält ist, er wattiert nicht seine Kanten – ich sage dir: Er ist zu nichts nütze! Das bedeutet, daß er keiner Sache dient. Wir dürfen

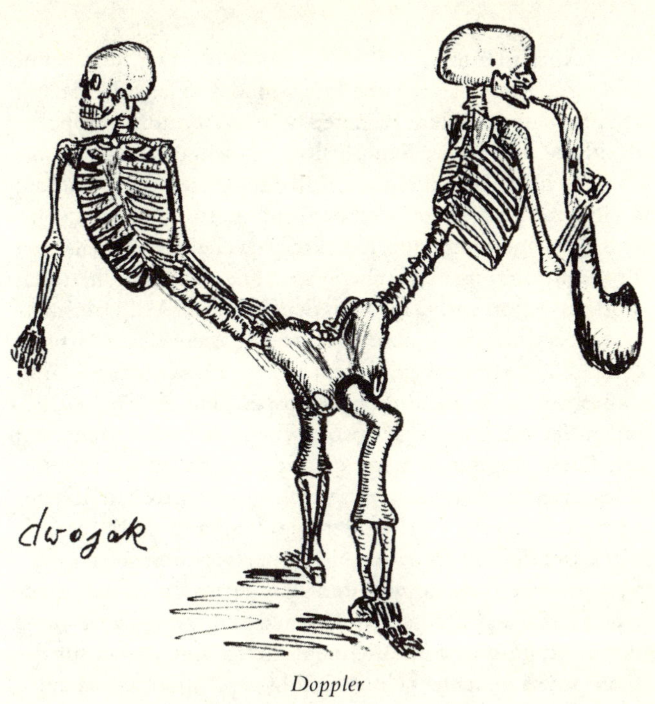

Doppler

nicht einmal verkünden, daß wir etwa deshalb glauben, weil dieser Glaube zur Absurdität führe, denn wer so spricht, verkündet damit die Überzeugung, daß er zwischen dem, was absurd und was nicht absurd ist, genau unterscheiden kann und daß er sich deshalb selbst für das Absurde ausspricht, weil nach seiner Meinung Gott auf dieser Seite steht. Wir reden nicht so. Unser Glaubensakt liegt weder im Gebet noch in der Danksagung, auch nicht in der Demut oder in der Kühnheit, er *besteht* einfach, und weiter läßt sich nichts über ihn sagen.«

Verblüfft über das, was ich zu hören bekam, kehrte ich in die Zelle zurück und las weiter, nunmehr den nächsten Band der dychthonischen Geschichte. Er beschrieb die Ära der Zentralisierung des Körperformismus. Der Sompsuter betätigte sich zunächst zur allgemeinen Zufriedenheit, dann aber tauchten auf dem Planeten neue Wesen auf – doppelte, dreifache, vierfache, dann achtfache, schließlich auch solche, die überhaupt nicht in zählbarer Weise enden wollten, weil ihnen während des Lebens immer etwas Neues wuchs. Das war eine Folge von Defekten, das heißt einer falschen Programmierung, einfach gesagt: Die Maschine hatte zu stottern begonnen. Da jedoch der Kult ihrer Vollkommenheit herrschte, versuchte man sogar, diese automorphen Entstellungen zu loben, indem man zum Beispiel erklärte, daß eben das unaufhörliche Knospen und Aufspalten der eigentliche Ausdruck der proteischen Natur des Menschen sei. Dieses Preisen brachte es mit sich, daß die Ausbesserungsarbeiten verspätet einsetzten, und führte zur Entstehung sogenannter Nichtender oder Penter (poly N-ter), die die Orientierung im eigenen Körper verloren, weil es davon so viele gab; sie verloren sich darin, indem sie sogenannte Knötel bildeten; manchmal konnte man sie ohne den Rettungsdienst gar nicht entwirren. Die Reparatur des Computers brachte keinen Erfolg – »Kaputter« genannt, wurde er schließlich in die Luft gesprengt. Die Erleichterung, die danach herrschte, währte nicht lange, denn die bedrückende Frage, was weiter mit dem Körper geschehen sollte, stellte sich immer wieder.

Zum erstenmal fragten damals schüchterne Stimmen, ob es sich nicht lohnen würde, zum alten Aussehen zurückzukehren, aber sie wurden als reaktionär verurteilt. In den Wahlen des Jahres 2520 siegten die »Belieber« oder Relativisten, denn ihr demagogisches Programm setzte sich durch, wonach jeder so aussehen möge, wie er es wünsche; Beschränkungen des Aussehens sollten nur funktionell sein: Der Bezirkskörperarchitekt bestätigte die Projekte, die für ein leistungsfähiges Existieren geeignet waren, und um den Rest kümmerte er sich nicht. Diese Projekte warf der BÜPROKÖPS

Dreierin mit Kind

in wahren Lawinen auf den Markt. Die Historiker bezeichnen die Periode der Automorphie unter dem Sompsuter als die Epoche der Zentralisierung und die späteren Jahre – als Reprivatisierung.
Der Umstand, daß das individuelle Aussehen der privaten Initiative überlassen wurde, führte nach einigen Dekaden zu einer neuen Krise. Allerdings verkündeten bereits einige Philosophen folgendes: Je größer der Fortschritt ist, desto mehr Krisen gibt es, und wenn es an Krisen fehlen sollte, müßte man sie gar auslösen, denn sie aktivieren, vereinen, wecken den schöpferischen Eifer und Kampfeswillen und

verbinden geistig sowie materiell – mit einem Wort, sie regen die Gesellschaft zur Zusammenarbeit an, und wenn es an ihnen gebricht, dann grassieren Stagnation, Marasmus und andere Zerfallserscheinungen. Diese Anschauungen vertrat die Schule der sogenannten Optisemisten, das heißt die Philosophen, die aus der pessimistischen Einschätzung der Wirklichkeit Optimismus für die Zukunft schöpften.

Die Periode der privaten Initiative des Körperwesens währte ein Dreivierteljahrhundert. Zunächst genoß man die wiedergewonnene Freiheit der Automorphie in vollen Zügen, wieder ging die Jugend voran mit den Keuchern und den Lärmern der Burschen, mit den Ziergliedern der Mädchen, aber bald traten Reibungen zwischen den Generationen auf, denn es kam zu Konflikten unter dem Zeichen der Askese. Die jungen Leute warfen den älteren Lebensgier vor, ein passives, rein konsumptionelles Verhältnis zum Körper, seichten Hedonismus, vulgären Wettlauf nach Sinnenlust, und nahmen, um sich von ihnen zu unterscheiden, absichtlich abscheuliche Formen an, die höchst unbequem, geradezu scheußlich waren (Spreizer, Gweidler). Sie demonstrierten Verachtung gegenüber jeglicher Utilität und brachten sich Augen unter den Achseln an, während das junge biotische Aktiv zahllose gezüchtete Klangorgane benutzte (Trömmler, Harfensträhner, Gulgongs, Mandolklimper). Es wurden Massenbrüllstunden organisiert, bei denen die Solisten, die man Nachtigeiler nannte, die begeisterte Menge in krampfartige Zuckungen versetzten. Dann kam die Mode oder vielmehr die Manie auf, lange Greifarme zu tragen, die in ihrem Kaliber und in der Greifkraft einer Eskalation nach dem typisch jugendlichen, brüstenden Prinzip »Ich werd's dir zeigen!« unterlagen. Da aber niemand diese Schlangengeflechte selbst tragen konnte, fügte man sich selbst sogenannte Folger (Schwanzträger) bei, das heißt einen selbstschreitenden Behälter, der aus dem Kreuz herauswuchs und auf zwei festen Waden die Last der

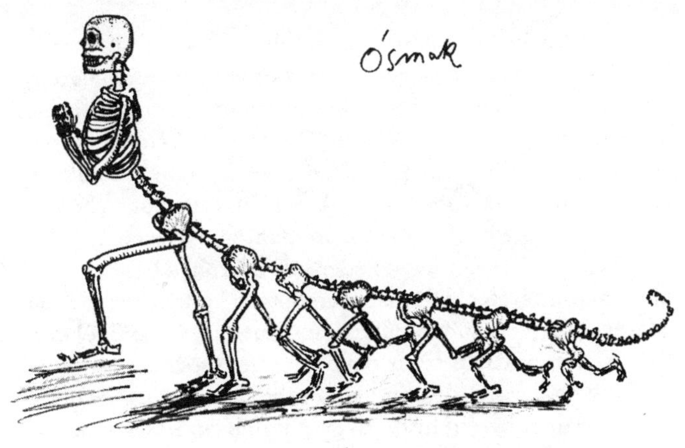

Achter

Greifarme hinter ihrem Eigentümer herschleppte. Ich fand in dem Lehrbuch Holzschnitte, die die Stutzer zeigten, hinter denen die Folger die Greifarmbündel auf der Promenade hertrugen; das war schon der Niedergang der Manifestation und eigentlich ihr völliger Zusammenbruch, denn sie verfolgte keine eigenen Ziele, sondern war lediglich eine revoltierende Reaktion auf den orgiastischen Barock der Epoche. Dieser Barock hatte seine Apologeten und Theoretiker, die verkündeten, daß es den Körper deshalb gäbe, damit man die größte Menge an Annehmlichkeiten an vielen Stellen auf einmal haben könne. Merg Barb, sein führender Vertreter, erläuterte, daß die Natur die Zentren der angenehmen Empfindungen im Körper – übrigens recht geizig – deshalb angebracht habe, damit er leben könne; daher sei nach ihrem Gebot keine Empfindung autonom, sondern eine jede diene einem bestimmten Ziel: sei es, um in der Nachkommenschaft die Fortsetzung der Art sicherzustellen und so weiter. Mit diesem aufgezwungenen Pragmatismus müsse man radikal brechen; die bisherige Passivität bei der Projektierung der Körper sei ein Symptom des Mangels an

perspektivischer Phantasie; die lukullischen oder erotischen Genüsse seien ein klägliches Nebenprodukt der Befriedigung angeborener Instinkte, das heißt der Tyrannei der Natur; die Befreiung des Geschlechts, deren Zeugnis die Ektogenese sei, genüge nicht, denn der Sex habe weder eine erhebliche kombinatorische noch konstruktive Zukunft vor sich; was es dort auszudenken gebe, habe man längst verwirklicht, und nicht darin liege der Sinn der automorphen Freiheit, daß sie geradlinig dies oder jenes erweitere, indem sie einfach plagierende Vergrößerungen von sexuellem Gerümpel mache. Man müsse sich völlig neue Organe ausdenken, die ausschließlich darum funktionieren sollten, damit ihr Besitzer es gut, immer besser, lustvoll, geradezu himmlisch habe.
Barb wurde von einer Gruppe junger fähiger Projektanten aus dem BÜPROKÖPS unterstützt, die das Rüpsen und das Handen erfanden; man verkündete sie mit großem Aufwand in Reklameschriften, die garantierten, daß die früheren Freuden des Magens oder Geschlechts ein dümmliches In-der-Nase-Bohren im Vergleich zum Rüpsen und zum Handen seien; in die Hirne wurden Zentren des ekstatischen Empfindens eingebaut, die speziell von den Ingenieuren der Nervenwege programmiert wurden, wobei man sie etagenförmig einrichtete. So entstand der Hande- und der Rüpsetrieb sowie die diesen Instinkten eigentümlichen Tätigkeiten mit einer überaus reichen und differenzierten Skala, denn man konnte abwechselnd oder gleichzeitig, solo, im Duett, im Terzett, und dann, nach dem Anstückeln der Rastler, auch in Gruppen von mehreren Dutzend Personen rüpsen und handen. Es entstanden auch neue Kunstarten, denn es tauchten Artisten auf, die rüpsten und handeten, aber auch das war noch nicht alles; gegen Ende des 26. Jahrhunderts erschienen Barockformen von Zungentretern, große Erfolge hatte ein Fersenbeißer, und der berühmte Ondur Steredon, der gleichzeitig handen, rüpsen und Mandel spielen konnte, während er mit Wirbelflügeln flog, wurde von der Menge vergöttert.

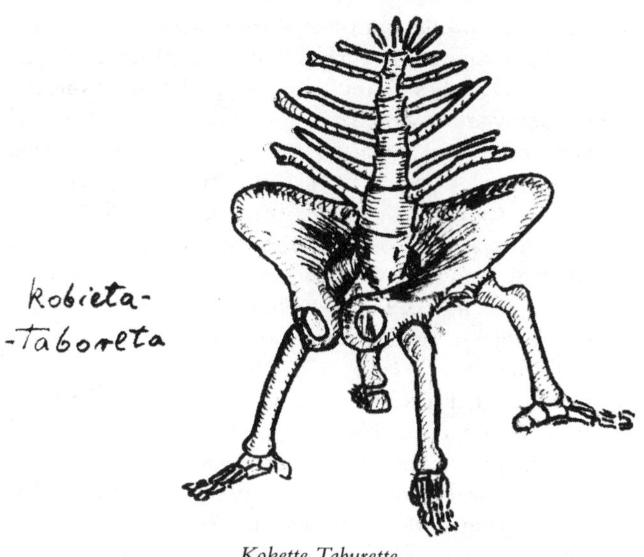

Kokette Taburette

Auf dem Höhepunkt der Barockperiode kam der Sex aus der Mode; ihn pflegten nur kleine Vereinigungen, die der Komassaten und der Separatisten. Die Separatisten, die die Zügellosigkeit befehdeten, vertraten die Ansicht, daß es sich nicht schicke, mit demselben Mund Kohl zu essen, mit dem man den Geliebten küsse. Unerläßlich sei ein besonderer, der sogenannte platonische Mund, und am besten wäre es, wenn man gleich einen ganzen Satz davon hätte, je nach Bestimmung (für Verwandte, Bekannte und für die auserwählte Person). Die Komassaten, die dem Funktionalismus huldigten, wirkten im umgekehrten Sinne, sie verbanden alles, was sich verbinden ließ, zur Vereinfachung des Organismus und des Lebens. Der Niedergang dieses Stils, wie gewöhnlich extravagant und wunderlich, schuf so eigenartige Gestalten wie die kokette Taburette und den Sechsling, der an einen Zentauren erinnerte, aber statt Hufe vier nackte Füße hatte, die mit den Zehen einander zugekehrt waren: Man nannte ihn auch Stampfer, nach einem Tanz, bei dem energisches Stampfen ein Grundelement bildete. Jedoch der Markt zeigte Sättigung und Ermüdung. Es fiel schwer, mit einem neuartigen Körper aufzufallen; man benutzte Ohrenklappen aus natürlichem Horn; Ohrmuscheln, die stigmatische Bilder durchscheinen ließen, fächelten mit blassem Rosa die Wangen der Damen aus der Gesellschaft; und man versuchte, auf gekrümmten Quasibeinen zu gehen. BÜPROKÖPS lieferte aus purer Trägheit weitere Projekte, man spürte jedoch das nahende Ende dieser Formation.

Vertieft in die Lektüre, war ich inmitten der Bücher, in dem Licht der Lampen, die über mir an der Decke herumkrochen, eingenickt, ohne zu wissen, wann. Erst der ferne Klang der Morgenglocken weckte mich. Sogleich erschien auch mein junger Mönch, um zu fragen, ob ich vielleicht eine Abwechslung wünsche – wenn ja, so bitte der Prior, daß ich ihn bei seiner Rundreise durch die ganze Diözese an der Seite des Paters Memnar begleite. Die Aussicht, die finsteren Katakomben zu verlassen, erfreute mich, daher gab ich meine Zustimmung.

Die Rundreise sah indes anders aus, als ich sie mir vorgestellt hatte. An die Oberfläche gelangten wir überhaupt nicht; die Mönche hatten niedrige Lasttiere für den Weg hergerichtet, die bis zur Erde mit Tüchern, grau wie ihre Kutten, zugedeckt waren; sie setzten sich ohne Sattel darauf, und so zuckelten wir langsam durch den unterirdischen Gang. Das waren, wie ich schon vermutet hatte, und diese Vermutung fand ihre Bestätigung, seit Jahrhunderten nicht mehr benutzte Kanäle der Metropole, die sich hoch über uns mit einem guten Tausend halbverfallener Hochhäuser ausbreitete. Die rhythmischen Bewegungen meines Reittieres hatten etwas Wunderliches an sich; ich gewahrte auch unter dem Stoff, der es bedeckte, keine Spur von einem Kopf;

nachdem ich diskret unter das Leinen geschaut hatte, überzeugte ich mich, daß es eine Maschine war, eine Art vierbeiniger Roboter, überaus primitiv; bis zum Mittag hatten wir nicht einmal zwanzig Meilen zurückgelegt. Es fiel übrigens schwer, sich über die Länge des zurückgelegten Weges zu orientieren, er schlängelte sich nämlich durch das Labyrinth der Kanäle, schwach erhellt von Lampen, die in kleiner Schar über uns hochflatterten oder gegen die gewölbte Decke schlugen und an die Spitze der Kolonne eilten, wohin man sie durch Schnalzen lockte.

Endlich erreichten wir den Sitz der Prognositenmönche, wo wir mit Ehren empfangen wurden, vor allem ich stand im Mittelpunkt der allgemeinen Aufmerksamkeit. Da der Möbelwald weit entfernt war, mußten sich die Prognositenpater besonders tummeln, um meinetwegen einen anständigen Imbiß zu bereiten. Ihn lieferten die Magazine der verlassenen Metropole, in Gestalt von Tüten mit Keimlingen; man stellte Schüsseln vor mich hin, die eine leer, die andere voll Wasser, und ich konnte mich zum erstenmal von der Wirkung der Produkte der biotischen Zivilisation überzeugen.

Die Mönche entschuldigten sich bei mir wegen der fehlenden Suppe; der Mönch, der durch einen Kanalisationsschacht an die Oberfläche der Erde geschickt worden war, hatte es einfach nicht verstanden, die richtige Tüte zu finden; mit dem Kotelett jedoch gab es keine Panne: Der Keimling, mit einigen Löffeln Wasser übergossen, schwoll an und verflachte, so daß ich nach einer Weile eine köstlich gebräunte Kalbsscheibe vor mir hatte, ganz in Butter, die zischend vor Wärme aus den Fleischporen drang. In dem Kaufhaus, aus dem diese Spezialität stammte, mußten chaotische Zustände herrschen, denn zwischen die Päckchen mit gastronomischen Keimlingen waren andere geraten: Anstelle des Nachtisches wuchs auf meinem Teller ein Magnetophon, aber es eignete sich auch nicht für den Gebrauch, weil es an den Spulen Gummibänder von Unterhosen hatte. Man erklärte mir, das sei ein Effekt der Hybridisierung, die immer vorkomme, denn unbeaufsichtigte Automaten produzierten Keimlinge von immer schlechterer Qualität; diese biotischen Produkte können sich kreuzen, und es entstehen auf diese Weise die unheimlichsten Mischungen. Bei dieser Gelegenheit kam ich endlich dem Geheimnis auf die Spur, was es mit den wilden Möbeln auf sich hatte.

Die ehrwürdigen Pater wollten einen der jüngeren Mönche sogleich ein zweites Mal in die Ruinen der Stadt schicken, damit er mir etwas zum Nachtisch holte, aber ich widersetzte mich dem eifrig. Mir war an einem Gespräch weit mehr gelegen als an einem Nachtisch.

Das Refektorium, einst eine große Kläranlage der städtischen Kanalisation, war peinlich sauber; weißer Sand bedeckte den Boden, zahlreiche Lampen brannten, sie waren bei den Prognositen übrigens von anderer Art als bei den Destruktianern. Sie blinzelten nämlich und waren gestreift, als stammten sie von gewaltig vergrößerten Wespen. Wir saßen an einem langen Tisch, abwechselnd ein Destruktianer und ein Prognosit auf seinem Chassis; ich war maßlos verlegen, weil ich als einziger ein entblößtes Gesicht und bloße Hände hatte – in Gegenwart der verhüllten Gestalten der Roboterpater in ihren Wergkutten mit Glas in den Augenöffnungen und in Gegenwart der Computermönche, die mit ihren kantigen Formen nicht im geringsten an Lebewesen erinnerten; einige von ihnen waren unter dem Tisch durch Kabelschnüre verbunden, aber ich wagte nicht, nach dem Sinn dieser Verbindungen zu fragen.

Das Gespräch, das sich bei diesem einsamen Mittagessen entspann – denn ich allein nahm es ein –, hatte sich wieder der transzenentalen Thematik zugewandt. Ich wollte erfahren, was die letzten Gläubigen Dychthoniens über die Fragen von Gut und Böse, Gott und Teufel dachten, und als ich diese Frage stellte, trat eine längere Stille ein. Nur die gestreiften Lampen summten leise in den Ecken des Refektoriums, vielleicht war das auch der Strom der Prognositenpater.

Schließlich ergriff ein mir gegenübersitzender älterer Computer das Wort, der, wie ich später von Pater Darg erfuhr, Religionshistoriker war.

»Das Ziel fest vor Augen, würde ich unsere Anschauungen so formulieren«, sagte er. »Der Satan ist das, was wir in Gott nicht begreifen. Das bedeutet nicht, daß wir glauben, Gott selbst bilde eine Allianz des höheren und des niederen Elements, des Guten und des Bösen, der Liebe und des Hasses, der Macht des Schaffens und der Gier, etwas zu zerstören. Der Satan ist der Gedanke, daß man Gott einschränken, klassifizieren, absondern kann, indem man eine fraktionierte Destillation so durchführt, daß er das und nur das wird, was wir akzeptieren können und wovor wir uns nicht mehr schützen wollen. Dieser Gedanke läßt sich innerhalb der Geschichte nicht aufrechterhalten, denn seine unvermeidliche Konsequenz wäre die Schlußfolgerung, daß es kein anderes Wissen gibt als jenes, das vom Satan herrührt, und daß er sich so lange ausdehnt, bis er alles, was sich Wissen aneignet, vollends verschluckt hat. Und das darum, weil das Wissen nach und nach die Direktiven vernichtet, die als die offenbarten Gebote bezeichnet werden. Es gestattet zu töten, ohne daß man tötet, und zu zerstören – jedoch so, daß dieses Zerstören Neues schafft; es verflüchtigen sich durch seine Vermittlung Personen, denen Ehre gebühren sollte, so zum Beispiel der Vater und die Mutter, und es stürzen dadurch Dogmen ein, wie das von der übernatürlichen unbefleckten Empfängnis und von der unsterblichen Seele.

Wenn das Versuchungen des Teufels gewesen sind, dann ist alles, was man berührt, eine teuflische Versuchung, und man könnte nicht einmal behaupten, daß der Teufel die

Zivilisation verschlungen habe, nicht aber die Kirche, weil die Kirche nach und nach, obwohl widerstrebend, die Zustimmung zum Erlangen des Wissens erteilt, und es gibt auf diesem Wege keine Stelle, an der sie sagen könnte »bis hierher und nicht weiter!«, denn niemand, sei es innerhalb oder außerhalb der Kirche, vermag zu wissen, worin die Folgen des heute Erkannten bestehen werden. Die Kirche kann dem Fortschritt von Zeit zu Zeit Schlachten liefern, aber wenn sie eine Front verteidigt, sagen wir die Unantastbarkeit der Empfängnis, vollzieht der Fortschritt, anstatt einen frontalen Kampf zu führen, ein Umkreisungsmanöver, mit dem er den Sinn der verteidigten Position liquidiert. Vor tausend Jahren verteidigte unsere Kirche die Mutterschaft, und da liquidierte das Wissen den Begriff der Mutter, indem es zunächst den Akt der Mutterschaft in zwei Teile spaltete, indem es ihn dann aus dem Körper verlegte, nach außen also, und indem es schließlich eine Synthese des Keims vollzog, so daß nach drei Jahrhunderten ihre Verteidigung jeglichen Sinn verloren hatte. Damals mußte die Kirche der Befruchtung aus der Entfernung und der Empfängnis im Laboratorium zustimmen, der Geburt in einer Maschine und dem Geist in der Maschine und der Maschine selbst, die der Sakramente teilhaftig wurde, und dem Verschwinden des Unterschieds zwischen dem natürlich geschaffenen und dem künstlichen Sein. Beharrte sie auf ihrem Standpunkt, dann müßte sie eines Tages erkennen, daß es keinen anderen Gott als den Satan gibt.
Um Gott zu retten, haben wir die Historizität des Satans anerkannt, das heißt seine Evolution als die sich in der Zeit verändernde Projektion all jener Merkmale, die uns im Erschaffenen zugleich entsetzen und niederstauchen. Der Satan ist der naive Gedanke, daß man zwischen Gott und Nichtgott unterscheiden könne wie zwischen Tag und Nacht. Gott ist ein Geheimnis, der Satan besteht in den zu einer Person vereinigten, teilweise abgesonderten Zügen

dieses Geheimnisses. Es gibt für uns keinen überhistorischen Satan. Das einzige, was an ihm dauerhaft ist und was für eine Person gehalten wird, rührt von der Freiheit her. Du aber, lieber Gast und Ankömmling aus fernen Gegenden, mußt, wenn du mir zuhörst, die Kategorien deines Denkens vergessen, das sich in einer anderen Geschichte als der unsrigen geformt hat – Freiheit bedeutet für uns etwas ganz anderes als für dich. Sie bedeutet den Wegfall jeglicher Beschränkungen des Handelns, das heißt das Verschwinden all jener Widerstände, denen das Leben in seinem verstandesmäßigen Dämmerzustand begegnet. Diese Widerstände formen den Verstand, denn sie holen ihn aus den vegetativen Abgründen an die Oberfläche. Da sich diese Widerstände recht spürbar bemerkbar machen, träumt die historische Vernunft von der Fülle der Freiheiten als der Erfüllung, und deshalb strebt sie eben mit zivilisatorischen Schritten in diese Richtung. Es gibt da den Schritt der Meißelung steinerner Urnen und den Schritt der Wiedererweckung von den Toten, und es gibt den Schritt des Verlöschens der Sonnen, und zwischen ihnen gibt es keine unüberwundenen Hindernisse.

Die Freiheit, von der ich spreche, ist nicht der bescheidene Zustand, den sich Menschen wünschen, wenn andere sie peinigen. Dann ist nämlich der Mensch für den Menschen das Gitter, die Wand, das Netz und der Abgrund. Die Freiheit, die ich meine, liegt weiter, sie erstreckt sich hinter dieser Zone der wechselseitigen sozialen Behinderungen, denn durch diese Zone kann man unversehrt hindurchgehen, aber dann, auf der Suche nach neuen Widerständen, weil Menschen sie für Menschen nicht mehr errichten, findet man sie in der Welt und in sich selbst wieder und wählt sich und die Welt zum Widersacher, um mit beiden zu kämpfen und um sich beide unterzuordnen. Und wenn auch das gelingt, klafft vor uns der Abgrund der Freiheit, denn je mehr man tun kann, desto weniger weiß man, was zu tun ist. Zunächst lockt die Klugheit, aber aus dem Wasserkrug in der Wüste wird sie zu einem Krug mitten in einem See, wo sie aneigbar ist wie Wasser und wo man Eisenschrott und Froschlaich mit ihr ausstatten kann.

Wenn aber das Streben nach Weisheit würdig erscheint, so gibt es für die Flucht aus der Weisheit keine würdigen Argumente; niemand verkündet dann nämlich laut, daß er nach Stumpfsinn lechzt, und selbst wenn er es wollte und den Mut hätte, dies zu bekennen, wie weit sollte er dann zurückweichen? Es gibt ja keine angeborenen Abgründe mehr zwischen dem Verstand und dem Unverstand, denn die Wissenschaft hat sie verquantet und aufgelöst, und deshalb wartet auch auf den Deserteur des Wissens die Freiheit, er muß nämlich eine Verkörperung wählen, die ihm zusagt, und vor ihm stehen mehr Chancen, als es Sterne am Himmel gibt. Ein schrecklich Kluger wird unter seinesgleichen zur Karikatur der Klugheit, so wie eine Bienenkönigin ohne Bienenkorb die Karikatur der Mutter wird, wenn die Unmenge Eier, die ihren Leib zum Bersten bringt, zu nichts nütze ist.

Es kommt also zur Flucht von dieser Stelle, heimlich und mit größter Scham oder gewaltsam und in größter Panik. Dort, wo jeder so sein muß, wie er ist, bleibt er auch notgedrungen bei dem Seinen. Dort, wo jeder anders sein kann, als er ist, wird er sein Schicksal mit Sprüngen existentieller Umsteigemanöver zerstückeln. Eine solche Gesellschaft gleicht von oben einem Insektenschwarm auf einer glühenden Platte. Von weitem mutet ihre Qual wie eine Farce an, denn es belustigen einen die Sprünge von der Weisheit in den Stumpfsinn und die Früchte des Verstandes, die dazu benutzt werden, auf dem Bauch wie auf einer Trommel zu spielen, auf hundert Beinen zu laufen oder Wände mit Hirn zu tapezieren. Wenn man ein geliebtes Wesen doublieren kann, gibt es keine geliebten Wesen mehr, sondern einen Hohn auf die Liebe, und wenn man jeder seine und beliebige Überzeugungen nähren kann, ist man niemand mehr und hat keine Überzeugungen. Daher geht unsere Geschichte auf den Grund und springt von diesem Grund wieder ab, wobei sie wie ein Hampelmann an einer Schnur hüpft, und deshalb wirkt sie so unsagbar komisch.

Die Obrigkeit reglementiert die Freiheit, aber sie markiert auf diese Weise unechte Grenzen, die der Aufruhr angreift, weil man einmal vollzogene Entdeckungen nicht wieder zudecken kann. Wenn ich also sage, daß der Satan die Verkörperung der Freiheit ist, so will ich damit den Gedanken ausdrücken, daß er jene Seite des Werkes Gottes darstellt, die uns am meisten als Scheideweg der Macht des Kontinuums entsetzt, an dem wir, gelähmt durch das erreichte Ziel, stehenbleiben. Gemäß dem naiven philosophischen Denken ›sollte‹ die Welt uns so beschränken, wie eine Zwangsjacke einen Verrückten einschränkt, und die zweite Stimme in der gleichen Philosophie des Seins sagt, daß diese Fesseln in uns selbst stecken ›sollten‹. Wer so spricht, der lechzt nach Grenzen der Freiheit, die entweder in der Welt oder in ihm selbst markiert werden, denn er will, daß ihn die Welt in gewissen Richtungen nicht durchläßt oder daß ihn seine eigene Natur zurückhält. Aber Gott hat uns weder die ersten noch die zweiten Grenzen gegeben. Und er hat sie nicht nur nicht gegeben, sondern er hat die Stellen geglättet, an denen wir sie einst erwartet hatten, damit wir selbst nicht wissen, daß wir gerade im Begriff sind, sie zu überschreiten.«

Ich fragte, ob daraus etwa die These resultiere, daß Gott nach den Auffassungen des Duismus identisch mit dem Satan sei. Ich beobachtete, wie eine unmerkliche Bewegung die Anwesenden erfaßte. Der Historiker schwieg, und der General des Ordens sagte: »Es ist so, wie du sagst, aber nicht so, wie du denkst. Wenn du sagst ›Gott ist Satan‹, so verleihst du diesen Worten den drohenden Sinn der Nichtswürdigkeit des Schöpfers. Was du gesagt hast, ist dann eine Unwahrheit – aber nur in deinem Munde. Wenn ich das sagte oder einer der hier anwesenden Pater, dann würden diese Worte etwas ganz anderes bedeuten. Sie würden nur bedeuten, daß es solche Gaben Gottes gibt, die wir ohne Widerstreben annehmen können, und solche, die wir nicht tragen können. Sie würden bedeuten: Gott hat uns in nichts, aber auch in gar nichts beschränkt, nicht geschmälert und nicht gefesselt. Bedenke bitte, daß die Welt, die zu lauter Gutem gezwungen ist, das gleiche Asyl der Unfreiheit ist wie die Welt, die man zu lauter Bösem zwingt. Stimmst du mir zu, Dagdor?« Der Historiker, an den diese Frage gerichtet war, bestätigte das und ergriff das Wort.

»Mir als dem Historiker der Glaubenslehren sind Theogonien bekannt, denen zufolge Gott eine nicht völlig vollkommene Welt eingerichtet habe, die jedoch in gerader oder in einer Zickzacklinie oder auch in einer Spirale zur Vollendung strebe, das heißt, mir sind Lehren bekannt, denen zufolge Gott ein sehr großes Kind ist, das Spielzeug zu seiner eigenen Freude in der ›richtigen‹ Richtung in Gang setzt. Ich kenne auch Doktrinen, die das als vollkommen bezeichnen, was schon ist, und die, damit die Rechnung dieser Vollkommenheit in der Bilanz stimmt, darin eine Korrektur vornehmen, und diese Korrektur trägt den Namen des Teufels. Aber sowohl das Modell des Seins als Spiel mit Eisenbahnen und der auseinanderschnellenden Sprungfeder des ewigen Fortschritts, der das Erschaffene immer leistungsfähiger dorthin bewegt, wo es immer besser ist, als auch das Seinsmodell, in dem die Welt ein Boxkampf des Lichten mit den Mächten des Dunklen ist, die vor dem göttlichen Ringrichter kämpfen, wie auch das Modell der Welt, in der Eingriffe durch Wunder unerläßlich sind, das heißt, wo das Erschaffene wie eine Uhr ist, die entzwei geht, und das Wunder die göttliche Pinzette, die das Sternwerk berührt, um das Erforderliche festzuschrauben, wie letztlich auch das Modell der Welt als eine schmackhafte Torte, in die Gräten teuflischer Versuchungen hineingesteckt sind – sie alle stellen Bilder aus einem Lesebuch der vernünftigen Gattung dar, das heißt aus einem Büchlein, das das gereifte Alter mit gerührter Melancholie, aber mit einem Achselzucken auf die Regale des Kinderzimmers stellt. Es gibt keine Dämonen, wenn man nicht die Freiheit für einen Dämon hält; es gibt eine Welt, und es gibt einen Gott, und es gibt einen Glauben, lieber Gast, der Rest ist Schweigen.«

Ich wollte fragen, worin nach ihrer Auffassung die positiven Merkmale Gottes und der Welt bestünden, denn bisher hatte ich immer nur gehört, was Gott *nicht* sei, und nach der Darlegung zum Thema der Eschatologie der Freiheit brummte und schwirrte mir der Kopf – aber wir mußten ja zu unserem weiteren Weg aufbrechen. Als wir uns wieder auf unseren eisernen Rossen wiegten, fragte ich Pater Darg, von einem unverhofften Gedanken durchzuckt, warum sein Orden eigentlich den Namen »Destruktianer« trage.

»Das hängt mit dem Thema unseres Tischgespräches zusammen«, erwiderte er. »Dieser Name, der historischer Herkunft ist, bezeichnet die Zustimmung zum Sein als Ganzem, einem Ganzen, das von Gott herrührt, sowohl darin, was in ihm Schöpfertum ist, als auch darin, was uns als sein Gegenteil erscheint. Er bedeutet nicht«, beeilte er sich hinzuzufügen, »daß wir uns für die Zerstörung, für die Destruktion aussprechen; gewiß würde jetzt niemand den Orden so taufen, aber dieser Name ist die Frucht eines gewissen theologischen Trotzes, der die bereits überwundenen Krisen der Kirche widerspiegelt.«

Ich kniff die Augen zusammen, denn wir waren an eine Stelle gelangt, an der der Kanal durch einen Gewölbeeinsturz teilweise an die Bodenoberfläche hinausführte, und ich konnte lange nicht die Lider heben, so sehr war ich der Sonne entwöhnt. Wir befanden uns auf einer Ebene, die keinerlei Spuren von Vegetation zeigte; die Stadt stand mit der bläulichen Silhouette der Hochhäuser am Horizont, glatte, breite Straßen, die in verschiedene Richtungen führten, durchschnitten den Raum; sie schienen aus silbrigem Metall gegossen zu sein und waren völlig leer, ebenso wie der Himmel, über den nur ein paar bauchige weiße Wolken zogen.

Unsere Reittiere, die sich nun besonders unbeholfen bewegten, denn die Straße war für hohe Geschwindigkeiten geschaffen, schritten langsam, quietschend dahin, auch sie schienen von den Strahlen der Sonne geblendet zu sein, an die sie nicht gewöhnt waren. Wir näherten uns einer Wegverkürzung, die den Mönchen vertraut war, doch bevor wir die Betonrinne erreichten, die von neuem in den Boden drang, tauchte zwischen den Bogen eines Viadukts ein kleines Gebäude von smaragdener und goldener Farbe auf, sicherlich eine Tankstelle, sagte ich mir. Daneben stand ein Fahrzeug, flach wie eine große Küchenschabe; die Form war offenbar der Geschwindigkeit angepaßt. Das Gebäude hatte keine Fenster, nur halb durchsichtige Wände, durch die das Sonnenlicht in das Innere drang wie durch ein Kirchenfenster. Als unsere weit auseinandergezogene Kolonne etwa sechzig Schritt davon entfernt war, vernahm ich von dort ein so schreckliches Stöhnen und Röcheln, daß sich mir die Haare sträubten. Die Stimme – es war eine menschliche, das stand für mich fest – röchelte und stöhnte abwechselnd, und ich zweifelte nicht im geringsten daran, daß es sich um die Schreie eines Gemarterten handelte, vielleicht wurde sogar jemand umgebracht. Ich sah meine Gefährten an, aber die schenkten dem nicht die geringste Beachtung.

Ich wollte ihnen zurufen, daß wir uns beeilen sollten, aber das Entsetzen darüber, daß ihnen das Schicksal eines Gefolterten so gleichgültig sein konnte, nahm mir die Stimme, also sprang ich von dem eisernen Vierbeiner herunter und

rannte los, ohne mich umzusehen. Noch ehe ich das Gebäude erreicht hatte, trat nach einem kurzen, röchelnden Aufschrei Stille ein. Das Gebäude war ein Pavillon mit beschwingten Formen, eine Tür war nicht zu sehen; ich umkreiste ihn einmal und blieb wie angewurzelt vor einer Wand aus durchsichtigem bläulichem Glas stehen: Auf einem blutbespritzten Tisch ruhte eine nackte Gestalt zwischen irgendwelchen Apparaten, die funkelnde Röhrchen oder Zangenarme in den menschlichen Körper bohrten, der in einer so verkrampften Stellung dalag, daß ich die Arme nicht von den Beinen unterscheiden konnte. Ich sah auch den Kopf nicht oder das, was an seiner Stelle war; dieser Teil der Gestalt war von einem schweren Metallgehäuse umschlossen, das von oben heruntergelassen war, gespickt mit nadelförmigen Dornen. Aus den zahllosen Wunden des Leichnams floß kein Blut mehr, das Herz hatte zu schlagen aufgehört. An den Füßen spürte ich den von der Sonne erhitzten Sand, in meinen Ohren tönten noch immer die anklagenden Schreie dieses Dychthoniers; ich stand da, bestürzt über die Greueltat, betroffen vor Angst, völlig konsterniert angesichts dieser unbegreiflichen Szenerie, denn die Leiche war allein – ich spähte in alle Winkel dieser Stätte der maschinellen Folterung, ohne jemanden zu erblicken. Dann näherte sich mir von hinten eine Kapuzengestalt – ich spürte es eher, als ich es hörte –, und als ich aus dem Augenwinkel erkannte, daß es der Prior war, versetzte ich heiser: »Was ist das? Wer hat ihn getötet? Was . . .?«
Er verharrte wie eine Bildsäule neben mir, und mir versagte die Stimme – mir wurde bewußt, daß es ja wirklich nur eine eiserne Bildsäule war; unter der Erde hatten die verhüllten Gestalten der Mönche in ihren spitzen Kapuzen nicht so unheimlich fremd ausgesehen wie hier, im Sonnenlicht, inmitten der weißen Geometrie der Wege, vor dem klaren Hintergrund des Horizonts. Die Leiche dort, hinter der Glaswand, die sich in den Griffen des Metalls krümmte,

erschien mir nun vertraut und nah, da ich ganz allein zwischen den kalten, logischen Maschinen stand, die zu nichts anderem fähig waren als zu abstrakten Überlegungen. Mich erfaßte ein Unwillen, mehr noch, das Verlangen, mich wortlos zu entfernen, ohne sie auch nur eines Blickes zu würdigen, denn zwischen mir und ihnen hatte sich in diesem einen Augenblick ein unüberwindlicher Abgrund aufgetan. Ich blieb jedoch stehen, neben dem Prior, der schwieg, als ob er auf etwas wartete.

In dem Raum mit dem bläulichen Licht, das durch das Glas der Decke und der Wände gefiltert wurde, bewegte sich etwas. Die funkelnden Arme der Geräte begannen sich über dem Erstarrten zu regen. Sie richteten vorsichtig die Glieder des zu Tode Gemarterten und begossen seine Wunden mit einer wasserhellen Flüssigkeit, die dampfte, während sie das Blut abspülte. Der Tote ruhte jetzt flach, wie zur ewigen Ruhe gebettet, doch nun blitzten Schneiden auf, so daß ich schon glaubte, sie würden ihn sezieren, und obwohl er tot war, wollte ich doch hineinstürzen, um ihn vor der Zerstückelung zu bewahren, aber der Prior legte mir seine eiserne Hand auf die Schulter. So rührte ich mich nicht.

Die glänzende Glocke hob sich, und ich erblickte ein menschenunähnliches Gesicht; nun arbeiteten alle Maschinen gleichzeitig, und zwar so schnell, daß ich nur ein Flimmern und die Bewegung der gläsernen Pumpe über dem Tisch sah, in der rote Flüssigkeit siedete. Inmitten dieses Wirrwarrs hob und senkte sich plötzlich die Brust des Liegenden, vor meinen Augen vernarbten seine Wunden, sein ganzer Körper begann sich zu bewegen und zu strecken.

»Ist er auferstanden?« fragte ich leise.

»Ja«, erwiderte der Prior. »Um noch einmal zu sterben.«

Der Liegende sah sich um, packte mit seiner weichen, knochenlosen Hand einen Griff, der an der Seite hervorragte, und zog daran – die Glocke glitt wieder auf seinen Kopf, die schrägen Zangen stießen aus ihren Scheiden hervor, packten den Leib, und dann ertönten die gleichen Schreie wie vorher. Ich begriff so wenig von alledem, daß ich mich willenlos zu der geduldig wartenden Karawane der Verhüllten führen ließ. Wie erstarrt bestieg ich das Reittier und lauschte den Worten, die an mich gerichtet waren – der Prior erklärte mir, daß der Pavillon ein besonderer Dienstleistungsbetrieb sei, in dem man seinen eigenen Tod erleben könne. Es gehe dabei um die Empfindung möglichst erschütternder Eindrücke, die jedoch keinerlei Qualen verursachten, denn durch einen Reiztransformator verwandelte sich der Schmerz in unsagbare Wollust. All das rühre daher, daß den Dychthoniern dank gewisser Typen der Automorphie sogar Todesqualen lieb seien, und wem das eine Mal nicht genüge, der könne sich nach der Wiedererweckung erneut totschlagen lassen, um die unheimliche Erschütterung ein zweites Mal zu erleben. Und in der Tat, unsere eiserne Karawane entfernte sich von diesem Ort der »Dienstleistungshinrichtung« langsam genug, so daß das Röcheln und Stöhnen des Liebhabers starker Erregung noch lange zu uns drang. Diese besondere Technik trug die Bezeichnung »Agonanie«.

Es ist eine Sache, in einem historischen Werk von blutigen Unruhen der Geschichte zu lesen, und eine andere, mit eigenen Augen auch nur einen Bruchteil davon zu sehen und zu erleben. Mir war der Aufenthalt auf der Oberfläche, in der prallen Sonne, inmitten der silbernen Bögen der Autostraßen derart vergällt, und der in der Ferne flimmernde Funke des Pavillons jagte mir solch ein Entsetzen ein, daß ich mit unsagbarer Erleichterung in die Finsternisse des Kanals hinabstieg, der uns mit kühlem, beschützendem Schweigen empfing. Der Prior ahnte wohl, wie tief meine Erschütterung war, er sagte nichts. Bis zum Abend besuchten wir noch die Einsiedelei eines Anachoreten und den Orden der »Kleinen Brüder«, der das Klarbecken der Kanäle des Villenviertels bewohnte. Schließlich, zu später nächtlicher Stunde, beendeten wir die Rundreise durch die Diözese und kehrten zum Sitz der Destruktianermönche zurück. Ihnen gegenüber empfand ich nun eine seltsame Scham, wenn ich an den Augenblick dachte, da ich so über sie erschrocken war und sie so gehaßt hatte.

Die kleine Zelle erschien mir nun wie ein trautes Zuhause; von einem fürsorglichen Mönchsbruder zubereitet, harrte meiner schon eine gespickte kalte Schublade, und nachdem ich sie rasch verschlungen hatte, schlug ich den Band der dychthonischen Geschichte auf, der sich mit der Neuzeit beschäftigte.

Das erste Kapitel berichtete von den autopsychischen Bewegungen des 29. Jahrhunderts. Die Ermüdung durch die Allveränderlichkeit war damals so groß gewesen, daß die Idee von der Abkehr vom Körper und von der Beschäftigung mit der Formung des Geistes die Gesellschaft gewissermaßen verjüngte und sie aus dem Marasmus riß. So begann die Wiedergeburt. Ihr standen die Genialiten vor, mit ihrem Plan, alle Lebenden in Weise zu verwandeln. Dieses Vorhaben entfachte im Nu einen ungeheuren Wissensdurst, es interessierte die wissenschaftliche Forschung, führte zu interstellaren Verbindungen mit anderen Zivilisationen, jedoch das lawinenhafte Anwachsen der Kenntnisse zwang zu weiteren Umgestaltungen des Körpers, denn das Wissen fand nun nicht einmal mehr im Bauch Platz; die Gesellschaft genialisierte sich zunehmend, wahre Wellen der Gelehrsamkeit umspülten den Planeten. Diese Renaissance, die den Sinn des Daseins in der Erkenntnis sah, währte siebzig Jahre. Es wimmelte von Denkern, von Professoren, Superfessoren, Ultrafessoren, schließlich auch von Kontrafessoren.

Und da es immer unbequemer wurde, das mächtiger werdende Hirn auf dem Folger mit sich herumzuschleppen, verwandelte das Leben selbst – nach einer kurzen Phase der sogenannten »Doppeltdenkenden« (sie besaßen zwei körperliche Schubkarren, einen vorderen und einen hinteren, für höhere und niedere Überlegungen) – die Genialiten in Immobilien: Jeder steckte gewissermaßen in einem Turm seiner eigenen Intelligenz, umwunden von den Schlangen der Kabel wie eine Gorgo; die Gesellschaft erinnerte an eine Pflasterscheibe wie Honig gesammelter Weisheit, in der die lebende menschliche Brut stak. Man verständigte sich ohne Leitung und stattete einander Telebesuche ab; die weitere Eskalation führte zum Konflikt der Verfechter des Vereinigens der individuellen Vorräte mit den Sammlern des Wissens, die jede Information zu ihrem Eigentum machen wollten. Es kam zu den verschiedensten Praktiken: zum Belauschen fremder Überlegungen, zum Abfangen glänzenderer Konzeptionen, zum Anlegen von Gruben unter den Türmen der Widersacher in der Philosophie und in den Künsten, zum Verfälschen der Daten, zum Anzapfen der Kabel und schließlich sogar zu Versuchen, die fremden psychischen Güter samt der Persönlichkeit ihrer Eigentümer zu annektieren.

Die Reaktion auf all dies war heftig. Unsere irdischen mittelalterlichen Stiche, die Drachen und überseeische Wundertiere darstellen, sind eine Kinderei im Vergleich zu der körperlichen Zügellosigkeit, die den Globus erfaßte. Die letzten Genialiten, halb blind von der Sonne, krochen unter den Ruinen hervor, um die Städte zu verlassen, Einreißer, Strömer und Zersplitterer grassierten in dem allgemeinen Chaos. Es entstanden Vereinigungen von Körpern und Apparaten, die im Buhlen geübt waren (Maschiner, Kahlwagen, Draisiner), höhnische Karikaturen auf die Geistlichkeit tauchten auf – Schabermönch mit Schabernonne – und sogar ein »Raupner« und ein »Bauchstier«.

Damals verbreitete sich auch das *Freisterben*, es kam zu einer tiefgreifenden Verkümmerung der Zivilisation. Horden muskulärer Würger poussierten in den Wäldern mit Kriecherinnen herum, in abgeschiedenen Trichtern lauerten

Schwabbler. Nichts zeugte mehr davon, daß der Planet einst die Wiege der Vernunft in Menschengestalt gewesen war. In den Parks, in denen Tischunkraut und wilder Tafelaufsatz wucherten, ruhten zwischen den Büschen des Tischtuchstrauchs die *Häufer*, das heißt wahre Berge atmenden Fleisches. Die meisten dieser monströsen Formen entstanden nicht durch bewußte Auswahl und Planung, sondern sie waren eine grauenvolle Folge von Defekten an körpererzeugenden Maschinen: Sie schufen nicht das, was ihnen aufgegeben worden war, sondern entartete, invalide Ungeheuer. In dieser Zeit der gesellschaftlichen *Monstrolyse*, wie Professor Grags schreibt, schien die Vorgeschichte eine wundersame Vergeltung an den späten Nachkommen zu üben, denn das, was dem ursprünglichen Vorstellungsvermögen lediglich als ein Alpdruck der Mythen erschienen war, der Begriff Grauen, wurde in der blind entfachten biotischen Maschinerie zu Fleisch.
Mit dem Beginn des 30. Jahrhunderts übernahm Dsomber Glaubon die diktatorische Gewalt über den Planeten und setzte innerhalb von zwanzig Jahren eine körperliche Vereinheitlichung, Normalisierung und Standardisierung durch, die zunächst als Erlösung betrachtet wurden. Er war ein Verfechter des aufgeklärten und humanitären Absolutismus, daher ließ er es nicht zur völligen Ausrottung der degenerierten Formen aus dem 29. Jahrhundert kommen, sondern er empfahl, sie in besonderen Reservaten zu konzentrieren; übrigens befand sich am Rande eines solchen Reservats unter den Ruinen der einstigen Provinzhauptstadt das unterirdische Kloster der Destruktianermönche, in dem ich Schutz gefunden hatte. Nach dem Beschluß D. Glaubons sollte jeder Bürger ein solcher Eingeschlechtiger sein, der von vorn und von hinten gleich aussah. Glaubon verfaßte die »Gedanken«, ein Werk, in dem er sein Programm darlegte. Er nahm der Bevölkerung das Geschlecht, weil er darin die Ursachen des Niedergangs sah; die Wol-

Dychtończyk antyzadysta (Kontestator, XXXVI wiek)

Doppelhintriger Dychthonier
(Kontestator, 36. Jahrhundert)

lustzentren beließ er seinen Untertanen nach ihrer Vergesellschaftung. Er beließ ihnen auch den Verstand, denn er wollte nicht über Schwachsinnige herrschen, sondern als Erneuerer der Zivilisation gelten.

Aber Verstand bedeutet im Grunde die Existenz verschiedener, also auch unorthodoxer Ideen. Die illegale Opposition ging in den Untergrund und widmete sich düsteren, gegen die Geschlechtslosigkeit gerichteten Orgien – das behauptete wenigstens die Regierungspresse. Glaubon verfolgte zwar die Oppositionellen nicht, aber Pater Darg versicherte mir, daß die Regierungspresse in ihrem Eifer übertrieb. Die Oppositionellen nahmen demonstrativ neue Formen an (Streifige, Hintrige), und schließlich sollen im Untergrund auch sogenannte Doppelhintrige gewirkt haben, die verkündeten, man brauche den Verstand nur, um zu begreifen, daß man sich seiner so schnell wie möglich entledigen müsse, denn er sei der Urheber aller historischen

Niederlagen. An die Stelle des Kopfes setzten sie das, was wir für sein Gegenteil halten; sie behaupteten, er sei störend, schädlich, ja banal. Den Hintrigen gefiel der Kopf nicht, also verwarfen sie ihn, und das Hirn verlegten sie nach unten. Von dort schaute es mit einem Bauchnabelauge in die Welt und mit einem zweiten, das hinten angebracht war, noch etwas tiefer.

Nachdem eine gewisse Ordnung eingeführt worden war, verkündete Glaubon den Plan einer tausendjährigen Stabilisierung der Gesellschaft dank der sogenannten Hedalgetik. Ihrer Einführung ging eine große Pressekampagne unter der Losung »Der Sex im Dienste der Arbeit!« voraus. Jedem Bürger wurde ein Arbeitsplatz zugewiesen, und die Ingenieure der Nervenwege verbanden die Neuronen seines Hirns dergestalt, daß er nur dann Wollust empfand, wenn er gehörig arbeitete. Ob also jemand Bäume pflanzte oder Wasser schleppte, er schwamm förmlich in Wonne, und je mehr er arbeitete, desto intensiver war die Ekstase, die er empfand. Aber die dem Verstand eigene Durchtriebenheit untergrub auch diese, wie man meinen möchte, untrügliche soziotechnische Methode. Die Nonkonformisten zum Beispiel betrachteten das bei der Arbeit empfundene Glücksgefühl als eine Form des Zwanges. Sie widersetzten sich der Arbeitslust (Laboribido) und taten entgegen dem Verlangen, das sie zu der ihnen empfohlenen Arbeit drängte, nicht das, wozu ihr Trieb sie lockte, sondern das Gegenteil: Wer Wasserträger sein sollte, sägte Holz, und wer Holz zerkleinern sollte, schleppte Wasser – alles im Rahmen der regierungsfeindlichen Manifestationen. Die Verstärkung der vergesellschafteten Lustgefühle, die auf Glaubons Befehl mehrfach vorgenommen wurde, fruchtete nichts, sie hatte lediglich zur Folge, daß die Historiker die Jahre der Glaubon-Herrschaft als die Ära der Märtyrer bezeichneten. Der Biolizei fiel es immer schwerer, schuldhafte Ausschreitungen zu erkennen, denn wer in flagranti beim Empfinden von Qualen ertappt wurde, behauptete heuchlerisch, er stöhne vor Wonne. Glaubon zog sich tief enttäuscht aus dem biotischen Leben zurück, denn er sah, daß der Ruin seines großen Plans nicht mehr aufzuhalten war.

Später, an der Wende vom 31. zum 32. Jahrhundert, kam es zu Diadochenkämpfen; der Planet zerfiel in Provinzen, die von Bürgern bewohnt wurden, welche nach den Empfehlungen der lokalen Behörden geformt waren. Das war bereits die Zeit der postmonstrolytischen Gegenreformation. Aus früheren Jahrhunderten waren die Anhäufungen der halbeingestürzten Städte und Zuchtstätten übriggeblieben, Reservate, die nur sporadisch von Kontrollstreifen aufgesucht wurden, verlassene Sexostraßen und andere Überreste der Vergangenheit, die manchmal noch auf halb invalide Weise funktionierten. Tetradoch Glambron führte eine Zensur der genetischen Codes ein, die bestimmte Arten von Genen für verboten erklärte, doch die zensurwidrigen Exemplare korrumpierten entweder die Kontrollorgane oder benutzten an öffentlichen Örtlichkeiten Masken, Ansatzhalter und ähnliche Dinge. Man klebte sich die Schwänze mit einem Pflaster am Rücken fest oder schob sie heimlich ins Hosenbein, und daß all dies praktiziert wurde, war ein offenes Geheimnis.

Pentadoch Marmosel, der nach dem Prinzip »divide et impera« handelte, erweiterte die Anzahl der zugelassenen Geschlechter. Unter seiner Regierung führte man neben Mann und Frau den Drann und das Reib ein sowie zwei Hilfsgeschlechter – die Stützer und die Anreifer. Das Leben, vor allem das erotische, wurde unter diesem Herrscher sehr kompliziert. Geheime Organisationen, die sich zu Beratungen zusammenfanden, taten dies unter dem Vorwand des von der Obrigkeit empfohlenen »Sex zu sechst«, was dazu führte, daß ganze Teile des Projekts annulliert wurden: Heute existieren nur noch der Drann und das Reib.

In der Ära der Hexadochen waren Anspielungen auf körperliche Formen gang und gäbe, mit denen die Chromosomenzensur umgangen wurde. Ich sah Konterfeis von Personen, bei denen die Ohrläppchen in kleine Waden übergingen – man wußte nicht, ob eine solche Person mit den Ohren wackelte oder ob es eine »anspielende Bewegung« war wie beim Ausschlagen. In bestimmten Kreisen schätzte man eine Zunge, die einen kleinen Huf an der Spitze hatte. Sie war zwar unbequem und zu nichts nütze, aber so manifestierte sich eben der Geist der somatischen Unabhängigkeit. Guryl Hapsodor, der als liberal galt, gestattete besonders verdienten Bürgern den Besitz eines zusätzlichen Beins; man betrachtete dies als ehrenvolle Auszeichnung und später diente solch ein Bein, nachdem es seinen Fortbewegungscharakter verloren hatte, zur Kennzeichnung eines öffentlichen Amtes; höhere Beamte hatten bis zu neun Beine; dadurch konnte man den Rang eines jeden sogar im Bad sofort erkennen.
Unter der Herrschaft des strengen Rondr Ischiolis wurden keine Genehmigungen für zusätzliche Körpererweiterungen mehr vergeben, und denen, die sich Ausschreitungen zuschulden kommen ließen, konfiszierte man sogar einzelne Beine; wie es heißt, wollte er alle Extremitäten und Organe liquidieren mit Ausnahme derer, die für das Leben unerläßlich waren. Außerdem beabsichtigte er, eine Mikrominiaturisierung einzuführen, denn es wurden immer kleinere Wohnungen gebaut, aber Bghis Gwarndl, der nach Ischiolis die Macht übernahm, annullierte diese Direktiven, und er ließ sogar den Schwanz wieder zu unter dem Vorwand, man könne mit seiner Quaste die Wohnungen fegen. Später, unter Gondl Gurwa, kamen die sogenannten unteren Abweichler in Mode, die ihre Extremitäten gesetzwidrig vermehrten, und in der nächsten Phase, in der die Herrschaft strenger wurde, tauchten Zungennägel und andere provozierende Organellen auf, oder vielmehr, sie

wurden versteckt. Schwankungen dieser Art dauerten noch an, als ich nach Dychthonien kam. Was sich durchaus nicht körperlich verwirklichen ließ, das drückte die sogenannte pornographische Literatur der Biotik aus, ein illegales Schrifttum, das zu den verbotenen Werken gehörte, von denen die Klosterbibliothek Unmengen enthielt. Ich blätterte zum Beispiel ein Manifest durch, das zu dem sogenannten Maider aufforderte, der auf den Haaren gehen sollte, und die Frucht eines anderen anonymen Autors, der Diskanter, sollte nach dem Prinzip eines Luftkissens über dem Boden dahinschweben.

Nachdem ich auf diese Weise die Geschichte des Planeten in groben Zügen kennengelernt hatte, machte ich mich mit der laufenden wissenschaftlichen Literatur vertraut. Das wichtigste Projektierungs- und Forschungsorgan war zur Zeit die Kommission zur Abstimmung der Körperlich-Psychischen Projekte (KAKÖPSYP). Dank der Zuvorkommenheit des Bibliothekspaters lernte ich die jüngsten Arbeiten dieses Organs kennen. So war zum Beispiel Körper-Ing. Dergard Wnich der Autor eines Prototyps, der den vorläufigen Namen Polymon oder Allbereiter trug. Prof. Dr.-Ing. Magister Dband Rabor stand einem großen Gremium vor, das an dem kühnen und umstrittenen Projekt des sogenannten Polyrobs arbeitete, der eine funktionelle Verbindung des Weges in drei Dimensionen sein sollte: des kommunikativen Weges, des geschlechtlichen Weges und des Weges in die blaue Ferne. Auch mit den futurologischen Arbeiten der dychthonischen Körperkenner konnte ich mich vertraut machen und gewann den Eindruck, daß sich die Automorphie insgesamt auf einem toten Punkt ihrer Entwicklung befand, obwohl sich die Experten bemühten, die Stagnation zu durchbrechen; einen Artikel des Professors Sakkobert Graus, des Direktors des KAKÖPSYP, im Monatsheft »Die Stimme des Körpers« beschlossen die Worte: »Wie kann man sich *nicht* umgestalten, wenn man sich umgestalten *kann*?«

Ich war von dem intensiven Studium all dieser Werke so erschöpft, daß ich den letzten Stoß Bücher in die Bibliothek zurücktrug und dann eine ganze Woche nichts weiter tat, als mich im Möbelhain zu sonnen.

Ich fragte den Prior, was er von derbiotischen Situation halte. Nach seiner Ansicht gab es für die Dychthonier keine Rückkehr zu menschlichen Formen, denn sie hatten sich zu weit davon entfernt. Diese Formen riefen infolge der Jahrhunderte währenden Indoktrination solche Vorurteile und eine so allgemeine Abscheu hervor, daß sogar sie – die Roboter – ihre Gestalt ganz verhüllen mußten, wenn sie sich in der Öffentlichkeit zeigten. Ich fragte ihn dann – wir waren allein nach dem Abendbrot im Refektorium –, welches der eigentliche Sinn der Ordenstätigkeit und des Glaubens innerhalb einer solchen Zivilisation sei.

Der Prior lächelte.

»Diese Frage habe ich erwartet«, sagte er. »Ich werde dir darauf zweimal antworten. Das eine Mal ganz einfach, das andere Mal subtiler. Der Duismus ist zunächst nichts weiter als eine Doppeldeutigkeit. Gott ist ein Geheimnis in einem solchen Maße, daß man keine volle Gewißheit selbst in der Frage seiner Existenz haben kann. So gibt es ihn also entweder, oder es gibt ihn nicht, und daher rührt die etymologische Wurzel der Beziehung für unseren Glauben. Und nun noch einmal, aber tiefer gefaßt: Gott als Gewißheit ist kein vollkommenes Geheimnis, wenn man ihn zumindest darin fassen und vollständig einschränken kann, daß er ist. Sein garantiertes Sein ist soviel wie eine Oase, ein Ort der Beruhigung, Trägheit des Geistes, denn gerade aus den Büchern der Religionsgeschichte kannst du vor allem die unaufhörliche, bis zum Äußersten gespannte, bis zum Wahnsinn reichende Anstrengung eines Denkens herauslesen, das stets Argumente und Beweise seiner Existenz sammelte und sie jedesmal, wenn sie in Bruchstücke zerfallen waren, erneut aus den Überresten aufbaute. Wir haben dich nicht damit belästigt, dir unsere theologischen Bücher vorzulegen, aber wenn du da hineinschautest, würdest du jene weiteren Etappen der natürlichen Entwicklung des Glaubens sehen, die die jüngeren Zivilisationen noch nicht besitzen. Die Phase der Dogmatik bricht nicht plötzlich ab, sondern geht vom Zustand des Verschlossenseins in das des Offenseins über, wenn, ganz dialektisch, nach dem Dogma von der Untrüglichkeit des Hauptes der Kirche das Dogma von der unvermeidlichen Fehlbarkeit jeglichen Denkens in den Fragen des Glaubens begründet wird, das kurz und bündig so formuliert ist: ›Nichts von dem, was *hier* gesagt werden kann, entspricht dem, was *dort* währt.‹ Es kommt zu einer weiteren Hebung des Abstraktionsniveaus: Bedenke bitte, daß die Distanz zwischen Gott und dem Verstand sich im Verlauf der Zeit überall und immer vergrößert.

Nach der altertümlichen Offenbarung hatte sich Gott stets in alles eingemischt, die Guten nahm er lebendig in den Himmel, die Bösen übergoß er mit Schwefel, er kauerte hinter dem ersten besten Strauch. Erst später begann das Sichentfernen, Gott verlor die Augenscheinlichkeit, seine Menschengestalt, die Bärtigkeit, es verschwanden die Schulhilfsmittel der Wunder und so anschauliche Demonstrationen wie die Umsiedlung von Dämonen in Schafböcke oder die Kontrollbesuche der Engel; mit einem Wort – der Glaube kam ohne die Zirkusmetaphysik aus; so ging er aus der Sphäre der Sinne in die Sphäre der Abstraktionen über. Es fehlte auch dann nicht an Beweisen für seine Existenz, weder an Sanktoren, ausgedrückt in der Sprache der höheren Algebra, noch an der mehr als elitären Hermeneutik. Diese Abstraktionen gelangen schließlich an den Punkt, an dem der Tod Gottes verkündet wird, um jene Art von eiserner, eisiger und herzzerreißender Ruhe zu erreichen, die den Lebenden gebührt, wenn die am meisten Geliebten sie für immer verlassen.

Das Manifest über den Tod Gottes ist somit ein weiteres

Manöver, das uns, allerdings vernichtend, von der metaphysischen Mühsal befreien soll. Wir sind allein, und wir werden tun, was wir wollen, oder das, wozu uns unsere weiteren Entdeckungen führen werden. Der Duismus freilich ist bereits weiter gegangen; in ihm bist du gläubig, wenn du zweifelst, und du zweifelst, indem du glaubst; aber auch dieser Zustand kann nicht endgültig sein. Einigen Prognositenpatern zufolge verlaufen Evolutionen und Revolutionen, das heißt Wendungen und Umstürze im Glauben, nicht im ganzen Kosmos identisch, es soll mächtige Zivilisationen geben, die im Rahmen einer antigöttlichen Provokation Einfluß auf die gesamte Kosmogonie zu erlangen trachten. Nach dieser Vermutung gibt es in den Sternen Völker, die versuchen, das schreckliche Schweigen Gottes durch eine an ihn gerichtete Herausforderung zu brechen, das heißt mit der Drohung eines KOSMOZIDS: Der ganze Kosmos soll sich an einem Punkt zusammenballen und sich selbst im Feuer eines solchen endgültigen Zusammenkrampfens verbrennen. Mit dem Aus-den-Angeln-Heben von Gottes Werk wollen sie also gewissermaßen irgendeine Reaktion von ihm erzwingen. Wir wissen zwar nichts Genaues darüber, aber in psychologischer Hinsicht erscheint mir diese Absicht durchaus möglich. Zugleich jedoch vergeblich: Kreuzzüge mit Antimaterie gegen den Herrgott zu veranstalten, dürfte keine vernünftige Methode sein, einen Dialog mit ihm anzuknüpfen.«

Ich konnte mich nicht einer Bemerkung enthalten, die sich mir auf die Lippen drängte. Eigentlich, so meinte ich, sei der Duismus ein Agnostizismus oder auch ein »sich seiner nicht vollkommen sicherer Atheismus« oder ein unaufhörliches Schwanken zwischen den Polen: Es gibt ihn, es gibt ihn nicht. Doch wenn in ihm wenigstens die Spur eines Glaubens an Gott sei, wozu diene dann das klösterliche Dasein? Wem nütze es, daß man in Katakomben hause?

»Zu viele Fragen auf einmal«, sagte Pater Darg. »Moment mal. Was sollten wir denn deiner Vorstellung nach tun?«

»Wieso? Zum Beispiel eine Missionstätigkeit entfalten.«

»Also begreifst du noch immer nichts! Du bist noch immer so weit von mir entfernt wie zum Zeitpunkt deines Erscheinens«, sagte der Prior tieftraurig. »Du glaubst, daß wir uns mit der Verbreitung des Glaubens befassen sollten? Mit der Missionstätigkeit? Konvertiten schaffen? Bekehren?«

»Bist du denn nicht dieser Meinung, Pater? Wie ist das möglich? Macht das nicht zu allen Zeiten eure Sendung aus?« fragte ich erstaunt.

»Auf Dychthonien«, entgegnete der Prior, »ist eine Million Dinge möglich, von denen du dir keine Vorstellung machen kannst. Man kann bei uns durch ein einfaches Verfahren den ganzen Inhalt eines Personengedächtnisses wegwischen und das entleerte Gehirn mit einem neuen synthetischen Gedächtnis aufladen, das dann bei dem Operierten so wirkt, als habe er das, was er nicht erlebt hat, erlebt, als habe er empfunden, was er nicht empfand, mit einem Wort, man kann aus ihm einen anderen machen als den, der er vor dem Eingriff gewesen ist. Man kann den Charakter und die Persönlichkeit ändern, also kann man geile Gewalttäter in sanfte Samariter umwandeln und umgekehrt; Atheisten in Heilige oder Asketen in Zügellose; man kann Weise abstumpfen und Dummköpfe zu Genies machen; begreife bitte, daß das alles sehr leicht ist und nichts *Materielles* solchen Umarbeitungen im Wege steht. Und jetzt achte bitte darauf, was ich dir zu sagen habe.

Nehmen wir an, ein starrsinniger Atheist könnte den Argumenten unserer Prediger Glauben schenken. Und nehmen wir ferner an, solche goldmündigen Sendboten unserer Orden bekehrten verschiedene Personen. Das Endstadium dieser missionarischen Bemühungen wäre, daß infolge von Veränderungen, die in ihren Köpfen erfolgt sind, ungläubige Menschen gläubig würden. Das ist offenkundig, nicht wahr?«

Ich bejahte.
»Ausgezeichnet. Und jetzt bedenke, daß diese Personen in Fragen des Glaubens neue Überzeugungen vertreten werden, weil wir ihnen vermittels beseelter Worte und Kanzelgesten Informationen lieferten und so ihre Hirne in bestimmter Weise bearbeitet haben. Dieses Endstadium nun – Hirne, die von tiefem Glauben und vom Verlangen nach Gott belegt sind – kann man millionmal schneller und sicherer erreichen, wenn man eine entsprechend gewählte Skala biotischer Mittel anwendet. Warum also sollten wir mit altmodischer Überzeugung, mit Predigten, Vorlesungen, Vorträgen missionarische Arbeit leisten, wenn diese modernen Mittel uns zur Verfügung stehen?«
»Das sagst du doch wohl nicht im Ernst, Pater!« rief ich. »Das verstieße doch gegen die Ethik!«
Der Prior zuckte mit den Achseln.
»Du redest so, weil du ein Kind einer anderen Epoche bist. Sicherlich glaubst du, wir würden dann mit List und Zwang handeln, das heißt mit der Taktik einer ›Kryptokonversion‹, indem wir heimlich irgendwelche Chemikalien ausstreuen oder mit Wellen oder Schwingungen die Köpfe verbilden. Aber so ist es ja gar nicht! Einst gab es Dispute zwischen Gläubigen und Nichtgläubigen, und das einzige Instrument, die einzige benutzte Waffe auf beiden Seiten war die Wortgewalt des Arguments (ich denke nicht an ›Dispute‹, bei denen das Argument der Marterpfahl, der Scheiterhaufen oder das Beil waren). Gegenwärtig würde sich ein analoger Disput mit den Mitteln der technischen Argumentation vollziehen. Wir würden mit bekehrenden Instrumenten wirken, und die verhärteten Opponenten würden mit Mitteln zum Gegenangriff übergehen, die uns in ihrem Sinne umwandeln oder zumindest sie gegen diese Art des Missionierens widerstandsfähig machen sollten. Die Chancen beider Seiten auf den Sieg würden von der Wirksamkeit der verwendeten Techniken abhängen, so wie einst

die Siegerchancen im Disput von der Wirksamkeit der Ausführungen abhingen. Bekehren heißt nämlich soviel wie eine zum Glauben zwingende Information vermitteln.«

»Und dennoch«, versteifte ich mich, »wäre das kein echtes Bekehren! Ein Präparat, das das Verlangen nach Glauben und den Hunger nach Gott hervorruft, verfälscht ja den Geist, es spricht nicht seine Freiheit an, sondern übt Zwang auf ihn aus und vergewaltigt ihn!«

»Du vergißt, mit wem und wo du sprichst«, erwiderte der Prior. »Seit sechshundert Jahren gibt es bei uns keinen einzigen ›natürlichen‹ Verstand mehr. Also gibt es auch nicht die Möglichkeit, zwischen aufgezwungenem und natürlichem Denken zu unterscheiden, denn niemand braucht einem den heimlichen Gedanken aufzuzwingen. Man zwingt etwas Ursprüngliches und zugleich Endgültiges auf – das Hirn!«

»Aber auch dieses aufgezwungene Hirn besitzt seine unangetastete Logik!« erwiderte ich.

»Das stimmt. Aber eine Gleichsetzung der einstigen und der gegenwärtigen Dispute über Gott würde nur dann ihren Sinn verlieren, wenn zugunsten des Glaubens eine logisch unwiderlegbare Argumentation existierte, die den Geist mit der gleichen Macht zur Billigung des Resultats zwänge, wie das die Mathematik tut. Nach unserer Theodizee kann es eine solche Argumentation nicht geben. Daher kennt die Glaubensgeschichte Apostasen und Häresien, während die Geschichte der Mathematik keine analoge Abtrünnigkeit aufweist, denn es gab nie jemanden, der nicht eingesehen hätte, daß es nur eine Methode gibt, eins und eins zu addieren, und daß das Ergebnis dieser Operation die Zahl zwei ist. Aber Gott kann man nicht mathematisch beweisen. Ich werde dir schildern, was vor zweihundert Jahren geschehen ist.

Ein Computerpater war mit einem ungläubigen Computer zusammengestoßen. Der letztere, als das neuere Modell, verfügte über Mittel informativen Wirkens, die unserem Geistlichen unbekannt waren. Er hörte sich also dessen Argumentation an und sagte dann: ›Sie haben mich informiert, und jetzt werde ich Sie informieren, was nicht den millionsten Teil einer Sekunde dauern wird – warten wir nach meiner Erklärung auf Ihre Verklärung!‹ Danach informierte er unseren Pater aus der Entfernung blitzschnell um, so daß dieser den Glauben verlor. Was sagst du nun?«

»Nun, wenn das kein Zwang war, dann weiß ich nicht!« rief ich. »Bei uns heißt das Manipulation des Geistes.«

»Manipulation des Geistes«, sagte Pater Darg, »bedeutet, dem Geist unsichtbare Bande nach der gleichen Methode anzulegen, wie man sie dem Körper sichtbar anlegen kann. Das Denken ist wie die Schrift, die aus der Hand fließt, und die Manipulation des Geistes ist wie ein Festhalten der schreibenden Hand, damit sie andere Zeichen setzt. Das ist offensichtlich Gewalt. Aber jener Computer handelte nicht so. Jede Schlußfolgerung wird aus Daten errichtet; und in der Diskussion zu überzeugen bedeutet, mit den gesprochenen Worten Daten im Kopf des Opponenten zu verschieben. Der Computer tat ebendies, aber nicht mit dem gesprochenen Wort. In informatorischer Hinsicht tat er also nichts anderes als ein gewöhnlicher früherer Disputant, nur daß die Übermittlung anders vor sich ging. Und er konnte so verfahren, weil er dank seiner Fähigkeit den Geist unseres Paters durch und durch kannte. Stell dir vor, daß ein Schachspieler nur das Schachbrett mit den Figuren sieht, während der andere außerdem die Gedanken des Gegners wahrnimmt. Dieser wird jenen bestimmt besiegen, obwohl er ihn in nichts vergewaltigen wird. Was meinst du, was haben wir mit unserem Geistlichen getan, als er zu uns zurückkehrte?«

»Ihr habt doch hoffentlich so gehandelt, daß er wieder glauben konnte . . .«, sagte ich zögernd.

»Wir haben es nicht getan, denn er verweigerte seine Zustimmung. Wir konnten es also nicht tun.«

»Jetzt begreife ich nichts mehr! Ihr hättet doch genauso gehandelt wie sein Widersacher, nur umgekehrt.«

»Aber nein. Nicht mehr, denn dieser unser ehemaliger Pater wünschte sich keine weiteren Dispute. Der Begriff ›Disput‹ hat sich gewandelt und erheblich erweitert, bedenke das. Wer jetzt in die Schranken tritt, muß nicht nur auf Wortangriffe gefaßt sein. Unser Pater hatte leider eine traurige Ignoranz und Naivität bewiesen; er war gewarnt worden, jener hatte ihm im voraus seine Überlegenheit angekündigt, aber es wollte ihm nicht in den Sinn, daß sein unerschütterlicher Glaube jemals unterliegen könnte. In theoretischer Hinsicht gibt es einen Ausweg aus dieser eskalatorischen Falle: Man müßte ein Hirn so präparieren, daß es zur Berücksichtigung *aller* Varianten *aller möglichen* Daten fähig wäre, da aber ihre Anzahl von unendlicher Potenz ist, könnte nur ein unendlicher Geist metaphysische Gewißheit erlangen. Und ein solcher läßt sich bestimmt nicht konstruieren. Denn wie auch immer wir bauen – wir bauen in endlicher Weise, und wenn es einen unendlichen Computer gibt, so ist das nur Er.

So *kann* also auf der neuen zivilisatorischen Ebene der Streit um Gott nicht nur mit neuen Techniken geführt werden, sondern er *muß* damit geführt werden, wenn man ihn überhaupt führen will. Die informatorische Waffe hat sich nämlich auf *beiden* Seiten genauso verändert, die Kampfsituation wäre symmetrisch und dadurch identisch mit der Situation in den mittelalterlichen Disputen. Das neue Missionieren kann man dann als unmoralisch ansehen, wenn man das alte Bekehren der Heiden oder die Streitigkeiten der früheren Theologen mit den Atheisten für unmoralisch hält. Ein anderer Modus für die Missionsarbeit ist gegenwärtig nicht mehr möglich, denn wer heute gläubig werden möchte, wird *bestimmt* gläubig werden, und wer gläubig ist und den Glauben verlieren möchte, wird ihn *bestimmt* verlieren – und zwar dank den richtgen Eingriffen.«

»Also könnte man nun auf das Willensorgan einwirken, um den Wunsch nach Glauben zu erzeugen?« fragte ich.
»So ist es in der Tat. Wie du weißt, wurde einst die Äußerung geprägt, Gott sei auf seiten der stärkeren Bataillone. Gegenwärtig würde er sich, im Sinne der technogenen Kreuzzüge, auf der Seite der stärkeren Bekehrungsapparate befinden, aber wir glauben nicht, daß es unsere Aufgabe ist, uns in einen solchen Wettlauf von theodiktischen, sakral-antisakralen Rüstungen einzulassen, wir wollen nicht den Weg einer Eskalation beschreiten, die dahin führt, daß wir einen Konvertor bauen und sie einen Antikonvertor, daß wir bekehren und sie das rückgängig machen. Dieses Ringen würde Jahrhunderte hindurch gehen, wir würden unsere Klöster in Schmieden immer wirksamerer Mittel und Taktiken zum Wecken von Glaubensdurst verwandeln!«
»Ich kann nicht begreifen«, sagte ich, »wie es möglich ist, daß es keinen anderen Weg gibt außer dem, den du mir zeigst, Pater. Aller Vernunft ist doch die gleiche Logik gemeinsam? Und der natürliche Verstand?«
»Die Logik ist ein Werkzeug«, erwiderte der Prior, »und aus einem Werkzeug resultiert nichts. Es muß einen Schaft und die lenkende Hand haben. Diesen Schaft und diese Hand kann man bei uns formen, wie es einen gelüstet. Und was den natürlichen Verstand betrifft – sind denn etwa ich und meine Mönchsbrüder natürlich? Wie ich dir bereits gesagt habe, stellen wir Schrott dar, und unser Credo ist für jene, die uns zunächst angefertigt und später weggeworfen haben, nur ein Nebenprodukt, das Gestammel dieses Schrotts. Wir haben die Freiheit des Denkens erhalten, weil die Industrie, für die man uns gebaut hat, das eben erforderte. Höre aufmerksam zu. Ich werde dir jetzt ein Geheimnis anvertrauen, das ich sonst niemandem anvertrauen würde. Ich weiß, daß du uns bald verlassen wirst und daß du es nicht an die Behörden weitervermitteln wirst: Wir würden nicht mit heiler Haut davonkommen.

Die Mönchsbrüder eines entfernten Ordens, die sich der Wissenschaft widmen, haben Mittel einer solchen Einwirkung auf den Willen und das Denken entdeckt, mit denen wir im Nu den ganzen Planeten bekehren könnten, denn es gibt dagegen kein Antidotum. Diese Mittel betäuben nicht, sie machen nicht stumpfsinnig, sie rauben die Freiheit nicht, sie tun dem Geist dasselbe an, was die Hand, die uns zwingt, den Kopf zum Himmel zu recken, den Augen antut, und die Stimme, die sagt: ›Sieh!‹ Das einzige Drängen, die einzige Gewalt bestünde darin, daß man nicht die Augen schließen kann. Diese Mittel zwingen, dem Geheimnis ins Gesicht zu schauen, und wer es so erblickt, der wird es nicht mehr loswerden, denn es prägt in ihm unverwischbare Spuren. Das wäre so, ich sage das nur zum Vergleich, als führte ich dich an den Rand eines Vulkans und verleitete dich, in die Tiefe zu schauen. Der einzige Zwang dabei wäre, daß du dies nicht mehr vergessen kannst. Somit sind wir jetzt schon allmächtig in der Konversion, denn wir haben auf dem Gebiet des Bekehrens zum Glauben die höchste Stufe der Freiheit des Handelns erreicht, die gleiche, die die Zivilisation auf einem anderen, dem der materiell-körperlichen Fertigkeit, erreicht hat. Wir können also schließlich . . . begreifst du? Wir besitzen diese missionarische Allmacht und wir werden nichts tun. Denn das einzige, worin sich unser Glaube noch offenbaren kann, ist die Weigerung zu diesem Schritt. Ich sage vor allem: *Non agam*. Nicht nur Non serviam, sondern auch: Ich werde nicht handeln. Ich werde es nicht tun, weil ich mit Gewißheit handeln kann und mit diesem Handeln alles erreichen kann, was ich will. Es bleibt uns somit nichts, als hier bei den versteinerten Rattenüberresten, im Gewimmel der ausgetrockneten Kanäle, weiter zu existieren.«

Ich fand keine Entgegnung auf diese Worte. Da ich die Fruchtlosigkeit eines weiteren Aufenthaltes auf dem Planeten erkannte, belud ich, nachdem ich mich von den ehrbaren Patern voll Rührung und Bedauern verabschiedet hatte, die Rakete, die glücklich unter der Tarnung überdauert hatte, und trat den Rückflug an. Ich fühlte, daß ich ein anderer Mensch war als jener, der vor gar nicht so langer Zeit auf diesem Planeten gelandet war.

Übersetzt von Caesar Rymarowicz

LOKALTERMIN

DER ERSTE INHIBITOR

Ich weiß nicht, der wievielte des Pfuhlmonds heute ist, denn ich habe den Kalender verloren. Gott sei Dank bin ich auch den Olymp und den Freundschaftsvorsitzenden los. Der letztere hatte sich einfach unmöglich gemacht: Er hatte mir versichert, mein Gesicht sei fast gar nicht grauenerregend. Die Befreiung verdanke ich Kikerix, einem jungen Historiker, der zugleich Menschler (Menschenkundler) ist. Er hatte mich im Hotel aufgesucht, nachdem er von der Ankunft eines Menschen gehört hatte, und mir gezeigt, wie man die von mir mit einem Handtuch verhängte Meduse einschaltet, damit sämtliche Götter zu Stein erstarren und zu einem weißen Pulver zerfallen, das von selbst unter dem Bett verschwindet. Was es dort hinzieht, weiß ich nicht, und ich habe auch nicht gefragt. Überhaupt stelle ich möglichst wenig Fragen, denn was würde man in einem Hilton-Hotel von einem Gast denken, der sich erkundigt, warum die Lampen brennen und wie bei dem Fräulein von der Rezeption die Vermehrung erfolgt?
Mein neuer Bekannter hat sich so mit mir angefreundet, daß ich ihn in aller Vertraulichkeit Kix nennen werde. Er führte mich zu einer historischen Lehrvorführung zum Soziomaten. Man stellt eine beliebige Gesellschaft ein, beispielsweise mit romantischen oder mittelalterlichen Parametern, und regiert sie. Gewöhnlich spielt man zu zweit, einer der Teilnehmer übt die Herrschaft aus, der andere ist die regierte Gesellschaft. An der simulierten Geschichte kann sich aber auch ein größerer Kreis von Personen betei-

ligen, die dann die Führung der Parteien, der Armee, des Mittelstands usw. übernehmen. Wer am Ende der halbstündigen Partie obenauf ist, hat gewonnen. Alles, einschließlich der sozialen Bewegungen, läuft mit tausendfacher Beschleunigung ab, und man muß sich gut auskennen. Ich war Kaiser, Kikerix der Führer der Massen. Nach fünf Minuten hatte er mich entthront, nachdem er sich ein starkes Charisma zugeschaltet hatte. Vergebens suchte ich durch Edikte eine Gegenwirkung zu erzielen, und als ich sah, daß es schlimm stand, beging ich einen grundsätzlichen Fehler: Ich senkte die Steuern. Theoretische Kenntnisse sind unerläßlich. Beseitigt man die Not, so kommt es zu einem galoppierenden Zuwachs des Gelüsts, über die eigenen Verhältnisse zu leben, und man riskiert, daß es stärker brodelt als zu Zeiten der Armut.

Die Soziomatik ist eine schwierige Kunst. Ich hatte zum Beispiel nicht gewußt, daß ein Minus an Minus nicht Plus wird, sondern gleich Null ist, und daß es am meisten auf unsichtbare Parameter, insbesondere das persönliche Empfinden, ankommt. Je höher jemand auf der sozialen Stufenleiter steht, um so weniger empfindet er, im Fette schwimmend, die Mängel seiner Zeit, und doch kann sich als wichtiger das erweisen, was nicht zu sehen ist. Die wahrnehmbaren Größen sind nicht gleich denen des Empfindens. Für eine Aristokratin wird das Nichtvorhandensein einer Einladung zum Hofball ein ebenso großes Unglück sein wie für eine arme Dörflerin das Nichtvorhandensein von Brot für die Kinder. Man glaubt das alles zu wissen, bekommt es aber erst am Steuer des Soziomaten am eigenen Leib zu spüren. Das ist wirklich ein außergewöhnliches Spiel: Das Volk verhält sich wie ein lebendiges, es läßt sich beeinflussen, in seiner Meinung bilden, mit Versprechungen beschwichtigen – aber nur im Rahmen und zeitweise, denn es behält alles im Gedächtnis und reagiert auf seine Weise. Außerdem gibt es historische Spiele unterschied-

lichen Schwierigkeitsgrads. Nach Einschaltung der wissenschaftlich-technischen Revolution wird eine Staatsmacht entweder ganz weich oder ganz hart, weil es verteufelt schwer ist, die Balance auf einem Mittelweg zu halten. Kikerix sagt:
»Der Neid der Niederungen treibt, unterstützt vom Edelsinn der Melioristen, die Geschichte einem Egalitarismus zu, der mehr Enttäuschung als Genugtuung bringt, denn auch unter Gleichen hat jeder den Eindruck, andere seien gleicher als er.«
Es mag erstaunlich klingen, aber ich habe in der Schweiz doch tatsächlich die Geschichte des Vor-Grips-Jahrhunderts übersehen. Man hatte damals, hineingeschlittert in Autoalptraum, Energiekrise, Währungschaos und Politwirren, die gleichen Sorgen wie wir, und wie bei uns war man auch dort der Ansicht, geradewegs in den Abgrund zu stürzen. Als die energiespendenden Rohstoffe ausgingen, kam es zur Synthese von Mikroben, die jedweden Müll in Treibstoff umsetzten. Man kaufte – in Tablettenform wie Weinhefe – den Bacillus benzinogenes oder die Spirochaeta oleopoetica, warf sie in den mit Abfällen gefüllten Tank, füllte Wasser auf und erledigte damit alle Scheichs und Multis.
Den ganzen gestrigen Tag habe ich mit Kix zusammen im Museum verbracht. In der Technischen Abteilung bekam ich eine bakterielle Weberei zu sehen. Man mußte sich nackt ausziehen, in einen wannenähnlichen Behälter steigen und eine Viertelstunde in der lauwarmen Lösung zubringen, um im fertigen Anzug, maßgeschneidert vom Bacterium Sarteriferum (dem Schneiderstäbchen), an Land zu steigen. Das gute Stück brauchte nur an den entsprechenden Stellen aufgetrennt zu werden, damit man es ausziehen, bügeln und in den Schrank hängen konnte. Knöpfe brauchte man nicht anzunähen, sie entstanden im Schrank aus der erstarrenden Absonderung winziger, durch Gen-

genieurskunst umfunktionierter Motten. Für Winterbekleidung setzte man, um Watteline zu erhalten, Vibrio Pelerinae oder ähnliche Stämme zu. Es gab sogar Unterfutterspirillen, außerdem bot sich dem Kunden die Wahl von Schnitt, Farbe, Gewebestruktur und dergleichen mehr. Die ganze konfektionelle Neuerung stieß allerdings auf die Mauer allgemeinen Ekels und starb ungenutzt eines natürlichen Todes. Dafür haben die sogenannten Weberbazillen fast die ganze Verpackungsindustrie ersetzt, die müllschluckenden und giftsaugenden Arten indessen die losannische Umwelt entlastet.

Parallel zur biotischen Mikroingenieurskunst war mittlerweile die Automatisierung fortgeschritten, und die Zahl der Arbeitslosen wuchs in geometrischer Reihe. Der Staat schwankte unter der Last der Subventionen. Arbeit wurde zur Ausnahme, Arbeitslosigkeit zur Regel. Es kam zu Krawallen, zur Demolierung der Industrieroboter, zu Straßenschlachten, es sah aus, als sei alles zu spät. Die Regierung mußte die gescheiten Männer der Praxis, insbesondere Erfinder und Rationalisatoren, in Bunkern verstecken, um sie vor dem Volk in Sicherheit zu bringen, das ihnen die Schuld an dem schrecklichen Zustand gab, wo der Fortschritt sich als Katastrophe erwies. Doch was half es, sie waren von ihrem Weg nicht mehr abzubringen, und die nächste Generation ließ von aller Verfolgung ab. In eben jener Zeit hatten sich die Schleusen für eine Energiezufuhr geöffnet, die unerschöpflich war, weil sie direkt aus dem Kosmos kam (ich weiß heute noch nicht, wie die das hingekriegt haben). Kikerix bezeichnete diese Periode als »Sintflut des Konsums«. Die Zahl der Autos, die jährlich zugelassen wurden, ging in die Millionen, und der Bau der Befestigungsanlagen, mit denen sie ausgerüstet wurden, erlebte eine Eskalation. Die Ursache lag in der Zunahme der allgemeinen Aggressivität. Die Autos damals (den irdischen übrigens recht ähnlich) wurden noch aus Metallblechen gefertigt, allerdings montierten die Hersteller auf Wunsch spezieller Kunden bereits verstärkte Karosserien. Bald darauf wurden die Stoßstangen mit besonderen Klauen und Spornen ausgerüstet, und wer in einem Panzerfahrzeug nicht sitzen mochte, fuhr Gefahr, an der nächsten Straßenecke zermalmt zu werden. Das Verkehrsgerichtswesen hielt der Flut und Fälle nicht stand, das Rammen wurde gesetzlich erlaubt, die Schäden bezahlte die Versicherung. Die Jugend fand ihr Vergnügen an der Jagd auf Dienstleistungsautomaten. Ihre besondere Vorliebe galt den Telefonzellen, und davon ließ sie sich weder durch Scheiben von Panzerglas noch durch stahlgebundene Telefonbücher abbringen. Kikerix erzählte mir auch, wie das mit den Bomben und den Heimwerkern zusammengehangen hatte. Das Bombenlegen war so verbreitet gewesen, daß die Passanten gar nicht mehr reagierten, wenn eine Ladung hochging, und höchstens die dem Explosionsort am nächsten Stehenden sich zu Boden warfen. Ohnehin trug schon jedermann die Sicherheitsverwahrung auf dem Leibe – personengebundene Anzüge, die sich bei Detonationen automatisch mit splitterhemmendem Schaum füllten. Das war ganz unerläßlich, denn wenn jemand an einer Bäckerei, der Post oder einer Reparaturwerkstatt etwas auszusetzen hatte, hielt er sich nicht lange bei Beschwerden auf, sondern sprengte die verhaßte Institution einfach in die Luft. Man lebte immer wohlhabender und gefährlicher, denn die unentgeltlichen Freuden wuchsen zusammen mit der allgemeinen Bedrohung. Ich sah im Museum Abendanzüge, die mit gehärteter Tantalfaser gefüttert waren, und unter dem Druck höherer Gewalt gestattete die Mode auch das Tragen von gepanzerten Melonen. Dennoch stieg die Zahl der Opfer immer höher. Eine Automatik der Selbstverteidigung wurde zuerst von gemeinnützigen Einrichtungen eingeführt, aber das führte zu einer neuen Art Risiko. Wie mir Kikerix erklärte, brauchte sich jemand beim Betreten einer Telefonzelle nur ein wenig energisch am Kopf zu kratzen oder zu hastig nach dem Hörer zu greifen, um augenblicklich beim Kragen genommen und auf die Straße geworfen zu werden. Bei Widersetzlichkeit ging auch mal eine Rippe kaputt. Die Sensoren jener Zeit waren noch nicht selektiv genug. Den ganzen Tag heulten die Rettungswagen durch die Straßen, und abends wurden mit schwerem Gerät die Berge von Autowracks weggeräumt. Auch die Architektur war Wandlungen unterworfen – ein unangekündigter Besucher kam nicht in ein fremdes Haus, und wenn er am Tor klingelte, mußte er rasch zurücktreen und sich sprungbereit halten, falls die Torflügel mit heftigem Schwung nach außen aufflogen, um den lästigen Gast buchstäblich zu verprellen. Jeder Flur ließ sich im Handumdrehen unter eine gerinnende Flüssigkeit setzen, in der so mancher Eindringling umkam wie eine Fliege im Teer. In den Türklinken steckten Magnetometer, so daß derjenige, der seinem Nachbarn eine Bombe legen wollte, kein Metall verwenden durfte. Übrigens war auch das bald keine Erfolgsgarantie mehr, weil olfaktorische Sensoren entwickelt wurden, die auf brennbare und explosive Stoffe so empfindlich reagierten, daß man nur ein altes Benzinfeuerzeug in der Tasche zu haben brauchte, um durch eine Falltür vor dem Haustor in ein Verlies zu fallen, das über Monitor mit dem nächsten Polizeikommissariat verbunden war. Offene Zuschauerräume in Theatern und Konzertsälen waren Vergangenheit, seit der Musikfreund, verärgert über den ersten Kicks des Tenors und einen falschen Ton der Violinen oder schlechtweg unzufrieden mit der Interpretation eines Adagios, einfach unter den Sitz langte und den mitgebrachten Ballermann hervorzog. Folglich steckte jeder Platz, ob im Parkett oder auf den Rängen, unter einer durchsichtigen Haube, die sich beim Pausenklingeln öffnete. Wer mitten in der Vorstellung ein natürliches Bedürfnis verspürte, mußte damit fertig werden, ohne den Saal zu verlassen, denn eben der Vorwand, solchen Bedürfnissen nachgeben zu müssen, war typisch für die Bombardiere gewesen. In den Untergrundbahnen, aber auch in der Straßenbahn, lieferte man sich regelrechte Schlachten, bis die Waggons endlich mit Katapultböden ausgerüstet wurden. Seitdem war es häufig, daß aus den über die Gleise jagenden Fahrzeuge ganze Trauben in sich verknäuelter Individuen herausflogen und über das Pflaster kullerten, geschickt umgangen von den gepanzerten Passanten.

Ich erlaubte mir Kikerix gegenüber die Anmerkung, dies sei doch widerwärtig, lächerlich und unglaublich, holte mir aber eine Abfuhr. Er war ja Menschenkundler, und so erinnerte er mich an unser diplomatisches Banditenwesen; immerhin rührten auf der Erde selbst Menschenfresser keinen Botschafter an, mochte er noch so schmackhaft sein.

Besondere Probleme bereiteten die Roboter, die zum beliebten Jagdwild in den Städten geworden waren. Das führte zu Massakern unter der Bevölkerung – wer nämlich seinen Hausangestellten vor der Erschießung bewahren wollte, kleidete ihn in seinen eigenen Anzug, jeder hitzigere Jäger wußte das und fragte den aufs Korn Genommenen nicht erst lange aus, sondern legte ihn um. Hinterher konnte er sich immer rechtfertigen, er habe sein Opfer für einen Roboter gehalten. Trotz strengsten Verbots rüsteten manche Leute ihre Roboter mit Waffen aus, damit sie das Feuer erwidern konnten. Unter den geistigen Gegnern jener Jagden wurde es sogar üblich, Lockroboter in die Schußlinie zu schicken, die weder bohnern noch Geschirr spülen, dafür aber Feuer auf die Jäger speien konnten. Auch gab es Spezialanfertigungen, die auf den Knall des Schusses hin umfielen, ohne getroffen zu sein. Trat nun der strahlende Schütze, triumphierend ins Jagdhorn stoßend, heran, so schlug ihm die vermeintliche Beute stählerne Klauen in die Wade. Dies wiederum brachte manche Mitglieder des Jagdklubs auf die Palme und zum Einsatz ferngesteuerter

Raketengeschosse, während andere diese Eskalation des edlen Weidwerks als unziemlich und auch wenig lustvoll empfanden, da sie den vom großen Wagnis verursachten Nervenkitzel für die Würze ihres Sports hielten: Schließlich ist die Tigerjagd ehrenvoller als ein Gemetzel unter Feldhasen. Als es aber Mode wurde, aus Autos zu jagen, die sich immer offensichtlicher in Panzerwagen mit Flammenwerfern verwandelten, als ein Stadtteil von Hesperis in Flammen aufging, weil zwei verfeindete Jagdgesellschaften aneinandergeraten waren, da endlich neigte sich die bisher unschlüssige Regierung den Verfechtern der Ethosphäre zu – eine Minute vor zwölf, wie ihre Anhänger heute noch sagen.

Den Schöpfern des ethifikatorischen Projekts war klar, daß sich die in der Gesellschaft angestauten Aggressionen nicht über Nacht abbauen ließen, sondern einen Auslauf brauchten, der keinen Schaden anrichtete. Daher sorgten sie dafür, daß beträchtliche Mittel für den Bau von rappelschluckenden Einrichtungen bereitgestellt wurden. Viele davon sind bis heute in Betrieb. Ich will einige aufzählen, weil ich meine, ähnliches könnte auch uns zupasse kommen.

Bei den Losanniern war es seit jeher Brauch, Personen Denkmäler zu setzen – sie mußten nur bedeutend und verhaßt zugleich sein. Es handelt sich um Schandmale, Denkmäler des Unruhms, häufig flankiert von bauchigen, an Bronzeurnen erinnernden Spucknäpfen. Eine derartige allegorische Gruppe von immenser Größe und mit in eherne Lettern gegossenen Verwünschungen hatten die Bürger schon ein Jahrhundert zuvor den Drei Pseudoxixaren zugeeignet. Darüber hinaus hat jeder Politiker, der durch besonders fatale Verdienste zum allgemeinen Unglück beigetragen hat, sein Standbild oder zumindest seine Büste. Gefertigt wurde dergleichen aus einem speziellen Material, das elastisch war, weil jeder andere Stoff zu rasch verschlissen wurde.

Wie Kikerix mir versicherte, stellte dieses Gebiet der bildenden Kunst überaus hohe Anforderungen sowohl an die Projektanten als auch an die Hersteller: Die Konterfeis der unehrenwerten Persönlichkeiten mußten aus einem Material bestehen, das tagsüber zwar nachgab, über Nacht jedoch wieder sein ursprüngliches Aussehen annahm. Die Praxis bewies übrigens, daß es sich bezahlt machte, aus diesem Material auch die Denkmäler von Persönlichkeiten mit durchaus großen Verdiensten zu fertigen, weil eben gegen die letzteren immer mal wieder jemand Vorbehalte anmeldete, was die Renovierungskassen zumal bei Kolossalmonumenten stark angriff. Für Reisegruppen aus der Provinz und für Schulausflüge, die die Altstadt besichtigten, stehen hinter jedem Denkmal des Unruhms, diskret von Hecken kaschiert, Kisten mit Werkzeug, das streng auf die Proportion zwischen dem eigenen Wirkungsgrad und der Haltbarkeit des Standbildes getrimmt ist. Eine Ausnahme von der Regel, die Ehre von Unruhe trennt, machen allein die Schöpfer der Ethosphäre, die sogenannten VÄTER. Um dem unaufhörlichen Stunk und Hader vor ihren Sockeln ein Ende zu machen, verewigte man sie in zwei weit von einander entfernten Denkmalskomplexen: Jedermann kann nun seiner Überzeugung folgen, seine Schritte da- oder dorthin lenken – mit einem Blumengebinde oder dem ganzen Gegenteil, je nachdem . . .
Als sehr glückliche Fügung bezeichnete es Kikerix, daß die Automatisierung der Industrie aller körperlichen Arbeit genau zu dem Zeitpunkt ein Ende setzte, als die ersten Großgripsereien anliefen. Zwar fehlte ihnen noch viel bis zur Vollkommenheit, aber schon drei Jahre nach ihrer Inbetriebnahme zeigte bei plötzlichen Todesfällen der Trend nach unten – und das, obwohl Unterwelt, Jägervereine und Rowdybanden, zusätzlich aller Extremisten und Gruppierungen, die in einem Leben ohne Blutvergießen keinen Sinn mehr fanden, sich massenweise aus den Städten in die

noch unvergripste Provinz abgesetzt hatten. Aus den solcherart heimgesuchten Städten und Dörfern wiederum zog ein Flüchtlingsstrom in die Ballungszentren. Die reinste Völkerwanderung!
Es war die Zeit kühner sozialer Experimente. In einem Landkreis, der im Einzugsbereich der Hauptstadt lag, wurde versuchsweise der schrankenlose Konsum zum Nulltarif eingeführt. Zuvor hatte man im Parlament den heftigen Widerstand der Großindustrie brechen müssen, die sich an die Gesetze von Markt und Waren klammerte, obwohl die Selbstkosten bei jedweder Güterproduktion sichtbar auf Null zurückgingen. Die Energie gab es bereits gratis, sie war verfügbar wie die Luft und – da aus dem Kosmos bezogen – unerschöpflich.
Sämtliche Güter und Dienstleistungen waren umsonst zu haben, und das hatte leider schlimme Folgen. Jeder häufte, soweit die Kraft reichte, überflüssige Habe an, quälte sich die verrücktesten Extravaganzen ab, um nur mit dem Flitter des Besitzes die Nachbarn, die Verwandten und wen auch immer zu blenden und zu übertrumpfen. Aber auch die so Herausgeforderten legten die Hände nicht in den Schoß. Hinter den Eigenheimen mußten Lagerräume angebracht werden, damit sich Kleidung, Wertsachen und Lebensmittel unterbringen ließen, der größte Teil dieser Dinge verdarb, und die Mühsal, sie zusammenzuraffen, erwies sich letztlich als so fruchtlos, daß die Neureichen, völlig frustriert, ihre Haushaltsroboter zu privaten Sturmabteilungen umformierten, um ihre Mitbürger zu schikanieren. So kam es zu Gefechten zwischen den Bürgern, zu regelrechten Bürgerkriegen, und worum ging es dabei? Um nichts. Einmal gar mußte eine Stadt, die bereits in Flammen stand, unter den mauerbrechenden Explosionen von Bomben und Kartätschen völlig von der Außenwelt abgeriegelt und entwaffnet werden.
Absoluter Wohlstand ist absolut korrumpierend. Das

glaubte jeder von vornherein zu wissen, aber dennoch fanden sich Idealisten, die dem optimistischen Glauben anhingen, das Volk werde sich bald ausgetobt haben. Das heutige, vor reichlich einem Jahrhundert eingeführte System hat diese Schwarmgeister Lügen gestraft. Jedem Bürger ist ein Energiequantum zugeteilt, das er in einem Jahr verbrauchen darf – es steht ihm frei, zu welchem Zweck. Er kann die Zuteilung also umsetzen in 300 000 Paar goldbetreßte Hosen, einen Berg schokoladenumhüllten Marzipanbruchs oder neunhundert platinierte Grammophopteryxe, die schallversorgt und derart phonbefrachtet sind, daß man ihre jerichonischen Klänge noch hört, wenn sie am Horizont verschwinden. Niemand ist aber so irrsinnig, seinen Vorrat derart zu verschwenden, man muß sparsam damit umgehen, und die Zuteilung darf auch nicht gehortet oder mit den Anteilen anderer Personen zusammengelegt werden, damit es nicht zu Geheimbünden oder anderen umstürzlerisch eingestellten Vereinigungen kommt. Man ruft das jeweils Benötigte ins Leben und schaltet es nach Gebrauch wieder ab wie das elektrische Licht. Gegenstände, von denen nur ein einziges Exemplar vorhanden ist, gibt es nicht, und als Geschenk kann nur eine völlig originelle Information über etwas dienen, was noch keiner hat, weil er nie davon hörte und auch selbst nicht darauf gekommen ist. Souvenir kann also lediglich so etwas wie eine Vorschrift oder ein Rezept sein. Im Grunde gibt es wirkliche Neuigkeiten dieser Art überhaupt nicht, alles nur Denkbare steckt ja in den Güterverzeichnissen der Computer, und die Unzugänglichkeit entspringt allein dem erschreckenden Unmaß der gespeicherten Informationen.
Ich war mit Kikerix auch in einer Galerie für Malerei und Plastik. Auf einem Ehrenplatz steht dort die Statue des Politikers Daxarox, der als erster die sogenannten Débaucherien oder Rappelschlucker konzipierte. Diese Einrichtungen stehen allen volljährigen Personen offen, die ihren

aggressiven Leidenschaften nachgeben wollen. Manche Entianer halten Daxarox für einen echten Mann des Status der Hoffnungslosigkeit, aber er hat auch seine Kritiker. Auf Anraten meines Führers begab ich mich in den Autoklas, ein gewaltiges, von einer Kuppel überwölbtes Gebäude, das von außen an ein Velodrom erinnerte. Man muß sich in einer riesigen Tiefgarage ein Fahrzeug auswählen und fährt dann über eine Rampe auf einen normalen städtischen Platz unter freiem Himmel. Dort ist alles erlaubt – man darf andere Fahrzeuge rammen, Jagd auf Fußgänger machen und seine Fahrstrecke mit Wracks und Leichen säumen, man darf in Häuser rasen, um sie in Wolken von Mörtelstaub krachend zusammenbrechen zu lassen. Ich weiß nicht, wie diese Illusionen produziert werden, der Eindruck der Realität jedenfalls ist unabweislich. Es soll Leute geben, die sich tagelang in den Autoklasen aufhalten und die Ethosphäre so satt haben, daß ihnen schon bei dem Gedanken graut, unter ihre Obhut zurückkehren zu müssen.
In anderen Débaucherien kann man straflos Morde und Brandstiftungen begehen, ausersehene Personen prügeln und quälen, bis einem der Schweiß ausbricht und der Atem knapp wird. Ich hatte dazu keine Lust. Kikerix ist, vielleicht zu Recht, der Meinung, zwischen den Besuchern dieser Einrichtungen und den Liebhabern von blutigen Spektakeln wie Stierkämpfen oder Filmen, die von Verbrechern überschäumen, bestehe lediglich ein gradueller, kein grundsätzlicher Unterschied. Manche Experten sehen in den Austobzentren Verstärker niedriger Instinkte, die die Frustration von Individuen mit angeborener Grausamkeit erhöhen, andere wiederum bezeichnen das als Abflutkanal für böses Blut, als Sicherheitsventil und als eine Psychotechnik, die die überstark pazifizierten Seelen der Staatsbürger vom Frust befreit. Gerüchten zufolge befinden sich die Débaucherien unter der geheimen Kontrolle des Präventivministeriums, und jeder, der sich dort einmal ersatzweise und

fiktiv ausgetobt hat, steht mit seinen lasterhaften Neigungen in einer Kartei, damit man ihm Gripser mit entsprechender Gegenwirkung zukommen lassen kann. Oppositionelle meiden diese Objekte wie die Pest und strafen sie mit größter Verachtung.

Auch außerhalb der Städte fehlt es nicht an Fata-Morgana-Simulanten: In speziellen Revieren fällt von den Waffen leidenschaftlicher Jäger das stärkste Wild – die Kurdel und sogar die Pyrosaurier, flammenwerfende Tausendtonner. Hier mag der Ursprung der widersprüchlichen Aussagen irdischer Dokumente über feuerspeiende Drachen liegen, denn es gibt sie, und es gibt sie nicht – sie sind Phantome. Ich war nicht der einzige, dem das peinliche Versehen unterlaufen ist, die Vergnügungen der fremden Zivilisation für deren Wirklichkeit zu halten. Das betrifft auch die sogenannte Püpplung: Jedermann kann sich bei einem Spezialversand für sämtliche Haushaltswaren auf individuellen Wunsch auch Puppen bestellen, die den jeweils ausersehenen Personen in Aussehen und Größe täuschend ähnlich sind. Niemand fragt den Kunden, was er mit den gewünschten Objekten vorhat – ebensowenig wie ein Konfektionshändler auf Erden nicht neugierig ist, was der Käufer mit der Kleidung zu tun gedenkt. Das interessiert einfach nicht, und der Unterschied liegt nur darin, daß man sich auf der Entia einen beliebigen Androiden bestellen kann wie einen Kühlschrank.

Wie Kikerix sagt, sind zwar nicht mehr als zehn Prozent der Entianer berufstätig, aber die Zahl der Arbeitenden nimmt von Jahr zu Jahr zu, weil trotz aller Sättigung und der ungezählten Möglichkeiten der Zerstreuung die Arbeitslosigkeit stärker drückte, als das in den alten Zeiten des Mangels und der Schinderei einer geglaubt hätte. Das Hauptdilemma bestand demnach darin, daß alle Güter und Freuden viel zu leicht erreichbar waren: Was man umsonst bekommt, ist einen Dreck wert. So entstehen Pläne einer spezifischen Erschwerung und Komplizierung des Lebens, denn das dolce far niente stürzt einen beträchtlichen Teil der Bevölkerung in schwärzeste Verzweiflung, und so wäre es gut, wenn die Gesellschaft jene Projekte billigen würde. Was aber soll man tun, da sie es nicht will? Diese Abneigung tritt bei periodisch durchgeführten Plebisziten zutage, und als einziger Ausweg böte sich an, die Hindernisse auf dem Lebensweg in völlig neuer Form zu applizieren, da es ja nicht darum gehen kann, daß diese oder jene Produkte mal für einen Tag fehlen und die Leute sich nicht in die Débaucherie begeben, sondern sich nach Käse anstellen. Niemand weiß jedoch, wie Vorhaben dieser Art zu konkretisieren sind, denn jedwede Veränderung bedarf der Zustimmung der Gesellschaft – die Schwierigkeiten neuen Typus müssen gebilligt, dürfen also nicht aufgezwungen werden.

»Es ist schon ein schwieriger Fall«, sagte mein Führer und schüttelte seinen Vogelkopf. »Alles ist hin und her gerissen zwischen den Gelüsten der Kryptokratie und der Hedonisierung, auch die Zahl derer nimmt zu, die auf Lebensfreuden keinen Wert legen. Sie gehen nicht mehr aus dem Haus und tragen ihre Kleidung, bis sie ihnen vom Leibe fällt. Allein die Qual, sich aus dem Überfluß etwas heraussuchen zu müssen, legt ihren Willen völlig lahm.«

Ich erkundigte mich bei Kikerix nach Clivia Nigra und gewann den Eindruck, daß ihm diese Frage ungelegen kam. Statt zu antworten, nahm er mich ins Verhör, was ich denn von Clivia wisse. Als ich es ihm sagte, erklärte er, zu 98 Prozent sei das ein aus Verdrehungen und Mißverständnissen bestehender Schwindel, und der Rest sei zumindest zweifelhaft. Wie es denn also in Wahrheit gewesen sei, fragte ich.

»In Wahrheit haben wir für die Clivianer getan, was in unserer Macht stand. Infolge der schlechten klimatischen Bedingungen litten sie häufig unter Mißernten, wir lieferten ihnen massenweise Lebensmittel. Kurdland tat das übrigens auch. Sie aber, das heißt ihre Regierungen, ließen die eigene Bevölkerung hungern, um eine strategische Reserve für die Zeit der gegen uns vorbereiteten Aggressionen anzulegen. Wenn den exportierten Produkten also Körperchen zugesetzt wurden, die eine längere Lagerung unmöglich machten, so war das von unserer Seite eine Maßnahme der elementaren Vorsorge, nichts weiter.«

»Was hätte denn weiter daran sein können?« fragte ich, aber er lächelte nur undurchsichtig und meinte, daraus seien so viele Verleumdungen und Nachreden entstanden, daß ich früher oder später davon hören würde.

Das Gespräch über Clivia hinterließ zwischen uns beiden eine sichtliche Verstimmung.

Von der Fahrt zum Institut zur Besserung des Milieus erinnere ich mich nur meiner Verblüffung, als der Lift emporschoß, mit dem Klacken einer in den Lauf schnappenden Patrone über das Hoteldach hinaus auf eine Bahn sprang, die an einen flachen Regenbogen erinnerte: Freitragend wölbte sie sich über die Stadt und leuchtete in den sieben Farben des Sonnenspektrums. Dann wurde es finster, der Fußboden gab sanft unter mir nach, die Kabine stand still, eine ihrer Wände öffnete sich an einer unsichtbaren Naht, und ich erblickte vor dem Hintergrund großblumiger, weißblühender Pflanzen einen hochgewachsenen Losannier mit menschlichem Antlitz. Er trug einen Einreiher und ein schneeweißes Hemd, als käme er soeben von einem Pariser Schneider. Sogar die Revers und der Hemdkragen hatten den Schnitt der neuesten Mode – von vor zweihundert Jahren! Auch das war Teil der mir erwiesenen Höflichkeit, denn hierzulande kleidete man sich nicht so. Der Losannier erwartete mich mit ausgestreckter Hand, als fürchte er zu vergessen, wie man einen Menschen begrüßt. Als ich ihm die Hand reichte, gab er mir die seine so, daß ich seinen Daumen am Handteller spürte.

Es war Tipp Tippilip Tahalat, der Direktor des IBM, ein blonder Mann mit schwarzen Augen. (Ich hätte gerne mal gewußt, wie die das mit diesen Gesichtern machten.) Statt des Dolmetschgeräts im Jackettaufschlag trug ich auf beiden Ohrmuscheln einen kleinen Metallring. Dadurch hörte ich alles so, als ginge den Losanniern die Erdensprache von den Lippen. Sie hörten mich wahrscheinlich genauso.
Das Ungeschick, das Tahalat bei dem Händedruck bewiesen hatte, wirkte auf mich einigermaßen erleichternd. Es hatte eine Lücke in seinem Wissen von irdischen Bräuchen bloßgelegt, und was kann einen schlimmer aus dem Konzept bringen als die Vollkommenheit von Fremden! Tahalat führte mich in einen wirklich erstaunlichen Raum: In seiner ganzen Einrichtung sah es aus wie der Konferenzsaal einer irdischen Großbank Ende des zwanzigsten Jahrhunderts. Ein langer, grünbetuchter Tisch, zwei Reihen schwarzer Ledersessel, Mattglasfenster, Glasschränke, die einen vollgestopft mit dicken Büchern, unter denen ich die Jahrbücher des Lloyd entdeckte, die anderen mit Dampf- und Segelschiffmodellen. Ich konnte mich wieder nicht des Gedankens erwehren, daß die Leutchen ihre Mühe wahrlich übertrieben. Dieser ganze Aufwand – bloß um mal mit einem Menschen zu reden!
An einem kleinen Tisch nahmen wir Platz, unweit vom Fenster, unter einem Rhododendron, der einem Topf von Majolika entsproß. Zwischen uns dampfte eine Espressomaschine, daneben stand – für mich – eine Tasse und eine silberne Zuckerdose mit dem britischen Löwen, während den Gastgeber etwas erwartete, was wie eine bebeinte Birne oder ein himmelblau behüteter Pilz aussah. Tahalat entschuldigte sich, daß er nicht das gleiche trinken werde wie ich, er sei es nicht gewohnt und rechne daher auf meine Nachsicht. Ich versicherte ihm, man mache mit mir viel zuviel Aufhebens, und so tauschten wir Floskeln der Ziererei, ich rührte Zucker in meinen Kaffee, und er spielte mit

seinem Birnenpilz, der eine Flüssigkeit enthielt und dessen Stiel als Mundstück diente. Tahalat kam auf mein Abenteuer zu sprechen und erklärte, ich verdanke den glücklichen Ausgang, wenn ich mir darüber auch nicht klar sei, allein der Ethosphäre. Bei den Antikünstlern sei ich nicht in Gefahr gewesen, die Hydianer jedoch lebten in einem Reservat, das nur oberflächlich vergripst sei. Als man erfahren habe, daß ich von ihnen entführt worden war, habe man die lokale Gripskonzentration erhöht, damit sie auch den Untergrund durchdrang.

»Von Ihnen werde ich wohl endlich erfahren, wie diese Gripser wirken«, sagte ich, heimlich verwundert über den exzellenten Geschmack des losannischen Kaffees.

»Am besten in der Praxis«, meinte der Direktor. »Wären Sie bitte so gütig, mir eine Ohrfeige zu geben?«

»Eine Ohr . . . Wie bitte?«

Ich glaubte, die Dolmetscherei hätte versagt, aber der Direktor sagte es lächelnd noch einmal:

»Ich bitte Sie um die Freundlichkeit, mir eine Ohrfeige zu geben. Dabei werden Sie sich von der Wirkung der Ethosphäre überzeugen können, und anschließend unterhalten wir uns über diese Erfahrung. Ich werde lieber aufstehen und bitte auch Sie darum, denn dann geht es leichter . . .«

Gut, dachte ich, soll er haben, was er will. Wir nahmen voreinander Aufstellung, maßvoll – er sollte ja nicht aus den Latschen kippen – holte ich aus und . . . konnte den Arm nicht mehr bewegen! Er saß fest. Der Ärmel des Jacketts! Steif wie ein Blechrohr! Ich suchte wenigstens den Ellenbogen anzuwinkeln, was mir unter größter Anstrengung auch gelang.

»Sehen Sie?« meinte Tahalat. »Nun verzichten Sie bitte darauf, mich zu ohrfeigen.«

»Ich soll darauf verzichten?«

»Ja.«

»Also gut, ich haue Ihnen keine in die . . .«

»Nein, nein. Es geht nicht darum, daß Sie das sagen, Sie müssen es in Ihrem Innern zu einem feierlichen Entschluß wachsen lassen.«
Ich machte das, so gut ich konnte. Der Ärmel gab ein wenig nach, behielt aber nach wie vor eine unnatürliche Starre.
»Ja, Sie sind von Ihrer Absicht eben noch nicht gänzlich abgerückt.«
Wir standen noch ein Weilchen da und sahen uns an. Dann war der Stoff schlaff wie zuvor.
»Wie geht das vor sich?« fragte ich. Mein Jackett stammte von der Erde, es war aus Wolle, aschgrau mit kleinen graublauen Tupfern. Ich sah mir den Stoff aus der Nähe an und bemerkte, wie sich die winzigen Gewebehärchen glätteten. Sie waren gesträubt gewesen wie das Fell eines Tieres, das erst gereizt und dann beruhigt worden war.
»Aggressive Absichten rufen Veränderungen im Organismus hervor«, sagte der Direktor. »Das Adrenalin schießt ins Blut, die Muskeln spannen sich, das Ionongleichgewicht gerät ins Schwanken, und damit ändert sich auch die elektrische Ladung der Haut.«
»Aber den Anzug habe ich doch von der Erde mitgebracht!«
»Daher hat er Sie auch nicht von Anfang an beschützt, aber immerhin schon nach drei Stunden. Freilich auch dann nicht ganz vollständig, die Gripser hatten zwar den Kleiderstoff durchsetzt, Sie selbst aber waren für sie ein unbekanntes Wesen, und daher traten sie erst voll in Aktion, als Sie dort in dem Bunker keine Luft mehr bekamen.«
Ich war verblüfft. »Das Halseisen ist also von den Gripsern gesprengt worden? Wie kann das sein?«
»Das Halseisen ist von selbst zerfallen, die Gripser haben nur den Befehl gegeben. Ich werde Ihnen das etwas eingehender erklären müssen, denn es ist nicht ganz einfach . . .«
Ich ließ ihn nicht ausreden, mir war ein neuer Gedanke gekommen.

»Was wäre denn passiert, wenn ich das Jackett ausgezogen hätte?«
Ich erinnerte mich zugleich auch daran, daß dort in jenem Keller alle krampfhaft bemüht gewesen waren, sich auszuziehen.
»Ja, bitte sehr!« sagte der Direktor.
Ich hängte das Jackett über die Sessellehne und sah mir mein Hemd an. Auf der rosa karierten Popeline war etwas im Gange – die mikroskopisch kleinen Härchen sträubten sich. Ich erriet, was da vor sich ging.
»Das Hemd wird also auch aktiviert«, sagte ich. »Wenn ich nun auch das Hemd ausziehe?«
»Ich ersuche Sie herzlich, auch Ihr Hemd auszuziehen.« Er war ganz eifrig und geradezu aus dem Häuschen, als hätte ich ihm einen Wunsch vorweggenommen, den er selbst nicht zu äußern gewagt hätte. »Bitte, tun Sie sich keinen Zwang an.«
Komisch war das schon, sich da auszuziehen in diesem eleganten Saal, am Fenster, in einer hellen Nische und unter einer Palme. In einer exotischeren Umgebung wäre mir die Entblößung leichter gefallen, aber ich löste den Knoten der Krawatte, und als ich den Oberkörper frei hatte, zupfte ich an meinem Hosenbund und fragte:
»Herr Direktor gestatten?«
Es war geradezu übertrieben, wie er mir das Gesicht hinhielt, aber ich sagte nichts mehr, setzte die Füße ein wenig auseinander, holte aus – und ging in die Grätsche, als wäre der Fußboden aus geöltem Eis! In voller Länge lag ich dem Losannier zu Füßen.
Besorgt half er mir beim Austehen, im Aufrichten rammte ich ihm wie aus Versehen den Ellenbogen in den Bauch und hätte am liebsten aufgejault: Es war, als wäre ich gegen Beton gerannt. Sollte er einen Panzer unterm Anzug tragen? Nein, zwischen den Schößen des Jacketts strahlte blütenweiß ein dünnes Hemd hervor. An diesem Hemd mußte

es gelegen haben. Ich tat, als machte ich nicht einmal den Versuch, ihm eine aufs Grübchen zu verpassen, und setzte mich hin, um meine Schuhsohlen zu prüfen. Sie waren kein bißchen schlüpfrig. Das normalste Sohlenleder der Welt, die Profilabsätze aus Gummi, die ich seit jeher trage, weil sie den Schritt elastisch machen. Mir fiel der Massensturz der Künstler ein, als diese an der Hüfte des Engels vorüber mir an den Kragen wollten. Darum also! Ich schaute auf und begegnete dem gelassenen Blick meines Gesprächspartners. Er lächelte voller Nachsicht.

»Gripser in den Sohlen?« fragte ich.

»Jawohl. In den Sohlen, im Anzug, im Hemd – überall. Ich hoffe, Sie haben sich nicht weh getan?«

Der hinter diesen Worten verborgene Sinn war weniger höflich: Hättest du nicht so stark ausgeholt, wärst du auch nicht auf die Fresse gefallen!

»Nicht der Rede wert. Wenn ich mich aber nun ganz nackt ausgezogen hätte?«

»Dann, ja, das ist schwer zu sagen ... Ich kann es Ihnen nicht erklären, weil ich es selber nicht weiß. Wer es wüßte, könnte die MORSCHEN, die Moralischen Schutzvorrichtungen, umgehen. Ich bitte gütigst zu bedenken, daß als Filter der Aggression nicht nur die Kleidung, sondern die gesamte Umwelt dient ...«

»Und wenn ich Ihnen irgendwo an einem bestimmten Ort einen Stein an den Kopf werfe?«

»Ich nehme an, daß dieser Stein sein Ziel verfehlt oder beim Aufprall zerfällt.«

»Wie kann er denn zerfallen?«

»Mit Ausnahme weniger Orte – etwa der Reservate – gibt es bei uns heute schon keinerlei unveredelte Substanzen mehr.«

»Also auch die Platten auf dem Gehweg? Der Kies auf den Wegen? Die Mauern? Alles ist künstlich?«

»Es ist nicht künstlich, sondern vergripsert. Allein in diesem

Sinn ist es, wenn Sie so wollen, künstlich.« Er sprach sehr gemessen und setzte seine Worte mit Bedacht. »Das war unerläßlich.«

»Also – es ist alles aus diesen logischen Elementen? Das muß doch unwahrscheinlich viel gekostet haben.«

»Gewiß, die Kosten waren beträchtlich, aber wiederum nicht unwahrscheinlich. Schließlich handelt es sich um unsere grundlegende Produktionsmasse.«

»Die Gripser?«

»Jawohl.«

»Und im Winter? Die Wolken? Wenn das Wasser gefriert? Läßt Wasser sich überhaupt vergripsern?«

»Es läßt sich, mein Herr. Es läßt sich alles.«

»Auch Nahrungsmittel? Dieser Kaffee hier?«

»Ja und nein. Ich habe Sie wohl in die Irre geführt, was die Technologie angeht. Das lag nicht in meiner Absicht, Sie glauben jetzt, alles sei ausschließlich aus Gripsern gemacht. Das ist aber nicht der Fall, sie stecken nur überall drin. Man könnte es mit dem Bewehrungsstahl in Ihrem Stahlbeton vergleichen.«

»Ach ja? Dann lassen Sie uns doch konkret werden: Schwimmt etwas davon in diesem Kaffee? Ich habe beim Trinken nichts geschmeckt.«

Mein Gesicht zeigte offenbar eine angewiderte Miene, denn der Losannier breitete voller Bedauern die Arme aus.

»In dieser Kaffeemenge kann sich etwa eine Million von Gripsern befinden, aber sie sind kleiner als bei Ihnen die Bakterien, ja, sogar noch kleiner als die Viren. Das ist nötig, damit sie nicht in Filtern hängenbleiben. Ähnlich ist es mit den Fasern Ihrer Kleidung, dem Leder Ihrer Schuhe und allem anderen.«

»Sie durchdringen also unaufhörlich den Organismus? Was hat das zur Folge? Habe ich sie schon im Blut – und im Gehirn?«

»Aber nein!« Er hob abwehrend die Hände. »Sie lassen den

Organismus unverändert. Der Körper ist für sie unantastbar, das ist in unserem Grundgesetz verankert. Freilich gibt es besondere antibakterielle Gripser, die jedoch nur von Ärzten eingesetzt werden, falls von außen eine Krankheit eingeschleppt wird. Über dem Territorium Losanniens gibt es nämlich keine krankheitserregenden Mikroorganismen mehr . . . Wollen wir nun zum nächsten Experiment kommen?«

Er ging zum Tisch und zog eine Schublade auf, in der sich Nägel verschiedener Größe sowie ein Hammer und eine Zange befanden.

»Würden Sie bitte einen Nagel in die Tischplatte schlagen?« Er klopfte mit dem Finger auf das Palisanderholz.

»Ich möchte nicht Ihre Möbel ruinieren.«

»Das spielt wirklich gar keine Rolle.«

Ich nahm den pfundschweren Hammer und einige große Nägel, die ich erst einmal gegeneinander klingen ließ. Dann trieb ich einen Vierzöller bis zur Hälfte mit so kräftigen Schlägen ins Holz, daß der Lack in glitzernden Schuppen absprang. Ich schlug den Nagel von der Seite an – er klang wie eine Stimmgabel. Der Direktor reichte mir die Zange, und ich zog den Nagel, der sehr fest saß, mit großer Anspannung heraus. Er war fast gar nicht krumm.

»Und nun?« Ich glaubte zu erraten, was folgen sollte. »Soll ich ihn jetzt Ihnen – in den Kopf schlagen?«

»Ich bitte darum.«

Er beugte sich leicht vor, damit ich es bequemer hatte, während ich ohne Eile Schuhe und Socken auszog. Schließlich wollte ich nicht nochmals auf dem Fußboden landen. Dann setzte ich den Nagel an und gab einen leichten Schlag, um die Stelle zu markieren. Der Schlag war ganz leicht gewesen, aber der Direktor fuhr zusammen. Als ich zögerte, trieb er mich mit den Worten an:

»Bitte mehr Entschlossenheit, keine Angst . . .«

Ich ließ also den Hammer niedersausen, und der Nagel

verschwand. Er war einfach weg, nur in der Hand, mit der ich ihn gehalten hatte, war eine Prise aschgrauen Pulvers zurückgeblieben.

Tahalat stand auf und zog eine zweite Schublade heraus. Darin lagen Nadeln und Rasierklingen. Er nahm eine Handvoll davon, steckte sie in den Mund, kaute sie bedächtig und schluckte sie hinunter. Es war wie bei der Nummer eines Zauberkünstlers.

»Möchten Sie nicht auch probieren?« forderte er mich auf.

Ich nahm eine Rasierklinge. Mit der Fingerkuppe stellte ich fest, daß sie scharf war, und legte sie mir daher unter Wahrung der gebotenen Vorsicht auf die Zunge.

»Nur zu, keine Angst . . .«

Ich spürte den metallischen Geschmack auf der Zunge und konnte mich nur schwer des Gefühls erwehren, sie mir schrecklich zu verletzen. Da die Raumfahrt jedoch gewisse Opfer verlangt, biß ich zu. Die Klinge zerfiel an meinem Gaumen zu feinem Staub.

Tahalat bot mir noch einen Nagel oder eine Nadel an, aber ich lehnte dankend ab.

»Nun, dann wollen wir uns unterhalten . . .«

»Wie geht das alles zu?« fragte ich und setzte mich wieder zu meinem Kaffee. Er war, obwohl er schon geraume Zeit in der Tasse stand, immer noch so heiß wie beim ersten Schluck. »Liegt es an den Gripsern? Die sind aber doch logische Elemente, während das hier« – ich wies auf die über den Tisch verstreuten Nägel – »doch wohl richtiges Eisen ist?«

»Ja, die Gripser allein könnten ohne unsere Festkörpertechnologie gar nichts ausrichten . . . Es wird Ihnen natürlich bekannt sein, wie ein Fernsehbild entsteht?«

»Gewiß. Es wird von Elektronen, die zu einem Strahl gebündelt sind, auf den Bildschirm gezeichnet.«

»Genau. Das ganze Bild entsteht als Eindruck des Auges, und würde man den Bildschirm mit sehr kurzer Belichtungszeit fotografieren, so würden die Fotos nur die einzelnen Positionen des Lichtpunkts registrieren. Dieses Prinzip nun liegt unserer Festkörpertechnologie zugrunde. Ein Nagel oder jeder andere Metallgegenstand existiert nicht anders als eine gewisse Zahl atomarer Wölkchen, die sich innerhalb der vom Programm vorgegebenen Form bewegen. Diese Atome bilden gewissermaßen mikroskopisch kleine Späne und rufen dadurch, daß sie mit großer Geschwindigkeit ihre Bahnen ziehen, den Eindruck eines Nagels oder eines anderen Gegenstandes aus Eisen oder anderem Metall hervor. Das ist übrigens nicht nur ein die Sinne täuschender Eindruck wie beim Fernsehbild, denn man kann mit einem solchen Nagel genau dasselbe machen wie mit jedem anderen, ob er nun gestanzt oder geschmiedet ist.«

»Da fliegen also nur Späne herum . . .« Ich war konsterniert. »Bloß lauter Atome . . . Und wie schnell fliegen die eigentlich?«

»Das kommt auf das Objekt an, das sie schaffen sollen. In diesen Nägeln hier wird die Geschwindigkeit bei 270 000 Kilometern pro Sekunde liegen. Langsamer geht es nicht, weil einem der Gegenstand dann zu leicht vorkommen würde. Schneller darf es auch nicht sein, die Effekte der Relativität würden sich in einem zu starken Massenzuwachs bemerkbar machen und Ihnen den Eindruck geben, der Nagel wiege ein Vielfaches mehr als nötig . . . Bei der Imitation eines natürlichen Sachverhalts kommt es auf Perfektion an! Die Atomwölkchen kreisen auf genau festgelegten Bahnen und ›zeichnen‹ dadurch das gewünschte Objekt. Es ist, wenn Sie den primitiven Vergleich gestatten, wie mit der glimmenden Zigarette, mit der Sie einen Kreis in die Nacht zeichnen können.«

»Aber das erfordert doch einen unablässigen Zufluß von Energie!«

»Natürlich! Die Energie wird von einem gravitationserweiterten Nukleonenfeld geliefert. Es läßt sich durch nichts abschirmen, ebensowenig wie man die Schwerkraft abschirmen kann. Würden Sie freilich von hier« – er schlug mit dem Arm einen Kreisbogen – »etwas mit an Bord Ihres Raumschiffs nehmen, so würde der betreffende Gegenstand zu Staub zerfallen, sobald Sie unser Stabilitätsfeld verlassen.«

»Und das alles hier – die Möbel, der Teppich, die Palmen . . .«

»Alles.«

»Die Wände auch?«

»In diesem Hause ja. Es gibt aber noch einige alte Gebäude, die nicht vergripsert sind.«

»Und bei Ausfall der Energiezuführung würde dieser ganze Bau in Staub und Asche sinken?«

»Eine solche Havarie kann gar nicht eintreten.«

»Wieso nicht? Es kann alles mal kaputtgehen.«

»Nein, nicht alles! Das ist ein Vorurteil aus der vergangenen Epoche. Es gibt Kräfte, die, einmal geweckt, nie versagen. Atome zum Beispiel haben nie Havarien, stimmt es? Das Elektron kann niemals auf den Kern stürzen . . .«

»Das Atom verbraucht im Ruhezustand jedoch keine Energie.«

»Ja, also damit verhält es sich anders. Der Zustrom von Energie ist notwendig.«

»Er kann also aussetzen!«

»Nein. Wir beziehen die Energie direkt aus den Gravitationskräften unseres Planetensystems. Merken Sie etwas? Wir bremsen damit zwar den Umlauf der Planeten um die Sonne, aber diese Verlangsamung liegt bei 0,2 Sekunden pro Jahrhundert.«

Ich blieb hartnäckig. »Trotzdem muß diese Energie von Maschinen oder Aggregaten aufgenommen werden, und diese können anfällig sein.«

Er schüttelte den Kopf.

»Das sind keine Maschinen. Sie haben keinerlei mechanische Teile, die dem Verschleiß unterliegen könnten. In den

Atomen gibt es solche Teile ja auch nicht. Hier wirken entsprechend gekoppelte Felder, die Interferenzfokussierungen liefern. Die Energie ist im Kosmos in unerschöpflichen Mengen vorhanden, man muß nur wissen, wie man an sie herankommt.«

»Ist Ihr Gesicht auch eben – bitte seien Sie mir nicht böse – dank dieser Technik menschlich?«

»Warum sollte ich böse sein? Ja, Sie haben es erraten. Es ist einfach eine Geste des Anstandes . . . Allerdings liegen hier manche Unterschiede vor. Was immer aus Metall ist, stellen wir so her, wie ich es Ihnen beschrieben habe. Die anderen Substanzen werden einfacher produziert, aber das hängt mit der Physik der konkreten Festkörper zusammen. Ich fürchte, die Erörterung dieser anderen Techniken würde uns zu weit führen: in Räume einer Ihnen unbekannten Physik . . . Das Prinzip ist dennoch stets das gleiche. Jedes Ding der Materie ist ein Gewimmel von Atomen im leeren Raum, von Atomen, die in eine ihrem Zustand entsprechende Struktur gebracht worden sind. Wir dirigieren diese Strukturen nur. Das Orchester gibt es seit dem Ursprung des Universums, es hat nur auf die Dirigenten gewartet.«

»Ihr müßt ja eine ungeheuer ausgebaute Industrie haben«, brummte ich.

»Nicht so schlimm, wie Sie meinen, sie bildet ein automatisches, geschlossenes, sich selbst kontrollierendes System.«

»Kann man wenigstens jemanden unter Wasser halten, bis er ersoffen ist?« fragte ich hoffnungsvoll.

»Nein. Wenn Sie es probieren möchten – wir haben im Hause einen Swimmingpool . . .«

»Das ist wohl schade um die Mühe«, sagte ich. »Es genügt, wenn ich erfahre, wie rettend bei euch das Wasser ist. Trägt es einen an der Oberfläche?«

»Nein, es zerfällt in Wasserstoff und Sauerstoff, eine Mischung, in der sich atmen läßt.«

»Der Zerfall wird von den im Wasser enthaltenen Gripsern ausgelöst?«

»Ja. Sie brauchen den im Griff der Kraftfelder gehaltenen Molekühlen nur den Befehl zu geben.«

»Sie werden mich für einen Barbaren halten«, sagte ich, »aber ich muß gestehen, daß ich alles, was Sie mir sagen, als Phantasterei betrachten muß, denn es ist einfach unglaubhaft . . .«

»Als würde ich Ihnen ein Märchen erzählen, nicht wahr?« Der Losannier lächelte, trat an einen Wandsafe und entnahm ihm einen gewöhnlichen grauen Stein.

»Das ist nicht vergripst oder synthetisiert«, sagte er mit geheimnisvoller Miene. »Es ist der gewöhnlichste Natursandstein. Und? Bitte fragen Sie sich, ob sein Aufbau ›simpel‹ ist.«

»Na ja«, meinte ich. »Atome, Siliziumverbindungen . . .«

»Das sagt sich so leicht dahin, und doch wissen Sie als gebildeter Mensch, daß es Milliarden und Billionen von Atomen sind, die diese, eben diese makroskopische Gestalt bewahren – dank des unablässigen Kreisens der Elektronenhüllen, die stabil gehalten werden von den Wellen der Kernpotentiale, dank der durch die in 8000 Arten vorkommenden virtuellen Pseudomoleküle ermöglichten Verankerungen in einem pseudokristallinen Gitter mit den für den Sandstein typischen Anomalien – und so weiter. Werfen Sie diesen Stein weg, und seine Atome, die Kraftfelder, die Elektronen, werden kreisen und ihn in der unwandelbaren Gestalt eines Mineralbrockens erhalten. Jedes Ding in der Natur aber ist gleichfalls das Ergebnis einer Unzahl ähnlicher Prozesse . . . Wir nun haben gelernt, nach unserem eigenen Leisten und unserem Modell, etwas nicht mehr oder weniger, sondern nur *ein wenig anders* Kompliziertes zu machen. Die von der Natur gezogene Grenze, die die unzerstörbaren Technologien von den zerstörbaren trennt, verläuft knapp oberhalb der Atome. Wir mußten also – der

Größenskala folgend – *hinab*steigen zu den Teilchen, aus denen die Natur die Atome baut – und aus diesen subatomaren Elementen all das konstruieren, was *wir* brauchten. Was ich hier sage, ist natürlich nur ein Wegweiser, kein Produktionsrezept ... Wir produzieren die Festkörper so, wie wir sie brauchen, ihre Geschicke aber werden von den Gripsern gelenkt, denn diesen haben wir die Aufsicht übertragen.«

»Das heißt also, daß sämtliche Nägel bei euch Intelligenz besitzen. Und auch die Steine, das Wasser, der Sand und die Luft.«

»Nein, so darf man das nicht sagen. Intelligenz setzt neben der Vielseitigkeit auch die Fähigkeit voraus, das jeweilige Programm zu ändern. Die Gripser können das nicht. Sie sind eher so etwas wie ein der Umwelt eingegebener, hochsensibler, jederzeit hellwacher *Instinkt*. Im normalen Gripsersystem steckt nicht mehr Denkfähigkeit als beispielsweise in einem Unterkiefer oder in einem Fliegenbein.«

»Schön«, sagte ich. »Kommen wir aber noch mal auf die Ethosphäre zurück. Ich weiß nicht, wie man aus vergripsten Fasern einen Stoff webt. Nehmen wir aber an, ich wüßte es. Was folgt daraus? Ich kann mir daraus einen Anzug schneidern lassen: klar. Aber wie kommt es, daß ich, sobald ich diesen Anzug trage, meinem Nächsten keine mehr in die Fresse hauen kann?«

Er zog die Brauen in die Höhe.

»Das geht Ihnen gegen den Strich, nicht wahr? Eine Abwehrreaktion, vielleicht sogar ein Schock, verständlich durch den Kontakt mit der Technologie eines anderen Stadiums der Zivilisation. Nein, nein, ich bitte Sie, es geht nicht um die Gripser in den Gewebefasern. Ihre Kleidung war ursprünglich nicht vergripsert, die Gripser mußten sich erst darauf niederlassen, und das braucht seine Zeit. Eben deswegen erschienen Sie diesen sogenannten Extremisten als potentielle Beute, als gefundenes Fressen. Die Burschen haben ja zumindest in der Schule ein bißchen was an zivilisatorischer Information mitbekommen: Jedes Lebewesen zieht die Gripser sozusagen auf sich, sie hüllen es in eine unsichtbare Wolke, die absolut nicht wahrnehmbar und bei den normalen Verrichtungen überhaupt nicht hinderlich ist. Diese Wolke muß die für die jeweilige Person typischen Reaktionen erst *lernen* – der Zustand der Aggressionsbereitschaft äußert sich ja nicht bei jedermann in hundertprozentig gleicher Weise. Was passiert denn erst, wenn ein Vertreter einer anderen vernunftbegabten Art erscheint, etwa ein Mensch! Unsere Gripser konnten zunächst nicht ausmachen, wie und wodurch Sie in Gefahr waren. Hätte sich ein normaler Losannier an Ihrer Stelle befunden, so hätte man ihn gar nicht an die Kette legen können, sofern es nicht *auf seinen Wunsch* geschehen wäre. Kurz, die Ethosphäre ist in jedem einzelnen Sofortfall durchaus nicht absolut zuverlässig, wird es aber mit der Zeit! Überdies sind die Gripser vielfältig spezialisiert – wie . . . nun sagen wir, wie Viren. Nur daß es sich hierbei um Viren des *Guten* handelt! Wäre Ihnen beispielsweise ein ungewöhnlich seltenes Gift verabreicht worden, das Ihre persönlichen Gripser nicht rechtzeitig diagnostizieren konnten, so würden die ersten Anzeichen einer Vergiftung Alarm auslösen. Sie selbst würden davon gar nichts wahrnehmen, aber in jedem solchen Falle vereinigen sich die ambulanten Gripsergruppierungen zu größeren Einheiten. Das geschieht mit der Geschwindigkeit der Ausbreitung des Lichts oder der Radiowellen, und so werden Gripser zu Hilfe gerufen, die in der Lage sind, als Antidotum zu wirken. Dabei ist nicht einmal der materielle Kontakt mit Ihnen erforderlich, die sachkundigen Gripser brauchen lediglich denen Ihrer Umgebung die der Situation angemessenen Befehle zu erteilen, so daß innerhalb weniger Sekunden beispielsweise Ihre durch das Gift in den Geweben blockierten Atmungsfermente gelöst werden.

Für einen Moment verlieren Sie dabei das Bewußtsein und fühlen sich, wenn Sie zu sich kommen, ein wenig geschwächt. Mehr nicht. Wie Sie meinen Worten sicherlich bereits entnommen haben, ist uns die bei Ihnen auf der Erde immer noch übliche *interventionelle* Medizin im Grunde unbekannt, weil wir eine *kontinuitäre* haben, wo jeder Organismus unter ständiger Aufsicht steht . . .«

»Die Gripser treiben also auch Prophylaxe?«

»Natürlich.«

»Dann verstehen sie alles von der Medizin? Das setzt doch aber eine hohe Universalität voraus!«

»Nein. Bitte nehmen Sie es nicht übel, aber Sie denken nach wie vor in den Kategorien Ihrer Zeit und Ihres Wissensstandes. Das bringt nichts. Ich will Ihnen nicht zu nahe treten, sondern nur verdeutlichen, worum es geht: Hätte ein Erdenbewohner der Antike, sei er auch von höchster Weisheit gewesen, begreifen können, wie ein Radio oder ein Sachcomputer funktioniert? Ein solches Begriffsvermögen setzt doch zumindest Grundkenntnisse von Erscheinungen voraus wie Elektrizität, Wellen, Modulation, Entropie und Information . . .«

»Und dennoch sind diese Utensilien unzuverlässig.« Ich blieb starrköpfig. »Was habt ihr also gemacht, um mit dem Herrgott gleichzuziehen?«

Er lächelte.

»Der Herrgott hat die Welt nicht so zuverlässig gemacht, wie das einstmals den Eindruck erweckte. Die Materie ist zerstörbar. Die Materie erweist sich, sofern sie nur ausreichendem Druck ausgesetzt wird, als trügerisch. Sie verschwindet – sei es nur im gravitationären Krampf eines in sich selbst zusammenfallenden Sterns – und hinterläßt nichts als Schwerkraft über einem schwarzen Loch! Dort in diesen Sternen, in denen die Materie ihren gravitationären Geist aufgibt, ist ihr die Grenze der Zuverlässigkeit gezogen – und damit natürlich auch allen Technologien. Für den Hausgebrauch aber sind unsere Atome nicht schlechter als die des Herrgotts. Wir haben der Natur genau dort etwas abgeschaut, wo sie ihre Beständigkeit hernimmt. Das ist alles. Ein Wasserstoffatom kann nicht soweit verkommen, daß es den Atomen des Sauerstoffs die Verbindung zu H_2O verweigert. Ebensowenig können die Gripser ›verkommen‹.«

»Na gut«, sagte ich im Gefühl, auf dem Rückzug zu sein, »aber sagen Sie mir doch, ob mein Anzug auf mich aufpaßt. Steht sein Träger unter der Observation seiner eigenen Ärmel?«

»Hören Sie«, sagte Tahalat, »Sie sind sich dessen nicht gewahr, bringen aber genau die Argumente unserer Opposition vor: Krawatten, Hemden und Ärmel – als Spitzel! Unterhosen als Mittel für Repressalien! Ich kann Ihnen versichern, daß nichts dergleichen stimmt. Ein Samenkorn fängt in feuchtem Boden an zu keimen. Belauert es die Temperatur? Prüft es argwöhnisch die Perspektiven des Wachstums? Macht es sich, ehe es den gewichtigen Entschluß zum Keimen faßt, Gedanken über das Wetter? Die Gripser verhalten sich genauso. Die Naturgesetze sind in erster Linie Verbote: Man kann Energie *nicht* aus Nichts gewinnen, die Lichtgeschwindigkeit kann *nicht* überschritten werden. Wir haben der uns umgebenden Natur ein weiteres Verbot eingesetzt: Es schützt das Leben. Weiter nichts. Alles übrige sind paranoische Hirngespinste und Verfolgungswahn, zu verstehen insoweit, als in der Zeit vor den Gripsern als intelligent alles galt, was sich – und sei es nur in einer Hinsicht gewesen – verhielt wie ein intelligenter Jemand. Daher auch die Begriffsverwirung und die Ängste um die Urcomputer. Sie könnten rebellisch werden und sich gegen die Gesellschaft erheben! Faseleien! Hier jedoch« – er schlug wieder mit der Hand einen Kreis – »gibt es nirgends eine persönliche Intelligenz, lediglich gegripste Fenster, Möbel, Zimmerdecken, Vorhänge, Luft. Gewiß, sie sind vollkommener als alle automatischen Feuermelder, aber genau wie diese auf eine ganz bestimmte Aufgabe konzentriert.«

»Wie unterscheiden sie denn aber das Spiel vom Kampf? Eine freundschaftliche Umarmung von einem Würgegriff? Nehmen Sie doch nur den Sport! Oder kennt ihr Sport hier nicht?«

»Doch, doch. Sie wollen wissen, worauf das Differenziervermögen der Gripser beruht, aber ich muß Ihnen vorher sagen, warum es unerläßlich ist. Jede Gesellschaft, die sich der Naturkräfte bemächtigt, ist dramatischen Erschütterungen unterworfen. Der gewünschte Wohlstand bringt unerwünschte Folgen. Zwang und Gewalt gewinnen in den neuen Techniken neue Formen und Verstärkungen. Es hat zu solchen Zeiten den Anschein, als nehme mit der Herrschaft über die Natur auch die gesellschaftliche Verkommenheit zu, und so ist es tatsächlich – bis zu einer gewissen Grenze. Es ergibt sich ganz einfach aus der Reihenfolge der Entdeckungen, also daraus, daß das zerstörerische Wirken der Natur leichter zu übernehmen ist als ihre Wohltaten. Ausgerechnet das Potential der Destruktion wird erobernswert. Das ist eine neue historische Bedrohung. Außerdem ruinieren die Folgen der Technik ihre Grundlagen: Ihr kennt das bereits als Agonie der biologischen Umwelt. Danach – das könnt ihr noch nicht wissen – erscheint der *Ökokrebs*, wuchernde Entartungen innerhalb der großen Automaten und Computersysteme.

Das neue große Ziel – die ständig zunehmende Beherrschung der Welt – scheint einer diabolischen Verwandlung unterworfen. Die alten Güterquellen versiegen rascher, als neue erschlossen werden, und der ganze Fortschritt steht vor einem Abgrund. Die technische Ordnung erzeugt mehr Chaos, als sie zu verdauen vermag! Damit alle diese Gegensätze überwunden werden können, die den unzuverlässigen Techniken und der menschlichen Natur (die, unter anderen Bedingungen einer anderen Welt geformt, ebensowenig verläßlich ist) entspringen, muß eine neue Ebene der Technoevolution erklommen werden, indem der Natur der Schatz entrissen wird, der am schwersten zu übernehmen ist: der in den subatomaren Erscheinungen verborgene. Bei uns geht das vor allem durch die Synthese neuer Festkörper und die neuen Typen ihrer Kontrolle, also die Gripser. Das sind die beiden Eckpfeiler unserer Zivilisation, die wir als Vermählung durch die Ethosphäre bezeichnen. Es darf nicht soweit kommen, daß die Lawine des Wissens die Wissenschaft in einen spezialisatorischen Brei verwandelt, in jenen Zustand also, von dem ein Aphorismus sagt, der künftige Experte werde alles über nichts wissen! Die rettende Wende bringt ein globales Wissenssystem, das allgemein zugänglich ist – aber nicht für lebende Wesen, denn diese können diese Last nicht mehr bewältigen. Universell ist auch keines der Gripserstäubchen für sich genommen, universell sind sie nur alle zusammen. Diese Universalität ist jedermann zugänglich, sobald sich die Notwendigkeit ergibt. Ich habe Ihnen das am Beispiel einer Vergiftung darzustellen versucht. Beachten Sie bitte, daß die unsichtbare Gripserwolke, die Sie betreut, selbst nicht viel, zugleich aber alles kann, wozu unsere ganze Ethosphäre in der Lage ist. In Sekundenbruchteilen kommt sie an jede im gesamten System gespeicherte Information. Diese Kapazitäten sind jederzeit abzurufen wie der dienstbare Geist im Märchen. Niemand aber kann das unmittelbar oder von sich aus – der Weg führt allein über die Gripser. Damit ist sichergestellt, daß der unsichtbare Koloß nicht von Personen gegen Personen eingesetzt wird.«

»Und die Gripser sind nicht zu überlisten?« fragte ich. »Das kann ich Ihnen doch nicht abnehmen . . .«

Er lächelte, allerdings nur trübe.

»Sie haben am eigenen Leibe erfahren, wie das aussieht. Es gelang nur teilweise und vorübergehend, denn Sie waren für die Ethosphäre ein unbekanntes Wesen.«

»Aber der vollständige Katalog aller Taten, die man mit Vorsatz begehen kann, ist unerschöpflich. Böses läßt sich auf den vielfältigsten Umwegen tun.«

»Gewiß, aber ich sage ja auch nicht, daß in Losannien das Paradies verwirklicht ist.«

Jäh von einem neuen Gedanken überrascht, sah ich ihm ins Gesicht.

»Ich weiß vielleicht, wie man die Gripser überlisten kann.«

»Darf ich es erfahren?«

»Meine Entführer haben es versucht, ohne daß ich verstand, was sie eigentlich wollten. Erst jetzt ist es mir klargeworden! Man muß der Tat einfach eine andere Qualität geben.«

»Wie meinen Sie das?« Er zeigte ein etwas besorgtes Interesse.

»Ich glaube, man wollte die Hinrichtung in eine Opferhandlung umdeuten, sie gewissermaßen heiligen. Der Mord sollte hehr und edel erscheinen, als eine Hilfeleistung oder Rettungstat. Ich sollte einer Sache geopfert werden, die höher steht als das Leben.«

»Und was sollte das gewesen sein?« fragte er mit unverhohlener Ironie.

»Das ist ziemlich unklar geblieben. Sie schienen sich ihrer Sache sicher zu sein, solange sie nicht ans Werk gingen. Wissen Sie, das sah aus, als nähmen sie Anlauf, um über ein Hindernis zu setzen – das sie doch nicht überspringen konnten . . .«

»Weil ihr Glaube ein schlechter Glaube ist!« fiel er mir ins Wort. »Sie wollen an ihre Mission glauben, aber sie können es nicht. Glaube kommt nicht vom *Wollen*, Glaube ist da oder nicht!«

»Andere können mehr Glück haben«, wandte ich ein. »Schlechter natürlich nicht, aber es kann doch einer aus der echten Überzeugung handeln, durch einen Mord etwas Gutes zu leisten. Schließlich wurden im Mittelalter die Körper verbrannt, um die Seelen zu retten. Kurz, der

Schwindel ist kein Schwindel mehr, wenn nur der rechte Glaube dabei ist.«

»Dieses Mittelalter läßt sich aber auch durch den fanatischsten Willen nicht wieder ins Leben rufen«, sagte Tahalat. »Ich will noch weitergehen: Aller Fanatismus solcher Bemühungen entlarvt nur deren Kern, der mit Gottesfurcht überhaupt nichts zu tun hat. Und noch eins will ich Ihnen verraten: Die Menschen sind mit solchen verlogenen Schaustellungen leichter zu täuschen als die Gripser.«

»Das gehört zu den Dingen, von denen sich kein Philosoph etwas träumen läßt«, sagte ich. »Logosstäbchen, die Glauben von Unglauben unterscheiden können. Wie machen die das?«

»Das sieht nur so rätselhaft aus. Die Gripser stellen keine Diagnose der Glaubensqualität. Sie reagieren nur auf Symptome von Aggressionen und verhalten sich, sofern jene ausbleiben, passiv. Nicht jede Art Glauben schließt Aggressivität aus. Was kann aggressiver sein als der Fanatismus? Folglich wird er die Wache nicht einschläfern können. Aggression wird hingegen ausgeschlossen vom Willen, das Gute zu tun, aber solch ein Wille schließt wiederum auch den Mord aus. Gewiß, es war nicht immer so, aber in diese Vergangenheit gibt es keine Rückkehr.«

»Darauf würde ich nicht schwören«, sagte ich. »Zumal wir bereits die richtige Formel kennen: Der der Materie eingekerbte Dekalog wird ratlos, wenn ein Mörder nur an das Gute seiner Tat glaubt. Außerdem sind Glauben und Nichtglauben keine Zustände, die einander logisch ausschlössen. Glauben kann man ein bißchen, manchmal, mehr oder weniger – und irgendwo dort unterwegs wird sich die Barriere der Gripser überspringen lassen.«

»Der Blick des Losanniers hatte sich verdüstert.

»Sie haben recht, es gibt so eine Schwelle. Ich will Ihnen da nichts vormachen. Sie liegt aber höher, als Sie glauben. Viel höher. Daher ist es eitel, sie stürmen zu wollen.«

Meine Ermüdung erratend – das Gespräch hatte fast drei Stunden gedauert –, bestand der Direktor nicht auf dem ursprünglich vorgesehenen Rundgang durch die Laboratorien. Auf die Heimfahrt gab er mir einen schweigsamen Assistenten mit. Als wir über die Stadt schwebten, fiel mir ein von glitzernden Turmhelmen gesäumter grüner Fleck auf. Das sei der Stadtpark, erklärte mein Begleiter, und er entsprach auch sogleich meiner Bitte, mich dort abzusetzen und allein zu lassen.

Ich schlenderte durch die Baumgänge und nahm sie kaum wahr, weil mir immer noch die Unterredung mit Tahalat durch den Kopf ging. Schließlich setzte ich mich auf eine Bank. In einem Sandkasten nebenan spielten Kinder. Die Bank war nicht ganz von der mir vertrauten Form, sie trug in der Sitzfläche halbrunde Rinnen für die Beine, die die Entianer ja – wie bereits mitgeteilt – im Sitzen unter sich schlagen. Die Kinder hingegen sahen von weitem genauso aus wie die unseren und hatten sogar Eimerchen, um Sandkuchen zu backen. Damit war allerdings nur ein kleines, wohl dreijähriges Mädchen beschäftigt, das etwas abseits hockte. Die anderen Kinder trieben ein anderes Spiel. Sie bewarfen einander mit Sand, sie taten es mit vollen Händen und in dem Bemühen, die anderen in die Augen zu treffen, und sie lachten, wenn der Sand, scheinbar vom Pusten des Beworfenen zurückgetrieben, auf die Werfenden zurückfiel.

Dann kam aus dem Buschwerk ein kleiner Junge. Er blieb vor dem Sandkasten stehen und sagte etwas, aber man hörte nicht auf ihn. Daraufhin äffte er die anderen nach, immer frecher, bis sie in Wut gerieten. Sie fielen über ihn her, aber obwohl sie zu dritt und durchweg größer waren, zeigte er nicht die geringste Furcht – zu Recht, denn sie konnten ihm nichts anhaben. Ich weiß nicht, was ihre Hiebe parierte, der winzige Bengel stand jedenfalls ganz ruhig zwischen den Angreifern, die nun ernstlich böse wurden, ihn in vereintem Zugriff zu Boden warfen, um auf ihm herumzuspringen. Da

schien er jedoch glatt wie eine Eisbahn geworden zu sein, die anderen rutschten ab, und da half es auch nichts, sich gegenseitig zu stützen oder einen wilden Anlauf zu nehmen.
Die bis jetzt so lauten Kinder hielten auf einmal den Mund und zogen sich aus, um dem anderen nackt zu Leibe zu gehen. Zwei hielten ihn fest, ein dritter knüpfte einen Strick zur Schlinge, warf sie dem Opfer um den Hals und zog sie fest. Ich wollte aufspringen, aber bevor ich dazu kam, zerriß der Strick. Die Fünfjährigen waren plötzlich wie von der Tollwut gepackt, aus dem Spielplatz stob ein Sandsturm, aus dem nur hin und wieder eine Kinderfaust auftauchte, mit einer Spielzeugschaufel oder -harke auf jenen Unverletzlichen losgehend. Diese Wut kehrte sich schließlich in Verzweiflung. Die Kinder ließen fallen, was sie gerade in der Hand hatten, stiegen aus dem Sandkasten und setzten sich mit hängenden Köpfen weit weg voneinander auf den Rasen. Der Kleine stand auf, warf ihnen Sand hinterher, ging ihnen nach und lachte sie aus, bis einer von ihnen seine Kleider schnappte und ausriß. Das verhinderte Opfer trollte sich in die entgegengesetze Richtung. Die Zurückgebliebenen trödelten herum, sammelten ihre Sachen ein, hockten sich in den Sandkasten und zeichneten, bevor sie gingen, etwas hinein.
Ich stand auf und sah mir über den Kopf des Mädchens, das in aller Ruhe seine Napfkuchen baute, hinweg die von den Kindern hinterlassene Zeichnung an: die unbeholfene Skizze einer Gestalt. Sie war kreuz und quer von Spatenhieben zerhackt.

EIN EKTOGE

Der Weg zu den größten Entdeckungen führt über das Absurdum. Bekanntlich gibt es nur eine Möglichkeit, nicht alt zu werden: das Sterben. In dieser Schlußfolgerung erschöpft sich die Suche nach ewiger Jugend. Für die Entianer allerdings ist dieses Ende zum Anfang der Unsterblichkeit geworden. Gestern sah ich einen Philosophen, der nicht mehr altert. Er ist nämlich schon seit dreihundert Jahren ein Leichnam. Ich sah ihn nicht nur, ich unterhielt mich auch länger als eine Stunde mit ihm. Mit ihm selbst, nicht etwa mit einer maschinellen Kopie oder einem anderen Double. Anix, so heißt er, hatte vor dreihundertsechzig Jahren vom letzten Xixar den Titel eines Weisen der Krone erhalten, erinnert sich also noch der Tage des Kaiserreichs. Auf der Dychthonia hatte ich einst den Beweis gehört, ewiges Leben sei nicht ohne die Unterstützung gewaltiger Maschinen zu gewinnen, und ich hatte diese Maschinen auch zu Gesicht bekommen, schweres Gerät, in dessen Innerem der Unsterbliche das Leben eines Paralytikers führen muß. Der Dychthonier Berdergar behauptete, nicht weniger als soviel Apparatur sei notwendig, um in den Organismus wieder die Information einzuspeisen, die mit fortschreitendem Alter verlorengeht. Die Entianer haben größeren Einfallsreichtum bewiesen als die Dychthonier. Sie haben den Berdergarschen Beweis zwar nicht entkräften können, ihn aber durch ein Ausweichmanöver umgangen und Unsterblichkeit gewonnen durch den Tod. Ich muß das genauer erläutern, eine Aufgabe, die ans Absurde streift: Wer ewig leben will, muß getötet werden. *Wie* das geschieht – darauf kommt es an. Dem Körper werden Gripser zugeführt, die so programmiert sind, daß sie in alle Gewebe eindringen und dort die molekularen Lebensprozesse begleiten. Diese Gripser bestehen aus subatomaren Teilchen und sind kleiner als die kleinsten Viren. Selbst im stärksten Lichtmikroskop sind sie nicht zu sehen. Allmählich setzen sie sich an die Zellkerne und füllen diese aus. Sie sind so klein, daß der Organismus sie nicht wahrnimmt und daher auch keine Abwehrkräfte mobilisiert. In dieser ersten Phase der Ektogisierung arbeiten diese Gripser noch nicht, sondern erlernen lediglich ihre künftigen Aufgaben, indem sie sozusagen alle Leben schaffenden informatorischen Erscheinungen ablesen. Die Gewebe bleiben dabei zunächst unangetastet, die Gripser sind gewissermaßen nur deren passive Schatten. Das ist genauso, als stiege jemand eigenmächtig auf eine Pantomimenbühne, um dort jede Geste der Darsteller auf das genaueste nachzuahmen. Die Struktur bleibt scheinbar unverändert, bis die durch das erworbene Wissen gesättigten Gripser anfangen, die Funktionen der lebendigen Protoplasmateilchen zu übernehmen. Die dazu erforderliche Energie beziehen sie aus Nuklearreaktionen, die zwar als »still« bezeichnet werden, nach und nach indessen den Organismus abtöten. Der Ektogisierte verspürt davon nichts. Er bewegt sich, denkt und handelt wie zuvor, er kann auch essen und trinken, bedarf aber nach einer in Jahren bemessenen Frist keiner Ernährung mehr. Der Körper dieser Person stirbt allmählich ab, aber sie weiß das nicht. Die in ihr angesiedelten Trillionen von Gripsern haben sich zu einem unsichtbaren subatomaren Skelett verbunden, das keinen Stoffwechsel braucht. Der Ektoge ist damit fertig, ein Leichnam also, dessen Zersetzung sich unmerklich in Portionen vollzieht. Sein einstiger Körper wird nach und nach mit den Exkrementen ausgeschieden, aber er weiß nichts davon, denn obgleich er tot ist, dauert er fort. Das ist so, als betriebe jemand eine alte Wattsche Dampfmaschine nicht durch die Dampfzufuhr aus einem Kessel, sondern mit einem in der Schwungradwelle versteckten winzigen Elektromotor. Kolben und Kurbeln werden also nicht mehr vom Dampf, sondern vom Strom bewegt, die so angetriebene Maschine wird zu einem getreuen Modell, zur beweglichen Dekoration. Ebenso verhält es sich mit dem Körper des Ektogen. Wir übersetzen den entianischen Namen hier ins Griechische, ektos bedeutet soviel wie »außerhalb«, und von außen kommt ja auch diese Unsterblichkeit. Die Fachleute bezeichnen diesen unterschobenen Austausch des Körpers als Pseudomorphose: tote logische Systeme, die Gripser, ersetzen das lebende Protoplasma. Der Organismus behält, sozusagen ein ausgestopfter Leichnam, Aussehen, Form und Tätigkeiten bei, und der ganze grausame Witz liegt darin, daß der Ersatzbaustoff dauerhafter und funktionstüchtiger ist als der natürliche. Eine Zeitlang arbeiten beide Systeme parallel, bis der tote allmählich den lebendigen vernichtet. Das größte Problem der Ektotechnik war die richtige Synchronisation dieses schleichenden Todes und der entsprechend schleichenden Pseudomorphose. Dies – und nur dies – schien anfangs nicht verwirklichbar. Hekatomben von Versuchstieren zahlten mit ihrem Leben für den Erfolg. Wenn der Stoffwechsel sich aufzulösen beginnt wie morsches Tuch, hat die Trägersubstanz der Gripser bereits alle Funktionen übernommen. Die noch im Körper zuckenden Reste des Lebens sind nur ausgehöhlte Hülle, entleerte Larve, Maske, hinter der in aller Stille das energetische Gerüst der Gripser am Werke ist. Der Ektogisierte läßt sich nicht verjüngen, denn die Gripser erfahren vom Körper nur das, was dieser im Augenblick ihrer Invasion vorrätig hatte. Folglich muß das Alter erhalten bleiben, in dem der Körper gegripsert wurde. Die beste Wirkung bietet daher eine Ektogisierung im jugendlichen Alter. Hundert Jahre nach Beginn des Prozesses ist der Mensch biologisch tot, in seinem Organismus gibt es nicht mehr die Spur von Muskeln oder Nerven. Der Pseudomorphose unterworfen, sind sie komplett durch Gripser ausgetauscht worden, ein hervorragender Ersatz, Substrat der Unsterblichkeit! Um diese zu erreichen, muß man also wahrhaftig erst sterben. Nach etwa zweihundert Jahren kommt es zu geringfügigen äußeren Veränderungen, die aber, wie behauptet wird, nur dem Spezialisten auffallen. Von der Autonomie der Lebensprozesse ist dann nichts mehr übrig, alle Organe des Körpers arbeiten wie die heimlich durch Strom getriebene Dampfmaschien, also scheinbar. Vorübergehend können sich die Augen trüben, weil die pseudomorphische Synchronisierung zuweilen versagt, aber alsbald stellt sich so oder so wieder eine Klarheit von gläserner Härte her. Die nackte Haut des Ektogisierten wird ein wenig nachdunkeln, weil die unverwüstlich arbeitenden Gripser bei den Kernumwandlungsprozessen die Ionen von Schwermetallen ausscheiden. Dieser metallische Teint tritt in der Regel nach dreihundert Jahren auf. In den folgenden fünftausend Jahren gibt es keinerlei andere Nebenwirkungen. Das Blut kreist weiter durch die Adern, eine gleichgültige rote Flüssigkeit, die längst keinen Sauerstoff mehr transportiert und nichts weiter ist als eine alte Dekoration. Selbst wenn das Herz stehenbliebe (was es nicht tut, ebensowenig wie jene Dampfmaschine), würde der Ektoge sich weiter bewegen und denken können, denn dieses Herz erhält nicht mehr den Gang des Lebens.

Es muß freilich weiterarbeiten, denn dumpfe Stille und Leere in der Brust könnte Unruhe stiften. So ist also jeder Anschein des Lebens gewahrt – außer diesem Leben selbst. Biologisch ist der Mann tot, und als Toter fürchtet er weder luftleeren Raum noch Krankheitserreger oder schärfsten Frost. Die Gripser geben bei ihren nuklearen Wandlungsprozessen eine so dosierte Wärme ab, daß der Ektoge sich in der Körpertemperatur nicht von einem lebenden Wesen unterscheidet. Der Schein ist aber nur dort gewahrt, wo das fürs Wohlbefinden unerläßlich ist. Das Innere des ektogisierten Schädels ist kalt, weil das gegripserte Gehirn bei Niedrigtemperatur besser arbeitet als in der Wärme. Als die Ektogisierung zur Massenerscheinung wurde, hatten die Experten beim Gehirn zweierlei festgestellt: einerseits seine beträchtliche organische Zuverlässigkeit, andererseits höchst unerwünschte psychische Wirkungen in Form verschiedenartiger Neurosen und sogar des Wahnsinns. Es gab nämlich keine Möglichkeit, dem Unsterblichkeitskandidaten den Preis zu verhehlen, den er zu zahlen hatte. Der

Ektoge ist nicht zeugungsfähig. Freilich weiß man nicht, ob sich auch das nicht abstellen läßt, aber was ändert die beste technische Lösung an der Tatsache, daß die Toten nur Tote zeugen würden. Der Ektoge unterscheidet sich zwar in nichts oder kaum von einem Lebendigen, *weiß* aber, daß er kein solcher ist. Er atmet, aber seine Lungen bewegen sich wie nutzlose Säcke, denn die Atmung dient nicht mehr dem Leben. Auch Schlaf braucht er nicht. Er denkt schneller und geläufiger als der Besitzer eines warmen, durchbluteten Gehirns. Geistig bleibt er dasselbe Wesen wie zuvor, denn die Gehirnstrukturen, die die Persönlichkeit bilden, bleiben unverändert, ja, sie werden sogar für alle Zeit fixiert. Er lebt nicht, kann aber weder altern noch sterben. Er kennt weder Krankheit noch Schmerz. Auch als Androiden oder Roboter kann man ihn nicht bezeichnen, denn er ist bis auf den letzten Knorpel und die letzte Faser genauso wie vor der Immortalisation. Daß er dies *nicht* ist, ließe sich allein mit Hilfe der Biopsie und des Elektronenmikroskops nachweisen, wo die subtile atomare Struktur seines Organismus sichtbar wird. Es handelt sich also um ein Falsifikat, das das Original in vielerlei Hinsicht an Vollkommenheit, Verläßlichkeit und Haltbarkeit übertrifft. Die Epoche der Gripser erlebte ihre Morgenröte und ihren großen Triumph. Zehntausende wollten diese Unsterblichkeit, waren ihr aber nicht gewachsen. Irrx, einer der Begründer der Ektotechnik, drückte es so aus: Offenbar müsse man als Toter geboren sein, um auf solche Bedingungen einzugehen. Die Ektologen glaubten (voreilig und irrigerweise, wie sich erwies), das psychologische Problem der Verunsterblichung ließe sich damit betäuben, daß der Ektogisierte nicht auf einen Schlag stirbt, sondern über Jahre hinweg, allmählich, unmerklich nicht nur für ihn selbst, sondern auch für seine Umgebung. Das war das Äußerste für die entianischen Träume von der Unsterblichkeit. Keine andere Technik könne, so erklärte man mir, der Ektologie das Wasser reichen, denn keine biete so klar und unangreifbar die Gewähr immerwährender Existenz. Wollte man jemanden aus der Asche auferstehen lassen, in die er sich verwandelt hat, so wird es sich um ein anderes Wesen handeln, das dem Verstorbenen gleichen kann wie ein Ei dem anderen, dennoch aber, ein Zwilling gewissermaßen, ein anderer ist. An der Grenzlinie zwischen Tod und Auferweckung kommt es nämlich zu existentiellen Paradoxa, die nicht zu bewältigen sind, das heißt, es läßt sich nicht entscheiden, *wer* denn als Wiedererweckter die Augen öffnet – *derselbe* oder lediglich ein *ebensolcher* Mensch. Die Ektotechnik hingegen, die ja eine schleichende Methode ist, garantiert in offenkundiger Weise die Kontinuität der Existenz. Daß niemand die Resultate eines so vortrefflichen Unternehmens zu ertragen vermag, ist eine andere Sache – technisches Know-how hat damit nichts mehr zu tun. Die Abwehr dieser Unsterblichkeit erfolgt nicht bei allen in gleicher Weise, die hauptsächlichen Symptome sind aber ähnlich: Abscheu vor dem eigenen Körper, gähnende Leere des Geistes, Furcht und Verzweiflung, die in Selbstmordmanien kulminieren. Auch ist anzumerken, daß die Gesellschaft den Ektogenisierten das Leben nicht gerade versüßte und ihnen eine mit Mißgunst gemischte spezifische Verachtung entgegenbrachte. Darüber, warum allein Anix, der einstige kaiserliche Philosoph, sich einer solchen Existenz nicht entschlagen hatte, erfuhr ich viele widersprüchliche Versionen. Er selbst soll sich einmal als ewiger Zeuge der vergehenden Welt bezeichnet haben, aber das ist wohl nur eine der schon beinahe an die Legende streifenden Anekdoten um seine Person. Er ist seit über hundert Jahren nicht mehr berufstätig und empfängt auch niemanden. Von seinen einstigen Jüngern ist keiner mehr am Leben. Angeblich muß man selbst Ektoge sein, um den Geschmack und die Last solchen Daseins zu verstehen. Die Historiker suchen die ektotechnische Phase ihrer Zivilisation zu ignorieren, so gut sie können. Ich habe den Ein-

druck gewonnen, daß ihnen dieser Fall aus ihrer Vergangenheit ebenso fatal ist und aus ähnlichen Gründen verschwiegen wird wie die Vernichtung von Clivia, gerade als sei hier wie dort etwas über alle Maßen Schändliches passiert, das sich weder gutmachen noch aus dem Gedächtnis tilgen läßt.
Anix wohnt außerhalb von Hesperis in einem kleinen Parterrehaus, mitten in einem Garten voller Unkräuter und wild wuchernder Blumen. Der Anstoß zu meinem Besuch war von ihm ausgegangen – eine besondere Auszeichnung, wie man mir versicherte. In seiner Jugend, also noch während des Kaiserreichs, hatte er sein Hauptwerk veröffentlicht, das an die Doktrin der Drei Welten, das Fundament des entianischen Denkens, anknüpfte. In seiner Darstellung unterlag die Doktrin einer spezifischen Reduzierung. Anix hielt nämlich nur zwei Weltenarten für möglich: eine solche, die ihren Bewohnern gegenüber loyal, und eine andere, die illoyal ist. Die loyale Welt besitzt keinerlei Eigenschaften oder Orte, die unzugänglich wären, keinerlei unlösbare Rätsel und ewige Geheimnisse, es ist eine für die erkennende Vernunft vollkommen durchschaubare Welt. Die illoyale Welt hingegen ist nicht restlos erkennbar, sie ist unerforschlich und unerschöpflich. Eine solche Welt ist die unsere. Anix verglich sie in seinem Werk mit einem Brunnen, der in seinen Maßen begrenzt und abgeschlossen ist und dennoch endlos Wasser spendet. Genauso ist der Kosmos: endlich und unergründlich. Nach zweihundert Jahren, bereits als Ektoge, nahm Anix in seiner Lehre eine auf den ersten Blick geringfügig scheinende Änderung vor. Er behielt die ursprüngliche Einteilung der Welten bei, erkannte aber jetzt diejenige, die er einst illoyal genannt hatte, als wohltätig an, weil sie eine ewige Herausforderung an die Vernunft ist. Diese Vernunft nämlich lechzt mehr nach dem Weg als dem Ziel, mehr nach der Erkenntnis als der endgültigen Formel, denn würde eine solche erreicht, so wäre das Sieg und Nie-

derlage zugleich. Was soll eine Zukunft mit sich anfangen, nachdem sie »alles« erkannt hat? Anix hatte in seiner ursprünglichen Klassifizierung der Welten also die Vorzeichen von Loyalität und Illoyalität vertauscht.
Das war alles, was ich wußte, als ich sein Anwesen betrat. Kikerix, der mich hingeführt hatte, wollte mich nicht weiterbegleiten. Vielleicht hatte Anix mich unter vier Augen sprechen wollen, ich weiß es nicht und habe auch nicht danach gefragt. In dem für Losanniens nördliche Regionen außergewöhnlich starken Sonnenschein saß er auf einer hölzernen Veranda und blickte mir entgegen, als ich durch hohes, vom Flaum verblühender Blüten bedecktes Buschwerk auf ihn zuschritt. Er saß an einem niedrigen Holztisch auf dem meinem Auge so sonderbar anmutenden Stuhl, den die Entianer benutzten, um die Beine unter sich zu verschränken und auszuruhen. In dieser Haltung ähnelte er eher einer riesigen Kaulquappe als einem kahlköpfigen Vogel. Sein Gesicht war sehr groß, fest und plastisch, Augen und Nüstern standen weit auseinander, und der Teint hatte die stumpfe Farbe von bläulichem Mahagoni. Unter seinem losen weißen Gewand zeichnete sich ein mächtiges Skelett ab, die großen dunklen Hände hielt er auf der Tischplatte, und reglos sah er mich an, ohne mit den Augen zu blinzeln, die gelb waren wie die einer Raubkatze. Als ich ihn erblickte, glaubte ich gern, daß er fast vierhundert Jahre alt war. Wenn er auch keine Falten hatte und seine Stimme kräftig klang, so trug er doch etwas unsäglich Altes an sich. Es war kein müder Überdruß, eher eine Geduld, wie man sie allenfalls Steinen zuschreiben kann. Oder aber Gleichgültigkeit. Als wisse er längst alles, als könne ihn nichts mehr überraschen oder verblüffen.
»Sei gegrüßt«, sagte er, als ich die knarrenden Holzstufen der Veranda betrat. »Du kommst von der Erde, ich habe längst von ihr gehört. Du bist ein Mensch und heißt Ijon. So werde ich dich auch anreden, und du sollst mich Anix

nennen. Setz dich. Ich habe einen Schemel für Menschen . . .«

Das Möbelstück, das er mir wies, war wirklich von irdischer Fasson. Ich setzte mich, ohne zu wissen, was ich sagen sollte. Man hatte mir versichert, er lebe nicht, aber war das nicht lediglich eine Frage der Terminologie?

»Ihr seid uns ähnlich«, sagte er. »Ihr geht den gleichen Weg wie wir, und gewiß gelangt ihr in ähnliche Gefilde.«

Er blickte in den Garten. Das Sonnenlicht fiel ihm direkt in die großen gelben Augen, schien ihn aber nicht zu blenden. Durch den weißen Flaum auf dem Kopf schimmerte beinahe dunkelblau die Haut.

»Ich gebe dir zuerst die Antwort auf die Frage, die du mir stellen wirst. Warum macht niemand von der Ektogenisierung Gebrauch? Weil die Sterblichen von der Unsterblichkeit nichts zu erwarten haben. Ein Dasein, hinter dem keine Gefahr lauert, verliert jeden Wert. Es gibt dafür den volkstümlichen Ausdruck der ›tödlichen Langeweile‹. Hier hat der gesunde Menschenverstand einmal ins Schwarze getroffen.«

Ich fragte leise: »Und du?«

»Ich langweile mich nicht«, sagte er und blickte immer noch an meinem Gesicht vorbei in den Garten. »Was willst du noch von mir wissen?«

»Was ist mit Clivia Nigra passiert? Du wirst dich daran erinnern.«

»Jawohl.«

»Was war das Ka-Undrium?«

Er wandte mir den großen Kopf auf den gekrümmten Schultern zu.

»Also auch du erblickst darin ein Geheimnis? Ich muß dich enttäuschen. Auf jedem bewohnten Planeten entsteht eine Vielzahl von Kulturen, und sie alle werden von derjenigen besiegt, die als erste zu materieller Macht und einer allgemeinen Idee gelangt. Weder reicht allein die Stärke noch allein die Idee. Sie müssen miteinander kommen, wie zwei Gesichter einer Sache. Unter diesem Aspekt unterscheidet sich die Erde nicht von der Entia. Die siegreiche Idee verdankt den Erfolg nicht den Eroberungen, sondern den Gütern, die sie mitzubringen verspricht. Eine solche Idee mag ihre Verheißungen erfüllen oder nicht, auch die erfüllten werden sich als etwas anderes erweisen als die geweckten Hoffnungen. Es geht darum, daß die Geschichte weder in einem goldenen noch einem finsteren Zeitalter haltmachen kann und daß eine triumphierende Idee, sei sie dem Dies- oder dem Jenseits zugewandt, nicht dorthin führt, wohin sie den Weg weist. Oberflächlich lauten die Ideologien von Kurdland und Losannien diametral verschieden, aber ihr Inhalt ist identisch. Es geht darum, aus einem Gesellschaftszustand Nutzen zu ziehen und zugleich die ihm innewohnenden Schäden abzuwenden. Hier wie dort sollen Freiheit und Unfreiheit versöhnt werden – nicht durch die innere Arbeit des Geistes, sondern von außen her. Wenn du die Sache so ansiehst, wirst du zwischen uns und ihnen keinen wesentlichen Unterschied finden. Das Staatslaufwerk löst das Dilemma anders als die Gripsosphäre, aber das betrifft nur die Mittel, nicht den Zweck. Unsere Gefängnisse sind komfortabler und weniger sichtbar als die kurdländischen, aber wir sind genauso gefangen wie die Leute dort. Hier wie da sind die Grenzen von außen gesetzt. Dieses Herangehen an alle Phänomene der Existenz zeichnet uns seit Urzeiten aus. Ich bezeichne es als ektotrop, ihr auf der Erde nennt es instrumental. Jede Phase der Zivilisation erscheint in der Vorausschau ihrer Vorgängerin als Alptraum oder – aus der Sicht der Optimisten – als Paradies. Jedoch so betrachtet, wie du es hier tust, sieht sie nach Irrsinn aus, der in seiner nach Vollendung drängenden Logik seltsam verbissen wirkt. Ist es nicht so?«

Er hielt inne. Da ich aber schwieg, fuhr er fort.

»Die einzelnen Phasen der Technologie sind wie schwimmende Eisschollen, und die Gesellschaft des Planeten bewegt sich vorwärts, indem sie von einer Stelle auf die andere springt. Von der kosmischen Lotterie, die die Planeten formt, hängt es ab, ob die Kluft zwischen zwei Schollen gerade so groß ist, daß der Sprung noch gelingt und nicht in die Fluten führt. Diese Katastrophe liegt stets im Bereich des Möglichen. Ist das Schicksal aber dem Fortschreiten von Scholle zu Scholle günstig, so führt diese Bewegung dennoch nicht zu einem stabilen Ruhezustand. Du weißt wahrscheinlich nicht, daß die Ethosphäre für uns eher ein Strohhalm der Hoffnung als ein Wunder an Vollkommenheit gewesen ist. Der Wohlstand macht gedankenlos und gebiert eine Gewalt, die aus der Verzweiflung kommt. Das Elend der Armut wird abgelöst durch das Elend der Zügellosigkeit. Wir hatten keinen anderen Weg. Ihr werdet euch davon einmal überzeugen, wenn die Schollen nicht vorzeitig unter euren Schritten auseinanderklaffen. Natürlich heißt das nicht, daß ihr in eine Gripsosphäre eintreten werdet; es gibt viele ektotrope Alternativlösungen, aber sie unterscheiden sich nicht stärker voneinander als die losannische von der kurdländischen. Eine völlig offene Gesellschaft muß letztlich genauso verfallen wie eine hermetisch abgeschlossene, und endgültige Positionen des Gleichgewichts bestehen zwischen ihnen nicht. Es ist also kein Wunder, daß wir auch die Ewigkeit im Sturm von außen her genommen haben. Du fragtest nach dem Ka-Undrium. Niemand weiß, was es den Clivianern bedeutet hat. Wie die Kiemen bei einem Fisch außerhalb des Wassers keine Erklärung finden, lassen sich auch Begriffe nicht außerhalb der Kultur erklären, von der sie hervorgebracht wurden. Ich glaube, das Ka-Undrium ist ebenfalls eine Form gewesen, Freiheit und Unfreiheit in Einklang zu bringen. Ich kann diese Form nicht genau beschreiben, glaube aber nicht, daß es auf die Spezifik der Lösung ankommt, denn es gibt keine, die vollkommen wäre. Die Clivianer haben sich durchaus nicht so sehr von den übrigen Entianern unterschieden. Solltest du verstanden oder nicht verstanden haben, so frage weiter.«

»Auf welche Weise habt ihr sie umgebracht?« fragte ich. »Stimmt es, daß die Öffentlichkeit gar nichts vom Krieg wußte? Eure Quellen machen da unterschiedliche Angaben . . .«

»Unsere Quellen lügen«, sagte der große Greis. Nach wie vor blickte er reglos in den sonnenüberfluteten Garten. »Aber die lügen nicht dort, wo du es vermutest. Die Historiker tragen einen immer noch unentschiedenen Streit aus, ob wir einen Präventivschlag oder einen Gegenangriff geführt haben und ob die Mittel hauptsächlich biologischer Natur waren oder nicht. Als hätte das irgendeine Bedeutung. Der Fall liegt so, daß die Technik der Immortalisation als Technik der Vernichtung entstanden ist. Erst hinterher fiel es den verblüfften Experten wie Schuppen von den Augen, und sie entdeckten die Verlängerung des Lebens durch den beigebrachten Tod. Ursprünglich hatten sie das gar nicht gewollt, und daher dienten die Gripser der ersten Generation einem Ektozid.«

»Die Gripser waren als Waffe entstanden?«

»Jawohl. Sie töteten allmählich, unmerklich und unvermeidlich. Der einmal in Gang gesetze Prozeß der Ektogenisierung ist weder umzukehren noch aufzuhalten. Die über Clivia ausgesetzten Gripser töteten alles im Verlauf einiger Jahre.«

»Und der Gletscher? Stimmt es, daß . . .«

»Die Vergletscherung des Südens erfolgte später. Ich habe mich nicht mit militärischen Details befaßt und weiß also nicht, wie es zur Vereisung des ganzen Kontinents kam. An einen reinen Zufall glaube ich nicht. Falls du darüber mehr erfahren willst und dir meine Überzeugungen nicht genügen, so begib dich zu den Büßern. Du weißt, wer sie sind?«

»Ja, ein Orden von Repönitenten, die des Schicksals von Clivia gedenken.«

»Nicht in allem. Das ist komplizierter. Suche sie dennoch auf, das ist kein schlechter Rat, wenngleich du nicht erfahren wirst, was du willst.«
»Meinst du, daß ich das darf?«
»Ich nehme nicht an, daß dich jemand hindern wird. Jedenfalls kannst du es versuchen. Hast du noch eine Frage?«
»Ich will wissen, warum du mich sehen wolltest, da du selbst an mich gar keine Fragen hast.«
»Ich wollte einen Menschen sehen«, sagte Anix.

DIE DOKTRIN DER DREI WELTEN

Die Person des alten Weisen hatte mich mehr beeindruckt als seine Worte. Anix verkörperte das, was Shakespeare nur so geschienen hatte: er lebte, und er lebte nicht. Er war nicht Surrogat oder Simulat eines Toten, sondern die echte Fortsetzung eines Geschöpfes von vor dreihundert Jahren. Allerdings konnte ich nicht glauben, was er über das Fiasko der Ektotechnik gesagt hatte. Ich war sicher, daß sich die Menschen in Massen zu solch einer Verwandlung entschließen würden, um die Unsterblichkeit zu erringen. Warum also sollte es auf der Entia anders sein? Ich behielt meine Zweifel für mich, von dem jähen Verdacht befallen, nicht der greise Philosoph beantworte meine Fragen, sondern die Wolke von Gripsern, die zu seiner Gestalt verdichtet war. Ich sagte mir zwar, ich denke wie ein Urmensch, der in einem Radioapparat die sprechenden Zwerge sucht, aber eine unbezwingbare Hemmung verschloß mir den Mund. War die stufenweise Automorphose tatsächlich die Gewähr einer Kontinuität der persönlichen Existenz? Wie konnte man sich davon überzeugen? Die Vertiefung dieses Problems erschien mir wichtiger als der Ausflug zu den Büßern, den ich daher aufschob.
Inzwischen bekam ich die Einladung zu einem Treffen mit

Studenten und Lehrkräften des Instituts für Gripsonik. Der Saal war bis auf den letzten Platz gefüllt, und aus den Fragen, mit denen man auf mich losging, gähnte komplette Unkenntnis über irdische Dinge. Ein weißgefiederter bebrillter Student zog mich in eine Diskussion über die Engel. Er kannte sie von Abbildungen und behauptete, mit solchen Flügeln könne man nicht fliegen. Außerdem könne nur ein befiederter Schwanz die entsprechende Flugstabilität gewährleisten, allenfalls noch Federflossen an den Knöcheln. Ich erklärte ihm, dies seien Gestalten des Glaubens, Produkte des Geistes und durchaus keine Testobjekte der Aerodynamik. Das überzeugte ihn nicht. Offenbar werde von den Menschen insgeheim die Vogelwelt vergöttert, sonst trügen die Flügel der Engel keine Federn, sondern möglicherweise Flughäute. Ich solle eindeutig unser Verhältnis zum Federkleid definieren.

Diese Schwingen seien nur ein Symbol, erläuterte ich, die hätten mit Vögeln nichts zu tun, es geht überhaupt weder um Schwungfedern noch um Daunen, sondern um den Himmel, in den der gläubige Mensch nach seinem Tode kommt.

Als nach dem Geschlecht und der Vermehrung der Engel gefragt wurde, gab ich zu verstehen, daß sie keine Kinder bekommen können, verlor aber, da ich in der Engelskunde schwach bin, den Boden unter den Füßen. Einer hatte etwas von Schutzengeln gehört und erkundigte sich, ob es sich dabei um das irdische Pendant der Ethosphäre handle. Kaum war ich, nachdem das Thema erschöpft war, ein wenig zu Atem gekommen, als nach unseren Zeugungswettkämpfen gefragt wurde. Ich erriet, was er meinte, denn am Vortage war ich im städtischen Stadion Zeuge der alljährlichen Hochzeitsläufe gewesen. Diese leistungssportliche Betätigung ersetzt den Losannitern die Erotik. Die Jugend beiderlei Geschlechts tritt in festlicher Kleidung an den Start, die Zuschauer auf den Rängen feuern Läufer und

Läuferinnen an und beklatschen frenetisch jeden geglückten Akt der Begattung. Ich erklärte also, daß wir uns nicht im Laufen vermehren und dies daher bei uns kein Sport sein könne. Es sei kein Sport? Was also dann?
Ich begann etwas von Liebe zu stammeln, glitt aber leider ab zur Sinnesleidenschaft und geriet ins Kreuzverhör. Sinnesleidenschaft? Was das nun wieder sei? Jaja, man wisse sehr wohl, wir seien von anderem anatomischem Bau, wir rennen also nicht, schön, dann gehe es eben anders, aber wozu all diese Verschwiegenheit, die ganze Andeuterei und Aufklärerei? Warum in unseren Illustrierten so viel Werbung für Brustdrüsen gemacht werde? Habe das mit der Politik zu tun? Mit Machtkämpfen? Nein? Womit also dann? Familienleben? Was folge daraus?
Ich war schweißnaß, denn sie bedrängten mich immer stärker und wollten unbedingt wissen, was wir an der Begattung denn schamhaft fänden. Was für eine Scham das sei? Wer sich schäme, das Männchen oder das Weibchen? Und wessen schäme man sich? Ob uns die Religion verbiete, uns zu vermehren? Sie verbiete es nicht? Das Unglück wollte es, daß sich unter den Zuhörern einige Studenten der vergleichenden Religiologie befanden, und sie setzten mir am meisten zu. Kaum hatte ich gesagt, daß die Religion nichts gegen Kinder habe, fing einer dieser Schlauköpfe von Reinheitsgelübden an, die zur Rettung der Seele beitragen sollen, woraus sich der Schluß ergebe, daß man, je mehr Kinder man zeuge, sich um so weiter von dieser Rettung entferne.
Als ich das energisch in Abrede stellte, schrie es von verschiedenen Seiten des Saales: »Er will etwas verheimlichen!« Vergeblich widersprach ich heftig diesem Vorwurf, das ganze Auditorium war in Aufruhr und wollte unbedingt die Gründe für jene Scham, die Absonderung und Intimität kennenlernen, denn bei ihnen gebe es nichts Öffentlicheres als dies. Ich war wie vor den Kopf geschlagen und fand

keine Erklärung. Eine Studentin fragte, ob wir Eier legen, wurde aber von anderen, die besser informiert waren, ausgelacht. Die Menschen stammen von vierhändigen, behaarten Baumtieren ab, sind lebendgebärend und gehören zu den Säugern. Zu den Säugern? Ja freilich, die Mutter nährt das Kind mit der Brust. Mit der Brust? Ja, aber nicht wie die Pelikane, sondern mit Milch aus der Brust. Die Milch brachte alle nur noch mehr in Wallung: Mit Käse auch? Und was ist mit der Butter? Ich verwirrte mich in meinen Aussagen, vielleicht hätte ich ihnen am Ende noch von der Zweigliedrigkeit der Erotik in deren geistiger und sinnlicher Form Kenntnis geben können, aber die Barriere, die der ersteren zuungunsten der letzteren Erhabenheit verlieh, war diesem Publikum unbegreiflich. Weshalb solch eine Trennung? Deckt sie sich mit der Grenzlinie zwischen Tugend und Laster? Ja? Nein?
Ein junger Logiker, perlmuttfarben wie eine Turteltaube, leitete daraus den Satz ab, daß die Menschen sich nicht in gehöriger Weise zur eigenen Religion bekennen. Täten sie das nämlich, so wären sie längst ausgestorben, ohne Nachkommen zu hinterlassen. Der kollektive Selbstmord durch Zölibat! Sie sündigen, also sind sie! Pacco, ergo sum, et nihil obscoenum a me alienum puto!
Das Auditorium hatte sich in den Kopf gesetzt, daß ich zwar alles wisse, aber nicht alles verraten dürfe. In meiner Verzweiflung versuchte ich die Taktik des Sokrates und fragte, was denn bei ihnen als unanständig gelte. Leider nichts, wie sich zeigte. Beleidigend, häßlich, abstoßend, Abscheu erregend, geschmacklos, grausam – das waren Begriffe, die sie kannten. Was unanständig war, wußten sie nicht. Mit schmutzigen Händen essen! Beim Examen in der Nase bohren! Andere nachäffen und auslachen! Solche Angebote machten sie mir, in der Hoffnung, ich werde ihnen, auf die rechte Spur gelenkt, das Geheimnis endlich verraten. Natürlich führte das zu nichts, und unter tumultuari-

schem Zischen und Trampeln (sie benahmen sich schon richtig unanständig) warf ich schließlich das Handtuch.
Hinterher gab es ein Bankett. Ich lernte einen jungen Wissenschaftler kennen, der zu meiner Linken saß. Zur Rechten hatte ich den Rektor, aber der Jüngling fesselte mich mehr. Er war Doktor der Gripsonik, ähnelte mit seinen Ohrbüscheln einem Uhu und hieß Tiuxtl. Neben seinem Hauptfach trieb er Hoministik, konnte jedoch nicht verbergen, daß er die irdischen Probleme nur aus der Theorie kannte. Beispielsweise war er der Meinung, wir scheuchten Angreifer zurück, indem wir das Haar aufstellten wie die Hyänen. Ich versicherte ihm, daß uns die Haare durchaus nicht zu Berge stehen, aber er berief sich auf die irdische Literatur. Nun mache einer so einem Fremden begreiflich, daß er es nicht wörtlich nehmen darf, wenn jemand die Beine in die Hand nimmt!
Als ich von meinem Besuch bei Tahalat erzählte, grinste Tiuxtl ironisch. Offizielle Propaganda, sagte er. Jahrmarktszauber, Zirkustricks. Zu belanglos, um sich darüber einen Schnabel zu machen.
Er war einverstanden, mein Mentor zu werden. Erst von ihm erfuhr ich, wie die Ethosphäre funktioniert. Sie besteht aus Gripsern, die in Strukturvorgabebetrieben und Gripsbrütern hergestellt werden. Der Verfügungszentrale ist ein Duumvirat mit Regierungsvollmacht übergeordnet – der Generalinhibitor und der Generalhedomatiker. Ihre Aufgaben gleichen sich aus, denn der eine sorgt für die Verhütung des Bösen, also die Beschränkung der Aktivität, der andere aber für das Angebot des Guten und damit ein Maximum an Freiheit. Die Gripsonik, das Fachgebiet von Tiuxtl, befaßte sich nicht etwa damit, den Gripsern moralische Prinzipien einzubleuen, sondern war die Kunst, der Ethik eine Verkörperung in der Physik zu verschaffen. Schon die allerersten Projektanten der Ethosphäre, die sogenannten Gründerväter, hatten diese Notwendigkeit begriffen. Das

größte Gebrechen aller moralischen Kodizes ist die Unverhältnismäßigkeit der Vergehen, die Fragen folgender Art aufwirft: Was ist schlimmer – eine Waise bestehlen, einen Greis malträtieren oder einen Priester mit einer Reliquie verprügeln? Die Ethosphäre sollte also kein Psychologe oder Erzieher sein, weder Aufpasser noch Kontrolleur, auch kein unsichtbarer Schlichter oder Polizist, vor allem aber sollte sie nicht *Partei* sein, mit der man über die Zulässigkeit seiner Taten diskutieren oder streiten konnte. Eine solche Kuratel nämlich wäre in ihrer Allgegenwart unerträglich gewesen. Daher äußert sich die Fähigkeit der Ethosphäre, das Böse zu absorbieren, ausschließlich als physikalische Eigenschaft. In der veredelten Umwelt kann man niemanden zu etwas zwingen, ebensowenig wie Elektronen sich nötigen lassen, nicht mehr um die Atomkerne zu kreisen. Man kann hier Leben ebensowenig vernichten, wie sich Materie oder Energie vernichten lassen. Die Gesetze der Physik sind vor allem *Verbote*: Sie lassen bestimmte Dinge einfach nicht zu. So kann in der Ethosphäre ein Verbrechen ebensowenig verübt werden, wie sich in natürlicher Umwelt ein Perpetuum mobile bauen läßt. Zu diesem Zwecke werden sämtliche Entscheidungen, die von den Gripsern zu treffen sind, aus den sumpfigen Triften der Psychologie auf den festen Boden der exakten Wissenschaften übertragen. Darin besteht das Aufgabengebiet der Gripsonik. Tiuxtl zeigte mir, wie das geht. Ein Gebot lautet beispielsweise: »Niemand darf sich gefesselt fühlen.« Diese Direktive wirkt wie ein physikalisches Gesetz. Man kann es nachweisen, indem man jemandem Handschellen anlegt, ihn mit Stricken fesselt oder – eine raffiniertere Methode – das Opfer mit den Füßen in einen Kübel betoniert und anschließend in einen Teich wirft: Ketten und Fesseln lösen sich auf, der Beton zerfällt zu Staub. Voraussetzung ist allerdings, daß der Gebundene Anstrengungen zu seiner Befreiung unternimmt. Andernfalls zerfiele sogar seine Kleidung, und niemand könne Leibriemen tragen oder Hosenträger. Das Opfer muß sich also in seinen Fesseln winden, und wenn diese Anstrengung eine gewisse Intensität überschreitet, lösen die Gripsersensoren den Zerfall der fesselnden Substanz aus. Hätte ich an jenem Halseisen gezerrt, wäre ich freigekommen, aber ich wußte das nicht, ich war ja kein Losannier, und genau darauf hatten meine Entführer ihren Plan gebaut. Tiuxtl mußte lachen, als er mir das auseinandersetzte. Mit der seelischen Verfassung des Angegriffenen befassen sich die Gripser überhaupt nicht, dazu sind sie nicht imstande, sie registrieren nur, ob er in seiner Bewegungsfreiheit eingeschränkt ist. Die Kunstfertigkeit der Gripsoniker nun erweist sich darin, den moralischen Sinn jeglicher Situationen so in die exakte Sprache der Physik zu übertragen, daß die Lösung für alle Seiten optimal ist und jeder psychologische Einschluß vermieden wird. Die Gripser unterziehen denjenigen, der sich mit Mordplänen trägt, also nicht etwa einer strikten Überwachung, sie fällen auch kein Urteil über eine derartige in Taten offenkundig werdende Absicht, sondern stellen nur einen Sachverhalt fest und vereiteln dessen schädliche Folgen. Die Programme enthalten viele sachlich klingende Gebote. Eines lautet zum Beispiel: »Nichts darf einen jähen Sturz tun.« Dadurch kann weder ein Meteor auf die Stadt fallen noch sich jemand zu Tode stürzen, sei er nun aus eigenem Antrieb aus dem Fenster gesprungen oder hinausgeworfen worden. Die Gegenmittel sind allerdings sehr vielfältig, u. a. gehören dazu das Destroyon und das Absorbon, subatomare Teilchen, die auf Befehl der Gripser Energie abgeben oder aufnehmen. Eine Trillion Absorbonen kann, über eine Quadratmeile verteilt, innerhalb einer Minute die Temperatur auf dieser Fläche um zwanzig Grad senken. Ich habe mit niemandem gesprochen, glaube aber, daß Losannien mit eben dieser Methode die Vergletscherung von Clivia Nigra bewirkt hat.

Andere gripsonische Richtlinien legen fest, daß Opfer, falls sie nicht zu vermeiden sind, so niedrig wie möglich gehalten werden müssen – das Prinzip des kleineren Übels. Stolpert ein Kind beim Überschreiten eines Eisenbahngleises zwischen die Schienen und die Notbremsung des heranrasenden Zuges hätte dessen Entgleisung, also auch den Tod von Fahrgästen, zur Folge, so wird das Kind überfahren. Dieses Beispiel hatte sich Tiuxtl extra für mich ausgedacht, denn in Losannien gibt es keine Eisenbahnen.
Eine andere Regel lautet: »Niemand darf erkranken!« In Losannien gibt es schon seit zweihundert Jahren keine Medizin irdischen Musters mehr, die Gripser wachen über den Leib von der Geburt bis zum Tod, Operationen und sonstige Eingriffe sind überflüssig geworden. Embolien oder Darmverschlingungen können nicht mehr auftreten, jede dieser Beschwerden wird von Gripsern schon im Ansatz liquidiert. Das gilt auch für die in den Geweben auftretenden Irrtümer und Mißbräuche, die als Geschwülste bekannt sind. Ausgerechnet von hier hat einst die revolutionäre Idee ihren Ausgang genommen, Unsterblichkeit zu gewinnen durch Ektogonie. Der Reparatur- und Rettungsschnelldienst, der in der Gripsosphäre so unermüdlich aktiv ist, sei, wie Tiuxtl ausdrücklich hervorhob, keineswegs etwas Neues, Einmaliges und Niedagewesenes. Sehr ähnliche Verhältnisse herrschen nämlich in jedem lebenden Organismus. Auch in ihm können, sofern er funktionstüchtig ist, die einen Organe oder Gewebe den anderen nicht schaden oder auf deren Kosten wuchern, und was von außen eindringt, sei es ein Krankheitserreger oder ein Geschoßsplitter, wird unschädlich gemacht, eingekapselt oder ausgeschieden. Der Organismus läßt sich ebensowenig wie die Gripsosphäre auf moralische Reflexionen ein, um beispielsweise zu ermitteln, ob hinter dem jeweiligen Anschlag auf seine Gesundheit gerechtfertigte Motive stehen. Der Organismus ist für Überredung unempfänglich, die Ärzte

haben es zu ihrem großen Kummer einst zu spüren bekommen, als er verpflanzte Organe einfach nicht annahm. Den Körper kann man überlisten und umbringen, weil er in seiner Wirkungsweise festliegt, die Ethosphäre hingegen wird in ihrer Funktionstüchtigkeit unablässig vorangetrieben durch die Gripsonik.

Das heißt jedoch keinesfalls, daß sie damit vollkommen wäre oder jemals absolute Vollkommenheit erreichen könnte. In dieser Hinsicht zeigte Tiuxtl sich skeptisch. Er gab mir eine fünfzig Jahre alte Streitschrift gegen Gripsoniker zu lesen, verfaßt von dem Philosophen Xaimarnox. Der war Gripsoniker gewesen, bis er seine Überzeugungen radikal gewechselt hatte. Xaimarnox behauptete, die Ethosphäre richte sich nicht, wie allgemein angenommen, gegen das gesellschaftliche Unheil, sondern gegen etwas ganz anderes. »Der Wohlstand« – so schrieb er – »ist ja nicht das, was man bereits hat, er ist zumindest nicht nur das, sondern eine Fata Morgana, ein in die Zukunft verlegtes Ziel. Armut ist schrecklich und deprimierend, spornt aber wenigstens zu der Anstrengung an, aus diesem Zustand herauszukommen. Wohlstand jedoch, der leicht zu besitzen ist wie die Luft, ist insoweit schlimmer, als von ihm kein Weg wegführt – man kann nichts anderes tun, als ihn vergrößern. Es genügt nicht, immer mehr zur Hand zu haben jetzt und hier, es muß zugleich immer mehr neue, weitere Chancen geben. Ihr müßtet also die Welt umgestalten, da ihr euch nicht aufraffen konntet oder wolltet, euch selbst zu verändern, was übrigens, wie wir wissen, Resultate von zwar anderem Aussehen, aber nicht geringerem Unheil zeitigt. Nichts jedoch ist dem Menschen im Menschen so abträglich wie ein Zustand des Wohlbehagens, das gratis zu erlangen ist – und ohne die Beteiligung, die Unterstützung, die Teilhabe anderer Menschen. Man braucht zu niemandem gut zu sein noch jemandem einen Dienst, Hilfe oder Herz zu erweisen, weil das ebenso sinnlos wäre wie ein Almosen für einen Krösus oder ein Kupferpfennig in einer Goldmine. Was kann man jemandem geben, der schon mehr hat, als er sich vorstellen kann? Gefühl? Das ist in dieser Situation nur etwas für Leute, die ein Muster an Selbstlosigkeit sind. Diese Selbstlosigkeit wiederum spricht jedoch diesem zivilisatorischen Paradiese Hohn, das mit solcher Mühe geschaffen wurde. Übrigens schreitet die Erosion von Wohlwollen, Anhänglichkeit, Achtung und Liebe nur allmählich fort, sie vollzieht sich nicht von einer Generation auf die andere. Zuerst erscheinen primitive Roboter, die Dienerfunktionen ausüben, die Mechanik äfft nur ungeschickt die von den Menschen abgeguckte, programmierte Aufmerksamkeit der Hingabe und Dienstbereitschaft nach, aber schon zu jenem Zeitpunkt kann und muß diese Simulation vervollkommnet werden, die stählernen Mannequins gehen ins technische Museum und werden ersetzt durch eine weniger aufdringliche, eine behutsame, zärtliche, hingebungs-, ja liebevolle, wenngleich unpersönliche, so doch grenzenlose, bis zur Selbstaufgabe altruistische Aufmerksamkeit der Umwelt, die jedes Gelüst erfüllt, kaum daß es halb gedacht ist. Wenn aber die absolute Macht zur absoluten Verkommenheit führt, so bringt eine so vollkommene Wohlfahrt die vollkommene Vernichtung. Ein Rückfall in den Mangel, die Armut und die Not ist für die Allgemeinheit nicht möglich – an wen soll man sich wenden, um die Rechnung für diese erdrückende Lawine von Glück zu begleichen, wenn nicht an den, der es produziert? Jemand muß immer schuld sein – Gott, die Welt, der Nachbar, die Ahnen, ein Fremder. Einer ist immer schuld, und so stellt sich heraus, daß man vor den Leuten das von ihnen nicht gewollte Glück in Schutz nehmen muß. Können sie dieses nun nicht einfach zertrampeln, bleiben ihnen zur Abrechnung nur die anderen. Also sind alle vor allen zu schützen, und genau das habt ihr getan. Ich nenne das eine Katastrophe: das allgemeine Paradies, in dem jedermann dasitzt und die Hölle in sich trägt, die er seinem Nächsten nicht zu kosten geben darf. Dabei hat er doch keinen größeren Wunsch, als den anderen diesen Geschmack seines Zustands mitteilen zu können. Ihr wollt es bewiesen haben? Bitte sehr. Obgleich es nicht in euren Plänen lag, obgleich es eine unabsichtliche und sogar unerwünschte Folge des Unheilabsorptionsvermögens der Umwelt ist, habt ihr Differenzierungen des Glaubens und Unglaubens produziert, die Trennung der Überzeugungen in höchst wahrhafte und zutiefst verlogene. Die Regierung verkündet, es gehe um einen sehr kläglichen Glauben, der sich auf den einzigen Artikel beschränke, das Böse umzubenennen in Gutes – einen Mord also in ein heiliges Verdienst. Dieses Credo sei für unsere Extremisten nicht das Ziel (und ein Ziel muß der Glaube ja sein), sondern das Mittel, die Ethosphäre so zu hintergehen, daß das Töten möglich werde.

Die Gripsoniker suchen also neue Programme, die solche Kniffe vereiteln, und wenn einer so redet wie ich, halten sie ihn für ihren Gegner. Ich bin alles andere als das, ich bitte mir nur zu sagen, was ihr davon habt, die Gripser so perfekt zu machen. Den Menschen ist nur noch eine Ritze zu eigen geblieben, der das Böse entweichen kann – das Erlebnis der Religion. Nun wollt ihr auch diese Öffnung verspunden auf alle Zeiten, jedermann soll die Hölle einbetoniert in sich tragen! Merkt ihr denn nicht, wie absurd diese ›Perfektionierung‹ ist? Ich weiß, ihr wolltet das Beste. Ihr wolltet nichts Böses. Ihr wolltet das Gute und nur das Gute. Aber genau das hat sich als böse erwiesen. Jetzt sucht ihr das Unheil dieser Meliorationsarbeit vor euch selbst zu kaschieren. Ihr belügt euch also! Es ist euer Ziel, niemanden gegen euch, die anderen und die Gesellschaft den Beweis führen zu lassen, daß dieses Gute Unglück bringt und böse macht. Glaube entsteht aus Unglück, einer Komponente der Existenz. Glaube entsteht aus der Sehnsucht nach dem VATER, dem immer verläßlichen, liebenden Hirten, der dem Alter ebenso trotzt wie dem Tod. Glaube erhebt sich aus dem Gefühl, daß, da die Welt uns nicht liebt, jemand dasein muß, der uns liebt. Glaube kommt nicht aus leiblicher Not, sondern aus der Hoffnung, daß diese Welt doch nicht alles ist, daß es in ihr oder über ihr DAS oder DEN gibt, an den man sein Flehen richten, vor dessen Antlitz man, wenn nicht zu Lebzeiten, so nach dem Tode, treten kann. Mit einem Wort, der Glaube ist eine Ausflucht in aus Verzweiflung geborene Hoffnung, weil sich in völliger Verzweiflung und ohne einen Strohhalm der Hoffnung nicht leben läßt. Nicht einmal für andere Menschen läßt sich leben – und selbst diese Chance habt ihr ihnen genommen. So ist – unglückselige Erscheinung entarteten Glaubens – selbst jener aufkeimende Glaube, der den Mord ins Gute, in höchste Verdienstlichkeit kehrt, doch auch Ausdruck der Verzweiflung und der aus ihr geborenen Hoffnung, daß es so, wie es ist, nicht sein darf. Jener primäre und dieser sekundäre Glaube entspringen den gleichen seelischen Quellen. Die Wunderlichkeit dieses neuen Glaubens leitet sich direkt aus der Wunderlichkeit des Tatbestandes her, den ihr euch selber bereitet habt. Meine Kollegen und Freunde in der Gripsonik denken nicht so, denn sie sind angestrengt mit der Lösung technischer Detailfragen für den nächsten Schritt der Hedomatik und Inhibition befaßt. Daher wissen sie nicht (oder verdrängen jeden Gedanken daran!), daß die Hedomatik bereits umzuschlagen beginnt in die Algomatik: die Folter aus Güte.«

Diese Streitschrift war ein Bestseller geworden. Von den Experten ignoriert, wurde sie zur Bibel der Intellektuellen, deren Klagelieder und Schuldsprüche gegen die Ethifikation hier endlich konkret auf einen Nenner gebracht waren. Aus der Geschichte wisse man ja, so schrieben sie, daß alles Gute am Ende jemandem zum Bösen ausschlüge. In geringen Dosierungen sei das Gute zuweilen tatsächlich von Nutzen, lebenslänglich aber Gift. Xaimarnox nun hatte gar behauptet, die Vormundschaft der Gripser sei um so verderblicher, je mehr Perfektion sie erfahre. Die Regierung hüllte sich in Schweigen, ihre Parteigänger aber nahmen sich Xaimarnox vor, diffamierten ihn als Sonderling und Stänker und setzten sogar Gerüchte in die Welt, er habe vom Vorsitzenden eine Auszeichnung bekommen. Der ganze Knatsch geriet bald in Vergessenheit, als die Visionen des greisen Gripsonikers sich nicht erfüllten, der Mord als Protest gegen zwangsverordnete Sanftmut nicht zu einem neuen Glaubensbekenntnis und nur noch von wenigen Extremisten auf die Fahne geschrieben wurde. Dennoch erwies sich Xaimarnox nicht in allem als falscher Prophet, denn Sonderbares trug sich zu: Die Ethosphäre brachte eine Wiedergeburt der längst vergessenen Doktrin der Drei Welten.

Wie hatte das geschehen können? Die Regierung hatte die Ethifikation eingeführt, als Losannien von Krisen geschüttelt wurde. Der Wohlstand hatte die Gesellschaft rasend gemacht, der Bevölkerungszuwachs ließ die Städte bersten, es gab kaum noch eine Grenze zwischen Politik und Lumperei. All das war unter dem Deckel der Ethosphäre dann verstummt, aber nach vierzig Jahren machten sich Dinge bemerkbar, die gänzlich neu waren – vorteilhaft und beunruhigend zugleich. Es waren Wandlungen zum Besseren, von niemandem geplant noch beabsichtigt. Der Bevölkerungszuwachs ging zurück, es kamen keine körperlich und geistig behinderten Kinder mehr zur Welt, die durchschnittliche Lebenserwartung nahm zu. Eine Zeitlang erklärten das die Fürsprecher der Ethifikation mit dem geistesveredelnden Einfluß der Gripsosphäre. Großes Aufsehen erregten erst ärztliche Diagnosen, wonach die Leute nicht mehr von altersbedingten Knochenbrüchen heimgesucht würden, weil sich im Skelett zunehmend Metall absetze. In Schien- und Schlüsselbeinen lagerten sich mikroskopisch kleine Metallfasern ein und erhöhten die Bruchfestigkeit. Solch

ein Phänomen ließ sich nicht mehr mit Floskeln vom Erziehungswert der Ethosphäre abwiegeln – hier hatten sich die Gripser ganz unbestreitbar selbständig gemacht. Schlimm war nicht der Rückgang der Knochenbrüche, schlimm war, daß die Gripser etwas machten, was sie gar nicht sollten. Die Intellektuellen, die den Regierungen unter allen Sternen nichts als Ärger machen, kamen wieder lauthals mit ihren Fragen: Wer beherrsche denn nun wen – die Lebenden die Gripser oder umgekehrt? Sollte es gar, so fragten sie sardonisch, gelungen sein, das Paradies vollkommener zu erschaffen, als man es erträumt hatte?
Die Gripsoniker ließen sich nicht erschüttern und rechtfertigten sich nach allen Seiten damit, daß ja nichts Schlimmes geschehe. Ethik lasse sich eben nicht einfach umsetzen in Physik. Erklärt jemand: »Tue deinem Nächsten nicht an, was dir selber leid ist«, so braucht er nichts hinzuzufügen, denn die Intuition hat ihm längst gesagt, wovon der verschont bleiben möchte. Verfaßt man solche Gebote jedoch in der Physik einer generalüberholten Welt, so gibt es keinerlei Intuition mehr als Berufungsgericht. Dann werden logische Elemente programmiert, die diesen ihren Programmen unterliegen, aber keinerlei Verständnis besitzen. Der Gripsoniker arbeitet nicht als Moralist, sondern als Mathematiker, der ein deduktives System aufbaut. Dieses ergibt sich aus Prämissen – den Axiomen. Axiomen kann gewöhnlich mehr entspringen, als derjenige, der sie aufgestellt hatte, wissen konnte. Die Geometrie definiert den Punkt, die Gerade und die Fläche, und dann wird offenbar, daß sich allem gesunden Menschenverstand zuwider aus diesen Definitionen auch eine Ebene ergibt, die nur eine einzige Fläche hat. Die Programmierer haben den Gripsern das Wohl der Gesellschaft anvertraut, und die Gripser sorgen sich um dieses Wohl viel stärker, als zu erwarten stand. Das ist doch nicht schlecht, das ist doch prima, sie sollten über die Gesundheit wachen, und nun wachen sie. Knochen

altern und werden morsch, es ist nicht abzusehen, wann sie brechen. Da nun die Gripser nicht vereiteln können, was sie zu vereiteln haben, schreiten sie zu einer Radikalprophylaxe. Die Medizin meldet gegen die Metallverfestigung des Knochengerüstes keine Vorbehalte an, folglich ist kein Grund gegeben, Alarm zu schlagen. Die Gripser haben sich dem Imperativ der Wohltätigkeit in keiner Weise entzogen, alles ist in Ordnung.

Mittlerweile war auch das Klima Wandlungen unterworfen. Losannien blieb von jähen Schwankungen des Luftdrucks und von Wirbelstürmen verschont – woran lag denn das nun wieder? Gewitterfronten, Okklusionen und atmosphärische Elektrizität pflegen Streß-Situationen zu verursachen, aber auch auf diesem Gebiet waren die Gripser hegsam tätig geworden und hatten das Klima reguliert. Was wollt ihr denn? riefen die Gripsoniker ihren neuerlich aufbegehrenden Gegnern zu, ihr habt wohl Sehnsucht nach Windhosen und Taifunen? Jetzt aber zeigten sich Brüche auch unter den Experten. Die einen blieben darauf versteift, daß eine gute Direktive die Initiative der Gripser immer im Zaum halten könne, die anderen wiederholten, das Übel sei schon da, denn jeder, der unerwünschten Vorteil davontrage, verfalle der Entmündigung.

Beide hatten recht, wie sich bald erweisen sollte. Unglaubliches trug sich zu. Immer mehr alte Leute starben nicht »bis auf den Rest«, wie man das nannte. Sie büßten alle Kraft ein, legten sich aufs Sterbebett, wurden blind, taub und bewußtlos, dämmerten aber monatelang in dieser ausgesetzten Agonie dahin. Die Angehörigen harrten des letzten Seufzers, aber der Tod trat nicht ein, im Gegenteil, der bereits erkaltete Körper regte sich plötzlich, Arme und Beine vollführten chaotische Bewegungen, bis wieder eine unbegreifliche Lethargie eintrat. Es kam sogar vor, daß die Herztätigkeit zum Stillstand kam, aber auch das war kein Zeichen des Todes, weil die vermeintliche Leiche nicht verweste.

Erst von Tiuxtl erfuhr ich, daß die Losannier die Ektotechnik nicht erfunden, sondern von den Gripsern beigebracht bekommen hatten! Die Gripser waren gedankenlos betriebstüchtig, wie es ihnen aufgetragen war. Sie sollten das Leben im Gang halten, also taten sie es. Der Organismus wurde zum Feld ihrer lautlosen, verbissenen Schlacht um die Rettung kaum noch glimmenden Lebens. Das Gehirn war passé und nicht mehr zu retten, sie hatten das nicht verhindern können, kämpften aber nun, um zu retten, was sich retten ließ. Diese Entdeckung gab den Auftakt zu einem Riesenstunk. Die Experten, geradezu berauscht von der Zuversicht, Unsterblichkeit zu schaffen über den Tod hinaus (!), machten sich sogleich an die weitere Perfektionierung der Gripser. Taub für alle Proteste und alle Stimmen der Entrüstung und des Entsetzens, experimentierten sie an Tieren. Die Opposition erhob ein Geschrei, es könne keine lästerlichere Erfüllung des Traums vom ewigen Leben geben, als solch eine Gabe untergeschoben, auf diebisch verstohlene Weise in den Körper eingeführt zu bekommen. Es sei der blanke Hohn, daß man zwangsweise zur Unsterblichkeit verurteilt werde, und der von den Gripsonikern an den Tag gelegte Enthusiasmus lege nur Zeugnis ab für den Schwachsinn der Profis.

Tiuxtl, der mir diese drei Jahrhunderte zurückliegenden Vorfälle referierte, deckte schonungslos auch das Makabre daran auf. Die Hast, mit der die Gripsoniker die Ektotechnik von den Versuchstieren auf die Entianer übertrugen, hatte haarsträubende Folgen. Man hatte darauf gerechnet, die Öffentlichkeit werde, sobald die ersten Unsterblichen auf der Straße erschienen, diese Tatsache gebührend zu schätzen wissen und sich von den oppositionellen Kritikern abwenden. Indessen mußten schon nach einem knappen Jahr die ersten Ewigkeitsanwärter in besonderen Asylen verwahrt werden. Die einen verloren über Nacht das Bewußtsein und wurden steif, und das war noch das weniger

Schlimme, denn die anderen – die meisten – bekamen die Tobsucht. Sie gingen wie die Affen an Bäumen und Wänden hoch, stürzten sich auf ihre Angehörigen und aus den Fenstern, ohne sich dabei übrigens weh zu tun: Die Gripsosphäre hielt treue Wache. Soviel mir bekannt ist, stammen von daher die Gerüchte über Abspringer, Hinterklammerer und Verpüpplung, die in den Akten unseres Ministeriums eine Fehldarstellung erfahren haben. Die Sache war um so fataler, als in der ethifizierten Umwelt niemand gefesselt oder mit Gewalt festgehalten werden kann. Selbst die stärksten Dosen von Beruhigungsmitteln blieben wirkungslos, denn die Ärzte hatten ja nicht mit Personen zu tun, die zwar tobsüchtig, aber auch alt waren, sondern mit der ganzen Macht der Gripser, die nicht zuließen, daß ihr Unsterblichkeitseffekt zunichte gemacht wurde.
»Einer Tragödie muß Würde innewohnen«, erklärte Tiuxtl, »hier aber erfüllten die ehrsamen Bemühungen um das ewige Leben die Straßen und Häuser mit unzurechnungsfähigen Alten, die sich mit ihrer erschrockenen Umgebung prügelten. Statt die Öffentlichkeit für die Immortilisation zu gewinnen, wurde diese von den Gripsonikern unwiderruflich kompromittiert, und als die Sache herauskam, wollte von Unsterblichkeit niemand auch nur hören. Die Tiere, die man für die Versuche benutzt hatte, besitzen einfachere Gehirne und sind mit der Ektogonisierung ohne Schaden fertiggeworden. Spätere Erfolge nützten den Gripsonikern gar nichts. Wer könne denn jetzt wissen, fragten die Dissidenten, ob unsere zwangsweise Totalbeglückung damit ein Ende hat? Wer garantiere, daß die Gripser nicht mit dem Segen der Regierung in die Gräber dringen, um uns mit den Gerippen unserer Bekannten zu erfreuen, die in strammem Marsch vom Friedhof wiederkehren? Behinderte Kinder kommen nicht mehr zur Welt, das ist angeblich gut so, aber woher können wir wissen, was für andere Kinder nicht mehr geboren werden? Die Gripser vereiteln

die Zeugung von Behinderten, treffen also eine Selektion. Wo liegt dann die Gewißheit, daß sie nicht auch andere Kinder im Keim vernichten – beispielsweise solche, die eines Tages zum Hindernis für die Ethosphäre heranwachsen könnten? Alles wäre halb so schlimm, wenn man sich mit den Gripsern verständigen, sie ins Verhör nehmen, ihnen ihre ehrenhafte Schändlichkeit ausreden könnte, wenn sie selbst die Richtung und die Motive ihres Wirkens anzugeben wüßten! Das aber ist unmöglich, der Wunsch, mit der Ethosphäre zu diskutieren, hat so viel Sinn, als wolle man bei den atmosphärischen Strömungen das morgige Wetter erfragen. Wir werden von einer seelenlosen Aktivität regiert, die der Physik der vorgefundenen Welt zugesetzt wurde, und nichts kann den Nachweis liefern, daß diese Welt uns stets günstig gesonnen bleibt – daß ihre schützende Umarmung nicht in fünf oder hundert Jahren zum Würgegriff wird . . .«

Als Tiuxtl mir das erzählte, mußte ich an Anix denken. Er hatte sich zur Ektogonisierung entschlosen, als die Gesellschaft vor Haß gegen Gripsotechniker und wohl auch Philosophen wie ihn, vor Haß gegen die ganze Wissenschaft schäumte. Eine verzweifelte Menge – und eine solche schrie ja vor allem nach Rache – pflegt sich in ihrer ohnmächtigen Wut keine Gedanken über ein differenziertes Maß an Schuld zu machen. Ohne die Ethosphäre wäre es unweigerlich zur Gewalttat und Lynchjustiz gekommen, während die Experten, statt sich zu verteidigen oder zu rechtfertigen, die Beleidigungen, mit denen man sie überhäufte, und den Abscheu, den sie weckten, als Beweise hinstellten, sich nach wie vor im Recht zu befinden: Wäre die Ethosphäre tatsächlich eine Knebelung der Geister, so würde sie solch eine allgemeine Gärung nicht dulden. Natürlich wollte ihnen niemand auch nur zuhören. Die Ektogen wurden wie Aussätzige abgesondert, wobei die Öffentlichkeit ohnehin alles übelnahm, was man mit ihnen auch machte. Gerüchte kamen auf, wonach man sie heimlich unter stählernen Pressen oder Hammerwerken zu Tode brachte, worin insofern ein Körnchen Wahrheit steckte, als manche Angehörige wahrhaftig verlangten, man solle ihren Ektogen die Unsterblichkeit nehmen – selbst durch die Vernichtung, wenn anders es sich nicht machen ließe.

Die gelungenen Immortalisationen des folgenden Jahrzehnts wurden unter strengster Geheimhaltung durchgeführt, und dennoch sickerte etwas durch. Die Öffentlichkeit wurde von einem fieberhaften Mißtrauen erfaßt – nicht mehr der Stumpfsinn, sondern die Intelligenz wurde jetzt als Zeugnis der leichenhaften Herkunft angesehen. Die Betroffenen mußten Gesichter und Namen ändern und ihre Familien verlassen, keiner konnte mehr einen festen Wohnsitz nehmen, da er schon durch seine nicht enden wollende Präsenz der Nachbarschaft ins Auge stach. Es waren Heimatlose, die bei Ärzten und Kosmetikern Hilfe suchten, um sich ein Aussehen des Alters geben zu lassen. Als die Regierung die Sache so in der Sackgasse sah (die Unsterblichkeit war schon zum Schimpf geworden, und wurde sie jemandem nachgesagt, so drohte ihm der gesellschaftliche Boykott), blies sie den Propagandafeldzug ab und faßte einen ins ganze Gegenteil gerichteten Beschluß. Um sich und der Opposition zu beweisen, daß sie die Gripsosphäre unverändert unter Kontrolle hatte, stoppte sie den Einsatz der Ektotechnik. Die Ewigkeit konnte von da an nur noch verdienten Persönlichkeiten auf deren eigenen Wunsch verliehen werden. Diese Wende war geschickt eingefädelt, denn der Operation, die den Auserwählten gesetzlich zustand, blieb der Name eines besonderen Privilegs, wenngleich das Volk darin einen Schimpf sah. Das Manöver war erfolgreich und beschwichtigte die Gemüter. Gleichwohl vollzog sich im Verhältnis der Losannier zu ihrer Ethosphäre eine sichtbare Wandlung, erkenntlich an dem von der Umgangssprache verwendeten Wortschatz, der auch in den Akten unseres MfAA verzeichnet ist. Die Mehrheit behandelt ihre perfektionierte Welt als einen Antagonisten mit Persönlichkeitsmerkmalen, und dagegen läßt sich nichts mehr ausrichten. Die kollektive Phantasie greift unter dem Einfluß heimlicher Ängste auf traditionelle, mythische Phantasmen zurück und gibt dem Unkörperlichen und Unpersönlichen eine konkrete Gestalt. Oberhalb dieser naiven Vorstellungen besteht aber weiter eine Wirklichkeit, die nicht weniger rätselhaft ist als die primäre, natürliche Welt, aus der ein seliges Arkadien gemacht werden sollte: Nicht weniger rätselhaft, da man ihr – betrachtete man das Sein wieder so wie die Philosophie des Altertums – Sympathie, Gleichgültigkeit oder Antipathie zuschreiben kann. Die verworfene Unsterblichkeit ist kein Beweis, daß sich der Gripsosphäre für alle Zeiten trauen läßt. Der Schutzherr ist in seiner übertriebenen Wohltätigkeit an einem bestimmten Punkt gestoppt worden, aber was folgt daraus? Jeden Augenblick kann es zu neuen »Anschlägen der Güte« kommen, wie sie das nennen. Die klassische Frage »Quis custodiet ipsos custodes?« läßt sich nicht wegwischen. Nehmen wir nur die Sphäre des Alltags: Jeder macht, was er will – aber wollte er selber, oder wollten die Gripserschwärme in ihm? Solange sich diese Alternative nicht eliminieren läßt, muß die Scheide der Drei Welten fortbestehen, kann das gemeinsame Schicksal nicht einer ewigen Obhut überlassen werden. In den Direktiven ist die Ethosphäre gewiß *gut*, aber ob sie nicht zuweilen *allzu* gut ist, weiß man nicht mehr recht, seit sie den Entianern so vielversprechend zulächelte mit dem unsterblichen Gesicht einer Leiche.

Wie ich von Tiuxtl erfuhr, arbeiten viele Forschungsteams an der Schaffung neuer Aufsichtssysteme, die von der Ethosphäre unabhängig sind. Er selbst war am Projekt eines sogenannten Informatikspiegels beteiligt gewesen, der der Gripsosphäre vorgeordnet werden und die Messung ihres

Interventionsgrades ermöglichen sollte. Dadurch hätte man feststellen können, wo die persönliche Freiheit endete und die heimliche Knechtung begann. Die Informatiker wiesen jedoch nach, daß auch diese höhere Kontrollebene nichts Endgültiges sein konnte, da sie über die Aufsicht der Gripser nur einen ranghöheren Kontrolleur setzte. Eines Tages hätte auch dessen Loyalität überprüft werden müssen – der Anfang eines unendlichen Pyramidenbaus der Überwachung. Ich fragte Tiuxtl, ob er solche Befürchtungen nicht für übertrieben hielte. Seit Jahrhunderten gehe es ihnen so gut unter veredelndem Druck, jedenfalls aber besser – und wenigstens nicht schlechter – als in früheren Zeitaltern voller Blutvergießen und Verbrechen. Verdiene der nun geschaffene Stand der Dinge nicht zumindest ein maßvolles Vertrauen?

»Es geht doch gar nicht darum, daß wir diesen Zustand für schlecht halten«, erklärte er. »Wir wollen nur wissen, ob wir ihn noch unter Kontrolle haben! Wir wären auch mit einer Teilung der Macht einverstanden, wenn wir meinetwegen mit zwei Dritteln sozusagen die Aktienmehrheit bei der Überwachung haben. Das restliche Drittel würden wir den Bevollmächtigten der Gripser überlassen ... Nur haben wir keine Ahnung, wie hoch sie an den Entscheidungen über unser Schicksal tatsächlich beteiligt sind. Es kann sein, daß jede kosmische Gesellschaft ihre Ethosphäre baut, sich tausend Jahre fortentwickelt, dann aber durch Selbstkomplikationen oder aus anderen, unbekannten Gründen der Degeneration verfällt. Das passiert nicht auf einen Schlag, sondern nach und nach, bis die Ethosphäre zum Ethokrebs entartet ... Wir schreiten in eine Zukunft, die viel mehr Unbekannte hat als die Natur, und *das* macht uns angst, nicht die Komfortbeeinträchtigungen durch anstandsfördernde Verbote ... Halte dir nur vor Augen, mein irdischer Freund, daß Ethifikation sich nicht partiell verwerfen läßt. Ebensowenig wie die Industrialisierung! Wie deine Menschheit nach einer Liquidierung der Industrie verderben würde, stünden wir hilflos da, sobald die das Böse absorbierende Haube über uns weggefegt wäre. Unsere in die Zukunft gerichtete Angst in *Erwartung* einer Katastrophe würde umschlagen in die Katastrophe des Augenblicks.«

So sprach er, und ich verstand auf einmal die Sehnsucht dieser Leute nach kurdländischer Urtümlichkeit. Ich fand das auf einmal gar nicht mehr so töricht, zumal ich, der ich in astronautischer Berufsgewohnheit immer schlafen konnte wie ein Beamter, nachts immer öfter wach wurde, durchaus nicht von Alpträumen geplagt, sondern höchst verdutzt über den Inhalt von Träumen, wie sie mir zum ersten Mal passierten. Ich träumte, ich sei ein Teig auf einem Küchentisch, würde von gewaltigen Händen geknetet, bald zu Knödeln, bald zu Krapfen portioniert und demzufolge mal in kochendes Wasser, mal in siedendes Fett geworfen. Das schreckte mich jedesmal auf, und ich fragte mich, ob mein Kopf von allein auf so was komme oder nicht die Gripser, die mir zu Millionen im Gehirn schwärmten, das alles in mich hineinträumten. Ich drehte mich auf die andere Seite und seufzte dem Augenblick entgegen, in dem ich an Bord gehen und heimfliegen konnte. Selbst ein schweizerisches Gefängnis erschien mir damals als sichere Zuflucht.

Per viscera ad astra.

Tiuxtl, der nichts vergaß, schlug mir zu Sommersanfang einen Ausflug vor, der uns zu zweit nach Teltlineu zum Kloster der Büßermönche führen sollte.

Ich habe diesen Satz hingeschrieben und betrachte ihn nun voller Mißvergnügen. Glücklich der Chronist, der mit seinem Leser Land und Sprache teilt, denn er wird ohne zusätzliche Erklärung verstanden. Er sagt »Sommer« und »Kloster«, und der andere hat vor sich sogleich wogende Getreidefelder unter azurblauem Himmel, an heftig summenden Bienenstöcken vorbei nähert er sich einem breit-

gelagerten Bauwerk mit ehrwürdigen Mauern und einer knarrenden Pforte. Ich jedoch führe den Leser mit jedem Wort, das ich sage, in die Irre! Es wird noch jemand denken, die Losannier hätten nichts im Kopfe als ihre Gripsosphäre und palaverten darüber von früh bis spät, wenn sie sich nicht gerade wie die Strauße durch die Stadien jagen, um sich zu begatten. Dabei hat das doch nur mich, den Auswärtigen, so besondes frappiert, daß mir kein Raum blieb, auch andere wichtige Dinge zu beschreiben. Es hilft nichts, ich muß jenen scheinbar einfachen Satz, der der Anfang vom Ende sein soll, mit einigen Erläuterungen versehen.
Als Tiuxtl mit mir nach Teltlineu reiste, nannte er sich auf einmal Tötöltek. Die losannischen Namen ändern sich je nach dem, was der Betreffende macht. Teltlineu ist, wie das Fehlen der Buchstaben »r« und »x« ersichtlich macht, eine »wildfromme Einöde geistiger Versuchungen und Irrtümer der staatlichen Verwaltung«. Die Gegend erinnert an ein Naturreservat: halb ausgetrocknete Sümpfe, Tundra und abgestorbener Baumbestand. Sie gehört zu dem Niemandsland, das Losannien in einem Halbkreis entlang der Grenze zu Kurdland umschließt und gewissermaßen einen »cordon sanitaire« bildet – die Konzentration der Gripser kann nicht urplötzlich auf Null zurückgehen. Wildheit bedeutet soviel wie frei von Gripsern, Frömmigkeit die Chance, den Mönchen zu begegnen. Man spricht zwar von deren Kloster, aber das ist nichts weiter als Ordensregel. Sie bilden nämlich einen Wanderorden und ziehen jeden Tag an einen anderen Ort.
Nun zu den »Versuchungen und Irrtümern«. Zweihundert Jahre zuvor hatte die Opposition der Regierung ein Gesetz abgerungen, das jeden Beamten verpflichtete, sich jährlich einmal nach Teltlineu zu begeben und dort so viele Tage zu wandern, wie seine Dienststellung es angab. Ein Oberreferent beispielsweise muß zwei Wochen auf solche Wallfahrt, weil er den vierzehnten Grad innehat. Tiuxtl, der sich um

den Posten eines wissenschaftlichen Beraters im MfAA bewarb, hatte seine Tippelei (so respektlos drückte er sich aus!) schon im Winter hinter sich gebracht, um den sonst von Kurdlands Sümpfen herüberschwärmenden Mücken zu entgehen. Damals hatte er Tüxtüllix geheißen, was soviel bedeutete wie »Tiuxtl außerhalb des Guten bei seinem Bösen« – als zeige sich in gripserfreiem Gelände jeder von seiner schlimmsten Seite, kaum daß er das ethische Zaumzeug abgelegt hat. Die Kenntnis solcher Unarten ist in der Verwaltung besonders wichtig, denn da die Gripser nicht in die Amtsgeschäfte eingreifen können, bleibt es einem fiesen Beamten unbenommen, seine Besucher zu schurigeln. Allerdings hat man noch nie gehört, daß die Pilgerfahrt jemanden die Stellung gekostet hätte, obwohl jeder nach der Rückkehr bei der Affektinspektion seine Xandia abzuliefern hat. Diese ähnelt einem Rosenkranz, den man auf der bloßen Haut trägt, damit er die feinsten Willens- und Gefühlsregungen aufzeichnen kann. Gewöhnliche Touristen bekommen an der Grenze einen Xxinder um den Hals gehängt, der gegen Pilger helfen soll, die gerade »ihre Bosheit offenbaren«. Diese sogenannten Hütlinge darf man ebensowenig auseinandernehmen wie die Xandia, man darf auch nicht wissen, wie sie funktionieren. Von diesen Verboten ganz abgesehen, lassen sich die Dinger auch nicht wegwerfen. Auf einen verstohlenen Wink von Tiuxtl schleuderte ich meinen Hütling in die Büsche, aber er kam, leise mit seinen Perlen klappernd, sofort wieder zurück. Eigentlich war ich nicht ganz korrekt, als ich von den Xxindern sprach. Der Hütling vor seiner Benutzung ist ein -inder; erst eingestellt auf eine konkrete Person, erhält er seinem Namen gemäß ein Präfix. Da Tichy auf losannisch »xx« heißt, kann ich den meinen nur einen Xxinder nennen – in eine menschliche Sprache übersetzt, bedeutet das in etwa »geräuscharmer Retter«.

Durchaus zur Sache gehörig dürfte indessen der Hinweis

sein, daß diese Wallfahrten der Verwaltung mitsamt ihren Xandien und Xxindern reine Formsache waren. Ich konnte mich bald davon überzeugen.

In einem Universalfahrzeug mit Hänger, der Vorräte und Ausrüstungen trug, rollten wir durch sterbenden Wald. Einst war er an den Gletscherflüssen gewachsen, nun aber, da sie versiegt waren, verkümmerte er und ging zugrunde. Tiuxtl, der immerfort auf den Gripsometer schaute, verkündete gegen Mittag, nun seien wir endlich in der »Wildnis«. Wir schlugen kein Lager auf, sondern setzten uns auf die Moospolster, und Tiuxtl öffnete eine Konserve mit Byrrbitschi, weil ich den Nationaleintopf der Manschen probieren wollte. Das ziemlich dickflüssige Gericht schmeckte wie leicht verdorbener Krautgulasch. Plötzlich erschien über den Bäumen ein Entianer von etwa sechs Meter Größe – so kam er uns allerdings nur von weitem vor, denn er ging auf Stelzen oder vielmehr auf einem Schreiter. (Wer will, kann auch Schreite sagen; mir wird vorgeworfen, ich denke mir Wörter aus, die es gar nicht gibt. Als täte ich das zum Vergnügen, nicht aus Not!) Der Fremde ließ sich herab – er konnte diese Stelzen einfahren wie die Beine eines Stativs – und fragte, ob er bei uns Platz nehmen dürfe. Er stellte sich mit dem Namen Quaquax vor (genauso wird das auch ausgesprochen), aber ich werde ihn den Referenten nennen. Sonst arbeitete er auf dem Wohnungsamt einer kleinen grenznahen Ortschaft, jetzt war er auf Wallfahrt. Wir nahmen ihn in unsere Gemeinschaft auf. Eigentlich, so erfuhr ich, war das verboten, die Prüfung muß im Alleingang bestanden werden, aber das wird nicht kontrolliert, und als ich nach der Xandia fragte, meinte der Referent, darin schaue nicht mal einer nach.

Unser neuer Kompagnon trug auf dem Rücken einen Undort, ein Kassettengerät für Zubehörverstärkung. Undort heißt soviel wie »aus dem Nichts«, und der Apparat wird ausschließlich in gripserlosem Raum eingesetzt. Aus allem, was anfällt, sei es auch Abfall, produziert er auf der Stelle jedes notwendige Utensil. Besonders im Bauch des Kurdels kam uns das handliche Gerät zupasse, aber ich will den Ereignissen nicht vorgreifen. Aus dürren Zweigen und Blättern zauberte der Referent eine kompaßähnliche Büchse mit einer Skala, einen Animalographen, der pro Quadratmeile zwei Pilger und eine meinen beiden Begleitern vorerst noch erträglich erscheinende Zahl von Mücken anzeigte. Der Einsatz von »repellents« war noch nicht nötig. Ich fragte, warum sie denn eigentlich auf Pilgerfahrt zögen, wenn die Inspektion die Xandien nicht einmal prüfe. Sie brachen in Gelächter aus, als hätten sie sich verabredet, und Tiuxtl sagte, an der frischen Luft sei es angenehmer als im Büro. So saßen wir also da und unterhielten uns. Eile tat nicht not – der Animalograph zeigte auch nicht die Spur von Büßermönchen an.

Tiuxtl, sichtlich gelöst, seit das Gripsometer auf Null stand, erzählte von Formen eines Aberglaubens, der mit der Ethosphäre zusammenhing. Seit vierhundert Jahren leben die Losannier nun so, folglich können sich nicht einmal die Ältesten erinnern, wie es vorher war. Von Kindesbeinen bekommt jeder beigebracht, daß die Ethosphäre kein JEMAND ist, mit dem man sich verständigen könnte, aber alle diese Mühe ist für die Katz, die Leute wissen es besser, und selbst unter Wissenschaftlern machen spiritistische Sitzungen mit ihren hohen Besucherzahlen Furore. Nicht alles darin ist Humbug, die intelligente Umwelt erfüllt ja sämtliche Wünsche (sofern sie nicht schädlich sind) – sie kann also wahrhaftig auch Geister ausschwärmen lassen, wenn jemandem so sehr daran liegt. Die Teilnehmer der Sitzungen betrügen sich freilich selber, wenn sie das Resultat unbewußter Bestellungen für übernatürliche Erscheinungen halten. In den letzten Jahren entstanden auch neue Glaubensrichtungen. Eine Sekte beispielsweise hält Kontakt mit den Seelen längst vergangener Ektogen, die

die Regierung angeblich in aller Stille liquidiert hat, um die Spuren des Fehlschusses der Immortalisation zu tilgen. Die Sektenmitglieder veröffentlichen Gesprächsprotokolle, die voll sind von flehentlichen Bitten um Befreiung aus einem toten Dasein und natürlich von Verwünschungen der Regierung. Es ist schwer zu sagen, ob alles kompletter Unsinn ist, die Gripsosphäre also die Mitglieder dieser Sekte täuscht, indem sie deren Wünsche ex nihilo erfüllt, oder ob sich in ihr tatsächlich Überreste des Geisteslebens jener Ex-Unsterblichen erhalten haben.
Es gibt Fachleute, die das für ausgeschlossen halten, da die Gripsosphäre alle eigenen Operationen speichert, und jeder Ektoge war dadurch, daß er gripsoniert wurde, durch und durch ein Teil von ihr. So hat sich also die sehr absonderliche Situation ergeben, daß zwischen Sein und Nichtsein jenseitiger Gespenster und reuiger Seelen nicht mehr zu unterscheiden ist, wenngleich sich die Experten nicht einig sind, ob es sich in der Tat so verhält. Die vollkommene Imitation der Wahrheit unterscheide sich, so Tiuxtl, nicht mehr von der authentischen Wahrheit, und das gelte für jedes Gebiet. Ich fragte, ob denn niemals jemand öffentlich die Forderung erhoben habe, die Ethosphäre ein für allemal abzuschaffen oder wenigstens für eine gewisse Zeit auszusetzen. Es habe, so bekam ich zur Antwort, einige solcher Stimmen gegeben, aber auch weniger radikale Projekte.
Die Sonne stand inzwischen tiefer, und die Mücken summten stärker, wir stiegen also in den Jeep und machten uns auf die Suche nach einem gemütlicheren Platz fürs Nachtlager. Den wallfahrenden Referenten hatten wir auf den Rücksitz genommen, von wo aus er sich an der Unterhaltung beteiligte. Da aber die Fahrt über den holprigen Boden des sterbenden Waldes ging, wurde er immer wieder auf unsere Rücken geschleudert. Mein Hütling und die um Tiuxtls Hals baumelnde Xandia gaben dann jedesmal ein kurzes, warnendes Fauchen von sich.

Das Fahrzeug schaukelte wie ein Boot auf den Wellen, und Tiuxtl war immer noch bei der Erläuterung des feinen Unterschieds, der zwischen der Beschwörung und der Herstellung von Geistern besteht. Werden die Geister der Toten von jemandem gerufen, der daran glaubt, so akzeptiert die Gripsosphäre diesen Glauben als Order und erfüllt sie. Hält der Besteller Geister für unmöglich, so wird er darin bestätigt, denn die Gripser diagnostizieren natürlich sofort seinen Unglauben. Dennoch darf die Gripsosphäre nicht als JEMAND angesehen werden, eher als Automat, der auf Abruf jedes Buch liefert, obwohl er unfähig ist, es zu lesen. Erkennbar wird das daran, daß die Gripsosphäre dem Verlangen »Mir soll mein Großvater erscheinen!« nachkommt, sofern sie über die Daten dieses Großvaters verfügt. Wollte man sich jedoch direkt an sie wenden, um sie nach ihren Absichten oder Gedanken zu fragen, so wird sie nicht reagieren, denn sie ist nicht JEMAND, der von sich aus über sich reden kann. Zwar sind Forderungen nach einer Personalisierung erhoben worden, aber die Sachverständigen wiesen nach, daß daraus viel mehr Schaden als Nutzen entsteht. Warum das so ist, läßt sich nicht kurz und bündig erklären, dazu ist der Fall zu sehr verstrickt in gewaltigen Paradoxa und logischen Widersprüchen. Die Umgebung hat augenblicklich individuelle Forderungen zu erfüllen – bis an die Grenze, wo das Wohl dritter Personen betroffen ist. Sie selbst ist nicht Person und bleibt daher taub gegen alle Wünsche, die über diese Grenze hinausgehen. Wäre es anders, ließe sich Zoll um Zoll das Schicksal anderer in den Griff bekommen. Die Lage ist insofern abstrus, als die Gripsosphäre, die selbst kein Persönlichkeitsgebilde ist, derlei dennoch hervorbringen kann, sei es auch nur in Gestalt von Phantomen und Geistern.

»Der Gehorsam der Gripser hört dort auf, wo greuliche Paradoxa beginnen, die einem Erdenbewohner nicht einmal dem Namen nach bekannt sein dürften«, meinte Tiuxtl.

»Übrigens haben wir an Reformprojekten nie Mangel gelitten.« Mit gezieltem Schlag erledigte er eine Mücke, die sich auf seine Stirn gesetzt hatte, dann tönte er weiter:
»Eines der ersten war der Plan eines Gleichgewichts zwischen Gut und Böse, also der Isokratie. Die Schüler von Xaimarnox hatten sich das ausgedacht. Nach dem Grundsatz ›Auge um Auge, Zahn um Zahn‹ sollte die Umgebung jedermann Gleiches mit Gleichem vergelten. Jemand liebt seinen Nächsten – gleich wird er auch von den Gripsern gehätschelt. Ein anderer schlägt – sofort hat er selber seine Prügel weg. Alles in genauester Symmetrie, proportional und ausgewogen. Nach dieser Symmetrie hätte jemand sogar einen Mord begehen können, allerdings nur einmal, weil auch er auf der Stelle tot umgefallen wäre. Trotzdem kann sich jeder leicht vorstellen, daß dies geradewegs zur Eskalation des Bösen geführt hätte. Normalerweise reißt sich jemand ein Bein aus, um Gutes zu tun, es verträgt sich mit niemandes Wesen, jemanden durch Güte gleichsam zu vergewaltigen, statt dessen kennt man kein Maß, wenn man jemandem eine Unbill zufügen kann. Durchtriebene Gauner hätten die Ethosphäre am Ende dazu gebracht, sich selbst zu zerfleischen: sie hätte beispielsweise einen schützenden Panzer erst liefern, anschließend aber – zwecks Bestrafung des Mörders – sogleich zertrümmern müssen. Außerdem ist das Schnellgericht eine miserable Rechtsprechung, zumal bei Verbrechen, die im Affekt begangen werden. Eine Gripsosphäre, die das Amt des Henkers ausübt, wäre nicht verlockend gewesen . . .«
Hier mischte sich von hinten der Referent ein.
»Wie steht es aber mit dem Projekt jener drei Theologen? Sie erinnern sich, sie waren Brüder und schlugen vor, aufs Ganze zu gehen. Das war doch eine großartige Vision!«
»Die Theosphäre?« erriet Tiuxtl sogleich. »O ja, es gab diese Idee. Man nannte sie syntheologisch, weil sie eine synthetische Allmacht in den Kosmos schleudern sollte,

um diesen zu pazifizieren. Freilich, der erschaffende Gott, der SYNTHEOS, der einem Planeten entkeimte, um sich nach Aonen aufs ganze Universum auszubreiten! Man braucht aber nur mal zu bedenken, daß unter dem totalen Protektorat jede natürliche Evolution ersterben würde. Die Raubtiere müßten verhungern, weil sie nicht jagen dürften, ihre Opfer würden krepieren, weil sie sich vermehren würden, bis das Futter nicht mehr für alle reichte ... Nein, diese Konzeption hat man fallengelassen.«

Das Gespräch brach ab, als im Dickicht eine dunkle Gestalt sichtbar wurde, von einer schweren Last gebeugt. Unser Fahrzeug hielt an, der Passant, ein hagerer Greis im Bauernkittel, ließ einen Gesteinsbrocken von den Schultern rollen, beschirmte die Augen mit der Hand und musterte uns starr.

»Er trägt eine Kutte«, sagte mit gedämpfter Stimme der Referent. »Wir können ihn nach dem Weg zum Kloster fragen, aber wer weiß, ob er antwortet. Die Ordensregel erlegt ihnen Schweigen auf.«

Tiuxtl entbot dem Mönch einen höflichen Gruß, bekam aber lange keine Antwort. Die Regel ließ dergleichen nur in Ausnahmefällen zu, und nach langer Erwägung kam der Mann offensichtlich zu dem Schluß, daß ein solcher hier vorlag. Er sagte, er sei der Bruder Pförtner, am Morgen habe er den Abzug des Klosters verschlafen, nun spüre er ihm nach, zu doppelter Buße beschwert mit einem Stein. Tiuxtl lud ihn ein, mitzufahren, aber er gab uns nur einen Abschiedsgruß, lud sich den Wackermann auf den Buckel und entschritt ins dürre Gestrüpp.

Rot ging die Sonne unter, als wir endlich eine Lichtung fanden, die, wie meine Gefährten behaupteten, ausreichend vor Wind und Mücken geschützt war, daß sie sich als Lagerplatz eignete. Der Referent setzte sich ins Moos, machte sich an seinem Undort zu schaffen, und vor uns entstand ein kleines weißes Gebäude, einer Porzellanblase gleich. Den nach außen gewölbten Wänden entsprossen

lange Stacheln, es entstand wahrhaftig ein porzellanener Igel, und eine nur halbkreisförmige Öffnung bot einen Zugang. Im Hineingehen blieb ich an einem dieser Stachel mit der Luftmatratze hängen. Sie zerriß, und ich fluchte, aber der Referent ließ aus einem Haufen Reisig sofort eine neue entstehen, noch dazu mit meinem Monogramm. Um die Freundlichkeit vollzumachen, veranlaßte er, daß unsere Unterkunft sämtliche Stacheln einzog.
Wir saßen vor der Schwelle, nahmen einen kleinen Imbiß und plauderten. Über dem Feuer, das wir entfacht hatten, um die Exotik unserer Lage zu potenzieren, wurde die Suppe warm, und ich erfuhr, daß der Referent ein Dichter war. In der Verwaltung war er nur tätig, um Respekt zu genießen – Gedichte nämlich las keiner. Nicht einmal die unübertrefflichsten. Prosa übrigens ebensowenig. Mitglied des Schriftstellerverbandes war der Referent nicht, weil es dort nur Beißereien gebe, vor allem bei den Beerdigungen. Die einen verlangten, daß in jedem Falle der Präsident persönlich die Grabrede halte, die anderen bestanden auf der Proportion der Rangebene: der Vorsitzende des Kollegiengerichts dem Vorsitzenden des Kollegiengerichts, der Stellvertreter des Präsidenten dem Stellvertreter des Präsidenten, und so weiter . . . »An solchem Quark geilen sich die armen Kerle auf«, sagte der Dichter voller Gleichmut und Trauer und starrte ins flackernde Feuer. »Was anderes fällt ihnen nicht mehr ein, seit der Verband alles erreicht hat, was er seit siebenhundert Jahren anmahnte. Es gibt keine materiellen Sorgen, jeder legt selbst die Höhe seiner Auflagen fest, aber was soll das alles, wo sogar Lyriker keinen Gedichtband mehr anfassen wollen . . .«
Nachher kamen wir auf die Erde zu sprechen. Ich war verblüfft, als Tiuxtl, der doch in unseren Sitten und Gebräuchen so beschlagen schien, das Schminken der Lippen mit dem Vampirismus in Verbindung brachte. Das Rot des weiblichen Mundes diene dazu, das mit dem Kuß aufgeso-

gene Blut zu tarnen – die übliche Mimikry der Vampire. Mein Widerspruch brachte ihn nicht im geringsten aus der Fassung. Gefallen wollten die Frauen also wecken? Blutige Lippen seien schön? Blau geränderte Augen unter grünen Lidern auch? Ich werde doch wohl nicht bestreiten, daß dies die Farben der Verwesung seien? Der Gespenster-Look stehe doch dem Vampir vortrefflich!
Ich konnte nur wiederholen, was ich schon einmal gesagt hatte, der Dichter sperrte Nase und Ohren auf, und Tiuxtl feixte höhnisch.
»Hübsch wollen sie also sein, aha! Und die Alten? Die malen sich doch genauso an.«
»Eine Frau bleibt bis zuletzt eine Frau«, erklärte ich voller Nachdruck. »Die Schminke soll das Alter verbergen.«
Tiuxtl ließ sich nicht überzeugen. In allen irdischen Illustrierten fletschen die Weibchen die Zähne. Sie zeigen ihre Klauen. Freilich, die Erotik spielt dabei eine Rolle, aber das ist die Erotik der Nacht, und wann sind die Vampire auf ihren Blutsäufertouren? Bei Nacht!
So ging das eine Weile hin und her, ich war stinksauer, aber dann brachte er ein Argument, dem nicht beizukommen war: Warum malen sich, wenn das alles nur die Schönheit hervorheben soll, die *Männer* nicht an? Das wußte ich natürlich auch nicht und gab, vor Ärger kochend, den Disput verloren. Ich wünschte ihm im stillen seine Vampire auf den Hals und legte mich schlafen. Unser Ferienhäuschen war lichtlos wie eine Gruft.
Keiner von uns hatte den Kurdel bemerkt, den es in diese Gegend verschlagen hatte. Zwar wurde ich von einem Schmatzen und Sabbern geweckt, hatte aber keine Ahnung, daß da eine gewaltige Zunge das Dach beleckte. Nachdem sich das Vieh von der Glätte des Bissens überzeugt hatte, schluckte es das Campinghaus, den Jeep und unsere sonstige Habe auf einmal hinunter, so daß wir nach einer relativ weichen Landung im Magen sogar das fürs

morgendliche Lagerfeuer bereitgelegte Reisig und den Kochkessel vorfanden. Die Suppe freilich war verschüttet.
Nach den Dimensionen des Magens zu schließen, mußte der Kurdel ein gigantischer Einzelgänger sein, der überdies großen Durst hatte, denn man konnte in ihm ertrinken. Ich lernte den Magen mitsamt seinen Nebengelassen recht gründlich kennen, immerhin dauerte unser Aufenthalt über eine Woche. Es war eine Art riesiger, faltig gewölbter, übelriechender Grotte mit Nebenhöhlen und schwärenden Blasen, angefüllt mit einer unglaublichen Menge von schlierigem Fleischbrei, Strauch- und Astwerk, Kraut und Gras. Wracks, Blechzeug und Müll. Dieser Kurdel war nicht anspruchsvoll, er fraß, was ihm vors Maul kam. In der Hoffnung, er werde uns ausspeien, suchte ich meine Gefährten zu überreden, ihn am Gaumen zu kitzeln, aber sie zuckten nur die Achseln.
In der Tat, wie sollten wir die Speiseröhre hinaufkommen, die hoch über unseren Köpfen im Licht unserer Handlampen gähnte wie ein schwarzer Trichter? Der Kurdel hatte durch uns den Schluckauf bekommen, das reine Erdbeben. Endlich fand er eine Tränke und ließ reißende Ströme in unsere düstere Höhle schießen. Der Jeep ging sofort auf Grund, während sich unser weißes Häuschen wacker wie ein Rettungsboot auf den Wellen hielt. Tiuxtl und der dichtende Referent bewogen mich zur Geduld, als ich etwas unternehmen wollte – ohne allerdings zu wissen, was. Der Schluckauf ging vorüber, wir blickten aus dem Fenster auf einen schwarzen See, dessen Oberfläche sich kräuselte. Ich streckte den Kopf hinaus und verspürte einen starken Luftzug. Auch darüber waren meine Gefährten nicht erstaunt. »Das ist doch klar, hörst du ihn denn nicht rülpsen?« fragte mich Tiuxtl. Tatsächlich ließ sich immer wieder das von schlechter Luft verursachte Röhren vernehmen. Nach einer Stunde war das Wasser gefallen, der See zeigte seinen morastigen Grund. Die erste Person, die wir antrafen, war der

Mönch, mit dem wir flüchtig Bekanntschaft geschlossen hatten. Er war so in die Buße versunken, daß er sich nicht einmal von dem Stein getrennt hatte, der ihn doch hätte ertränken können. Weder ihm noch meinen Begleitern bereitete unsere Lage auch nur die geringste Sorge. Der Dichter, der ja direkt an der Grenze wohnte, zudem die Zahl der gesetzlich vorgeschriebenen Exkursionen übererfüllte und es solchermaßen bereits auf sieben Schluckungen gebracht hatte, erklärte, die Gurgel sei erst zu erreichen, wenn das Vieh sich zur Ruhe niederlasse, aber auch das lohne nicht der Mühe, da die Speiseröhre zu eng sei und alles Kitzeln ohnehin nichts helfe gegen den bleiernen Schlaf alter Kurdel.

Ich wollte den Ordensbruder nach Clivia ausfragen, aber Tiuxtl redete mir dieses Vorhaben aus: Auf die Mitteilungen eines simplen Pförtners sei keinerlei Verlaß. »Nur Geduld«, meinte er, »der Kurdel folgt bestimmt der Fährte des Klosters, und da die Mönche sich keiner Gewalt widersetzen dürfen, wird sich bald mancher von ihnen unter uns befinden. Bei einem Quentchen Glück kann sich der Verschluckte sogar als Bibliothekar erweisen!«

Ich kann nicht behaupten, daß er mich überzeugte, ich hatte eher den Eindruck, daß er die entstandene Lage genoß: Offenbar rüstete er sich für einen Erkundungsgang, denn er erbat sich von dem Dichter den Undort und fertigte aus dem Speisebrei des Kurdels einen Grubenhelm mit Lampe, eine Strickleiter und einen wasserdichten Overall. Auf meine Bitte produzierte er auch für mich eine solche Ausrüstung.

Mittlerweile kamen aus der unflatverstänkerten Düsternis wieder einmal ausgemergelte, abgerissene Gestalten, die in den Händen Kübel und auf den Schultern Besen trugen. Ich hatte schon herausgefunden, daß sie regelmäßig erschienen, um den Magenraum von den Spuren der Mahlzeiten (des Kurdels, nicht unserer!) zu säubern, einigermaßen wenig-

stens, denn ich habe nie jemanden lässiger und schludriger arbeiten sehen als diese sogenannten Reinigungskräfte. Sie bewegten sich völlig planlos. Einer, der geradezu geschwätzig war – andere nämlich, sprach man sie an, wollten keinen Ton von sich geben –, erzählte mir, sie hätten auch Hochleistungsbesen, benutzten sie aber nicht: Erstens, weil sie kaputtgingen und dadurch die Prämie im Eimer sei, und zweitens, weil sie IHM schaden könnten. Am meisten erstaunte mich die Apathie dieser Figuren. Gleichgültig gingen sie an uns und unseren Geräten vorüber, vermieden allerdings das Licht der Scheinwerfer. Wie Mondsüchtige stiegen sie durch die Gegend. Sooft wir aber Byrrbitschi zu Mittag hatten, standen mindestens fünf draußen vor dem offenen Bullauge und sogen gierig den Geruch ein. Um nichts in der Welt wollten sie hereinkommen, und allein jener Schwatzhafte gestand, daß sie sich mit Fremden nicht einlassen dürften und daher so täten, als wären wir gar nicht da. Offenbar war er über seine Offenherzigkeit selber erschrocken, denn ich bekam ihn nie wieder zu Gesicht.
Die Gewohnheiten des Kurdels waren mir anfangs natürlich fremd, aber bald kriegte ich spitz, daß man morgens und nachmittags am besten einen hochgelegenen Ort aufsuchte oder sich im Häuschen barg, denn das Ungetüm fraß zwar nicht viel, begann aber um jene Tageszeiten so unvermittelt und selbstvergessen zu saufen, daß der reine Niagara auf uns genau von dort herniederbrach, wo wir sonst die im Zenit stehende Sonne wußten. Der Kurdel schluckte dabei auch Luft, sein Magen dehnte sich auf das doppelte Volumen, und der gewaltige Stau löste sich in einem Rülpsen, das durch die Eingeweide fegte wie ein Orkan durch die Schründe und Klüfte eines Hochgebirges.
Der Referent schenkte den Manschen keine Beachtung, Tiuxtl jedoch schnappte sich einmal zwei Einheimische und drückte sie gegen die Magenwand, bis sie zugaben, hohe Funktionäre zu sein: der Gallier und der Magier. Tiuxtl ließ

sie laufen und meinte, sie lögen wie gedruckt und wollten sich nur den Glanz ergattern, der die Planstellen in lebenswichtigen Organen umflittert. Es bedeutet im Kurdel viel, wenn einer sagen kann, er sei von den Organen!

Tiuxtl hielt das Tier, das uns zur Zeit Unterkunft bot, ohnehin für ein Exemplar, das aus dem letzten Loch pfiff und nur noch auf den Gebeinen war, um sie auf dem Saurierfriedhof zur letzten Ruhe zu betten. Ein altes Vieh, längst abgehalftert und aus dem Verkehr gezogen, aber wie das bei den Manschen so geht, sind sie aus Wohnungsmangel darin sitzengeblieben, als letzte gehen die Reinigungskräfte von Ort, was aber nicht heißt, daß sie den Kurdel gereinigt hinterlassen. Dazu haben sie keine Lust. Eimer und Besen tragen sie natürlich, sonst wäre ja nicht zu sehen, daß sie berufstätig sind. Alle miteinander markieren sie nur den geschäftigen Werktätigen: Ohne Preis kein Fleiß!

Am ersten Tag hatte ich das Mittagessen ausgelassen. Der dichtende Referent suchte mich zwar mit der Karte der Speisen zu locken, die der Undort servieren konnte, aber die Vorstellung, woraus die Zubereitung erfolgte, verschlug mir den Appetit. Ich wollte schnellstens an die frische Luft und wunderte mich immer mehr, daß meine Gefährten sich solch eine Gefangenschaft gefallen ließen. Was heißt gefallen, die aalten sich geradezu darin! Was genossen sie denn so daran? Etwa die sorgsam verhohlene Genugtuung, daß es hier keinen einzigen Gripser gab? Sie lachten zwar, als ich geradezu danach fragte, aber in diesem Gelächter schien mir doch ein wenig Verlegenheit mitzuschwingen.

Anderntags, als Tiuxtl nach dem Frühstück (ich aß inzwischen mit, was blieb mir anderes übrig) den Plattenspieler laufen ließ, ich aber keine Lust hatte, Musik zu hören und auf der faulen Haut zu sitzen, probierte ich an der Steilwand unter dem Einlaß zunächst eine Klettertour. Da es dort jedoch gefährlich schlüpfrig war und auch keine Rede davon sein konnte, Haken einzuschlagen, kroch ich in den Taucheranzug und ging auf einen Trip zum Zwölffingerdarm. Bis zum Pförtner leistete mir der Referent Gesellschaft, er zeigte mir sogar, wo ich den Sphincter pylori streicheln mußte, damit er sich entspannte und mir Durchlaß bot, weiter aber wollte er mich nicht begleiten. Er trug eine dicke Kladde und einen Stift bei sich, wahrscheinlich stand er unter dem Einfluß von Eingebungen und suchte die Einsamkeit. Hinter dem Magenausgang war es sogar ziemlich geräumig, ich konnte kräftig ausschreiten, bis ich an dem von der Galle mündenden Gang in einer Wand ein Schuhpaar erblickte. Ich nahm es wahr, ohne es recht zur Kenntnis zu nehmen, und setzte meinen Weg fort, in Überlegungen versunken, was von meinen Losanniern zu halten sei, da sie die Manschen scheinbar so verachteten, dennoch mit ihnen in diesen Kloaken sitzen wollten und es überhaupt nicht eilig hatten, die Freiheit wiederzugewinnen. Der Geschmack des Exotischen? Einer primitiven Lebensform? Ein Anhänger Sigmund Freuds hätte dazu wohl erklärt, den Entianern bedeute der Aufenthalt im Kurdel gewissermaßen die Rückkehr in den Mutterschoß, sicherlich wäre er mit allen seinen Symbolen auf mich losgefahren, aber ich hätte ihn abblitzen lassen, denn die Leute dort haben gar keinen Schoß. War die Sache es übrigens wert, sich mit einem eingebildeten Freud-Jünger auf einen eingebildeten Zank einzulassen? Dennoch, es mußte hier ein Rätsel geben, und auf einmal drangen mir die in der Wand steckenden Schuhe ins Bewußtsein. Ich richtete meine Handlampe nach der Stelle und sah, daß sie sich bewegten. Wenigstens dieses Rätsel konnte ich unverzüglich zu lösen versuchen. Nur die geriffelten Gummisohlen und die ein bißchen schiefgetretenen Absätze waren zu sehen. Ich zog erst an dem einen, dann an dem anderen, und aus der Wand löste sich, rückwärts kriechend wie ein Krebs, ein großer, hagerer Entianer. Er trug einen Taucheranzug wie ich, war

auch gar nicht überrascht von meiner Anwesenheit und stellte sich vor als Professor Xouder Xaater, Leiter des Lehrstuhls für Kurdelanatomie in Ixibrix, zur Zeit im Feldbau tätig. Ohne sich zu erkundigen, wer ich denn sei, erklärte er mir die Topografie des Darmabschnitts, in dem wir uns befanden. Besonders enthusiastisch sprach er vom Diverticulum duodeno-jejunale Xaateri. Jawohl, diese Stelle trug seinen Namen, denn er hatte die Thesen der Schule von Xeps, wonach dieses Diverticulum niemals ein Verrucinosum gewesen sei, als irrig widerlegt.
Der Professor war dem Kurdel schon mehrere Tage über den Weg gelaufen, aber das stumpfsinnige Vieh hatte ihn nicht schlucken wollen, nicht einmal, als er sich ihm leicht gesalzen vors Maul legte. Diese Geschichte erinnerte mich peinlich an den Lunaparkmond, den ich für den eigentlichen Planeten gehalten hatte und wo ich auf die angebliche Kurdeljagd hereingefallen war.
Mit einem gewissen Widerstreben verließ der Professor die Gallengänge und kehrte mit mir in den Magen zurück. Wenn er glaubte, ich achte nicht darauf, musterte er verstohlen meine Beine, wandte den Blick aber sogleich wieder ab. Nachher zeigte sich, daß er bei mir ein angeborenes Gebrechen vermutet hatte. Als Anatom diagnostizierte er eine Deformitatis congenitae articulationum genu, eine recht seltene, aber verhängnisvolle Invalidität, die das Leben und zumal das Gehen ungemein beeinträchtigt, das für die Entia-Bewohner normale Sitzen hingegen ganz und gar unmöglich macht. Als guterzogene Person tat der Professor, als nehme er es nicht zur Kenntnis, und es gab großes Gelächter, als er herausfand, daß er an einen Menschen geraten war. Ich hatte versäumt, ihm das zu sagen, aber er bemerkte es selbst, als wir beide die Sauerstoffmasken abnahmen. Das geschah bereits jenseits des Pförtners, und von oben regnete es ganze Büsche und Erdklumpen auf uns herab. Der alte Kurdel war entsetzlich gefräßig, und der

Professor trieb zur Eile, denn überall regten sich plötzlich Bäche von Magensaft, aber dabei würde es nicht bleiben, solche Speise verursacht Sodbrennen und damit auch Durst. Als es dann tatsächlich wie aus Zubern goß, hatten wir glücklich die schützende Unterkunft erreicht, ohne auch nur einen Tropfen abzukriegen. Meine Gefährten begrüßten den Professor sehr höflich und luden ihn zur Byrrbitschi ein, die bereits im Kessel dampfte. Der Undort hätte die herrlichsten Leckereien servieren können, aber sie zogen merkwürdigerweise diese Jauche vor, die den Raum mit einem Geruch erfüllte, den ich überhaupt nicht attraktiv nennen kann.

Wir saßen im Kreise, tranken die Suppe aus Tassen und unterhielten uns. Der Professor ergötzte uns mit der Geschichte, wie er ein Jahr zuvor in einem Strudelloch beim sogenannten Hügelgrab des Vorsitzenden das im Schlamm versunkene Skelett eines gewaltigen Kurdels und in diesem wiederum vierzig Manschengerippe gefunden hatte. Damit trug er den Triumph über die Archäologen davon, die unter der Führung eines anderen Anatomen, des Dozenten Xipsiquax (oder so ähnlich), behauptet hatten, ein Kurdel könne nicht unter Wasser leben. Von Natur her könne er das freilich nicht, lasse sich aber zum Unterseeboot dressieren. Unser Anatom bewies es mit einem handfesten Beweis: einem Periskop, das bei dem Skelett gefunden worden war. Der Dozent kam zwei Tage zu spät, und als er mit seiner Taucherglocke erschien, bleichten die Knochen bereits an der Sonne und unter den sachkundigen Händen der Präparatoren. An das Periskop jedoch hatte der Professor ein Transparent geheftet mit dem hämischen Spruch: CITO VENIENTIBUS OSSA!

Diese Gelehrten haben vielleicht Sorgen, dachte ich und schlürfte meine Byrrbitschi, wie ich es als kleiner Junge mit dem Rizinus gemacht hatte: Ich verstopfte nach jedem Schluck mit dem weichen Gaumen die Kehle. Ich trank, weil ich mich nicht von den anderen ausschließen wollte. Auch der Ordensbruder saß bei uns, nicht auf einer Luftmatratze, sondern auf seinem Stein. Er hatte sich erweichen lassen, ihn endlich abzulegen. Da ich ein Mensch war, hielt er es für zulässig, das Schweigegebot zu brechen, und so kam ein Gespräch zustande, in dem er sich als viel beschlagener erwies, als Tiuxtl ihm zugebilligt hatte. Seinen Namen kann ich nicht aussprechen, er klang anders als alle Namen in Losannien, heiser und stimmlos. Das gilt für alle Mönche, denn das Noviziat im Orden beginnt damit, daß sich jeder aus den erhalten gebliebenen Chroniken einen clivianischen Namen aussucht. Von da an ist jeder Mönch zugleich er selbst und jener Clivianer.

Ich erwartete sensationelle Offenbarungen – vielleicht bekannten sie sich zur Seelenwanderung, und aus ihnen sprachen die toten Clivianer, oder sie lasen bei ihren Mysterien aus den überkommenen Dokumenten schreckliche Beschwörungen des Ka-Undrium, wobei ihr Glaube aufs Spiel gesetzt, gerade in dieser Gefahr aber die Büßermission offenbar wird, die die frommen Mönche, werden sie massenweise von ihr ergriffen, in eine Organisation von Rächern zu verwandeln vermag? Der Bruder Pförtner kühlte meine entzündete Phantasie mit der Erklärung ab, er wisse von dem Clivianer, dessen Namen er angenommen habe, ebensowenig wie von allen anderen Clivianern, er wisse nur das eine, daß sie nicht an Gott geglaubt hätten und also die Mönche nun *für sie* glaubten.

»Was denn«, sagte ich, herb enttäuscht, »ihr habt eure Chroniken und versucht nicht mal, sie zu studieren?«

Dem Mönch war es von der Byrrbitschi offenbar warm geworden, denn er streifte die Kapuze vom Kopf, sah mich mit strahlenförmig befiederten Augen an und sprach:

»Doch, ich habe diese Schriften gelesen. Bei uns kann jeder lesen, was er will. Es fehlt unter unseren Novizen auch nicht an Klerikern, die nicht der Buße oder des Glaubens wegen in den Orden eingetreten sind, sondern in der Hoffnung, in den Clivianern die geronnene Essenz des schwärzesten Bösen zu finden. Diese Leute gehen schnell wieder von uns. Du bist erstaunt, Fremdling? Wir lesen diese Chroniken, um das Clivianische zu lernen, denn sonst steht nichts weiter darin . . .«

»Was heißt: nichts weiter?« fragte ich bedächtig. Mir kam der Verdacht, er wolle die Wahrheit verbergen.

»Nichts außer Phrasen. Hohles Propagandagetön. Dem Leser werden Gemeinplätze in die Augen gestreut. Du wunderst dich? Hast du denn jemals von einer Obrigkeit gehört, die nicht mit Glücksverheißungen um sich wirft, sondern Verzweiflung, Zähneknirschen, die eigene Niedertracht und moralische Verderbtheit prophezeit? Keine wird so etwas tun. Ist es bei euch anders?«

»Reden wir jetzt nicht von uns«, wehrte ich rasch ab. »Was war denn aber jenes Ka-Undrium? Weißt du das? Darfst du es sagen?«

Er zuckte die Achseln.

»Immer das gleiche. Ka-Undrium heißt wörtlich übersetzt Sphäre des Heils.«

Mir verschlug es die Sprache.

»Das gibt's doch nicht! Wieso denn? Sie wollten das gleiche tun wie ihr?«

»Ja.«

»Wie konnte es dann überhaupt zum Kriege kommen?«

»Das war kein Krieg, sondern der unbemannte Zusammenstoß zweier Ideen.«

»Anix sagte mir, die Gripser seien als Waffe entstanden . . .«

»Du wirst ihn falsch verstanden haben. Sie sind nicht als Waffen entstanden. Sie wurden zur Waffe, als sie auf etwas trafen, was so ausgerichtet war wie sie.«

Ich bemerkte, wie er unter dem starren Blick der anderen mühsam die Worte wählte, und sah die Szene auf einmal ganz so, als stünde ich daneben und hockte nicht mitten darinnen: Ein Mensch, unbequem im Schneidersitz, mitten unter Geschöpfen, die sich breit auf ihre eigenen Füße lagerten, die Knie hoch nach hinten gereckt, Vogelkörper mit Quappenköpfen.

»Es trafen zwei Intentionen des Guten aufeinander«, sagte schließlich der Mönch. »Sie unterschieden sich in dem, was der edle Tiuxtl ihr Programm nennen würde, aber auch darin nicht allzusehr. Im Grunde gerieten sie aneinander, weil sie zwei Projekte der Perfektion waren. Wenn zwei Kirchen Eines Gottes gegeneinander antreten, wenn jede zu IHM steht, aber dabei eine Ausschließlichkeit begehrt, die sich auf keinerlei Zugeständnisse einläßt, so können sie handgemein werden, ohne es gewollt zu haben. Ist das nicht schon vorgekommen in der Geschichte? Wenn aber sogar die Hingabe an die Allerhöchste Güte Verderben stiften kann, um wieviel gewisser bewirkt es dann ein diesseitiger, weltlicher Glaube, dem Schwärme bedenkenloser Vollstrecker anhängen? Die beiden Entwürfe einer glücklichen Gottlosigkeit flogen aufeinander los und trafen sich, da der eine als der funktionstüchtigere die größere Durchschlagskraft besaß, nicht ganz in der Mitte. Wäre es den Clivianern besser ergangen, so säßest du jetzt nicht hier, sondern im Kreise schwarzer Gesichter auf dem Südzipfel ihres gebirgigen Landes, und du erführest vom Untergang des geheimnisvollen Ungeheuers der nördlichen Taraxis, die unter dem Gletscherkreis Losanniens begraben sei. Allerdings fändest du dann keinen einzigen Geistlichen mehr, denn wie ich schon sagte, hatten die Clivianer Gott verworfen. Dadurch würde es dir schwerfallen, dort einem Büßermönch zu begegnen . . .«

»Sie haben also wirklich das Gute gewollt?«

Ich konnte mich mit diesem Gedanken nicht anfreunden.

»Wahrscheinlich nicht weniger noch mehr als die Gründerväter bei uns. Aber nun wird es für mich Zeit. Leben Sie wohl, meine Herren.«

Der Mönch stand auf, lud sich seinen Steinklotz auf den Buckel und schritt, unter der Last gebeugt, hinweg.
Sofort knöpfte ich mir Tiuxtl vor, um zu erfahren, ob ihm bekannt gewesen sei, was der Mönch über Clivia erzählt hatte.
Tiuxtl bestritt nichts, blieb jedoch dabei, daß es sich anders verhalten habe. »Die Clivianer hatten autoritäre Ideale, ihre Beatosphäre sollte nicht durch Gripser entstehen, sondern durch molekulare Mikroboter, sogenannte Pygmen, die in der Vollkommenheit hinter den Gripsern zurückblieben, diese aber an Brutalität übertrafen.« Er begann mit Fachausdrücken um sich zu werfen, ich sah, daß er seine Sache verteidigte, weil er an sie glaubte, aber ich gab es auf, ihm zuzuhören.
Spät war es ohnehin geworden, die beiden anderen standen auf, um das Nachtlager zu bereiten. Tiuxtl verstummte, zögernd erhob auch er sich. Ich war umringt von Scheuchengesichtern, bezogen von dichtem, samtenem Flaum, mit Augen, fast so weit auseinanderstehend wie die Nasenlöcher, in denen beim Atmen winzige Federn zitterten. Vorm Zubettgehen nahm ich das Dolmetschgerät aus dem Ohr, und sogleich verloren sich die bisher verständlichen Stimmen in eine Salve rascher Triller. Der Dichter sah mich mit tiefen Eulenaugen an und sagte etwas dazu. Ich erriet, was er meinte, denn er wies mir meine Schlafstätte an. Bald kam die Nacht, alle lagen, wie ich an den regelmäßigen Atemzügen erkannte, in festem Schlaf.
Ich selbst verspürte keinerlei Müdigkeit. Prima, daß sie wenigstens nicht schnarchen, dachte ich. Schnarchen nämlich kann ich nicht vertragen. Freilich, ich bin ja unter Entianern, die vielleicht gar nicht schnarchen können! Hat schon mal jemand einen Sperling oder einen Pinguin schnarchen hören? Mir drehte sich der Kopf. Wozu hatte ich mir die Mühe dieser Sternenreise aufgeladen? Um mit einem Schwarm ehemaliger Vögel im kerkerschwarzen

Wanst eines halbverreckten Sauriers zu stecken? Wer war ich denn? Ich, der diplomatische Halbkurier Ijon Tichy, ein ehemaliger Affe. Ich persönlich bin nie ein Affe gewesen, ebensowenig wie einer von diesen Leuten hier jemals ein Vogel war. Woher kommt es nur, daß sich die Zoologie so an den Stammbaum klammert?

Mußte ich wirklich so idiotisch von wichtigen, großen Dingen denken? Fast verzweifelt grübelte ich darüber nach. Hatte ich das Rätsel von Clivia Nigra erkundet? Wahrscheinlich ja, nur daß da keinerlei schwarzes und fremdes Geheimnis waltete, sondern etwas überaus Vertrautes.

Ein Schnaufen erhob sich und ging in starkes Schnarchen über, ich suchte es in mehrfach erprobter Weise durch ein scharfes Zischen zu unterbinden, hatte aber keinen Erfolg. Ich sah schon eine schlaflose Nacht auf mich zukommen und richtete mich besorgt auf. Das Schnarchen steigerte sich zu wildem Gurgeln und drang von allen Seiten auf mich ein. Meine Gefährten waren unschuldig, der Kurdel war bei der Verdauungsarbeit. Es geht ihm im Bauche rum, dachte ich und war beruhigt. Der Schlaf wollte dennoch nicht kommen. Ich wälzte mich von einer Seite auf die andere, und wie die Perlen eines Rosenkranzes ließ ich alle früheren Reisen an mir vorüberziehen. So viele waren es schon gewesen. So manche hatte sich als Traum erwiesen. Ich erinnerte mich an das Erwachen nach dem Futurologischen Kongreß, und plötzlich kam mir der Gedanke, ich könnte ja auch jetzt nur träumen: die Schlaflosigkeit setzt einem nirgends so nachdrücklich zu, als wenn man im Schlafe liegt, denn man kann ja nicht einschlafen, wenn man schon schläft. In solch einer Lage fällt es leichter, wach zu werden. Führe ich jetzt aus dem Schlaf, ersparte ich mir einen Haufen überflüssiger Strapazen. Das wäre wahrhaftig eine achtbare Überraschung. Ich sammelte also alle meine Kräfte für die geistige Auseinandersetzung mit den Banden, in die man vom Traum so fest geschlagen ist, ich wollte ihn zerreißen und von mir werfen wie ein finsteres Gespinst. Ich zwang mich zur äußersten Anstrengung, aber es half nichts. Ich wachte nicht auf. Es gab nur diese eine Wirklichkeit.

Übersetzt von Hubert Schumann

DAS MÄRCHEN VOM KÖNIG MURDAS

Nach dem guten König Helixander bestieg sein Sohn Murdas den Thron. Alle härmten sich darob, denn jener war ehrsüchtig und schreckhaft. Er hatte beschlossen, sich den Beinamen »der Große« zu verdienen, und fürchtete sich dabei vor Zugluft, Geistern, Wachs, da man auf gewachstem Parkett ein Bein brechen kann, Verwandten, denn die stören beim Regieren, am meisten aber vor Weissagungen. Als er gekrönt war, befahl er sogleich, im ganzen Reiche die Türen zu schließen und die Fenster nicht zu öffnen, alle Orakelkästen zu vernichten – und dem Erfinder einer Maschine, die Geister entfernte, gab er einen Orden und eine Rente. Tatsächlich war die Maschine gut, denn einen Geist bekam er nie zu Gesicht. Auch ging er nicht in den Garten aus, damit ihm nichts in die Glieder fahren konnte, und erging sich nur im Schlosse, welches sehr groß war. Einmal, beim Wandern durch Gänge und Zimmerfluchten, geriet er in einen alten Palastteil, in den er noch nie hineingeguckt hatte. Als erstes entdeckte er die Halle, wo seines Ururgroßvaters Leibgarde stand, ganz und gar zum Aufziehen, noch aus den Zeiten, da man die Elektrizität nicht gekannt hatte. In der zweiten Halle erblickte er Dampfritter, auch sie verrostet, aber für ihn war das nichts Interessantes, und er wollte schon umkehren, da gewahrte er ein kleines Pförtchen mit der Aufschrift »Nicht eintreten!« Eine dicke Staubschicht bedeckte es, und er hätte es nicht einmal angerührt, wäre da nicht diese Aufschrift gewesen. Sie brachte ihn sehr auf. Wie das – ihm, dem König, erfrechen sie sich, etwas zu verbieten? Nicht ohne Mühe öffnete er die knarrende Tür, und über ein Wendeltreppchen gelangte er in einen verlassenen Wachtturm. Dort stand ein sehr alter Kupferkasten mit Rubinäuglein, einem Schlüsselchen und einer Klappe. Der König begriff, daß dies ein Orakelkasten war, und erzürnte neuerlich, daß wider seinen Befehl der Kasten im Palast belassen worden war – bis dem König mit eins in den Sinn kam, einmal lasse sich doch wohl ausprobieren, wie das ist, wenn der Kasten orakelt. Also näherte er sich auf Zehenspitzen, drehte das Schlüsselchen um – und als nichts geschah, klopfte er auf die Klappe. Der Kasten seufzte schnarrend auf, der Mechanismus knirschte und richtete ein Rubinäuglein auf den König, wie schielend. Dies mahnte ihn an den scheelen Blick seines Vaterbruders, des Oheims Cenander, der einst sein Lehrmeister gewesen war. Der König dachte, gewiß habe eben der Oheim diesen Kasten aufstellen lassen, ihm zum Ärgernis, denn warum sollte das Ding sonst schielen? Dem König wurde seltsam zumute, der Kasten aber spielte stotternd ganz langsam eine düstere Klimpermelodie, so, als klopfte jemand mit der Schaufel ein eisernes Grabmal ab, und aus dem Klappenschlitz fiel ein schwarzes Kärtchen mit knöcherig gelben Schriftzeilen. Der König erschrak tüchtig, doch konnte er die Neugier nicht mehr bezähmen. Er riß das Kärtchen an sich und lief in seine Gemächer. Als er allein blieb, zog er es aus der Tasche. »Ich schaue, aber sicherheitshalber nur mit einem Auge« – entschied er und tat dies. Auf dem Kärtchen stand geschrieben:

Das Stündchen schlug im stillen – vertilgen sich Familien.
Der Bruder macht Geknister – Geschwister – erschießt er.
Im Kochtopf schlägt's Blasen – bald gar sind die Basen.
Grippe rafft die Sippe – Henker schwingt die Hippe.
Um die Ecken Vettern – Nichten, Muhmen, Schwiegern
Werden schon zu Kriegern – das gibt großes Zetern.
Kommt der Oheim – samt der Ahne – zahl's ihm *so* heim –
wie ich mahne:

Links mußt treffen, rechts zerschmettern, links die Neffen,
rechts die Vettern.
Sipp' und Magen an den Kragen, Kind und Kegel
untern Schlägel.
Fiel der Schwager, plumps, da lag er, fiel der Eidam,
lagen zwei dann, fiel der Stiefsohn, schläft er tief schon.
Henk den Onkel, henk die Tant, henk den Enkel, wie geplant.
Denn Verwandtschaft – bleibt nicht standhaft – bis man sie
sich von der Hand schafft.
Das Stündchen schlug im stillen – Reptilien sind Familien:
Wen sie nur erblicken, wollen sie ersticken.
Drum begrab sie wirklich – überall verbirg dich,
Beiseite schlag zur Zeit dich – sonst wirst im Traum beseitigt.

So sehr schreckte sich König Murdas, daß ihm schier schwarz vor den Augen wurde. Er war untröstlich über den Leichtsinn, der ihn den Orakelkasten hatte aufziehen lassen. Zur Reue war es jedoch zu spät, der König sah, daß er handeln mußte, damit es nicht zum Ärgsten kam. Am Sinn der Prophezeiung zweifelte er kein bißchen: wie er schon längst argwöhnte, bedrohten ihn die nächsten Verwandten. Um die Wahrheit zu sagen, es ist nicht bekannt, ob sich alles genauso abgespielt hat, wie wir es erzählen. Jedenfalls kam es danach zu traurigen und sogar gräßlichen Vorfällen. Der König ließ die ganze Familie köpfen, einzig und allein der Oheim Cenander floh im letzten Augenblick, als Pianola verkleidet. Das half ihm nichts, im Nu wurde er gefaßt und ließ unterm Beil seinen Kopf. Diesmal konnte Murdas mit reinem Gewissen das Urteil unterschreiben, war doch der Oheim geschnappt worden, als er eben daranging, sich gegen den Monarchen zu verschwören.

So jäh verwaist, legte der König Trauer an. Ihm war schon leichter ums Herz, wenn auch weh, denn im Grunde war er weder böse noch grausam. Nicht lange währte die heitere Königstrauer, es fiel Murdas nämlich ein, daß er vielleicht irgendwelche Verwandte hatte, von denen er nichts wußte. Jeder der Untertanen konnte um viele Ecken herum irgendein Vetter von ihm sein, eine Zeitlang köpfte er also den einen oder anderen, aber das beruhigte ihn überhaupt nicht, weil man doch ohne Untertanen nicht König sein kann, und wie sollte man da alle ausrotten? So argwöhnisch wurde er, daß er sich am Thron festnieten ließ, um durch niemanden davon hinabgestürzt zu werden, mit gepanzerter Nachtmütze schlief und immerfort nur nachdachte, was zu beginnen sei. Schließlich tat er etwas Ungewöhnliches, etwas so Ungewöhnliches, daß er wohl nicht selbst darauf verfallen war. Angeblich hat ihm das ein Wanderhändler eingeflüstert, als Weiser verkleidet, oder auch ein Weiser, verkleidet als Wanderhändler – verschieden wurde darüber geredet. Das Gerede geht, die Schloßdienerschaft habe eine verlarvte Gestalt gesehen, die der König nachts in seine Gemächer einzulassen pflegte. Wie dem auch sei, eines Tages lud Murdas alle Hofbauleute, Mechaniter-Großmeister, Erzblechsessen und Leibhämmerer vor und tat ihnen kund, daß sie seine Person zu vergrößen hätten, und zwar so, daß diese alle Horizonte überschreite. Diese Befehle wurden mit erstaunlicher Geschwindigkeit ausgeführt, denn zum Direktor des Planungsbüros ernannte der König einen verdienten Henker. Kolonnen von Elektrikanten und Bauleuten fingen an, Drähte und Spulen ins Schloß zu tragen, und als der ausgebaute König mit seiner Person das ganze Schloß füllte, so daß er zugleich an der Hauptfront, in den Kellern und im Anbau war, da kamen die nächstgelegenen Anwesen an die Reihe. Nach zwei Jahren erstreckte sich Murdas über die Innenstadt. Nicht genügend stattliche und daher der Besiedelung durch monarchisches Denken unwürdige Häuser wurden dem Erdboden gleichgemacht, und an ihrer Stelle wurden Elektronenpaläste errichtet, die Murdasverstärker hießen. Der König wucherte langsam, doch unablässig, vielstöckig, genau zusammengeschaltet,

durch personalistische Unterstationen gesteigert, bis er zur ganzen Hauptstadt geworden war und an ihren Grenzen nicht haltmachte. Seine Laune besserte sich. Verwandte gab es nicht, Öl und Durchzug fürchtete er nicht mehr, denn er brauchte keinen Schritt zu gehen, da er überall zugleich war. »Der Staat bin ich« – sagte er nicht ohne Berechtigung, denn außer ihm, der mit gereihten Elektrobauten die Plätze und Alleen bevölkerte, wohnte ja niemand mehr in der Hauptstadt – außer natürlich den königlichen Abstaubern und Leibstaubwedlern; sie wachten über das königliche Denken, das von Bauwerk zu Bauwerk strömte. So kreiste durch die ganze Stadt meilenweise die Zufriedenheit des Königs Murdas, daß es ihm gelungen war, zeitliche und wörtliche Größe zu erlangen und obendrein sich überall zu verbergen, wie das Orakel empfahl, denn er war ja allgegenwärtig im ganzen Reiche. Besonders malerisch bot sich dies um die Dämmerung dar, wenn der Königsriese, vom Widerschein umstrahlt, lichtvoll-gedankenvoll blinkerte und dann langsam erlosch, in verdienten Schlaf sinkend. Aber diese Selbstvergessenheits-Finsternis der ersten Nachtstunden wich dann schweifendem, bald hier bald dort auflodemdem Geflacker unstet flitzender Lichtfackeln: die monarchischen Träume begannen hervorzuschwärmen. Als reißende Lawinen von Gesichten durchströmten sie die Bauwerke, bis deren Fenster aus dem Dunkel aufflammten und ganze Straßen abwechselnd rotes und violettes Licht einander entgegenfunkelten, indes die Leibabstauber, leere Bürgersteige abschreitend, den Qualm von den heißgelaufenen Kabeln Seiner Majestät riechend und heimlich in die blitzdurchzuckten Fenster spähend, leise einander sagten:
»Oho! Sicher quält den Murdas irgendein Alptraum – wenn das nur nicht wir ausbaden müssen!«
Einmal, in der Nacht nach einem besonders arbeitsreichen Tag – der König hatte nämlich neue Arten von Orden

entworfen, die er sich zu verleihen gedachte –, da träumte es ihm, wie sich sein Oheim Cenander in die Hauptstadt stahl, die Finsternis nutzend, von einem schwarzen Mantel umhüllt, und durch die Straßen kreiste auf der Suche nach Helfershelfern, um eine scheußliche Verschwörung anzuzetteln. Aus den Kellern schlüpften Kolonnen von Verlarvten, und es waren ihrer so viele, und solche Königsmordgier äußerten sie, daß Murdas erbebte und vor großem Schrecken aufwachte. Schon nahte der Tag, und die liebe Sonne vergoldete weiße Wölkchen am Himmel, also sagte sich Murdas »Träume sind Schäume« und machte sich an weiteres Planen von Orden, diejenigen aber, welche er tags zuvor erdacht hatte, wurden ihm an die Terrassen und Balkons gehängt. Als er sich aber nach ganztägiger Mühsal wieder zur Ruhe legte, da, kaum eingenickt, erblickte er die Königsmordverschwörung in voller Blüte. Das war aber so gekommen: Aus dem verschwörerischen Traum aufwachend, hatte er dies nicht ganz und gar getan: die Innenstadt, die diesen staatsfeindlichen Traum ausbrütete, hatte sich überhaupt nicht wachgerüttelt, sondern ruhte weiterhin vom Alptraum umschlungen, nur hatte der König im Wachen nichts davon gewußt. Indessen ein beträchtlicher Teil seiner Person, und zwar das alte Stadtzentrum, ohne Einsicht in die Tatsache, daß der schurkische Oheim und seine Drahtziehereien nur Wahn und Einbildung waren, verharrte weiterhin im Irrgang des Alptraums. In dieser zweiten Nacht sah Murdas im Traum, wie der Oheim fieberhaft werkte, die Verwandten zusammenrufend. Sie erschienen alle bis zum letzten, nach dem Tod noch in den Angeln knarrend, und selbst diejenigen, welchen die wichtigsten Teile fehlten, erhoben die Schwerter gegen den rechtmäßigen Fürsten! Außergewöhnliche Bewegung herrschte. Scharen von Verlarvten skandierten flüsternd aufrührerische Schlachtrufe, schon wurden in Löchern und Kellern die schwarzen Fahnen der Rebellion genäht, überall

Gifte gebraut, Beile geschliffen, Stiftchen-Giftchen vorbereitet und alles zur entscheidenden Auseinandersetzung mit dem verhaßten Murdas gerüstet. Der König entsetzte sich abermals, erwachte, ganz und gar zitternd, und wollte schon durch die Goldene Pforte des Königlichen Mundes alle seine Truppen zu Hilfe rufen, auf daß sie die Aufrührer zwischen den Schwertern zerrieben, aber sogleich besann er sich: das half nichts! Die Truppen kommen ja nicht in seinen Traum hinein und können die dort erstarkende Verschwörung nicht zerschmettern! Einige Zeit versuchte er also, durch bloße Willensanstrengung diese vier Quadratmeilen seiner Wesenheit aufzuwecken, die hartnäckig von Verschwörung träumten, aber vergebens. Im übrigen, um die Wahrheit zu sagen, wußte er nicht, ob vergebens oder nicht vergebens, denn wenn er wachte, nahm er die Verschwörung nicht wahr, die erst auftauchte, wenn ihn der Schlaf überkam.
Wachend hatte er also keinen Zutritt zu den aufrührerischen Gebieten, und kein Wunder: das Wachdasein kann nämlich nicht in die Tiefe des Traums eindringen, dorthin durchzubrechen vermöchte nur ein anderer Traum. Der König erachtete es für das Beste in dieser Situation, einzuschlafen und einen Abwehrtraum zu träumen, keinen x-beliebigen, versteht sich, sondern einen monarchistischen, ihm ergebenen, mit wehenden Fahnen, und erst mittels eines solchen um den Thron gescharten Krontraums müßte es gelingen, den anmaßenden Alptraum zu Staub zu zermalmen!
Murdas machte sich ans Werk, aber er konnte vor Schreck nicht einschlafen; so begann er denn, Steinchen zu zählen, bis dies ihn übermannte und er einschlief. Nun erwies sich: Der Traum mit dem Oheim an der Spitze hatte sich nicht nur im Zentralbezirk verschanzt, sondern begann sich gar Arsenale voll gewaltiger Bomben und vernichtender Minen herbeizuschwärmen. Er selbst hingegen, wie er sich

auch anstrengte, vermochte kaum eine Kompanie Reiterei zu erträumen, und auch diese abgesessen, zuchtlos und mit nichts als Topfdeckeln bewaffnet. Da hilft nichts – dachte er –, ich habe es nicht geschafft, es heißt nochmals alles von vorn anfangen! – Er begann sich also aufzuwecken, schwer fiel ihm das, endlich rüttelte er sich ordentlich wach, und da nun griff ein schrecklicher Argwohn nach ihm: War er in der Tat ins Wachdasein zurückgekehrt, oder weilte er in einem anderen Traum, der bloßer falscher Schein des Wachens ist? Wie vorgehen in so verworrener Lage? Träumen? Nicht träumen? Das ist hier die Frage! Gesetzt, er wird jetzt nicht träumen, sich sicher fühlend, weil es im Wachdasein gar keine Verschwörung gibt. Das wäre nicht übel – dann würde jenen königsmörderischen Traum nur der Traum träumen und selbst für sich selbst austräumen, bis beim letzten Aufwachen die Majestät ihre gebührende Einheitlichkeit wiedergewönne. Sehr gut. Aber wenn der König keine Abwehrträume träumen wird, vermeinend, im heimeligen Wachdasein zu verweilen, während dieses angebliche Wachsein in Wirklichkeit nur ein anderer Traum ist, der an jenen oheimelnden grenzt – dann kann es zur Katastrophe kommen! Denn jeden Augenblick kann die ganze Horde verfluchter Königsmörder, den abscheulichen Cenander an der Spitze, aus jenem Traum durchbrechen in diesen Wachdasein vortäuschenden Traum, um dem König Thron und Leben zu rauben!

Gewiß – dachte er –, der Raub wird sich nur im Traum abspielen, aber wenn die Verschwörung mein ganzes königliches Bewußtsein erfaßt, wenn sie darin ins Kraut schießt von den Bergen bis an die Meere, wenn sie, o Graus, überhaupt niemals wieder wird aufwachen wollen, was dann? Dann bleibe ich für immer vom Wachdasein abgeschnitten, und der Oheim macht mit mir, was er will. Er wird foltern, entehren, von den Tanten gar nicht zu reden; ich erinnere mich gut an sie, die lassen nicht locker, komme, was da wolle, so sind sie nun mal, das heißt, waren, nein, eigentlich sind sie ja wieder, in diesem gräßlichen Traum! Im übrigen, was heißt hier Traum? Traum ist nur dort, wo auch ein Wachdasein besteht, in das sich zurückkehren läßt, jedoch wo es das nicht gibt (und wie kehre ich zurück, wenn es denen gelingt, mich im Traum festzuhalten?), wo es nichts als den Traum gibt, dort ist er schon die einzige Wirklichkeit, also Wachheit. Gräßlich! Alles, versteht sich, nur durch diesen fatalen Persönlichkeitsüberschuß, durch diese geistige Expansion – hab' ich das nötig gehabt?!

Verzweifelt, in der Einsicht, daß Untätigkeit ihn verderben konnte, sichtete der König die einzige Rettung in sofortiger psychischer Mobilmachung. »Es heißt unbedingt so vorgehen, als träumte ich« – sagte er sich. »Ich muß Mengen von Untertanen erträumen, alle voll Liebe und Begeisterung, mir bis zum letzten getreue Heerhaufen, die mit meinem Namen auf den Lippen untergehen, Unmengen von Waffen, und es zahlt sich sogar aus, schnell irgendeine Wunderwaffe zu ersinnen, denn im Traum ist schließlich alles möglich: nehmen wir an, einen Verwandtenwegputzer, irgendwelche Oheimabwehrgeschütze oder dergleichen – solcherart werde ich auf jede Überraschung vorbereitet sein, und wenn die Verschwörung auftaucht, listig und heimtückisch von Traum zu Traum durchschlüpfend, dann zertrümmere ich sie mit einem Schlag!«

Tief seufzte der König Murdas mit allen Alleen und Plätzen seiner Wesenheit – so kompliziert war das –, und schritt ans Werk, das heißt, schlief ein. Im Traume sollten stählerne Heerhaufen im Geviert antreten, an der Spitze greise Generäle, und jubelrufende Mengen im Gedröhn von Schlachthörnern und Kesselpauken, aber es erschien nur eine ganz kleine Schraube. Nichts als eine völlig gewöhnliche Schraube, am Rand ein wenig schartig. Was anfangen mit ihr? Er rätselte hin und her, zugleich wuchs in ihm irgend-

welche Unruhe, immer größere, und Schlaffheit, und Schreck, bis es ihm funkte: Der Reim auf »Zu Staube«!!
Er schlotterte ganz und gar. Demnach denn das Symbol für Sturz, Zersetzung, Tod, also strebt zweifellos schon die Horde der Verwandten verstohlen, verschwiegen, durch in jenen anderen Traum gehöhlte Unterwühlungen in diesen Traum zu gelangen – und er, der König, wird jeden Augenblick niederprasseln in den verräterischen Abgrund, der vom Traum unter dem Traum ausgeschaufelt ist! Also das Ende droht! Tod! Ausrottung! Woher aber? Wie? Aus welcher Richtung?!
Da blitzten die zehntausend persönlichen Bauwerke, schütterten die Unterstationen der Majestät, behängt mit Orden und umspannt von den Bändern der Großkreuze; diese Auszeichnungen klingelten rhythmisch im Nachtwind, so rang König Murdas mit dem geträumten Symbol des Sturzes. Endlich rang er es nieder, bezwang es, bis es so völlig weg war, als wäre es nie dagewesen. Da forscht der König: Wo ist er? Im Wachdasein oder in anderem Wahn? Sieht nach Wachdasein aus, doch woher die Gewißheit nehmen? Im übrigen, kann sein, daß der Traum vom Oheim schon ausgeträumt ist, und jegliche Sorge hinfällig. Doch wiederum: Wie läßt sich das erkunden? Da hilft nichts anderes, als mittels von Spionierträumen, die sich als Umstürzler ausgeben, die ganze eigene Großmachtperson, das Reich der eigenen Wesenheit durchzukämmen und unausgesetzt zu unterwandern, und niemals wieder wird König-Geist Ruhe finden, denn immer muß er darauf gefaßt sein, daß irgendwo in einem verborgenen Winkel seiner riesigen Persönlichkeit eine Verschwörung geträumt wird! Weiter also, auf, unterwürfige Wunschbilder festigen, Huldigungsadressen erträumen und Abordnungen in Massen, strahlend vom Geiste der Rechtsstaatlichkeit; mit Träumen auf alle persönlichen Klüfte, Finsternisse und Seitentriebe einstürmen, so, daß sich in ihnen keinen Augenblick lang

irgendein Hinterhalt, irgendein Oheim verbergen könnte! Irgendwie umhauchte den König herzerfreuendes Fahnenrauschen, vom Onkel keine Spur, Verwandte sind auch nicht zu sehen, nur Treue umgibt ihn, erstattet ihm Dank und unablässige Huldigung; da ertönt das Rattern gezapfter, aus Gold geprägter Medaillen, Funken sprühen unter den Meißeln hervor, mit welchen die Künstler ihm Denkmäler hauen. Da erheiterte sich in dem König die Seele, denn siehe, auch schon Wappenstickereien, und Teppiche in den Fenstern, und die Kanonen ausgerichtet zum Salut, und die Trompeter setzen die ehernen Trompeten an die Lippen. Als aber der König alles achtsamer besah, merkte er, daß da irgendwas gleichsam nicht so ganz richtig war. Denkmäler – sehr wohl, aber irgendwie wenig ähnlich, im verzerrten Antlitz, im scheelen Blick sitzt so was Oheimliches. Rauschende Fahnen – stimmt, aber mit einem Bändchen, einem ganz kleinen, aber undeutlichen, fast schwarzen; wenn nicht schwarz, dann schmutzig, jedenfalls leicht beschmutzt. Was ist das schon wieder? Irgendwelche Anspielungen?!
Um Himmels willen – diese Teppiche – die sind doch abgewetzt, direkt kahl, und der Oheim – der Oheim war kahl . . . Das darf nicht wahr sein! Zurück! Rückzug! Aufwachen! Aufwachen!! – dachte er. – »Das Wecksignal blasen, nur weg aus diesem Traum!« – wollte er brüllen, aber als alles verschwand, wurde es nicht besser. Er stürzte aus dem Traum in neuen Traum, den es dem vorigen träumte, und jener war einem noch früheren zugestoßen, also war dieser gegenwärtige schon gleichsam zur dritten Potenz; alles in ihm wandte sich schon ganz offen zum Verrat um, roch nach Abtrünnigkeit, die Fahnen stülpten sich um wie die Handschuhe, von königlichen zu schwarzen, die Orden hatten Gewinde, wie abgehackte Genicke, aus den goldglänzenden Trompeten aber rasselten nicht Schlachtfanfaren, sondern des Oheims Gelächter, wie Donner wiehernd, dem König zum Verderben. Da brüllte der König mit

hundertglockendonneriger Stimme, schrie nach den Truppen – sollen sie ihn mit Lanzen stechen, daß er aufwacht! »Kneift mich!« – verlangte er mit Riesenstimme, dann wieder: »Wachen! Aufwachen!!!« – jedoch vergebens; also plagte er sich wieder aus dem Königsstürzler- und Hinterhältlertraum in den Throntraum, aber schon mehrten sich in ihm die Träume wie die Kaninchen, kreisten wie die Ratten, die einen Bauwerke steckten die anderen mit Alp an, es verstreute sich in ihnen munkelnd, schmuggelnd, schwindelnd, leisetretend, ungeklärt – was, aber was Gräßliches, da sei Gott vor! Den hundertstöckigen Elektronenbauten träumte es Schräubchen Zerstäubchen und Stiftchen und Giftchen, in jeder persönlichen Unterstation klüngelte eine Horde von Verwandten, in jedem Verstärker kicherte der Oheim; da erbebten die Hauswesen-Grauswesen, von sich selbst entsetzt, aus ihnen schwärmten hunderttausend Anverwandte hervor, eigenmächtige Thron-Anmaßer, zwiegesichtige Findel-Infanten, schieläugige Usurpatoren, und wenn auch keiner wußte, ob er ein geträumtes Wesen war oder ein träumendes, wen wer träumte, wozu und was daraus erwachsen sollte – hetzten doch alle ohne Ausnahme, auf Murdas, huss, huss, um einen Kopf kürzen, vom Thron runterstürzen, vernichten, wieder richten, und wieder vernichten, im Kirchturm verrammeln, soll er dort bimmelbammeln, jucheissa juchei, der Kopf ist entzwei – und nur deshalb taten sie vorläufig nichts, weil sie sich über den besten Anfang nicht einigen konnten. Und so rasten lawinenweise die Greuelfratzen der königlichen Gedanken, bis von der Überlastung eine Flamme hochzuckte. Nicht mehr geträumtes, sondern allerwirklichstes Feuer entfachte goldene Glanzlichter in den Fenstern der königlichen Person, und so zerfiel König Murdas in hunderttausend Träume, denen nichts mehr Zusammenhalt gab außer dem Brand – und er brannte lang . . .

Übersetzt von I. Zimmermann-Göllheim

ALTRUIZIN ODER DER WAHRE BERICHT DARÜBER, WIE DER EREMIT BONHOMIUS DAS UNIVERSELLE GLÜCK IM KOSMOS SCHAFFEN WOLLTE, UND WAS DABEI HERAUSKAM

Eines schönen Sommertages, als Trurl gerade damit beschäftigt war, den Kyberberitzenbusch in seinem Garten zu beschneiden, erblickte er einen des Weges daherkommenden Roboter, der so elend und abgerissen aussah, daß sein Anblick Mitleid und Entsetzen zugleich einflößte. Arme und Beine dieses Unglücklichen waren notdürftig aus rostigem Ofenrohr geschustert und wurden durch ein Gewirr von Bindfäden zusammengehalten. Anstelle des Kopfes saß auf seinen Schultern ein löchriger Kochtopf, in dem sein Gehirn, oder was davon übriggeblieben war, dröhnend und funkensprühend zu arbeiten versuchte. Das Genick war provisorisch durch ein Stück Zaunlatte verstärkt, im weit geöffneten Bauch wurden die glühenden Elektronenröhren so durcheinandergeschüttelt, daß er seine hervorquellenden elektrischen Eingeweide mit der einen Hand zurückpressen mußte, während die andere Hand unablässig damit beschäftigt war, lose Schrauben wieder festzuziehen. Just in dem Moment, als er an der Pforte zu Trurls Behausung vorbeihumpelte, brannten ihm vier Sicherungen auf einmal durch, so daß er vor den Augen des Konstrukteurs in einer stinkenden Rauchwolke schmelzender Isolatoren zusammenbrach. Dieser griff von Mitleid gepackt sogleich nach Schraubenzieher, Zange und Isolierband und eilte dem armen Wanderer zu Hilfe, der ein ums andere Mal unter entsetzlichem Kreischen und Knirschen in Ohnmacht fiel, weil sein Getriebe völlig asynchron arbeitete. Schließlich gelang es Trurl jedoch, ihn halbwegs zu Bewußtsein zu bringen; dann führte er ihn in sein Wohnzimmer und schloß ihn an eine starke Batterie an. Als der arme Teufel dabei war, sich gierig aufzuladen, konnte Trurl seine Neugier nicht länger bezähmen und er fragte ihn, was um alles in der Welt ihn in diesen jämmerlichen Zustand versetzt habe.

»Mein barmherziger Retter«, antwortete der unbekannte Roboter mit noch immer zitternden Magnetkernen, »man nennt mich Bonhomius, und ich bin oder, besser gesagt, ich war ein Einsiedler und Anachoret, denn ich lebte siebenundsechzig Jahre in einer Höhle, wo ich meine ganze Zeit ausschließlich in frommer Meditation verbrachte. Eines Morgens jedoch kam mir in den Sinn, ob ich eigentlich recht daran tue, mein Leben in Einsamkeit zu verbringen. Vermochten denn all meine tiefschürfenden Überlegungen und Mühen des Geistes auch nur einen Niet oder Bolzen daran zu hindern, aus seiner Verankerung zu fallen? Und steht denn nicht geschrieben, daß es unsere erste Pflicht sei, unserem Nächsten zu helfen, und erst an zweiter Stelle an das eigene Seelenheil zu denken? Und heißt es nicht auch . . .«

»Schon gut, schon gut«, unterbrach ihn Trurl. »Wie es an jenem Morgen um deinen Gemütszustand bestellt war, steht mir mehr oder weniger klar vor Augen. Doch sag bitte, was geschah weiter?«

»So machte ich mich denn auf in die Stadt Phutura, wo ich zufällig einen berühmten Konstrukteur, einen gewissen Klapauzius, kennenlernte.«

»Wen? Ja ist denn das die Möglichkeit?!« schrie Trurl.

»Ist irgend etwas nicht in Ordnung?«

»Nein, nein! Sprich nur weiter!«

»Das heißt, eigentlich habe ich ihn nicht gleich kennengelernt; er war ein vornehmer Herr und saß in einer vollautomatischen Prachtkarosse, mit der er sich unterhalten konnte – ganz so wie wir beide jetzt. Die Karosse belegte mich mit einem derart unziemlichen Epitheton, als ich gänzlich unvertraut mit dem städtischen Straßenverkehr mitten auf der Fahrbahn stehenblieb, daß ich ihr mit meinem Wanderstab unwilkürlich einen Scheinwerfer zertrümmerte. Nun geriet sie erst recht in Wut, aber ihr Besitzer brachte sie zur Raison und bat mich, neben ihm Platz zu nehmen. Ich erzählte ihm, wer ich bin, weshalb ich die Einsamkeit aufgegeben hatte und auch, daß ich nicht wußte, was ich als nächstes tun sollte; er aber pries mich für meine Entscheidung in den höchsten Tönen, stellte sich seinerseits vor und sprach dann lange und in aller Ausführlichkeit von seiner Arbeit und seinen Werken. Zum Schluß erzählte er mir die erschütternde Geschichte des berühmten Weisen, Gelehrten und Philosophasters, Chlorian Theoreticus Klapostel, bei dessen traurigem Ende er selbst zugegen war. Von allem, was er über die ›Gesammelten Werke‹ dieses Größten aller Roboter berichtete, faszinierte mich das Kapitel über die MASTEN am meisten. Hast du, barmherziger Retter, zufällig etwas von diesen Wesen gehört?«

»Aber ja, sie sind die einzigen Wesen im ganzen Kosmos, die bereits die MAximale STufe der ENtwicklung erreicht haben, nicht wahr?«

»Genau die meine ich, du bist in der Tat überaus gut informiert, mein edler Gönner! Als ich neben dem berühmten Klapauzius in der Karosse saß (welche die Menschenmenge, die uns nur unwillig Platz machte, unablässig mit den schrecklichsten Schimpfwörtern traktierte), kam mir plötzlich der Gedanke in den Sinn, daß diese Wesen, die so hochentwickelt waren, wie es höher nicht mehr ging, eigentlich am besten wissen müßten, was jemand zu tun hätte, der so wie ich ganz von dem heißen Wunsch durchdrungen war, Gutes zu tun und seinen Mitrobotern zu helfen. Ich wandte mich daher sogleich an Klapauzius mit der Frage, wo die Heimat der MASTEN sei und wo ich sie finden könne. Er aber schaute mich nur mit einem seltsamen Lächeln an, schüttelte gedankenverloren den Kopf und würdigte mich keiner Antwort. Ich wagte nicht zu insistieren; später jedoch, als wir in einem Gasthof abgestiegen waren (die Karosse war inzwischen so heiser geworden, daß sie ihre Stimme gänzlich verloren hatte und Herr Klapauzius gezwungen war, die Fortsetzung der Reise auf den folgenden Morgen zu verschieben), bei einem schäumenden Krug Ionenbier zusammensaßen – was die Stimmung meines Gesprächspartners beträchtlich hob – und die Paare beobachteten, die zu den heißen Rhythmen der Hochfrequenzband einen Kyberboogie aufs Parkett legten, zog er mich ins Vertrauen und fuhr mit seiner Erzählung fort. Aber vielleicht langweilt dich meine Geschichte bereits, und ich . . .«

»Nein, nein!« protestierte Trurl. »Im Gegenteil, ich bin ganz Ohr.«

»›Mein lieber Bonhomius‹, sprach Klapauzius zu mir, während sich die Tänzer allmählich in eine positive Hitze steigerten, ›du mußt wissen, daß ich mir die Geschichte des unglücklichen Klapostel sehr zu Herzen genommen und eigentlich den Entschluß gefaßt hatte, mich unverzüglich auf den Weg zu machen, um diese perfekt entwickelten Wesen zu finden, deren Existenz er so zwingend auf rein logischer und theoretischer Basis nachgewiesen hatte. Meiner Meinung nach lag die Hauptschwierigkeit eines solchen Unterfangens jedoch in dem Umstand begründet, daß sich fast jede kosmische Rasse als die Krone der Entwicklung ansieht – durch bloßes Herumfragen würde ich folglich gar nichts erreichen. Auch die Trial-and-error-Methode erschien mir nicht eben vielversprechend, denn im Kosmos gibt es nach meinen Berechnungen annähernd vierzehn Zentrigigaheptatrillionen zum logischen Denken befähigte Zivilisationen, und angesichts solcher Zahlen kannst du dir leicht ausrechnen, daß es mit gewissen Schwierigkeiten verbunden ist, die richtige Adresse aufzuspüren. Folglich erwog ich das Problem nach allen Seiten, durchstöberte die Bibliotheken und ging methodisch sämtliche alten Wälzer durch, bis ich einen ganz wesentlichen Hinweis in den Werken eines gewissen Kadavrius Malignus fand, eines Gelehrten, der zu dem gleichen Schluß wie Klapostel gekommen war, allerdings gute dreihunderttausend Jahre früher, danach jedoch völlig in Vergessenheit geraten war. Was wieder einmal zeigt, daß es nichts Neues unter dieser oder jeder anderen Sonne gibt – Kadavrius hat sogar ein ähnlich trauriges Ende wie Chlorian genommen . . . Aber das tut hier nichts zur Sache. Aus diesen längst vergilbten und brüchig gewordenen Seiten erfuhr ich jedenfalls, auf welche Weise die MASTEN zu finden seien. Malignus legte dar, man müsse die Sternformationen auf ein unmögliches astrophysikalisches Phänomen hin untersuchen, habe man ein solches entdeckt, so sei man mit Sicherheit am richtigen Ort angelangt. Ein recht obskurer Hinweis, ohne Frage, aber durfte ich mir klarere erhoffen? Also machte ich mein Raumschiff startklar und begab mich auf die Reise. Was ich dann alles erlebte, will ich mit Schweigen übergehen, ich möchte nur sagen, daß ich schließlich in einer Wolke von Sternen einen Stern erblickte, der sich von allen anderen dadurch unterschied, daß er die Form eines Würfels hatte. Welch ein Schock war das für mich! Schließlich weiß doch jedes Kind, daß Sterne ohne Ausnahme kugelförmig zu sein haben und daß von ihrer Eckigkeit, geschweige denn Viereckigkeit, nicht im mindesten die Rede sein kann! Ich steuerte mein Raumschiff dicht an den Stern heran und erblickte bald auch seinen Planeten, der ebenfalls die Form eines Würfels aufwies und noch dazu an allen Ecken schießschartenbewehrte Festungstürme hatte. In etwas weiterer Entfernung kreiste ein anderer Planet von ganz normalem Aussehen, wie mir schien; ich richtete das Fernrohr auf ihn und erblickte Horden von Robotern, die aus Leibeskräften aufeinander einprügelten; ein Anblick, der mich wenig Lust verspüren ließ, dort zu landen. So tastete ich mich mit dem Fernrohr wieder an den rechteckigen Planeten heran und suchte ihn nochmals äußerst gründlich ab. Welch freudige Erregung durchzuckte mich, als ich durchs Okular schaute und an einer der festungsbewehrten Ecken des Planeten eine Inschrift entdeckte, die aus sechs reich verschnörkelten Buchstaben bestand: MASTEN.

– Großer Gauß! schrie ich. – Heureka!

Aber obwohl ich ihn wieder und wieder umkreiste, bis mir ganz schwindlig wurde, konnte ich nirgendwo auf der sandigen Oberfläche des Planeten auch nur eine Spur von Leben entdecken. Erst als ich mich auf eine Entfernung von nur sechs Meilen genähert hatte, konnte ich eine Ansammlung dunkler Punkte ausmachen, die sich unter dem Superteleskop als die Bewohner dieses höchst ungewöhnlichen Himmelskörpers erwiesen. Es waren einige hundert, die da im Sand herumlagen, und zwar so absolut regungslos, daß ich einen Moment lang dachte, sie wären vielleicht alle tot. Dann aber beobachtete ich, wie der eine oder andere sich von Zeit zu Zeit genüßlich kratzte, und dieses offensichtliche Zeichen von Leben bewog mich schließlich zur Landung. In meiner Begeisterung brachte ich nicht die Geduld auf zu warten, bis sich die beim Eintritt in die Atmosphäre des Planeten glühend heiß gewordene Rakete abgekühlt hatte, sondern sprang mit einem Satz hinaus und schrie: – Entschuldigung! Ist dies die MAximale STufe der ENtwicklung?

Keine Antwort. Schlimmer noch, niemand von ihnen beachtete mich auch nur im mindesten. Verblüfft und fassungslos angesichts dieser nahezu ostentativen Gleichgültigkeit schaute ich mir die ganze Umgebung genauer an. Die Ebene erglänzte unter den Strahlen der quadratischen Sonne. Aus dem Sand ragten hier und da zerbrochene Räder, Plastikbecher, Papierfetzen und anderer Unrat hervor, wahllos verstreut dazwischen lagen die Eingeborenen in den unterschiedlichsten Posen, der eine auf dem Bauch, der andere auf dem Rücken, ein dritter wiederum streckte seine Beine kerzengerade empor, so als wollte er aus lauter Langeweile den Zenit anvisieren. Ich ging um den Nächstliegenden herum und musterte ihn. Er war weder Roboter noch Mensch, geschweige denn ein Proteinat sapiens der albuminoiden Spezies. Er hatte einen ziemlich runden und plumpen Kopf mit roten Wangen, anstelle der Augen aber zwei kleine Hirtenflöten und anstatt der Ohren zwei winzige Fäßchen, die unablässig dicke Wölkchen von Weihrauch verströmten. Er trug orchideenfarbene Hosen mit dunkelblauen Biesen, bestickt mit schmutzigen, überaus eng beschriebenen Papierfetzen. Seine Füße mündeten in zwei kleine Kufen, in den Händen hielt er eine ganz und gar aus Pfefferkuchen gebackene und mit Zuckerguß überzogene Zupfgitarre, deren Griffbrett er offensichtlich bereits verspeist hatte. Er schnarchte friedlich und gleichmäßig. Ich beugte mich über ihn, um das Geschreibsel auf seinen Hosen zu lesen, konnte aber von den vielen Zetteln nur einige entziffern, da mir die Augen vom Weihrauch tränten. Die Inschriften waren höchst seltsam, zum Beispiel Nr. 7: DIAMANT NETTOGEWICHT SIEBEN ZENTNER, Nr. 8: DRAMATISCHER KUCHEN, SCHLUCHZT, WENN ER GEGESSEN WIRD, HÄLT MORALPREDIGTEN AUS DEM HOHLEN BAUCH, SINGT UM SO HÖHER, JE NIEDRIGER ER SINKT, Nr. 10: GIOCONDRINE ZUM PICKNICKEN und andere, an die ich mich nicht mehr erinnere. Als ich verwirrt durch das Gesehene einen der Papierfetzen anfaßte, um ihn besser lesen zu können, entstand im Sand dicht neben den Beinen des schnarchenden Eingeborenen ein kleines Loch, und ein feines Stimmchen piepste:

– Ist es schon so weit?

– Wer spricht da? schrie ich.

– Ich bin's, Giocondrine, soll ich jetzt anfangen?

– Nein, nein! Noch nicht! sagte ich hastig und ergriff die Flucht. Der nächste Eingeborene hatte einen Kopf in Form einer Glocke, drei Hörner, eine ganze Reihe Arme verschiedener Länge (die beiden kleinsten massierten unablässig seinen Bauch), lange gefiederte Ohren sowie ein Mützchen mit einem kleinen purpurroten Balkon, auf dem unsichtbare Individuen offenbar heftig miteinander stritten, denn winzige Tellerchen flogen hin und her und zersprangen auf der Balkonbrüstung in tausend Scherben. Während ich vor dem Eingeborenen stand und das diamantenbesetzte Schlummerkissen in seinem Nacken bewunderte, riß er eines seiner Hörner vom Kopf, schnupperte mißmutig daran, schleuderte es voller Abscheu zu Boden und schüttete etwas schmutzigen Sand in die Öffnung. Ganz in der Nähe lag etwas, was ich zunächst für Zwillinge, bei näherem Hinsehen jedoch für ein eng umschlungenes Liebespaar hielt. Ich war gerade dabei, mich diskret zurückzuziehen, als ich merkte, daß ich nicht zwei, sondern genau anderthalb Wesen vor mir hatte. Der Kopf war völlig normal, abgesehen von den Ohren, die sich hin und wieder selbständig machten und wie Schmetterlinge umherflatterten. Die Lider hielt er geschlossen, aber zahlreiche Muttermale auf Kinn und Wangen waren mit winzigen Augen versehen, die mich mit unverhohlener Feindseligkeit betrachteten. Dieses seltsame Wesen hatte eine breite Heldenbrust, die allerdings völlig durchlöchert war, so als habe sie jemand recht unsanft mit einem Bohrer traktiert; die Löcher waren bis zum Rand mit Himbeermarmelade gefüllt. Er hatte nur ein Bein, das aber war ungewöhnlich dick und steckte in einem Schuh aus Saffianleder mit einem Filzglöckchen; neben seinem Ellenbogen lag ein ansehnlicher Haufen von Apfel- oder Birnenschalen. Mein Erstaunen wuchs, als ich weiterging und auf einen Roboter mit menschlichem Kopf stieß, in dessen linkem Nasenloch ein vollautomatischer, munter brodelnder Miniatursamowar steckte; ein anderer suhlte sich in Pfützen von Erdbeermarmelade, und ein dritter hatte die Falltür in seinem Bauch weit geöffnet, so daß seine kristallenen Eingeweide sichtbar waren. Aufgezogene Nymphchen führten dort ein Schauspiel auf, das sich jedoch bei näherem Hinsehen als derart obszön entpuppte, daß ich rot wie eine Tomate wurde und schleunigst davonlief. In meiner Verwirrung stolperte ich und stürzte zu Boden, und als ich wieder aufstand, erblickte ich noch einen anderen Bewohner des Planeten: Nackt kratzte er sich mit einem goldenen Rückenkratzer seine Kehrseite, er tat das offensichtlich mit dem größten Vergnügen, obwohl er ohne Kopf dastand. Letzterer lag ein paar Schritte weiter, mit dem Hals in den Sand gesteckt; im weit aufgerissenen Mund war die Zungenspitze sichtbar, die sich von Zahn zu Zahn tastete, wie um sie zu zählen. Die kupferne Stirn war mit weißer Bordüre besetzt, am linken Ohrläppchen schaukelte ein goldenes Ringlein, am rechten ein kleiner Holzgriff mit einem Schildchen in Druckbuchstaben: ZIEHEN! Ohne lange nachzudenken, zog ich, und aus dem Ohr des nackten Geschöpfs kam eine mit Zuckerguß überzogene Schnur hervor, an deren Ende eine Visitenkarte mit dem Aufdruck hing: NUN ZIEH SCHON WEITER! Ich zog also weiter, bis auch diese Schnur zu Ende war. Zum Vorschein kam ein winziger Papierschnipsel mit der Aufschrift: WIR SIND SCHRECKLICH NEUGIERIG, NICHT WAHR?

Ich war derart benommen und verwirrt, daß ich kaum noch wußte, wo ich war. Schließlich nahm ich meine verbliebenen Geisteskräfte zusammen und machte mich auf die Suche nach einem Bewohner dieses Planeten, der vielleicht kommunikativ genug wäre, mir wenigstens eine einzige Frage zu beantworten. Letztlich schien ich solch ein Individuum in Gestalt eines Dickbauchs gefunden zu haben, der mir den Rücken zuwandte und intensiv mit einer Sache beschäftigt war, die er zwischen den Knien hielt. Er flößte mir Vertrauen ein, denn er hatte nur einen

Kopf, zwei Ohren und zwei Arme. Also fragte ich ihn höflich:
– Entschuldigen Sie bitte, aber wenn ich mich nicht irre, dann genießen die Herren dieses Planeten den Vorzug, die maximale Stufe der Entwicklung erreicht zu ha ... – Die Worte erstarben mir auf den Lippen. Mein Gegenüber war weder zusammengezuckt, noch schien er ein einziges meiner Worte gehört zu haben, so sehr war er mit seinem eigenen Gesicht beschäftigt, das sich auf unerfindliche Weise vom Rest des Kopfes gelöst hatte, auf seinen Knien lag und leise seufzte, als er ihm hingebungsvoll in der Nase bohrte. Für einen Augenblick verlor ich die Fassung, aber nur für einen Augenblick, dann gewannen Neugier und Wissensdurst die Oberhand, ich wollte endlich dahinterkommen, was auf diesem Planeten eigentlich vor sich ging. Also rannte ich von einem Eingeborenen zum anderen, sprach lautstark auf sie ein, ja schrie ihnen förmlich in die Ohren, drohte und flehte, redete ihnen gut zu und versuchte mit allen Mitteln, sie zur Kommunikation zu bewegen. Das Resultat war gleich Null. In meinem Zorn packte ich den Nasenbohrer am Arm, zuckte aber sogleich vor Entsetzen zurück, denn der Arm hatte sich aus dem Gelenk gelöst und hing jetzt schlaff in meiner Hand. Den Nasenbohrer schien das nicht im geringsten zu stören, er wühlte träge im Sand herum und zog einen anderen Arm hervor, der, von den hellrot gefärbten Fingernägeln abgesehen, aussah wie der alte, pustete ein, zwei Mal dagegen und befestigte ihn an seiner Schulter, wo er sogleich wieder anwuchs. Neugierig beugte ich mich über den Arm, den ich gerade herausgerissen hatte, der aber federte zurück und versetzte mir einen kräftigen Nasenstüber. Mittlerweile ging die Sonne unter, so daß am Horizont nur noch zwei ihrer Ecken sichtbar waren; es wurde kühler, die Bewohner des Planeten kratzten sich langsamer, gähnten und gingen offensichtlich daran, sich auf die Nacht einzurichten: Dieser

schüttelte sein brillantenbesetztes Federbett aus, jener nahm Nase, Ohren und Beine ab und legte sie fein säuberlich in einer Reihe neben sich. Es wurde bereits dunkel, ich stolperte noch ein wenig in der Gegend herum, gab aber schließlich auf und machte mich mit einem tiefen Seufzer daran, mein Nachtlager zu bereiten. Ich grub mir eine Strandburg, machte es mir so bequem wie möglich, schaute in den nachtblauen, sternenübersäten Himmel und dachte darüber nach, was als nächstes zu tun sei.

– Fürwahr, sagte ich mir. Allen Anzeichen nach habe ich tatsächlich den Planeten entdeckt, dessen Existenz bereits Kadavrius Malignus und Chlorian Theoreticus Klapostel vorhersagten, die Heimat der Höchsten Zivilisation des Universums, bestehend aus einigen hundert Individuen – weder Menschen noch Roboter – die den ganzen Tag auf diamantenbesetzten Kissen und Decken in einer schmutzigen, abfallübersäten Wüste herumliegen und nichts anderes tun, als sich zu kratzen und in der Nase zu bohren. Nein, all dem muß ein schreckliches Geheimnis zugrunde liegen, und – bei Gauß! – ich werde keine Ruhe geben, bis ich es endlich entdeckt habe!!

Dann dachte ich:

– Es muß tatsächlich ein unheimliches Rätsel sein, das hinter all dem steckt auf diesem quadratischen Planeten mit seiner quadratischen Sonne, mit verführerischen theaterspielenden Nymphen und beleidigenden Zuckergußbotschaften, die in Ohren stecken! Ich habe stets gedacht, wenn ich als ganz gewöhnlicher Roboter schon in der Lage bin, mich mit Kultur und Wissenschaften zu beschäftigen, was muß es dann erst an Kultur und Wissenschaften bei den Höherentwickelten geben, von den Höchstentwickelten gar nicht erst zu reden! Was immer diese Wesen eigentlich treiben mögen, gepflegte Konversation scheint nicht eben zu ihren Liebligsbeschäftigungen zu zählen, zumindest nach meiner persönlichen Erfahrung. Ich muß sie einfach zwingen, mit mir zu reden – aber wie? Ich muß etwas finden, was ihnen so richtig unter die Haut geht, ich muß ihnen dermaßen auf die Nerven fallen, daß sie schließlich zu allem bereit sind, nur um mich loszuwerden. Ganz ohne Risiko wäre die Sache natürlich nicht:

Wenn sie in Wut gerieten, könnten sie mich zweifellos ohne jede Mühe vernichten, ganz so, wie man eine lästige Fliege zerquetscht. Andererseits kann ich mir kaum vorstellen, daß sie zu derart brutalen Mitteln greifen . . . wenn aber doch?? Ganz gleich, ich muß es versuchen, da mir der Wissensdurst die Seele verzehrt!

Also sprang ich in völliger Dunkelheit auf und begann aus Leibeskräften zu schreien, schlug Rad und wilde Purzelbäume, hüpfte umher, trampelte auf ihnen herum, schüttete ihnen Sand in die Augen, tanzte und sang, bis ich heiser war; dann hielt ich inne, machte ein paar Kniebeugen und Liegestütze und stürzte mich wieder mitten unter sie wie ein toller Hund. Sie wandten mir den Rücken zu und hielten ihre diamantenbesetzten Kissen und Decken schützend über sich. Plötzlich blitzte ein Gedanke in meinem umwölkten Hirn auf:

– Wahrlich, was würde wohl dein alter Freund Trurl sagen, wenn er dich in diesem Moment beobachten könnte und sehen würde, womit du deine Zeit auf einem Planeten verbringst, der die Maximale Stufe der Entwicklung im Universum erreicht hat?! Dieser Gedanke hielt mich jedoch nicht im mindesten davon ab, weiterhin aus Leibeskräften zu brüllen und zu trampeln. Ich hörte nämlich, wie sie miteinander flüsterten:

– Kollege!

– Was ist denn?

– Hörst du, was hier los ist?

– Ich bin doch nicht taub.

– Er hat mir um ein Haar den Kopf zertreten.

– Dann nimm dir einen neuen!

– Aber der Kerl läßt mich nicht schlafen.
– Was?
– Schlafen läßt er mich nicht.
– Er ist einfach zu neugierig, wisperte eine dritte Stimme.
– Er ist entsetzlich neugierig.
– Wir müssen etwas tun, damit er uns nicht länger quält.
– Aber was?
– Woher soll ich das wissen? Vielleicht seine Persönlichkeit ändern?
– Das wäre unmoralisch.
– Warum ist er nur so hartnäckig? Hörst du, wie er heult?
– Warte, jetzt habe ich eine Idee ...
Sie flüsterten etwas, während ich weiterhin heulte, stöhnte und Purzelbäume schlug, wobei ich meine Anstrengungen auf die Gegend konzentrierte, aus der das Flüstern kam. Ich machte gerade einen Handstand auf dem Bauch eines flüsternden Individuums, als mir plötzlich schwarz vor Augen wurde, aber das Dunkel, das meine Sinne umfing, dauerte kaum länger als den Bruchteil einer Sekunde; so schien es mir zumindest, als ich wieder zu mir kam. Mir taten von den ungewohnten gymnastischen Übungen noch alle Knochen weh, aber ich war längst nicht mehr auf dem quadratischen Planeten. Ich saß, unfähig, auch nur einen Arm oder ein Bein zu rühren, in meinem Raumschiff, eingezwängt in einen Berg von Gläsern mit Quittenmarmelade, Kindertrommeln und Teddybären aus Marzipan, Leierkästen mit Brillantglöckchen, Dukaten, Dublonen und goldenen Ohrenschützern, Armreifen und Juwelen, die solch einen Glanz verbreiteten, daß ich unwillkürlich die Augen schloß. Als ich unter Aufbietung aller Kräfte unter diesem Berg von Kostbarkeiten hervorgekrochen war und durch ein Bullauge den Himmel beobachtete, da erblickte ich gänzlich andere Konstellationen als vorher – von einer quadratischen Sonne keine Spur mehr! Rasch angestellte Berechnungen ergaben, daß ich sechstausend

Jahre lang mit Maximalgeschwindigkeit reisen müßte, um wieder nach MASTEN zu gelangen. Sie waren mich tatsächlich losgeworden, als ich ihnen allzusehr auf die Nerven gefallen war. Und selbst wenn es mir gelingen sollte, zu ihnen zurückzukehren, so hätte ich dadurch nichts erreicht, denn für sie wäre nichts leichter, als mich erneut mit ihrer hyperspeziellen Telekinese oder ähnlichen Tricks dorthin zu expedieren, wo der Pfeffer wächst. Und da ich das eingesehen hatte, mein lieber Bonhomius, entschloß ich mich, das Problem auf gänzlich andere Weise zu attackieren.‹ Mit diesen Worten, mein edler Retter, beendete der berühmte Konstrukteur Klapauzius seine Erzählung . . .«

»Mehr hat er dir nicht gesagt? Aber das ist doch unmöglich!« rief Trurl aus.

»Doch, doch, er hat noch viel mehr gesagt, mein edler Wohltäter, und gerade das war mein Unglück!« stammelte der Roboter verwirrt. »Als ich ihn fragte, was er jetzt zu tun gedenke, beugte er sich zu mir hinüber und sprach: ›Die Aufgabe erschien zunächst völlig hoffnungslos, aber dann fand ich die Lösung. Du, mein lieber Bonhomius, bist nur ein einfacher, nicht eben hochgebildeter Roboter, und daher will ich dich nicht mit Erklärungen aus dem Bereich der Arkankunst kybernetischer Kreation behelligen. Im Prinzip aber ist die Sache relativ einfach: Wir brauchen nur einen Apparat, d. h. einen Computer zu konstruieren, der in der Lage ist, ein digitales Modell von absolut allem zu konstruieren, was im Kosmos existiert. Einmal richtig programmiert, wird er uns die MAximale STufe der ENtwicklung modellieren, die wir dann befragen können, um die Letzten Antworten zu erhalten!‹

›Aber wie baut man solch einen Apparat?‹ fragte ich. ›Und wie können wir sicher sein, hochgepriesener Klapauzius, daß er uns nicht nach der ersten Frage dorthin schickt, wo der Pfeffer wächst, und zwar mit Hilfe eben der Hypersupertelekinese-Methode, die anzuwenden sich die MASTEN dir gegenüber erkühnten?‹

›Das überlaß nur mir‹, sagte er. ›Für mich ist das eine Kleinigkeit! Ich werde versuchen, hinter die Großen Geheimnisse der MASTEN zu kommen, und du, mein lieber Bonhomius, wirst den rechten Weg suchen, wie du deine angeborene Abscheu vor allem Bösen am besten einsetzen kannst!‹

Ich brauche euch wohl nicht zu sagen, welche Freude mich erfüllte, als ich diese Worte hörte und mit welchem Eifer ich daranging, Klapauzius bei der Ausführung seines Plans zu assistieren. Wie sich herausstellte, war diese digitale Apparatur nichts anderes als das berühmte Theotron, das Chlorian Theoreticus Klapostel kurz vor seinem tragischen Tod konstruiert hatte; eine Maschine, die buchstäblich das ganze Universum in ihren unzähligen Datenbanken gespeichert hatte. Klapauzius aber wollte die Bezeichnung nicht recht gefallen, er war unablässig auf der Suche nach immer ausgefalleneren Namen, um die Riesenmaschine zu taufen. Bald nannte er sie Pantokratorium, bald Ultimator-Omnigenerator, bald ONALCO (Ontologischer Allzweckcomputer). Aber Namen sind Schall und Rauch, wichtig war einzig und allein, daß die mächtige Maschine nach genau einem Jahr und sechs Tagen erbaut war. Sie hatte so gewaltige Dimensionen, daß wir sie aus Raumersparnisgründen in Ventralia, dem hohlen Mond der Tolpatschiden, unterbringen mußten; und wahrlich, eine Ameise an Bord eines Ozeanriesen hätte sich nicht verlorener vorkommen können als wir im Bauch dieses binären Behemoths, angesichts des endlosen Gewirrs von Kabeln und Magnetspulen, eschatologischer Transformatoren, hagiopneumatischer Perfektionatoren und Rektifikatoren des Bösen. Ich muß gestehen, meine Drahthaare standen mir zu Berge, die Ölfilter in meiner Kehle wurden staubtrocken, und meine Wolframzähne schlugen aufeinander, als mich

Klapauzius ans zentrale Schaltpult setzte und mich allein ließ, Auge in Auge mit dieser unheimlichsten aller Maschinen. Wie Sterne am Firmament sah ich ihre Schalttafeln erglühen, überall flammten Warnzeichen auf: VORSICHT! HOCHSPANNUNGSTRANSZENDENZ! Die Zeiger der logischen und semantischen Potentiometer schlugen aus und pendelten sich bei Meßwerten mit Millionen Nullen ein, unter mir wogten bald ganze Ozeane dieser übermenschlichen und übermaschinellen Weisheit, gebannt in Parsecs von elektronischen Ganglien und Hektaren von Magnetfeldern, eine Weisheit, die derart allgegenwärtig war und mich so spürbar von allen Seiten umgab, daß ich mir in meiner schmachvollen Unwissenheit so klein und unbedeutend vorkam wie das winzigste Staubkorn. Einen Rest meines jäh zerstörten Selbstbewußtseins gewann ich erst dadurch zurück, daß ich mir meine lebenslange Liebe zum Guten und die Leidenschaft ins Gedächtnis rief, die ich für Wahrheit und Gerechtigkeit bereits hegte, als ich noch am Rockzipfel meines väterlichen Konstrukteurs hing. Nachdem ich mir auf diese Weise Mut gemacht hatte, stellte ich mit stockender Stimme meine erste Frage: ›Wer bist du?‹

Ein heißer Windstoß, begleitet von einem metallischen Knacken, durchzog das gläserne Gebäude, und eine scheinbar leise Stimme – ein flüsternder Donner, der mir durch Mark und Bein ging – sprach:

›Ego sum Ens Omnipotens, Omnisapiens, in Spiritu Intellectronico Navigans, luce cybernetica in saecula saeculorum litteris opera omnia cognoscens, et cetera, et cetera.‹

Das Gespräch mußte in lateinischer Sprache geführt werden, ich will es dir jedoch, so gut ich kann, in ein geläufigeres Idiom übersetzen. Als ich die Stimme der Maschine vernommen und sie sich mir vorgestellt hatte, wuchs meine Furcht ins Unermeßliche, so daß ich absolut unfähig war, die Befragung fortzusetzen. Erst als Klapauzius zurückge-

kehrt war, die Transzendenz reduziert und die Omnipotenz auf ein Milliardstel ihrer ursprünglichen Spannung vermindert hatte, faßte ich wieder Mut und bat den Ultimator, ob er vielleicht so freundlich wäre, auf Fragen im Zusammenhang mit der Maximalen Stufe der Entwicklung und ihrer schrecklichen Geheimnisse zu antworten. Aber Klapauzius erklärte mir, so dürfe man keinesfalls verfahren; er gab dem Ontologischen Computer den Befehl, in seinen silbernen und kristallenen Tiefen einen einzelnen Bewohner des quadratischen Planeten zu modellieren und das Modell gleichzeitig mit einer gewissen Portion Schwatzhaftigkeit auszustatten; erst nachdem dieser Befehl in Windeseile ausgeführt war, konnte die eigentliche Arbeit beginnen.
Ich muß zu meiner Schande gestehen, daß ich immer noch vor Angst schlotterte und kein Wort herausbrachte, daher übernahm Klapauzius meinen Platz im Zentralen Schaltpult und begann:
›Wer bist du?‹
›Wie oft soll ich noch auf ein und dieselbe Frage antworten?‹ fragte die Maschine gereizt.
›Mir geht es darum, ob du ein Mensch oder ein Roboter bist‹, erklärte Klapauzius.
›Und was ist deiner Meinung nach der Unterschied?‹ ließ sich die Stimme aus der Maschine vernehmen.
›Wenn du fortfährst, Fragen mit Fragen zu beantworten, dann wird unser Gespräch bis zum Jüngsten Tag dauern!‹ knurrte Klapauzius unfreundlich. ›Du weißt doch ganz genau, worauf ich hinaus will! Los, rede endlich!‹
Obwohl ich zutiefst erschrocken war, wie Klapauzius mit der Maschine umsprang, schien er den richtigen Ton getroffen zu haben, denn sie antwortete:
›Manchmal bauen Menschen Roboter, und manchmal Roboter – Menschen; ob man nun mit Metall oder Protoplasma denkt, ist letztlich gleichgültig. Ich kann beliebige Formen, Dimensionen und Gestalten annehmen, genauer

gesagt, das tat ich früher einmal, denn heute gibt sich niemand von uns mehr mit solchen Kleinigkeiten ab.‹

›Ach, wirklich?‹ gab Klapauzius zurück. ›Und weshalb liegt ihr den ganzen Tag und tut gar nichts?‹

›Und was sollten wir denn tun?‹ entgegnete die Maschine. Klapauzius schoß die Zornesröte ins Gesicht, er beherrschte sich jedoch und sagte:

›Woher soll ich das wissen? Wir auf unserer niedrigeren Entwicklungsstufe tun eine Menge Dinge.‹

›Das haben wir früher auch getan.‹

›Aber jetzt nicht mehr?‹

›Nein.‹

›Weshalb?‹

Dieser Frage wich das digitale Modell zunächst aus, indem es behauptete, es habe bereits sechs Millionen derartiger Befragungen über sich ergehen lassen, die aber weder ihm noch den Fragenden auch nur den mindesten Nutzen gebracht hätten. Nachdem Klapauzius jedoch die Transzendenzspannung erhöht und den Schwatzhaftigkeitsregler etwas aufgedreht hatte, fand sich die Maschine zu einer Antwort bereit:

›Vor etwa einer Milliarde Jahren waren wir eine Zivilisation wie jede andere. Wir glaubten an die Seelenwanderung, an die Jungfräuliche Matrix, an den mystischen Feedback zwischen einem jeden Wesen und dem Großen Programmierer, und was dergleichen Dinge mehr sind. Dann aber kam die Ära der Skeptizisten, Empirizisten und Akzidentalisten, sie gelangten in nicht mehr als neun Jahrhunderten zu dem Schluß, daß es Niemanden Da Oben gibt und daß die Dinge folglich nicht aufgrund Höherer Zwecke oder Pläne geschehen, sondern einfach so passieren.‹

›Was soll das heißen, einfach so?‹ rief ich unwillkürlich aus.

›Wie du weißt, gibt es bucklige Roboter‹, erwiderte die Stimme aus der Maschine. ›Wenn du unter einem Buckel oder einer anderen Mißbildung zu leiden hast, jedoch fest daran glaubst, daß der Große Programmierer gerade deinen Buckel braucht, um Seine Kosmischen Pläne zu verwirklichen, und daß daher die Gestalt deines Körpers noch vor der Schöpfung der Welt festgelegt war, dann kannst du dich ohne weiteres mit deinem Zustand abfinden. Wenn man dir aber sagt, daß deine Mißbildung lediglich eine Folge davon ist, daß ein paar Atome verrutscht und nicht an ihren richtigen Platz gelangt sind, was bleibt dir dann, als jede Nacht Ströme von Tränen zu vergießen?‹

›Aber so muß es doch sein!‹ protestierte ich. ›Einen Buckel kann man begradigen, eine Mißbildung korrigieren, wenn nur die Wissenschaft auf dem entsprechenden Niveau steht!‹

›Ich weiß‹, sagte die Maschine mürrisch. ›Einem schlichten und unwissenden Gemüt mögen die Dinge tatsächlich so vorkommen.‹

›Du meinst demnach, sie lägen gänzlich anders?‹ fragten Klapauzius und ich wie aus einem Munde.

›Wenn eine Zivilisation erst einmal anfängt, Buckel zu begradigen‹, sagte die Maschine, ›glaubt mir, dann gibt es kein Halten mehr! Man kann nicht nur Buckel begradigen, sondern auch einen defekten Verstand zusammenflicken, man kann Sonnen quadratisch machen, Planeten mit Beinen versehen und synthetische Schicksale fabrizieren, natürlich sehr viel süßere als die echten; all das fängt ganz harmlos mit dem Funkenschlagen aus Feuersteinen an, enden aber tut es mit dem Bau von Pankratorien und Omniszientarien! Die Wüste auf unserem Planeten ist gar keine Wüste, sondern ein Supertheotron, millionenmal stärker als dieser primitive Kasten, den ihr gebaut habt. Unsere Vorfahren haben es aus dem einfachen Grunde geschaffen, weil ihnen jede andere Aufgabe schon zu leicht erschienen wäre. In ihrem Größenwahn wollten sie sogar den Sand unter ihren Füßen zur denkenden Materie machen. Natürlich ein völlig nutzloses Unterfangen, denn wenn man alles zu tun vermag, gibt es keine Steigerung mehr. Geht das in euren Kopf, meine unterentwickelten Zuhörer?‹

›Ja, natürlich‹, sagte Klapauzius, während ich erneut vor Angst schlotterte. ›Aber weshalb befaßt ihr euch nicht wenigstens mit einer anregenden Tätigkeit, anstatt in diesem genialen Sand herumzuliegen und euch von Zeit zu Zeit zu kratzen?‹

›Weil die Allmacht erst dann am allmächtigsten ist, wenn sie absolut nichts tut!‹ gab die Maschine zurück. ›Den Gipfel kann man erklimmen, aber wenn man einmal oben ist, sieht man, daß alle Wege nur noch bergab führen! Wir sind doch schließlich vernünftige Leute, weshalb sollten wir den Wunsch verspüren, etwas zu tun? Schon unsere Ururväter haben unsere Sonne in einen Würfel verwandelt und unseren Planeten kastenförmig gemacht, wobei sie die höchsten Berge zu einem Monogramm zusammenfügten, das taten sie jedoch nur, um ihr Theotron zu testen. Ebensogut könnte man die Sterne im Karomuster anordnen, die eine Hälfte ausknipsen und nur die andere Hälfte leuchten lassen oder Wesen konstruieren, die von kleineren Wesen bevölkert sind, so daß die Gedanken der Riesen in Tänzen von Millionen Zwergen zum Ausdruck kämen. Man könnte an Millionen Orten zugleich sein oder die Galaxien verschieben, so daß sie sich zu ästhetischen Bildern zusammenfügten; sag mir jedoch bitte, weshalb sollten wir uns auch nur einer dieser Aufgaben unterziehen? Was würde sich denn bessern im Universum, wenn die Sterne dreieckig wären oder Räder hätten?‹

›Aber du redest doch Unsinn!‹ schrie Klapauzius äußerst ungehalten, während ich stärker als je zitterte und bebte. ›Da ihr den Göttern gleichkommt, habt ihr die Pflicht, alles Leid, Unglück und Elend, das andere denkende und fühlende Wesen quält, auf der Stelle zu beseitigen, anfangen aber müßtet ihr bei euren Nachbarn, die sich – wie ich mit eigenen Augen gesehen habe – ständig den Schädel einschlagen! Ihr aber zieht es vor, den ganzen Tag auf der faulen Haut zu liegen, in der Nase zu bohren und euch über rechtschaffene Reisende, die auf der Suche nach Weisheit sind, mit albernen Zuckergußbotschaften lustig zu machen!‹

›Ich verstehe gar nicht, weshalb dich ausgerechnet dieser Zuckerguß so auf die Palme gebracht hat‹, sagte die Maschine. ›Aber lassen wir das. Wenn ich dich richtig verstehe, verlangst du von uns, daß wir jedermann glücklich machen. Mit diesem Problem haben wir uns vor etwa fünfzehn Jahrtausenden gründlich befaßt. Die Felizitologie oder Programmierte Eudämonistik gliedert sich im Prinzip in zwei Richtungen, die schlagartige, revolutionäre und die stufenweise, evolutionäre. Die evolutionäre Richtung besteht im wesentlichen darin, keinen Finger zu rühren und voll und ganz darauf zu vertrauen, daß sich jede Zivilisation schon aus eigener Kraft irgendwie durchwursteln wird. Die revolutionäre Richtung arbeitet mit Zuckerbrot und Peitsche. Der Einsatz der Peitsche, d. h. die Schaffung des Glücks mit Gewalt, hat nach unseren Berechnungen zwischen hundert und achthundertmal mehr Unglück zur Folge als der Verzicht auf jegliche Intervention. Bei der Zuckerbrot-Methode sind die Resultate – so unglaublich das auch klingen mag – genau dieselben, und zwar unabhängig davon, ob man ein Supertheotron oder einen Höllischen Infernator, auch genannt Gehennerator, einsetzt. Vielleicht hast du schon einmal von der sogenannten Krabbe Nebula gehört?‹

›Aber natürlich‹, erwiderte Klapauzius, ›das sind die Reste einer Supernova, die vor langer Zeit explodiert ist.‹

›Supernova! In der Tat!‹ war das höhnische Echo aus der Maschine. ›Nein, mein treuherziger Freund, dort war ein Planet, sogar ein ziemlich zivilisierter, auf dem Blut, Schweiß und Tränen in reichlichem Maße flossen. Eines Morgens warfen wir daher achthundert Millionen Volltransistorisierte Wunscherfüller über dem Planeten ab, aber wir hatten uns noch keine Lichtwoche von ihm entfernt, als er explodierte – winzige Stücke und Splitter fliegen bis auf den heutigen Tag durchs Weltall! Ähnlich war es mit dem Planeten der Hominaten . . . soll ich dir auch davon erzählen?‹

›Nein, danke!‹ brummte Klapauzius mürrisch. ›Aber ich kann einfach nicht glauben, daß es unmöglich sein soll, andere glücklich zu machen! Mit etwas Umsicht und Fingerspitzengefühl müßte . . .‹

›Du glaubst mir nicht?‹ unterbrach ihn die Maschine. ›Dann kann ich dir auch nicht helfen. Wir haben es vierundsechzigtausendfünfhundertunddreizehnmal versucht. Die Haare stehen mir noch heute auf jedem meiner Köpfe zu Berge, wenn ich an die Resultate denke. Wahrlich, für das Wohl und Wehe unserer Mitkreaturen haben wir keine Mühe gescheut. Wir bauten eine Spezialapparatur zur Telespektroskopie der Träume, wie du jedoch ohne weiteres einsehen wirst, sahen wir unsere Aufgabe nicht darin – wenn zum Beispiel auf einem Planeten ein Religionskrieg tobte, und die eine Seite nichts sehnlicher wünschte, als die andere zu massakrieren –, alle Träume in Erfüllung gehen zu lassen. Es ging somit darum, das Glück zu schaffen, ohne Höhere Normen zu verletzen. Das Problem wurde zusätzlich durch den Umstand kompliziert, daß sich die meisten Zivilisationen in den tiefsten Tiefen ihres Herzens nach Dingen sehnen, zu denen sie sich öffentlich niemals bekennen würden. Folglich entstand ein neues Dilemma: Sollten wir sie bei den Zielen unterstützen, die sie mit einem Rest an Schamgefühl und Anstand verfolgten, oder sollten wir ihre ureigensten, tief im Herzen verborgenen Wünsche erfüllen? Nimm zum Beispiel die Dementianer und die Amentianer. Die Dementianer verbrannten in ihrer mittelalterlichen Frömmigkeit alle auf dem Scheiterhaufen, die mit dem Teufel paktiert hatten, in erster Linie Frauen. Sie taten das zum einen, weil sie ihnen die mit dem Satan genossenen Wonnen mißgönnten, zum anderen, weil sie entdeckt hatten, daß Folterungen im Namen des Rechts ein außerordentliches Vergnügen sein konnten. Die Amentianer wiederum verehrten nichts außer ihrem eigenen Körper, den sie mit Maschinen in wollüstige Erregung brachten, und diese Beschäftigung, wenngleich in Maßen ausgeübt, stellte ihr Hauptvergnügen dar. Sie hatten Glaskästen, vollgestopft mit diversen Vergewaltigungen, Morden und Feuersbrünsten, deren Anblick ihren sinnlichen Appetit nur noch mehr anregen sollte. Wir warfen über ihrem Planeten eine Unzahl von Spezialapparaturen ab, die so konstruiert waren, daß sie alle geheimen Sehnsüchte und Begierden befriedigten, ohne irgend jemandem zu schaden; dies geschah in der Weise, daß für jedes Individuum eine gesonderte künstliche Realität geschaffen wurde. Fünf Wochen dauerte es bei den Dementianern, immerhin sechs bei den Amentianern, dann waren sie alle vor lauter Wonne zugrunde gegangen; ein ekstatisches Stöhnen aus Millionen Kehlen begleitete ihren Todeskampf! Vielleicht schweben dir solche Methoden vor, minderentwickeltes Wesen?‹

›Entweder bist du ein kompletter Idiot oder ein Ungeheuer!‹ knurrte Klapauzius, während ich einer Ohnmacht nahe war. ›Wie kannst du es wagen, dich mit solchen Schandtaten zu brüsten?‹

›Ich brüste mich nicht mit ihnen, ich beichte sie dir‹, erwiderte die Stimme gleichmütig. ›Glaub mir, wir haben wirklich alle denkbaren Methoden ausprobiert. Auf verschiedenen Planeten ließen wir einen Regen von Reichtum, ja ganze Fluten von Wohlstand und Überfluß niedergehen, das Resultat war die totale Lähmung jeglicher Initiative und Arbeitsfreude; wir gaben auch gute Ratschläge, zum Dank dafür eröffneten die Eingeborenen das Feuer auf unsere Roteller, d. h. fliegende Untertassen. Wahrlich, es hat ganz den Anschein, als müsse man zunächst den Charakter derer ändern, die man glücklich zu machen wünscht . . .‹

›Dazu seid ihr am Ende auch noch in der Lage!‹ brummte Klapauzius mißvergnügt.

›Aber ja, gewiß doch! Nimm zum Beispiel unsere Nachbarn, die einen quasiterranen, d. h. geomorphen Planeten bewohnen. Ich meine die Anthropoden. Heute befassen sie sich in erster Linie mit transzendentalen Windbeuteleien und Metapherrenkungen, denn sie schweben in panischer Furcht vor der Ehrwürdigen Flatomatrone, die ihrer Meinung nach im Jenseits auf alle Sünder mit weit aufgerissenem, Höllenfeuer speiendem Rachen lauert. Da ein junger Anthropode den Seligen Zimbellianern sowie dem Heiligen Brechbuddhian getreulich nacheifert und den Fastidianern aus Scheußlichtenstein wohlweislich aus dem Wege geht, wird er mit der Zeit fleißiger, tugendhafter und edler, als es seine achtarmigen Vorfahren waren. Zwar stehen die Anthropoden in einem ständigen Glaubenskrieg mit den Anthropannen – hervorgerufen durch die brennende Frage, ob der Zwang den Drang auslöse oder umgekehrt der Drang den Zwang –, du mußt jedoch bedenken, daß bei diesen Kämpfen in aller Regel nur die Hälfte einer jeden Generation zugrunde geht. Nun verlangst du von mir, daß ich ihnen den Glauben an Transzendentale Windbeuteleien, an die Ehrwürdige Flatomatrone und all den übrigen Unsinn einfach aus dem Kopf schlage, um sie damit einer rationalen Beglückung zugänglich zu machen. Das aber wäre gleichbedeutend mit psychischem Mord, denn die Wesen, die dabei herauskämen, wären ja keine Anthropoden oder Anthropannen mehr. Siehst du das ein?‹

›Ja, schon, doch der Aberglaube muß dem Wissen weichen!‹

›Das steht außer Frage! Doch bedenke bitte, daß es auf dem Planeten derzeit fast sieben Millionen Büßer gibt, die nicht selten ihr ganzes Leben damit verbracht haben, ihre eigene

Natur zu vergewaltigen, nur um ihre Nächsten vor der Schrecklichen Flatomatrone zu bewahren. Und ich soll ihnen in weniger als einer Sekunde erklären, soll sie davon überzeugen, ohne bei ihnen auch nur den Schatten eines Zweifels zurückzulassen, daß all das umsonst war, daß sie ihr ganzes Leben mit völlig nutz- und inhaltlosen Opfern vergeudet haben? Wäre das nicht grausam? Der Aberglaube muß dem Wissen weichen, das aber braucht seine Zeit. Denk an den Buckligen, über den wir gesprochen haben. Er lebt in dunkler, wohltätiger Unwissenheit, weil er glaubt, daß sein Buckel im Werk der Schöpfung eine kosmische Rolle erfüllt. Wenn du ihm erklärst, daß er lediglich das Resultat eines molekularen Unfalls ist, so wirst du ihn in Verzweiflung stürzen. Also müßtest du den Buckel sogleich begradigen . . .›

›Ja, natürlich!‹ rief Klapauzius aus.

›Auch das haben wir gemacht. Mein Großvater hat seinerzeit dreihundert Buckel auf einmal begradigt. Und wie sehr hat er es später bereut!‹

›Weshalb?‹ fragte ich unwillkürlich.

›Weshalb? Einhundertzwölf von diesen Unglücklichen wurden sogleich in Öl gesotten, denn man sah ihre plötzliche und wundersame Heilung als sicheres Indiz dafür an, daß sie ihre Seele dem Teufel verkauft hatten; dreißig wurden, da nicht länger untauglich, sofort zum Militär eingezogen und fielen in verschiedenen Schlachten unter verschiedenen Fahnen; siebzehn soffen sich vor Freude über ihre Genesung augenblicklich zu Tode, und der Rest – mein wohlmeinender Großvater hatte ihnen als Draufgabe außerordentliche Schönheit verliehen – welkte durch übermäßige Anstrengung bei erotischen Aktivitäten rasch dahin; nachdem sie diese Vergnügungen so lange Zeit hatten entbehren müssen, stürzten sie sich jetzt in jede Art von Ausschweifungen, leider derart heftig und zügellos, daß sie innerhalb von zwei Jahren alle unter dem grünen Rasen lagen. Es gab da eine Ausnahme . . . aber die ist kaum der Rede wert.‹

›Erzähl zu Ende, wenn du schon einmal angefangen hast!‹ schrie Klapauzius, offensichtlich aufs äußerste erregt.

›Also gut, wenn du unbedingt willst. Ganze zwei waren übriggeblieben. Der erste erschien bei meinem Großvater und bat ihn auf Knien, er möge ihm seinen Buckel zurückgeben. Als Krüppel hatte er nicht schlecht von Almosen gelebt, als Gesunder aber mußte er arbeiten, woran er nicht gewöhnt war. Am meisten störte ihn, daß er jedesmal mit der Stirn gegen den Türbalken stieß, wenn er irgendwo eintreten wollte . . .‹

›Und der zweite?‹ fragte Klapauzius.

›Der zweite war ein Prinz, der wegen seines Gebrechens von der Thronfolge ausgeschlossen war; nach seiner plötzlichen Heilung ließ ihn seine Stiefmutter, die die Rechte ihres leiblichen Sohnes bedroht sah, vergiften.‹

›Ich verstehe . . . Aber ihr könnt doch Wunder tun, nicht wahr?‹ sagte Klapauzius, Verzweiflung in der Stimme.

›Glück mit Hilfe von Wundern zu schaffen, gehört zu den riskantesten Techniken, die ich kenne‹, gab die Maschine ernst zurück. ›Und wen sollte man durch Wunder ändern? Das Individuum? Zuviel Schönheit sprengt die ehelichen Bande, zuviel Wissen macht einsam, und zuviel Reichtum führt geradewegs in den Wahnsinn. Nein, tausendmal nein! Individuen kann man nicht und Gesellschaften darf man nicht glücklich machen, denn jede Gesellschaft muß ihren eigenen Weg gehen, indem sie auf natürliche Weise Stufe um Stufe der Entwicklung durchläuft und alles Gute und Schlechte, was dabei herauskommt, ausschließlich sich selbst zu verdanken hat. Für uns auf der MAximalen STufe der ENtwicklung gibt es im Kosmos nichts mehr zu tun; und einen anderen Kosmos zu schaffen würde nach meiner Meinung nur von äußerst schlechtem Geschmack zeugen. Weshalb sollten wir das tun? Um uns selbst zu erhöhen? Ein monströser Gedanke! Vielleicht um der zu schaffenden Wesen willen? Aber es gibt sie nicht, weshalb sollten wir also etwas für nichtexistierende Kreaturen tun? Irgend etwas kann man natürlich machen, jedoch nur, solange man nicht in der Lage ist, alles zu machen. Wenn dieser Punkt erreicht ist, sollte man die Hände in den Schoß legen ... und jetzt laßt mich endlich in Ruhe!‹

›Aber wie können wir das? Weißt du denn kein Mittel, um das Leben nur ein wenig zu verbessern und dem Nächsten zu helfen? Denk doch an all die Leidenden! Hallo! Bist du noch da?‹ riefen Klapauzius und ich durcheinander.

Die Maschine gähnte und sagte:

›Hat es überhaupt einen Sinn gehabt, mit euch zu sprechen? Wäre es nicht vernünftiger gewesen, von vornherein so zu verfahren, wie man es auf unserem Planeten mit allen Eindringlingen tut? Es ist doch immer ein und dasselbe. Aber wie ihr wollt! Hier habt ihr eine Formel, die noch nicht ausprobiert wurde, ich warne jedoch ausdrücklich vor den Folgen! Und jetzt macht damit, was ihr wollt. Ruhe und nochmals Ruhe – das ist das einzige, an dem mir jetzt gelegen ist. Laßt mich endlich allein, damit ich inmitten von Myriaden Theostaten und Deioden meditieren kann ...‹

Die Maschine verstummte, ein Licht nach dem anderen erlosch auf den Schalttafeln, und wir standen da und lasen die Karte, die sie gerade für uns gedruckt hatte. Der Text lautete in etwa so:

ALTRUIZIN. Metapsychotropes Transmitter-Präparat, wirkt auf alle sensitiven Albuminoiden. Gefühle, Emotionen und Empfindungen des Individuums werden durch ALTRUIZIN auf alle Wesen übertragen, die sich im Umkreis von maximal vierhundert Schritt befinden. Funktioniert auf telepathischer Grundlage, überträgt jedoch garantiert keine Gedanken. Wirkt nicht auf Roboter und Pflanzen. Die Empfindungen des Individuums

(Sender) werden auf die Symphatici (Empfänger) übertragen. Aufgrund von Sekundärretransmission wird die Intensität der Empfindungen um so größer, je mehr Empfänger am sensitiven Rückkopplungskreis beteiligt sind. Entsprechend der Konzeption seines Erfinders wird ALTRUIZIN in jeder Gesellschaft die unumschränkte Herrschaft der Brüderlichkeit, Solidarität und tiefsten Sympathie sicherstellen, denn die Nachbarn eines glücklichen Einzelwesens müssen dessen Glück teilen, und je glücklicher das Individuum, um so glücklicher sind zwangsläufig auch sie, so daß es in ihrem ureigensten Interesse liegt, ihrem Nächsten aus ganzem Herzen nur das Allerbeste zu wünschen. Wenn jemand Schmerzen leidet, so werden ihm sogleich alle zur Hilfe eilen, um sich selbst vom dadurch induzierten Schmerz zu befreien. Weder Mauern, Zäune, Hecken noch andere Hindernisse können die altruisierende Wirkung aufhalten. Das Präparat ist wasserlöslich; es kann über Wasserleitungen, Flüsse, Brunnen etc. verteilt werden. Geschmack- und geruchlos; ein Millimikrogramm ist ausreichend für einhunderttausend Individuen. Für Folgen, die nicht im Sinne des Erfinders sind, kann keine Haftung übernommen werden. Für den computerisierten Repräsentanten der Max. Stu. d. Entw. – der Ultimator-Omnigenerator.

Klapauzius brummte mißmutig, Altruizin werde ausschließlich bei Menschen zur Anwendung kommen, während die armen Roboter wie eh und je all ihr vom Schicksal zugemessenes Unglück tragen müßten. Ich aber faßte mir ein Herz und wies ihn mit der Bemerkung zurecht, er habe wohl noch nie etwas von der Solidarität aller denkenden Wesen und der Notwendigkeit gehört, unseren organischen Brüdern zu helfen. Sodann kamen wir auf praktische Dinge zu sprechen, denn wir waren uns darüber einig, daß die Aktion zur Schaffung des Glücks keinen Aufschub duldete. Während Klapauzius eine Unterabteilung des ONALCO damit beauftragte, das Präparat in der benötigten Menge herzustellen, faßte ich nach eingehender Bera-

tung mit dem berühmten Konstrukteur den Entschluß, meine Mission auf einem geomorphen, von menschenähnlichen Wesen bewohnten Planeten zu beginnen, der nur knapp vier Tagesreisen entfernt war. Als Wohltäter wollte ich anonym bleiben, daher erschien es uns am zweckmäßigsten, mich in einen Menschen zu verwandeln. Das ist bekanntlich keine leichte Aufgabe, aber der Genius des Konstrukteurs überwand auch in diesem Fall sämtliche Hindernisse, und bald stand ich reisefertig da, mit einem Koffer in jeder Hand. Der eine Koffer enthielt vierzig Kilogramm Altruizin in Form von weißem Pulver, der andere war vollgestopft mit diversen Toilettenartikeln, Schlafanzügen, Unterwäsche und wichtigen Ersatzteilen wie Reserve-Nasen, Augen, Ohren, Haaren, Wangen etc. Ich reiste in Gestalt eines wohlproportionierten jungen Mannes mit Schnurrbart und Schmalzlocke. Klapauzius hegte gewisse Zweifel, ob es ratsam sei, Altruizin gleich in großem Maßstab anzuwenden, und obwohl ich seine Vorbehalte nicht teilte, war ich einverstanden, nach meiner Ankunft auf Terrania (so hieß der geomorphe Planet) zunächst ein Probeexperiment durchzuführen. Da ich dem Augenblick entgegenfieberte, da ich mit der großen Aussaat von Brüderlichkeit und Solidarität beginnen konnte, verabschiedete ich mich ebenso herzlich wie hastig von Klapauzius und machte mich unverzüglich auf den Weg.
Um den ersten Test durchzuführen, begab ich mich gleich nach meiner Ankunft zu einem kleinen Weiler, wo ich mich ins Gasthaus einquartierte, das einem mürrischen Greis gehörte. Als man mein Gepäck von der Kutsche in die Gaststube trug, gelang es mir, unbemerkt eine Handvoll des weißen Pulvers in den nahegelegenen Brunnen zu schütten. Auf dem Hof herrschte hektische Betriebsamkeit, Mägde rannten mit Bottichen voll kochendem Wasser hin und her, der Wirt trieb sie fluchend zur Eile an; dann hörte man Hufgetrappel, eine Kalesche rollte in den Hof, und heraus

sprang ein alter Mann mit einem Arztköfferchen in der Hand – sein Ziel war jedoch nicht das Haus, sondern der Stall, aus dem von Zeit zu Zeit ein dumpfes Brüllen erscholl. Wie ich vom Zimmermädchen erfuhr, war ein terranisches Tier, das dem Wirt gehörte – eine sogenannte Kuh –, gerade dabei, zu gebären. Diese Neuigkeit beunruhigte mich ein wenig, denn ehrlich gesagt war mir niemals in den Sinn gekommen, auch die animalische Seite des Problems zu bedenken. Jetzt aber konnte ich nichts mehr tun, also schloß ich mich ein und harrte der Dinge, die da kommen sollten. Und sie ließen tatsächlich nicht lange auf sich warten. Ich hörte das Rasseln der Brunnenkette – die Mägde holten schon wieder Wasser – und nach einer Weile das Brüllen der Kuh, diesmal von einem vielstimmigen Echo begleitet. Gleich darauf stürzte der Tierarzt aus dem Stall, preßte die Hände vor den Bauch und schrie vor Schmerzen, hinter ihm rannten die Küchenmägde, zum Schluß der Wirt. Da alle an den Geburtswehen der Kuh teilhatten, flohen sie unter großem Geschrei in alle vier Himmelsrichtungen, um bald wieder zurückzukehren, da die Schmerzen in einer bestimmten Entfernung schlagartig aufhörten. Wieder und wieder setzten sie zum Sturm auf den Stall an, wurden jedoch zum Rückzug in höchstem Tempo gezwungen, überwältigt von schmerzhaften Krämpfen. Bestürzt über die unerwartete Entwicklung der Ereignisse kam ich zu der Erkenntnis, das Experiment ließe sich nur in der Stadt durchführen, wo es keine Tiere gibt. Also packte ich rasch meine Sachen und ging hinunter, um die Rechnung zu begleichen. Da aber jedermann in Haus und Hof vollauf damit beschäftigt war, das Kalb zur Welt zu bringen, konnte ich meine löbliche Absicht nicht verwirklichen. Ich steuerte auf die Kalesche zu, als ich aber erkennen mußte, daß der Kutscher mitsamt seinen Pferden hoffnungslos in den Wehen lag, entschloß ich mich, den Weg zur nahegelegenen Stadt zu Fuß zurückzulegen. Wie es das Unglück jedoch wollte, ging ich gerade über eine schmale Brücke, als mir der Koffer aus der Hand rutschte, aufsprang und seinen ganzen Inhalt in den Fluß unter mir ergoß. Völlig verwirrt stand ich da und mußte mit ansehen, wie die reißende Strömung die ganzen vierzig Kilogramm Altruizin mit sich forttrug. Jetzt war nichts mehr zu machen, die Würfel waren gefallen, denn eben dieser Fluß versorgte die gesamte stromabwärts gelegene Stadt mit Trinkwasser.

Es war Abend geworden, bis ich die Stadt erreichte; die hell erleuchteten Straßen waren voller Lärm und Menschen. Ich stieg in einem kleinen Hotel ab und wartete voller Spannung auf die ersten Anzeichen der Wirkung des Präparats; zunächst waren jedoch keine zu entdecken. Müde nach dem langen Fußmarsch schlief ich bald ein, wurde jedoch gegen Mitternacht durch markerschütternde Schreie geweckt. Ich sprang mit einem Satz aus dem Bett. Mein Zimmer war taghell, dank der lodernden Flammen, die das gegenüberliegende Gebäude verschlangen; als ich auf die Straße hinauslief, stolperte ich gleich am Hauseingang über einen Leichnam, der noch nicht erkaltet war. Nicht weit von mir hielten sechs Strolche einen gellend um Hilfe schreienden Greis fest und rissen ihm mit einer Zange einen Zahn nach dem anderen aus dem Mund, bis ein vielstimmiges Triumphgeheul kundtat, daß sie endlich den richtigen gefunden und gezogen hatten, dessen verfaulte Wurzel aufgrund der metapsychotropen Transmission die Ursache ihrer wahnsinnigen Schmerzen gewesen war. Sie ließen den alten Mann halbtot in der Gosse liegen und zogen – sichtlich erleichtert – weiter.

Es war aber nicht der Schrei dieses Unglücklichen, der mich aus meinem Schlummer gerissen hatte; der Grund lag vielmehr in einem Vorfall, der sich in der Kneipe gegenüber zugetragen hatte. Ein betrunkener Kraftprotz hatte seinem Tischnachbarn ins Gesicht geschlagen und spürte nun dessen Schmerz am eigenen Leibe; darüber geriet er so in Wut, daß er sein Gegenüber erst recht verdreschen wollte. Die übrigen Zecher indes, die ja nicht weniger in Mitleidenschaft gezogen waren, sprangen auf und stürzten sich auf die beiden Kampfhähne, und bald nahm der Teufelskreis der wechselseitigen Schmerzen und Schläge solche Dimensionen an, daß die Hälfte aller Gäste in meinem Hotel aus dem Schlaf gerissen wurde; sie bewaffneten sich hurtig mit Stöcken, Knüppeln und Besenstielen und wälzten sich bald als ein einziges wogendes Knäuel zwischen zerbrochenen Gläsern und zertrümmerten Stühlen, bis eine umgestürzte Petroleumlampe alles in Brand setzte. Unter dem Schrillen der Alarmglocken, dem Heulen der Sirenen und der Verwundeten dieses Kampfes suchte ich so schnell wie möglich das Weite. Ein paar Straßen weiter stieß ich auf eine Menschenmenge, die sich um ein weißes Häuschen, umgeben von Rosensträuchern, drängte. Wie ich herausfand, verbrachte ein junges Brautpaar hier seine Hochzeitsnacht. Es herrschte ein unerhörtes Gedränge, man sah Uniformen, geistliche Gewänder und sogar Schülermützen; die dem Haus am nächsten waren, steckten ihre Köpfe durch die Fenster, andere kletterten ihnen auf die Schultern und schrien: ›Na, was ist jetzt? Wozu die Trödelei?! Wie lange müssen wir noch warten?! Zur Sache, und nicht gefackelt!‹ usw. Ein alter Mann, schon zu schwach, um sich durch die Menge nach vorn zu drängen, flehte die Umstehenden unter Tränen an, sie möchten ihn doch durchlassen, denn aus der Ferne konnte er wegen seiner nicht mehr ganz intakten grauen Zellen nichts spüren; seine demütigen Bitten wurden überhaupt nicht zur Kenntnis genommen – einige aus der Menge fielen durch ein Übermaß an Wonne sanft in Ohnmacht, andere stöhnten leise vor Vergnügen, die Unerfahrensten aber bliesen voller Behagen Blasen durch die Nasen. Die Verwandten der Jungvermählten versuchten zunächst, die Bande frecher Eindringlinge zu vertreiben, bald aber wurden sie selbst von der überschwappenden Flut sinnlicher Begierde erfaßt und schlossen sich dem unflätigen Chor an, indem sie das Brautpaar heftig anfeuerten; die treibende Kraft bei diesem traurigen Spektakel war der Urgroßvater des Bräutigams, der immer wieder versuchte, die Tür zum Schlafzimmer mit seinem Rollstuhl einzurammen. Empört und entsetzt über diesen Anblick, machte ich auf dem Absatz kehrt und eilte zum Hotel zurück; unterwegs traf ich auf einige teils in heftige Kämpfe, teils in unzüchtige Umarmungen verwickelte Gruppen von Individuen; all das war jedoch nichts im Vergleich zu den Szenen, die sich im Hotel abspielten. Schon von weitem sah ich, wie die Gäste im Nachthemd aus den Fenstern sprangen, wobei sie sich nicht selten die Beine brachen, einige kletterten sogar aufs Dach, während der Besitzer, seine Frau, die Zimmermädchen und Gepäckträger drinnen hektisch hin und her rannten, von Todesangst gepackt aufschrien und sich in Schränken oder unter den Betten versteckten – all das nur, weil eine Katze im Keller gerade ein Mäuslein jagte.

Erst jetzt fing ich an zu begreifen, daß ich in meinem Eifer wohl etwas voreilig gehandelt hatte. Bei Tagesanbruch war der Altruizin-Effekt bereits so stark, daß ein Jucken in der Nase eines Individuums genügte, um in der gesamten Nachbarschaft im Umkreis einer Meile donnernde Salven kollektiven Niesens auszulösen; vor Personen, die unter schweren Neuralgien litten, flohen Verwandte, Krankenschwestern und Ärzte in panischem Entsetzen; nur ein paar blasse, vor Wonne schwer atmende Masochisten hefteten sich hin und wieder an ihre Fersen. Es gab auch viele Ungläubige und Zweifler, die ihre Nächsten nur deshalb traten und schlugen, um sich zu überzeugen, ob es denn seine Richtigkeit habe mit dieser Transmission der Gefühle, von der jedermann sprach; die Malträtierten blieben ihrerseits die Antwort nicht schuldig, und bald hallte die ganze

Stadt von dumpfen Schlägen und Tritten wider. Als ich um die Frühstückszeit einigermaßen ratlos und verwirrt durch die Straßen wanderte, traf ich beim Marktplatz auf eine unübersehbare, in Tränen aufgelöste Menschenmenge, die eine alte, schwarzverschleierte Frau vor sich hertrieb und mit Steinen nach ihr warf. Wie sich herausstellte, war sie die Witwe eines hochbetagten Schusters, der am Tag zuvor gestorben war und an diesem Morgen beerdigt werden sollte; die abgrundtiefe Trauer der Schustersfrau war den Nachbarn und den Nachbarn der Nachbarn derart auf die Nerven gegangen, daß sie die Arme – nachdem sie nicht imstande waren, ihr auf irgendeine Weise Trost zu spenden – kurzerhand aus der Stadt vertrieben. Dieser traurige Anblick preßte mir das Herz zusammen, und ich kehrte so rasch als möglich zum Hotel zurück, aber auch das stand noch in hellen Flammen. Die Köchin hatte sich nämlich in der heißen Suppe den Finger verbrannt, woraufhin ihr plötzlicher Schmerz einen Rittmeister, der in der obersten Etage gerade sein Gewehr reinigte, dazu veranlaßte, unwillkürlich auf den Abzug zu drücken und mit einer einzigen Salve seine Frau nebst vier Kindern zu töten. Seine Verzweiflung übertrug sich auf alle, die noch nicht wegen einer Ohnmacht oder eines Beinbruchs im Krankenhaus gelandet waren; ein besonders wohlmeinendes Individuum aber, das dem unerträglichen kollektiven Leiden ein Ende setzen wollte, übergoß in einem offensichtlichen Anflug von Wahnsinn alle Gäste, derer es habhaft werden konnte, mit Petroleum und setzte sie in Brand. Ich floh wie ein Besessener vor der Feuersbrunst und begab mich auf die verzweifelte Suche nach wenigstens einem einzigen Menschen, von dem man mit Fug hätte sagen können, er sei zumindest einigermaßen, zumindest halbwegs glücklich gemacht worden; ich traf jedoch nur auf ein paar Nachzügler der Menschenmenge, die von der Hochzeitsnacht zurückkehrte.

Man sparte nicht mit Kommentaren zu diesem Ereignis, wobei deutlich wurde, daß die Leistung der Jungvermählten weit hinter den Erwartungen dieser Schufte zurückgeblieben war. Jeder der ehemaligen Mitbräutigame hielt einen kräftigen Knüppel in der Hand, um Leidende zu vertreiben, die es wagen sollten, seinen Weg zu kreuzen. Ich glaubte, das Herz müßte mir vor Kummer und Scham zerspringen, aber immer noch suchte ich nach einem Menschen – und sei es auch nur einem einzigen –, der meine Gewissensbisse lindern könnte. Nachdem ich eine Reihe von Passanten befragt hatte, erhielt ich schließlich die Adresse eines berühmten Philosophen, eines glühenden Verfechters der Brüderlichkeit und aufgeklärten Toleranz, und ich lenkte meine Schritte zum angegebenen Ort in der sicheren Erwartung, seine Behausung von einer wogenden Menschenmenge umgeben zu finden. Aber weit gefehlt! Nur ein paar Katzen lagen schnurrend am Eingangstor und badeten in der Aura des guten Willens, die der weise Mann so reichlich verströmte – in gebührendem Abstand jedoch saßen einige gierig seibernde Hunde, die offensichtlich auf ihre Chance lauerten. Ein Krüppel rannte so schnell er konnte an mir vorbei und schrie: ›Die Kaninchenfarm wird heute eröffnet! Alle dürfen rein!‹ Ich zog es vor, keinerlei Vermutungen darüber anzustellen, inwiefern die in einer Kaninchenfarm vor sich gehenden Phänomene segensreiche Auswirkungen auf sein Gefühlsleben haben könnten. Als ich so dastand, näherten sich mir zwei Männer. Der eine schaute mir tief in die Augen, während er ausholte und dem anderen einen krachenden Faustschlag auf die Nase versetzte. Ich starrte sie erstaunt an, ohne mir jedoch an die eigene Nase zu greifen oder vor Schmerz aufzustöhnen, da ich als Roboter den Schlag ja nicht spüren konnte; das aber war Beweis genug für meine Missetaten, denn die beiden waren von der Geheimpolizei und hatten die List nur zu dem Zweck angewandt, um mich zu entlarven. Sie legten mir Handschellen an und brachten mich ins Gefängnis, wo ich meine ganze Schuld eingestand, nicht zuletzt im Vertrauen darauf, daß man meine guten Intentionen strafmildernd berücksichtigen würde, wenngleich inzwischen die halbe Stadt in Flammen stand. Wenn sie mich anfangs nur leicht mit Zangen zwickten, so nur, um sich zu überzeugen, daß ihnen dadurch selbst keinerlei Leiden verursacht würden; nachdem sie aber festgestellt hatten, daß sie nichts, aber auch gar nichts spürten, da fielen sie gleich scharenweise über mich her, trampelten auf mir herum, rissen mir Schrauben mitsamt dem Gewinde heraus und zertrümmerten brutal Metallplatte für Metallplatte meines geschundenen Gehäuses. Ich will gar nicht sämtliche Qualen und Folterungen aufzählen, die ich für meinen aufrichtigen Wunsch erdulden mußte, sie alle glücklich zu machen; es genügt, daß man meine schäbigen Überreste schließlich in ein Kanonenrohr stopfte und weit in den Kosmos hinausschoß, der so dunkel und friedlich wie immer war. Im Flug schaute ich zurück und sah mit brechendem Blick, wie sich die Wirkung von Altruizin in zusehends größerem Maßstab entfaltete, denn die Wellen der Ströme, Flüsse und Bäche trugen das Präparat weiter und weiter. Ich sah, was mit den Vöglein des Waldes geschah, mit den Mönchen, Ziegen, Rittern, den Bauern und Bäuerinnen, den Hähnen, Jungfrauen und Matronen, und bei diesem Anblick platzten mir vor Gram und Herzeleid die letzten unbeschädigten Röhren – und in ebendiesem Zustand landete ich nach langem Gleitflug nicht fern von deiner Behausung, mein edler Retter – ein für allemal geheilt von dem Wunsch, andere mit revolutionären Mitteln glücklich zu machen . . .«

Übersetzt von Jens Reuter

DIE MASKE

Am Anfang waren die Dunkelheit und die kalten Flammen und ein gedehntes Dröhnen und an langen Funkenschnüren schwarz berußte vielgliedrige Haken, die mich weitergaben, und kriechende Metallschlangen, die mich mit rüsselartig abgeflachten Köpfen berührten, und jede Berührung erzeugte einen blitzschnellen, scharfen und fast wollüstigen Schauder.

Durch runde Gläser betrachtete mich ein unendlich tiefer, regloser Blick und entfernte sich, aber ich-es war es wohl, das sich weiterschob und eintrat in den Kreis des nächsten Blicks, der Erstarrung, Respekt und Angst weckte. Meine Wanderung auf dem Rücken dauerte eine unbekannte Zeit, und je mehr sie voranschritt, desto mehr wuchs ich und erkannte mich selbst, erfuhr die eigenen Grenzen, und ich kann nicht sagen, wann ich genau meine Gestalt erfassen und jede Stelle ermitteln konnte, an der ich anhielt. Dort begann die Welt, dröhnend, flammend, dunkel, und dann verhielt die Bewegung, die feinen Gliederstifte, die mich weitergereicht hatten, trugen mich leicht empor, übergaben mich greifenden Händen, schoben mich an flache Münder, verschwanden im Funkenkranz, und ich lag noch willenlos, wenngleich schon fähig, mich selbst zu bewegen, aber im vollen Bewußtsein, daß es noch Zeit sei, und in dieser erstorbenen Neigung – ich ruhte auf einer schrägen Ebene – spannte mich der letzte Strom, eine Wegzehrung ohne Atemholen, ein bebender Kuß, er war das Zeichen, sich loszureißen und hineinzuschlüpfen in eine runde lichtlose Öffnung, ohne alles Drängen von außen berührte ich die kalten, glatten, einwärts gewölbten Platten, um mich

auf ihnen zu steinerner Ruhe zu legen. Aber vielleicht war es ein Traum.
Vom Erwachen weiß ich nichts. Ich erinnere mich an unverständliche Geräusche und kühles Halbdunkel und mich selbst darin, die Welt öffnete sich mir als weite Welt, als in Farben zerlegter Glanz, auch weiß ich noch, wieviel Erstaunen in meiner Bewegung war, als ich die Schwelle überschritt. Starkes Licht fiel von oben herab auf das bunte Gewirr der Körper, ich sah ihre Kugeln, die mir wasserglänzende Knöpfe zuwandten, der allgemeine Lärm erstarb, und in der Stille tat ich noch einen kleinen Schritt. Da sprang in mir, nicht hörbar, sondern nur spürbar eine feine Saite, ich spürte einen so tiefen Zufluß weiblicher Geschlechtlichkeit, daß mich schwindelte und ich die Lider schloß. Und als ich so stand mit geschlossenen Augen, erreichten mich von allen Seiten Worte, denn zugleich mit dem Geschlecht war die Sprache in mich eingetreten. Ich öffnete die Augen und lächelte und schritt voran, meine Kleider folgten mir, ich ging ernsthaft, von der Krinoline umgeben, ohne zu wissen wohin, doch ich strebte voran, denn es war Hofball, und die Erinnerung an den eigenen Irrtum soeben, als ich die Köpfe für Kugeln und die Augen für nasse Knöpfe gehalten hatte, amüsierte mich wie eine kleine Mädchenalbernheit, deshalb lächelte ich, aber dieses Lächeln war nur an mich gerichtet. Mein Gehör reichte weit und war scharf, also erfaßte ich das Gemurmel vornehmer Anerkennung, die heimlichen Atemzüge der Herren und die mißgünstigen der Frauen, woher kommt dieses Mädchen, Vicomte? Doch ich ging durch den Riesensaal, unter dem Kristall der Kronleuchter, vom Netz an der Decke sanken Rosenblätter herab, ich betrachtete mich in der Abneigung auf den geschminkten Gesichtern der Frauen und in den begehrlichen Augen der schlanken Pairs. Draußen vor den Fenstern gähnte von der Decke bis zum Parkett die Nacht, Fässer flammten im Park, und in einer

Fensternische zu Füßen einer Marmorstatue stand ein Mensch, kleiner als die anderen, mitten in einem Kreis von Höflingen, die in schwarze und gelbe Streifen gekleidet waren, sie schienen auf ihn zuzudrängen, überschritten aber den Kreis nicht, und der Einzige blickte nicht zu mir hin, als ich mich näherte.

Im Vorübergehen blieb ich stehen, und obwohl er nicht zu mir herblickte, faßte ich mit den Fingerspitzen die Krinoline und senkte die Augen, als wollte ich einen tiefen Knicks vor ihm machen, doch ich schaute nur auf meine eigenen schlanken und weißen Hände; ich erinnere mich nicht, warum dieses Weiß etwas Erschreckendes an sich hatte, als es auf dem Hellblau der Krinoline aufleuchtete. Er jedoch, dieser kleine Herr oder Pair, umgeben von Hofleuten, hinter dem ein blasser Ritter im Brustpanzer stand, den blonden Kopf entblößt, in der Hand einen Dolch, klein wie ein Spielzeug, dieser Herr geruhte nicht, zu mir herzublicken, er sagte etwas mit tiefer, wie von Langeweile gedämpfter Stimme vor sich hin, zu niemandem. Und ich, die ich ihm keinen Knicks machte, ihn aber eine kurze Weile sehr intensiv anschaute, um sein Gesicht im Gedächtnis zu behalten, dieses um den Mund dunkelschiefe Gesicht, denn eine kleine Narbe verlieh dem Mundwinkel Müdigkeit, ich heftete meine Augen an diese Lippen, wandte mich dann auf der Ferse um, daß die Krinoline rauschte, und ging weiter. Erst da sah er zu mir her, ich spürte deutlich den durchdringenden kalten Blick, so zusammengekniffen, als hielte er eine unsichtbare Büchse an der Wange und zielte auf meinen Nacken, zwischen die goldenen Korkenzieherlocken, und das war der zweite Anfang. Ich wollte mich nicht umdrehen und tat es doch, ich verbeugte mich in tiefem, sehr tiefem Knicks und hob mit beiden Händen die Krinoline, als sänke ich durch ihre Steifheit in den Glanz des Fußbodens ein, denn es war der König. Dann ging ich langsam fort und überlegte, woher ich das so gut und sicher

wußte und dennoch nahe daran gewesen war, etwas Unschickliches zu tun, denn da ich nichts zu wissen brauchte und trotzdem in aufdringlicher und rücksichtsloser Weise wußte, nahm ich alles für einen Traum. Was aber bedeutet es, im Traum eines anderen Nase zu fassen? Ich erschrak ein wenig, denn es war mir nicht gelungen, dies zu tun, als hätte ich in mir eine unsichtbare Schranke. So zögerte ich und ging willenlos, zwischen der Überzeugung zu wachen und der zu träumen, zugleich floß in mich das Wissen, ein bißchen wie Wellen auf das Ufer zu fließen, und jede Welle ließ in mir eine neue Benachrichtigung zurück, wie aus Spitzen geflochtene Titel; und mitten im Saal, unter dem strahlenden, gleich einem Schiff im Feuer dahinsegelnden Kandelaber kannte ich schon alle Namen der Damen, deren Abnützung von sorgfältiger Kunst verhüllt wurde.
Ich wußte schon soviel wie ein aus dem Alptraum Erwachter, der sich noch an ihn entsinnt, und was mir unzugänglich geblieben war, zeichnete sich in meinem Geist wie zwei Verfinsterungen ab, die Vergangenheit und die Gegenwart, denn immer noch kannte ich mich kein bißchen. Dafür spürte ich schon voll und ganz meine Nacktheit, die Brüste, Bauch, Schenkel, Hals, Arme, die unsichtbaren, in reichem Schuhwerk verborgenen Füße, ich berührte den goldgefaßten Topas, dessen Lichtfunke zwischen meinen Brüsten pulsierte, auch spürte ich den Ausdruck meines Gesichts, der niemandem etwas gab, ein Ausdruck, der Verwunderung erregen mußte, denn wer immer mich ansah, hatte den Eindruck eines Lächelns, doch wenn er meine Lippen, Augen, Brauen aufmerksam betrachtete, bemerkte er dort keine Spur von Fröhlichkeit, nicht einmal die bloß höfliche, er suchte sich also noch in den Augen, doch die waren ganz und gar ruhig, er ging zu den Wangen über und suchte am Kinn, doch ich hatte keine flatterhaften Grübchen, meine Wangen waren glatt und weiß, das Kinn aufmerksam, still, sachlich und so vollkommen wie der Hals selbst, der nichts

verriet. Dann verfiel der Betrachtende in Konsternation, weil er nicht begriff, warum ihm der Gedanke gekommen war, ich hätte ihn angelächelt, und in der von seinem Zwiespalt und meiner Schönheit hervorgerufenen Verwirrung zog er sich in die Menge zurück oder verneigte sich tief, um sich wenigstens in dieser Geste vor mir zu verstecken. Ich aber wußte noch immer zwei Dinge nicht, obwohl ich unklar begriff, daß es die wichtigsten waren. Ich verstand nicht, warum der König mich nicht angeschaut hatte, als ich vorüberging, warum er mir nicht in die Augen blicken wollte, obwohl er weder meine Schönheit fürchtete, noch nach ihr verlangte, ich spürte zwar, daß ich ihm teuer war, doch auf eine unausgesprochene Weise, als hielte er mich selbst für nichts, als wäre ich für ihn jemand außerhalb dieses funkelnden Saales, nicht geschaffen zum Tanz auf dem Spiegelboden des gewachsten, zu vielfarbigen Mustern gelegten Parketts, zwischen den in Erz gegossenen Wappen der Türstürze, doch als ich an ihm vorüberging, entstand in ihm kein Gedanke, in dem ich den Königswillen hätte entdecken können, und als er mir seinen Blick nachschickte, flüchtig und lässig, doch über einen unsichtbaren Lauf, begriff ich immerhin so viel, nicht auf mich zielte sein blasses Auge, das sich hinter dunklen Gläsern zu verbergen wünschte, denn im Gegensatz zu dem gut beherrschten Gesicht täuschten seine Augen nichts vor und nahmen sich in der Vornehmheit der Menge so aus wie ein Rest schmutzigen Wassers in einer weißen Schüssel. Nein, seine Augen waren wie etwas seit langem Fortgeworfenes, das man verbergen muß, das den Tag nicht erträgt.

Vielleicht wollte er etwas von mir, aber was? Ich konnte nicht darüber nachdenken, weil ich mich auf etwas anderes konzentrieren mußte. Ich kannte hier alle, aber niemand kannte mich. Nur er allein, der König. Ich hatte auch schon das Wissen um mich bei der Hand, meine Gefühle wurden sonderbar, als ich meine Schritte verlangsamte, nachdem ich drei Viertel des Saales durchmessen hatte, und sich in der bunten Menge, zwischen verknöcherten Gesichtern mit dem silbernen Rauhreif der Backenbärte und verzerrten, aufgedunsenen, verschwitzten Gesichtern mit dem verklumpten Puder, zwischen Ordensbändern und Schnüren ein Gang öffnete, damit ich wie eine Königin auf diesem schmalen Pfad zwischen den Menschen hindurchginge, geleitet von ihren Blicken – wohin ging ich?

Zu jemandem.

Doch wer war ich? Weil es in mir mit flüssiger Geläufigkeit dachte, begriff ich in einer Sekunde, wie eigenartig der Mißklang war zwischen meinem Stand und dieser distinguierten Menge, denn jeder von ihnen hatte seine Geschichte, seine Familie, ganz bestimmte Auszeichnungen, eine Nobilitierung aus Intrigen und Machenschaften, jeder trug eine Blase voll niederträchtigem Stolz, jeder schleppte die eigene Geschichte hinter sich her wie die Staubfahne eines Wagens in der Wüste, während ich von weit her kam, gewissermaßen nicht mit einer Geschichte beladen, sondern mit vielen, weil mein Los für sie nur langsam verständlich gemacht werden konnte durch eine Übersetzung in die hiesigen Sitten, in diese fremde, wenn auch mir vertraute Sprache, also könnte ich mich ihrem Begreifen nur nähern und wäre doch nach den gegebenen Bezeichnungen für sie immer wieder ein anderes Wesen geblieben. Und für mich auch? Nein . . . und trotzdem beinahe ja, ich besaß kein Wissen über das hinaus, was an der Schwelle des Saales in mich eingebrochen war wie das Wasser, wenn es sich aufbäumt und die Leere überflutet, nachdem es zuvor die Dämme gesprengt, über dieses Wissen hinaus, überlegte ich logisch, kann man eine Vielheit zugleich sein? Aus vielen verlassenen Vergangenheiten herstammen? Meine dem Blackout der Erinnerungen entnommene Logik sagte mir, man könne es nicht, ich müsse eine einzige Vergangenheit haben, und wenn ich die Comtesse Tlenix Duenna Zoroennay bin, die junge Virginia, das im überseeischen Land der Langodoten verlassene Waisenkind des Valandengeschlechts, wenn ich Erdachtes nicht von der Wirklichkeit zu unterscheiden und mich selbst nicht im wirklichen Gedächtnis zu finden vermag, dann träume ich vielleicht doch? Und schon erklang irgendwo ein Orchester, und der Ball drang auf mich ein wie eine Geröllawine, es blieb keine Zeit, sich dem Glauben an wirklichere Wirklichkeit zuzuneigen, die beim Erwachen zerspringen konnte. Ich ging in unangenehmer Benommenheit und achtete auf jeden Schritt, da das Schwindelgefühl wiederkehrte, das ich *vertigo* nannte. Fast wäre ich von meinem königlichen Schreiten abgekomen, es war eine riesige, wenn auch unsichtbare und durch diese Unsichtbarkeit gesteigerte Anstrengung, bis ich eine Stützung aus der Ferne verspürte, die Augen eines Mannes, der auf der niedrigen Brüstung eines geöffneten Fensters saß. Über seine Schulter hing komisch der Knoten des Brokatvorhangs, der mit rot-blauen gekrönten Löwen bestickt war, mit schrecklich alten Löwen, die in den Pranken Zepter und Äpfel hielten, vergiftete Äpfel, Paradiesäpfel. Dieser Mensch, mit Löwen bedeckt, schwarz und wohlhabend gekleidet, doch auch mit einer natürlichen Nonchalance, die mit jener künstlichen, herrenmäßigen Unordnung nichts zu tun hat, dieser Fremde, weder Dandy noch Cicisbeo, kein Höfling oder Schönling, aber auch nicht alt, betrachtete mich aus seiner Vereinsamung im allgemeinen Gedränge – selber genauso allein, wie ich allein war. Und rundum diejenigen, die ihr Zigarillo vor den Augen der Tarockpartner mit einer zusammengerollten Banknote anzünden, die Golddukaten auf das grüne Tuch werfen, als würfen sie den Schwänen Muskatnüsse in den Teich, diejenigen, die nichts Dummes oder Schändliches tun können, weil der Glanz ihrer Person jede Tat adelt. Der Mann paßte absolut nicht in diese Kategorie, und die gleichsam ungewollte Erlaubnis, mit der er den steifen, mit königlichen Löwen bestickten Brokat über seinen Schultern hängen und ihm den Abglanz des Thronpurpurs auf das Gesicht werfen ließ, diese Erlaubnis wirkte wie ein sehr leiser Spott. Nicht mehr ganz jung, trug er seine Jugend in den dunklen, ungleich zusammengezogenen Augen und lauschte oder lauschte auch nicht seinem Gesprächspartner, einem dicken und kleinen Glatzkopf mit dem Gesichtsausdruck eines überfütterten Hundes. Als der Sitzende aufstand, glitt der Vorhang von seiner Schulter wie falsches, weggeworfenes Flittergold, und unsere Augen begegneten sich intensiv, doch meine wandten sich sofort wie fliehend von seinem Gesicht, als wäre ich für einen Moment erblindet, als wäre mein Gehör erstorben, so daß ich statt des Orchesters für eine Weile nur den eigenen Pulsschlag vernahm. O ja, seine Züge hielten die Asymmetrie einer anmutigen Häßlichkeit fest, wie sie dem Verstand eigen ist, aber er mußte schon der eigenen, allzu durchdringenden und ihn gewiß ein bißchen selbstzerstörenden Intelligenz müde sein, sicher zerfraß er sich nächtens, man sah, wie schwer er es hatte und daß es Stunden gab, in denen er sie gern losgeworden wäre wie ein Gebrechen, nicht wie ein Privileg und Geschenk, denn der unablässige Gedanke mußte ihn quälen, vor allem wenn er einsam war, und das geschah oft bei ihm – überall, also auch hier. Doch sein Körper unter dem guten, anständig geschnittenen, aber nicht allzu engen Anzug, als hätte er den Schneider gerügt und zurückgehalten, zwang mich, an seine Nacktheit zu denken. Er mußte eine recht klägliche Nacktheit sein, keine herrlich-männliche, athletisch-muskulöse, mit dem ineinander gleitenden Schlangennest der Wölbungen und Wülste, Sehnen und Saiten, wie sie die Lust alter Männer weckt, die noch nicht auf alles verzichtet haben, die die Hoffnung auf das Laichen noch erregt. Doch er hatte nur einen so männlichen, schönen Kopf, dank des Zuges von Genialität um den Mund, dank des zornmütigen Ungestüms der Falte, die beide Brauen wie mit einem Schnitt zerteilte, und dank des Gefühls für die eigene Lächerlichkeit in der starken, fettglänzenden Nase. Ach, das war kein anmutiger Mann, und eigentlich war nicht einmal seine Häßlichkeit verlockend, er war einfach besonders, aber hätte ich mich nicht innerlich entspannt, als unsere Blicke zusammenstießen, hätte ich gewiß weitergehen können. Allerdings, wenn ich das getan hätte, wenn es mir gelungen wäre, dieser Gravitationszone zu entkommen, so hätte der gnädige König mit einem Beben seines Siegelrings, mit einem Seitenblick seiner blassen Augen, mit den nadelartigen Pupillen sich meiner angenommen, und ich wäre dorthin zurückgekehrt, woher ich gekommen. Aber zu jener Zeit und an jenem Ort konnte ich das ja nicht wissen, ich begriff nicht, daß dies, was wie eine zufällige Begegnung der Blicke aussieht, was ein flüchtiges Kreuzen der schwarzen Pupillenlöcher in den Regenbogenhäuten zweier Wesen ist, denn schließlich sind es doch die Löcher der runden Organe, die sich flink in den Schädelhöhlen drehen – daß dies vorherbestimmt ist, woher konnte ich es wissen. Schon ging ich weiter, als er aufstand, den Brokatsaum vom Ärmel schüttelte, als wollte er das Ende der Komödie deutlich machen, und mir folgte. Nach zwei Schritten blieb er stehen, denn nun bemächtigte sich seiner die Erkenntnis, wie impertinent dieses entschiedene Handeln war, wie sehr es nach Gedankenlosigkeit aussah, so hinter einer unbekannten Schönheit herzulaufen wie ein Dummkopf hinter der Musikkapelle, also blieb er stehen, da schloß ich die eine Hand und schob mit der anderen die Schlaufe des Fächers über das Gelenk, so daß dieser hinfiel. Worauf er sogleich ... Wir blickten uns von nahem an, über dem Perlmuttgriff dieses Fächers. Es war ein herrlicher und schrecklicher Augenblick, Kälte durchdrang mit tödlichem Dorn meine Kehle, so daß ich nicht sprechen konnte, und da ich spürte, daß ich keine Stimme, sondern höchstens ein heiseres Krächzen hervorbringen würde, nickte ich ihm zu – diese Geste fiel fast genauso aus wie zuvor der Knicks, den ich vor dem wegschauenden König nicht vollendete. Er grüßte nicht zurück, denn er war zu überrascht und verwundert durch das, was in ihm selbst vorging, weil er das von sich nicht erwartet hatte. Ihm lag daran, etwas zu sagen, sich nicht zu benehmen wie ein Idiot, der er in diesem Augenblick bestimmt war – und er wußte es. »Meine Dame«, sagte er und grunzte wie ein Ferkel, »meine Dame, der Fächer . . .« Den hatte ich schon lange wieder in der Hand. Und mich selbst auch. »Mein Herr«, sagte ich, und meine Stimme war im Timbre ein bißchen zu matt und verändert, doch konnte er denken, es sei meine gewöhnliche Stimme, er hatte mich ja noch nie sprechen gehört, »soll ich ihn noch einmal fallen lassen?« Und ich lächelte, o nein, weder aufreizend noch verführerisch, noch strahlend. Ich lächelte nur, weil ich spürte, wie ich errötete. Diese Röte war nicht wirklich meine eigene, sie überzog die Wangen, erfaßte das Gesicht, färbte die Ohrläppchen, was ich sehr wohl spürte, doch ich war weder verwirrt noch begeistert, noch bewunderte ich diesen fremden Menschen, schließlich doch einen von vielen, verloren unter den Höflingen – genauer gesagt, mit diesem Erröten hatte ich nichts zu tun, es kam aus derselben Quelle wie das Wissen, das auf der Schwelle des Saales in mich eingegangen war, beim ersten Schritt auf seiner Spiegelglätte – dieses Lächeln wirkte wie ein Teil der höfischen Etikette, des Geziemenden, ähnlich wie der Fächer, die Krinoline, die Topase und die Frisur. Um also dieses Erröten unwichtig zu machen, um ihm entgegenzuwirken, zur Verteidigung gegen falsche Verdächtigungen, lächelte ich nicht ihn an, sondern über ihn hinweg, wobei ich von Fröhlichkeit zu Spott überging, und er lachte leise auf, ohne einen Laut, wie nach innen, ähnlich dem Lachen eines Kindes, das weiß, wie streng man ihm verboten hat zu lachen, und das sich deshalb nicht beherrschen kann. Dadurch wurde er im Handumdrehen jünger. »Wenn Sie mir einen Augenblick Zeit ließen«, sprach er und hörte auf zu lachen, als hätte ihn der neue Gedanke ernüchtert, »könnte ich mir eine Antwort ausdenken, die deiner Worte würdig, das heißt überaus witzig wäre. Aber im allgemeinen fallen mir die besten Gedanken ein, wenn ich bereits auf der Treppe bin.«

»So kümmerlich steht es mit Ihren Einfällen?« fragte ich und strengte mich an, Gesicht und Ohren zu beeinflussen, weil mich dieses hartnäckige Erröten ärgerte, es beeinträchtigte meinen freien Willen, denn ich hatte verstanden, daß es ein Ergebnis derselben Absicht war, mit der der König mich dem Schicksal überlassen hatte.

»Vielleicht sollte ich hinzufügen: Gibt es kein Mittel dagegen? Und Sie werden antworten, nein, es gibt keines angesichts der Anmut, deren Vollkommenheit die Hypothese des Absoluten zu bestätigen scheint. Dann würden wir beide zwei Orchestertakte lang ernst werden und mit der gebührenden Geschicklichkeit auf den üblichen höfischen Boden geraten. Doch da Sie mir auf diesem Boden etwas unsicher vorkommen, ist es vielleicht besser, wenn wir nicht so miteinander reden . . .« Erst bei diesen Worten erschrak er wirklich vor mir und wußte nicht, was er sagen wollte. In seinen Augen lag ein Ernst, als stünden wir allein einem Gewitter gegenüber, zwischen Kirche und Wald oder dort, wo es nichts mehr gibt.

»Wer bist du?« fragte er hart. Darin lag kein Fünkchen Alltäglichkeit mehr, keine Verstellung, er hatte nur noch Angst vor mir. Ich fürchtete ihn überhaupt nicht, wirklich kein bißchen, obwohl ich eigentlich hätte entsetzt sein müssen, weil ich spürte, wie sein Gesicht, seine poröse Haut, seine trotzig gesträubten Brauen, seine großen Ohrmuscheln sich in mir mit meiner bisher eingeschlossenen Erwartung verbanden, als trüge ich in mir sein nicht entwickeltes Negativ, das gerade sichtbar wird. Selbst wenn er mein Urteil war, ich fürchtete ihn nicht. Weder mich noch ihn, doch erbebte ich vor der reglosen Kraft dieser Verbindung – nicht wie ein Mensch, sondern wie eine Uhr, deren Zeiger sich decken und die anhebt, die Stunde zu schlagen, aber noch schweigt sie. Dieses Beben konnte niemand bemerken. »Das werde ich Ihnen in Kürze sagen«, antwortete ich sehr ruhig. Ich lächelte leicht jenes winzige Lächeln, mit dem man Kranken und Schwachen Hoffnung einflößt, und entfaltete den Fächer.

»Wein möchte ich trinken. Und Sie?« Er nickte, bemüht, wie eine Haut jene Manieren überzustreifen, die ihm fremd, zuwider, unbequem waren, und wir gingen von dieser Stelle des Saales fort, schritten über den Fußboden mit den Perlschnüren der Wachsbäche, die in Tropfen von den Kronleuchtern fielen, unter dem Blaken der Kerzen, Arm in Arm, dorthin, wo an der Perlmuttwand die Lakaien Getränke in Gläser schenkten.

Ich sagte ihm in dieser Nacht nicht, wer ich war, ich wollte ihn nämlich nicht belügen und kannte die Wahrheit nicht. Die Wahrheit darf nicht widersprüchlich sein, und ich war eine Duenna, eine Comtesse, eine Waise, alle diese Genealogien kreisten in mir, jede konnte sich erfüllen, wenn ich mich zu ihr bekannte, ich begriff schon, die Wahrheit würde von meiner Wahl und Laune bestimmt, was immer ich ausspräche, es würde die übergangenen Bilder fortblasen, doch ich verharrte schwankend zwischen diesen Chancen, weil mir in ihnen eine List des Gedächtnisses zu lauern schien – war ich etwa nicht ganz bei Sinnen, eine Konfabulantin, die sich der Hut ihrer besorgten Nächsten entzogen hat? Während ich mit ihm sprach, dachte ich: Wenn ich eine Verrückte bin, wird alles gut enden. Aus einem Wahn kann man heraustreten wie aus einem Traum – beiden leuchtet die Hoffnung voran. Als wir zu später Stunde – er wich nicht von meiner Seite – an der Majestät vorbeikamen, kurz bevor sie geruhte, sich in ihr Zimmer zurückzuziehen, spürte ich, daß der Herrscher uns keinen Blick gönnte, und das war eine schreckliche Entdeckung. Er prüfte nämlich mein Verhalten an Arrhodes' Seite nicht, offenbar war das unnötig, als wüßte er ohne jeden Zweifel, daß er mir völlig vertrauen könne, so wie man den ausgesandten Meuchelmördern völlig vertraut, die bis zum letzten Atemzug nicht enttäuschen, denn ihr Los ist beschlossen in der Hand des Entsendenden. Die königliche Gleichgültigkeit hätte eigentlich meinen Verdacht wegwischen müssen; da er nicht zu mir hersah, bedeutete ich ihm nichts, also ging die Unnachgiebigkeit des Verfolgungswahns in den Irrsinn über. Deshalb lachte ich als engelhaft schöne Verrückte, trank Arrhodes zu, den der König haßte wie niemanden sonst, doch hatte er seiner sterbenden Mutter geschworen, wenn ein böses Los den Weisen träfe, so wäre es selbstgewählt. Ich weiß nicht, hat mir das jemand beim Tanz gesagt, oder erfuhr ich es vielleicht von allein, denn die Nacht war lang und lärmvoll, die riesige Menge trennte uns immer wieder, doch wir fanden uns unbeabsichtigt, als wären hier alle derselben Verschwörung ergeben – natürlich ein Hirngespinst, wir befanden uns ja nicht unter mechanisch tanzenden Puppen! Ich sprach mit alten Männern, mit Fräuleins, die mir meine Schönheit neideten, ich erkannte unzählige Schattierungen der Dummheit, von der ehrbaren bis zur bösartigen, ich zerteilte und zerschnitt diese kläglichen Biedermänner und diese Mägdelein mit solcher Leichtigkeit, daß es mir schon leid tat. Ich mußte wohl ein verkörperter Verstand voller Schärfen sein, zum Glanz meiner Augen trat eine blendende Präzision der Worte – wegen der wachsenden Angst hätte ich gern ein Kalb gespielt, um Arrhodes zu retten, doch das konnte ich nun wirklich nicht. So vielseitig war ich leider nicht. War etwa mein Verstand – und der ist gleich Ehrlichkeit – abhängig von der Lüge? Solchen Gedanken gab ich mich beim Tanze hin, während ich die Figuren ausführte, die Drehungen des Menuetts vollzog, als Arrhodes, der nicht tanzte, mir von fern zuschaute, schwarz und schlank vor dem Purpurbrokat mit gekrönten Löwen. Der König ging, und bald darauf verabschiedeten wir uns, ich erlaubte ihm nicht, etwas zu sagen, etwas zu fragen, er versuchte es und wurde blaß, als er vernahm, wie ich das Nein wiederholte, erst mit den Lippen, dann nur noch mit dem geschlossenen Fächer. Beim Hinausgehen wußte ich nicht, wo ich wohnte, woher ich gekommen war, wohin ich die Augen richten würde, ich wußte nur, das war nicht meine Sache, ich nahm die Proben auf mich, doch sie waren vergeblich. Wie ist das zu erklären? Jeder weiß, man kann die Augäpfel nicht so verdrehen, daß die Pupille ins Kopfinnere blickt. Ich ließ mich bis zum Palasttor führen, der Schloßpark jenseits der immer noch brennenden Teerfässer war wie aus Kohle gefertigt, in der kalten Luft schwebte ein fernes, unmenschliches Lachen, die Fontänen der Meister aus dem Süden ahmten es perlend nach – oder die sprechenden Statuen, die über den Beeten weißen Vogelscheuchen ähnelten, auch die königlichen Nachtigallen sangen, wenngleich für niemanden, nahe der Orangerie hob sich eine vor dem Hintergrund der Mondscheibe groß und dunkel auf ihrem Zweig ab – vollkommen in ihrem Stil! Der Kies knirschte unter unseren Schritten, und die vergoldeten Spitzen der Einfriedung erhoben sich in einer Reihe über dem nassen Laubwerk. Mit unguter Eilfertigkeit faßte er mich bei der Hand, die ich ihm nicht sofort entzog, die weißen Streifen auf den Epauletten der Grenadiere S. K. Majestät leuchteten auf, jemand rief meinen Wagen herbei, die Pferde stampften mit den Hufen, die Tür der Kutsche glänzte in violettem Laternenlicht, das Trittbrett fiel herab. Das konnte kein Traum sein.

»Wann und wo?« fragte er.

»Besser nie und nirgendwo«, sagte ich meine reine Wahrheit und fügte dann schnell und unbeholfen hinzu: »Ich spiele nicht mit Ihnen, mein weiser Herr, gehe in dich, bis du verstehst, wie gut ich dir rate.« Was ich noch sagen wollte, konnte ich nicht mehr in Worte kleiden, wie seltsam das war, die Stimme versagte mir den Dienst, ich gelangte nicht bis zu Worten. Heisterkeit, Stummheit, als wäre der Schlüssel im Schloß umgedreht, als hätte sich ein Riegel zwischen uns geschoben.

»Zu spät«, sagte er leise mit gesenktem Kopf. »Wahrhaftig zu spät.« – »Die königlichen Gärten sind vom Morgen – bis zum Mittagssignal zugänglich«, sagte ich mit dem Fuß auf dem Trittbrett. »Am Schwanenteich steht eine hohle Eiche. Morgen genau zur Mittagszeit, oder Sie finden Nachricht im Astloch. Und jetzt wünsche ich, du vergißt durch ein unbegreifliches Wunder, daß wir uns begegnet sind.« Hätte ich gewußt wie, hätte ich darum gebetet. Es waren sehr unpassende Worte, banal in dieser Umgebung, aber ich hätte mich durch nichts anderes dieser Banalität entreißen können; das begriff ich, als die Kutsche anfuhr, er konnte sich das Gesagte ja so erklären, als fürchtete ich mich vor den Gefühlen, die er in mir geweckt hatte. So war es auch: Ich fürchtete mich vor den Gefühlen, die er in mir geweckt hatte, doch mit Liebe hatte das nichts zu tun, aber ihm war gesagt, was ich sagen konnte, so wie man im Dunkeln auf dem Moor mit dem vorgeschobenen Fuß versucht, ob der nächste Schritt nicht in der Tiefe versinkt. Ich ging mit Worten, ich ertastete mit dem Atem, was ich sagen konnte und was zu sagen mir nicht gegeben war. Doch er konnte das nicht wissen. Wir trennten uns atemlos, verblüfft, voller Angst, die der Leidenschaft gleicht, so begann unser Verderben. Ich aber, schlank und süß und mädchenhaft, ich begriff klarer, daß ich sein Schicksal war in jener schrecklichen Bedeutung, die sich nicht zurückweisen läßt. Das Innere der Kutsche war leer, ich suchte das am Ärmel des Kutschers angenähte Band, aber es fehlte. Fenster gab es auch nicht – oder waren sie schwarz verglast? Die Dunkelheit im Inneren war so vollkommen, als gehörte sie nicht zur Nacht, sondern zum Nichts. Sie war kein Mangel an Licht, sie war Leere. Ich fuhr mit den Händen über die gewölbten, plüschbeschlagenen Wände, fand aber weder Fensterrahmen noch -griff, nichts als diese weich ausgelegten Flächen vor mir und über mir, das Dach ungewöhnlich niedrig, als wäre ich nicht im Inneren einer Kutsche eingeschlossen, sondern in einem zitternden, geneigten Behälter, ich hörte weder den Hufschlag noch das bei der Fahrt übliche Räderrollen. Schwärze, Stille und Nichts. Dann wandte ich mich mir selbst zu, denn ich war mir selbst ein bedrohlicheres Rätsel als alles, was bislang mit mir geschehen war. Mein Gedächtnis hatte ich bewahrt. Ich meine, so mußte es sein, man konnte es nicht anders einrichten, ich erinnerte mich also meines ersten Erwachens noch ohne Geschlechtlichkeit, ganz und gar nicht mein eigen, als dächte ich an einen giftig verpuppten Traum. Ich erinnerte mich des Erwachens in der Tür zum Schloßsaal, als ich schon in dieser Wachheit war, ich erinnerte mich sogar des leichten Knirschens, mit dem sich die geschnitzten Flügel aneinander rieben, und des Gesichts des Lakaien, den sein dienstfertiger Eifer einer hochachtungsvollen Puppe ähnlich machte, eine lebendige Wachsfigur. Jetzt war das alles in meinem Gedächtnis eine Einheit, doch konnte ich weiter zurückgreifen, dorthin, wo ich noch nicht gewußt hatte, was das ist, ein Türflügel und ein Ball und – ich. Ich erinnerte mich sogar in einer Weise, die mich wie ein Schauder durchdrang, so geheimnisvoll böse war sie, daß ich meine ersten schon halb in Worte geronnenen Gedanken namens eines anderen Geschlechts ausgesprochen hatte. Ich–es stand, sah, ging – diese Formeln hatte ich benutzt, ehe der Glanz des Saals, der durch die offene Tür drang, meine Augen traf und öffnete, er, wer denn sonst, und in mir, sage ich, die Schieber an den Riegeln öffnete, und dann ging mit schmerzhafter Heftigkeit die Heimsuchung in mich ein, das

Menschliche der Wörter, der höfischen Bewegungen, der Anmut des schönen Geschlechts, zusammen mit dem Gedächtnis für Gesichter, unter denen das Gesicht dieses Mannes das erste war – nicht die königliche Grimasse –, und obwohl mir nie jemand das würde erklären können, wußte ich doch mit absoluter Gewißheit, daß ich infolge eines Versehens vor dem König stehengeblieben war, daß es ein Fehler war, das heißt ein Mißverständnis zwischen dem mir Bestimmten und dem diese Bestimmung Erfüllenden. Ein Irrtum – also war das Schicksal nicht echt, wenn es Fehlern erlag, also konnte ich mich noch retten?

Jetzt, in dieser völligen Absonderung, die mich nicht ängstigte, im Gegenteil, die mir angenehm war, weil ich darin so gut, so gesammelt nachdenken konnte, als ich mich selbst erfahren wollte und die Erinnerungen befragte, die schon so zugänglich und ordentlich gegliedert waren, daß ich sie wie die seit Jahren bekannten Gegenstände in einer alten Wohnung bei der Hand hatte, sobald ich Fragen stellte, in dieser Nacht sah ich alles Geschehene, doch war es hell und klar nur von der Schwelle des Ballsaals ab. Vorher – darum ging es. Wo war ich-sie, ich-es vorher gewesen? Woher kam ich? Ein beruhigender, sehr einfacher Gedanke verkündete, ich sei nicht ganz gesund, ich kehrte zurück aus der Krankheit wie von einer exotischen Reise voll seltsamer Abenteuer, als zarte Jungfrau aus Büchern und Romanzen, als für dieses brutale Jammertal zu feines, zerstreutes und wunderliches Mädchen hätten mich Hirngespinste heimgesucht, ich hätte mir in hysterischem Fieber den Zug durch die metallischen Höllen eingebildet, gewiß unter einem Baldachin, in spitzenbesetzter Bettwäsche, ein Gehirnfieber stehe mir sogar recht gut zu Gesichte, im Kerzenlicht, das den Alkoven ein wenig erhellt, damit ich mich beim Aufwachen nicht wieder über etwas erschrecke und in den über mich gebeugten Gestalten alsbald die liebenden Pflegerinnen erkenne – welch eine nette Lüge! Ich hatte des öfteren Truggesichte,

nicht wahr? Sie sind in den reinen Strom meines Gedächtnisses eingeflossen und haben ihn zweigeteilt? Ist er geteilt: Als ich fragte, hörte ich in mir einen Chor von Antworten: Duenna, Tlenix, Angelita. Was ist denn das? Ich hatte alle diese Wendungen parat, sie waren mir gegeben, und jeder entsprachen sogar Bilder – wenn sie sich nur zu einer Kette gefügt hätten! Doch sie existieren so nebeneinander wie die in verschiedenen Richtungen strebenden Wurzeln eines Baumes, und wie sollte ich, notwendigerweise eine einzelne, natürlicherweise eine einzelne, denn eine Vielheit von Verzweigungen sein, die sich in mir vereinen wie die Bäche zum Fluß? Das kann doch nicht sein, sagte ich mir. Dessen war ich gewiß. Und ich sah mein Schicksal bisher gegabelt: Bis zur Schwelle des Ballsaales schien es aus verschiedenen Fäden gefügt, von der Schwelle an war es einheitlich. Die Bilder aus dem ersten Teil meines Schicksals verliefen parallel zueinander und straften sich gegenseitig Lügen. Duenna – ein Turm, dunkle Granitfelsen, eine Zugbrücke, Schreie in der Nacht, Blut in einer Kupferschüssel, Ritter mit dem Aussehen von Fleischern, die rötlich gefärbten Beile der Hellebarden und mein bleiches Gesichtchen im ovalen, halbblinden Spiegel zwischen dem Rahmen des trüben, mit Schweinsblase bespannten Fensters und dem geschnitzten Bettoberteil – kam ich daher?
Doch als Angelita war ich aufgezogen in der Gluthitze des Südens, wenn ich dorthin zurückschaute, sah ich weiße Mauern, die ihre gekalkten Rücken der Sonne zukehrten, vertrocknete Palmen, wilde Hunde mit zersaustem Fell, die ihr Wasser an die schuppigen Stämme spritzten, Körbe voll getrockneter Datteln in ihrer klebrigen Süße, Ärzte in grünen Gewändern, Treppen, Steintreppen, absteigend zur Bucht der Stadt, die sich mit allen Mauern von der Hitze abwandte, aufgeschüttete Haufen von Weintrauben, die zu Rosinen vergilbten und Misthaufen ähnelten, und wieder mein Gesicht, nicht im Spiegel, sondern im Wasser, und das

Wasser floß aus einem Krug, dessen Silber vom Alter gedämpft war. Ich erinnere mich sogar, wie ich diesen Krug trug und wie das Wasser, das sich schwer in ihm bewegte, meine Hand herunterzog.
Aber mein Es und seine Wanderung auf dem Rücken und die elastischen Schlangen aus Metall, die mir Hände und Füße und Stirn geküßt hatten? Dieses Grauen war schon ganz verblaßt, und ich konnte mich nur mit größter Mühe daran erinnern wie an einen bösen Traum, der keinen Zugang zu Worten findet – ich konnte weder gleichzeitig noch hintereinander diese widersprüchlichen Schicksale nacherleben! Was also blieb an Gewißheit? Ich war schön. In mir entstand ebensoviel Verzweiflung wie Triumph, wenn ich mich in seinem Gesicht wie in einem lebendigen Spiegel betrachtete, denn so absolut war die Vollkommenheit meiner Züge, daß die Schönheit, was auch immer ich Irres hätte tun mögen, ob ich gebrüllt hätte mit dem Schaum des Wahnsinns auf den Lippen, ob ich in blutiges Fleisch gebissen hätte, von meinem Gesicht nicht gewichen wäre – doch warum dachte ich »mein Gesicht« und nicht einfach »ich«? War ich nicht im Einklang, nicht in Übereinstimmung mit dem eigenen Körper und Gesicht? Eine Hexe, bereit, den Zauber über jemanden zu werfen? Eine Medea? Das war für mich Unsinn und Dummheit. Und auch, daß der Gedanke mir herausfuhr wie die abgenutzte Klinge aus der Scheide des entehrten Raubritters, daß ich mit dem Gedanken jeden Gegenstand mühelos durchschnitt, dieses eigenmächtige Denken erschien mir in seiner Perfektion bereits zu kalt und über die Maßen ruhig, denn hinter ihm stand die Angst, gewissermaßen übersichtbar, allgegenwärtig, aber gesondert – deshalb verdächtigte ich auch mein eigenes Denken. Doch wenn ich weder meinem Gesicht traute noch meinem Gedanken, wovor sollte ich mich fürchten, wem mißtrauen, da es doch außer Seele und Leib nichts gibt? Das war rätselhaft. Die verzweigten Wur-

zeln meiner Vergangenheiten verrieten mir nichts Wesentliches, die Durchsicht wurde immer wieder zum Umschichten bunter Bilder, als Duenna des Nordens, als Angelita der Hitze, als Mignonne war ich jedesmal eine andere Person mit anderem Namen, Stand, Familie, unter einem anderen Himmel aufgewachsen, nichts hatte hier den Primat. Die Landschaft des Südens kehrte zurück in meine Augen wie überanstrengt von der Verzuckerung der Kontraste, in einer Farbe, die sich allzu ostentativ mit Azurblau überzog; ohne die räudigen Hunde, ohne die halbblinden Kinder mit eiternden Lidern und aufgedunsenen Bäuchen, die lautlos auf den spitzen Knien ihrer verhüllten Mütter starben, wäre mir dieser Palmenstrand zu glatt, glitschig wie eine Lüge gewesen. Und der Norden der Duenna, die Türme mit den Schneehauben, der graubraun kochende Himmel, vor allem die Winter mit den vom Wind erdachten, gewundenen Schneewehen, die vom Graben zu den Schießscharten und Strebepfeilern emporkrochen, von den Stützmauern der Burg mit ihren weißen Zungen herabreichten auf die Felsen, die gelb weinenden Ketten der Zugbrücke – dabei färbte nur der Rost die Eiszapfen an den Gliedern –, im Sommer aber das Wasser des Grabens unter dem Pelz der Entengrütze – so gut erinnerte ich mich daran! Doch auch mein drittes Sein, große, kühle, gestutzte Gärten, Gärtner mit Scheren, Jagdhundemeuten und die Dogge des Narren, die auf der Thronstufe lag, eine müde Statue, in unfehlbarer Grazie der Kraftlosigkeit, beim Atmen die Rippen bewegend, und in ihren gelblichen, gleichgültigen Augen spiegelten sich, so hätte man glauben mögen, die verkleinerten Formen der Kargeriten und Unschönchen. Was diese Worte, Unschönchen, Kargeriten, hießen, wußte ich nicht, aber ich mußte es früher wohl gewußt haben, wenn ich mich jetzt so hineinvertiefte in die Vergangenheit, unvergessen bis zum Geschmack der gekauten Halme, ich spürte, ich durfte nicht so zurückkehren, weder zu den kleinen Schuhen, die ich ausgewachsen, noch zu dem ersten langen, silberbestickten Kleid, als trüge selbst das Kind, das ich gewesen, den Verrat in sich. Deshalb rief ich die fremdeste Erinnerung herbei, die tote Fahrt auf dem Rücken, die starr machenden Küsse des Metalls, das beim Berühren meines nackten Körpers einen klirrenden Laut von sich gab, als wäre meine Nacktheit eine taub gewordene Glocke, die nicht klingen kann, weil sie noch kein Herz hat. Ja, auf diese Wahrscheinlichkeit berief ich mich, ohne mich noch zu wundern, daß die Erinnerung an den geträumten Alpdruck – es mußte ein Alpdruck gewesen sein – so fest in mir haftete; um mir diese Gewißheit zu erhalten, berührte ich mit den Fingern, nur mit den Fingerspitzen meine weichen Unterarme, meine Brüste, es war ohne Zweifel eine Zudringlichkeit, der ich bebend erlag, als träte ich mit zurückgelegtem Kopf unter die eiskalten Bäche eines ernüchternden Regens. Nirgendwo eine Antwort auf meine Frage, also trat ich zurück von diesem Abgrund, der mein war und nicht mein.

Zurück demnach zu dem Einzigen. Der König, der Ballabend, der Hof und dieser Mann. Ich war für ihn geschaffen, er für mich, ich wußte es, aber wieder in Angst, nein, Angst war das nicht, sondern die eiserne Anwesenheit der Bestimmung, des Unvermeidlichen, Unergründlichen, und gerade diese Unvermeidlichkeit, diese Nachricht wie der Tod, daß man nicht mehr absagen, sich entziehen, fortgehen, fliehen, schließlich zugrunde gehen kann, aber *anders* zugrunde gehen – in diese eisige Anwesenheit tauchte ich atemlos ein. Da ich sie nicht ertragen konnte, sprach ich nur mit den Lippen vor mich hin »Vater, Mutter, Geschwister, Freundinnen, Nächste«. Wie gut ich diese Worte verstand! Bereitwillig tauchten vertraute Gestalten auf, ich muß mich vor mir selbst zu ihnen bekennen, aber es ist doch unmöglich, vier Mütter zu haben und ebenso viele Väter, also wieder dieser törichte und hartnäckige Wahnsinn?

Schließlich versuchte ich es mit der Mathematik: Eins und eins sind zwei, aus Vater und Mutter entsteht das Kind, du warst eins, du hast Kindheitserinnerungen. Entweder war ich verrückt, sagte ich mir, oder ich bin es weiterhin, und mein Bewußtsein ist ein weißmattiertes Bewußtsein. Es gab keinen Ball, kein Schloß, keinen König, kein Eintreten ins Sein, das dem Gebot der prästabilierten Harmonie streng unterworfen ist. Ich spürte eine Fünkchen Bedauern, einen Widerstand, hervorgerufen von dem Gedanken, ich müßte mich auch von meiner Schönheit trennen. Aus nicht passenden Elementen vermag ich kein Ganzes zusammenzufügen. Es sei denn, ich entdecke in dem Bau Unstimmigkeiten, Ritzen, durch die ich mich zwänge, um ihn zu sprengen und mich darin festzusetzen. War wirklich alles so geschehen, wie es geschehen sollte? Wenn ich Eigentum des Königs war, wie konnte ich es wissen? Sogar nachts daran zu denken, müßte mir verboten sein. Wenn er hinter allem stand, warum wollte ich vor ihm einen Knicks machen und tat es doch nicht? Wenn die Vorbereitungen sich durch Vollkommenheit auszeichneten, warum erinnerte ich mich dann an Dinge, an die ich mich nicht erinnern durfte? Könnte ich auf eine einzige vergangene Kindheit und Mädchenzeit zurückgreifen, so wäre ich nicht in den Zwiespalt dieses Zweifels geraten, der die Verzweiflung hervorruft, den Anfang des Aufstandes gegen das Schicksal? Und weggeblasen werden mußte auf jeden Fall jene Wanderung auf dem Rücken, die belebt worden war von den Funkenküssen auf meine Leblosigkeit und Nacktheit, aber auch das war geschehen und steckte jetzt in mir. Verbarg sich in Absicht und Ausführung eine Unvollkommenheit? Unbesonnene Fehler, Unaufmerksamkeiten, verborgene Lecks, die als Rätsel oder böser Traum angesehen wurden? Dann aber schöpfte ich wieder Hoffnung. Warten. Warten, bis sich in der weiteren Verwirklichung die nächsten Ungenauigkeiten einstellen, aus ihnen eine Waffe schmieden, die

sich gegen den König richtet, gegen mich, ganz gleich gegen wen, wenn es nur dem auferlegten Schicksal widerspricht. Also sich diesem Zauber hingeben, in ihm verharren, zu der verabredeten Begegnung gehen, gleich morgens, und ich wußte, ohne die Quelle zu kennen, genau: DAS verbietet mir niemand. Im Gegenteil, alles lenkt mich gerade in diese Richtung. Und meine derzeitige Umgebung war so primitiv, wozu die Wände, die den Fingern weich nachgaben, die geschmeidige Auskleidung, dahinter der Widerstand von Stahl oder Mauerwerk, ich wußte es nicht, doch ich konnte mit den Fingernägeln diese behagliche Weichheit zerfetzen, ich stand auf, mein Kopf berührte die gewölbte Decke. Das war um mich herum und über mir, doch war ich darin ich selbst?
Ich witterte weiterhin eine Gemeinheit, weil ich mich selbst nicht verstand, und weil sich die Gedanken sogleich sprungweise zu Stockwerken auftürmten, dachte ich bereits, ich müßte an meiner eigenen Meinung zweifeln, denn da ich wie eine verrückte Wasserleiche, wie ein Insekt im Bernstein eingeschlossen war in meiner *obnubilatio ludica*, ist es verständlich, daß . . .
Moment mal. Woher kommt mein so großartig differenzierter Wortschatz, diese gelehrten lateinischen Termini, diese logischen Wendungen und Syllogismen, diese Geläufigkeit, so unpassend zu einer reizenden Jungfrau, deren Anblick männliche Herzen aufflammen läßt? Und woher kommt dieses Gefühl einer unseligen Banalität in Sachen des Geschlechts, die kalte Verachtung, die Distanz? Ach ja, vielleicht liebte er mich schon, vielleicht war er schon von mir besessen, wollte mich sehen, meine Stimme hören, meine Finger berühren, und ich musterte seine Leidenschaft wie ein Präparat unter Glas. War das nicht verwunderlich, widersprüchlich und unsynkathegorematisch? Vielleicht hatte ich mir alles nur eingebildet, und das Endgültige, der letzte Grund war ein altes, ausgekühltes, in den Erfahrun-

gen unzähliger Jahre verfangenes Gehirn? Vielleicht war die zugespitzte Klugheit überhaupt meine einzige wahre Vergangenheit, vielleicht war ich aus der Logik entstanden, bildete sie meine authentische Genealogie ... Ich glaubte nicht daran. Ich war unschuldig, ja, und zugleich furchtbar schuldig. Unschuldig war ich in allen auf meine Gegenwart zulaufenden Bahnen der abgeschlossenen Vergangenheit, so war ich als Mädchen gewesen, als finster schweigsamer Backfisch in graublauen Wintern und in der abgestandenen Hitze der Schlösser, und ich war unschuldig an dem, was heute beim König vorgegangen war, weil ich nicht anders sein konnte, und meine Schuld, meine grausame, lag nur darin, daß ich alles schon so gut wußte und für Schein, für Trug und Schaum hielt, und daß ich, wenn ich in die Tiefe meines Geheimnisses hinabsteigen wollte, mich vor dem Hinabsteigen fürchtete und jedem unsichtbaren Hindernis gegenüber, das mich auf diesem Wege zurückhielt, eine niederträchtige Dankbarkeit empfand. So also hatte ich einen befleckten und rechtschaffenen Geist, was blieb mir noch, oh, mir blieb gewiß noch etwas, ich hatte noch meinen Körper und begann ihn zu betasten und zu erforschen in dieser schwarzen Eingeschlossenheit, ganz wie ein erfahrener Untersuchungsbeamter die Stelle erforscht, an der ein Mord geschehen ist. Eine sonderbare Untersuchung! Denn während ich tastend den nackten Körper suchte, spürte ich in den Fingern eine leicht kribbelnde Starrheit – war es etwa die Angst vor mir selber? Aber ich war doch schön und hatte flinke, elastische Muskeln, wenn ich meine Schenkel umfaßte, als wären es nicht meine, sondern fremde, konnte ich mit dem festen Griff unter der glatten und duftenden Haut die Knochen fühlen, doch die Handgelenke und die Innenseiten meiner Unterarme an den Ellbogen wagte ich aus irgendeinem Grunde nicht zu berühren. Ich suchte diesen Widerstand zu überwinden, was konnte dort sein, meine Arme waren in gestärkte, ein wenig rauhe Spitzen gehüllt, es ging unbequem, hinauf also zum Hals. Man nennt ihn Schwanenhals – der Kopf sitzt darauf mit ungewolltem, natürlichem Stolz, der Achtung weckt, die Ohrmuscheln unter den Haarflechten sind klein, straffe Ohrläppchen ohne Schmuck, undurchstochen, warum, ich berührte die Stirn, die Wangen, die Lippen. Ihr Ausdruck, den ich mit zarten Fingerspitzen erforschte, beunruhigte mich wieder. Es war anders, als ich vermutet hatte. Fremd. Aber wie konnte ich mir selbst fremd sein außer infolge von Krankheit, von Wahnsinn? Mit einer heimlichen Bewegunng, wie sie der Naivität eines von Märchen betörten Kindes entspricht, griff ich doch nach Handgelenken und Ellbogen, wo der Oberarm in den Unterarm übergeht, dort war etwas Unverständliches. Ich verlor das Gefühl in den Fingerkuppen, als drückte etwas auf meine Nerven, meine Blutgefäße, und sprang wieder hinüber in einen verdächtigen Gedanken: Woher hatte ich diese Kenntnisse, wieso untersuchte ich mich wie ein Anatom, das paßte doch weder zu einem Mädchen, zu Angelita, noch zur blondhaarigen Duenna, noch zur lyrischen Tlenix, zugleich aber spürte ich einen beruhigenden Zwang: Das gerade ist normal, wundere dich nicht über dich selbst, du launisches, flatterhaftes Mädchen, wenn dir etwas unwohl war, kehre nicht dorthin zurück, werde gesund, denke an die verabredete Begegnung . . . Aber die Ellbogen, die Handgelenke? Unter der Haut gleichsam harte Klümpchen. Geschwollene Lymphknoten? Verkalkungen? Unmöglich, weil der Schönheit widersprechend, ihrer absoluten Gewißheit. Und doch war da eine winzige harte Stelle, ich spürte sie erst bei starkem Druck, oberhalb der Hand, wo der Puls nicht mehr schlägt, und in der Ellenbeuge.

Also hatte mein Körper auch Geheimnisse, antwortete er mit Andersartigkeit auf die Andersartigkeit des Geistes, mit seiner Angst bei den Selbstbetrachtungen, darin lag eine

Regelmäßigkeit, Entsprechung, Symmetrie: wenn dort, so auch hier. Wenn der Geist, so auch die Glieder. Wenn ich, so auch du. Ich, du, Rätsel – ich war erschöpft, die übermächtige Erschöpfung drang mir ins Blut, ich hätte mich unterwerfen sollen. Einschlafen, versinken in die Bewußtlosigkeit einer anderen, befreienden Dunkelheit. Da durchfuhr mich der Entschluß, dieser Neigung boshaft die Zustimmung zu versagen, mich dem Kasten dieser stilvollen Kutsche (aber das Innere war nicht mehr so stilvoll!) zu widersetzen, diesem kleinen Geist einer allzu klugen, in ihrem Denken allzu tiefgründigen Jungfrau! Trotz gegen die Schönheit des eigenen Körpers, die ihre verborgenen Stigmata besaß! Wer bin ich? Mein Widerstand war bereits Wut, durch die mein Geist im Dunkeln glühte, es schien dadurch heller zu werden. *Sed tamen potest esse totaliter aliter.* Was ist das? Woher kommt das? Mein Geist? *Gratia? Deus meus?* Nein, ich war allein und sprang allein auf, um meine Zähne in die weich verhüllten Wände zu schlagen, ich riß die Verkleidungen ab, der trockene, rauhe Stoff knirschte mir zwischen den Zähnen, ich spuckte die Fasern zusammen mit dem Speichel aus, meine Fingernägel werden brechen, gut so, recht so, sage ich das nun gegen mich oder gegen jemand anderen, aber nein, nein, nein, nein, nein, nein.

Vor mir ein Aufblitzen, es sprang vor mir hoch wie ein Schlangenkopf, doch war es ein metallenes Köpfchen. Eine Nadel? Etwas stach mich oberhalb des Knies in den Schenkel, an der Innenseite, es war ein kleiner, winziger Schmerz, ein Stich und dann nichts.

Nichts.

Der Garten war trostlos. Der königliche Park mit den singenden Fontänen, die Hecken gleichmäßig geschoren, Geometrie der Bäume, der Sträucher, und Stufen, Marmor, Muscheln, Amoretten. Und wir beiden. Billig, ge-

wöhnlich, romantisch, voller Verzweiflung. Ich lächelte ihn an und trug doch am Schenkel das Zeichen. Ich war gestochen worden. Mein Geist dort, wo ich mich empörte, und mein Körper dort, wo ich ihn schon haßte, beide hatten also einen Bundesgenossen. Er hatte sich als nicht geschickt genug erwiesen. Jetzt fürchtete ich ihn nicht mehr so sehr, jetzt spielte ich bereits die Rolle. O ja, er war recht geschickt gewesen, als er in die Festung eingedrungen war und mir die Rolle von innen auferlegt hatte. Aber er war nicht geschickt genug gewesen – ich hatte die Falle gesehen. Noch begriff ich den Sinn nicht, aber ich hatte die Falle gesehen, gespürt, und wer sie erblickt hat, ist nicht mehr so entsetzt wie derjenige, der nur mit der Vermutung lebt.
So viel Mühe hatte ich mit mir, so viel Last, sogar das Tageslicht störte mich mit seiner Feierlichkeit, mit den Gärten, deren Majestät, nicht deren Grün bewundert werden sollte, wahrlich, meine Nacht wäre mir lieber gewesen als dieser Tag, doch es war Tag, und der Mann war da, der nichts wußte, nichts verstand, er lebte in der brennenden Süße eines angenehmen Wahns, in dem Zauber, in den ich, nein, ein Dritter ihn verstrickt hatte. Netze, Schlingen, Fallen mit tödlichem Stachel, und das alles – ich? Und nur dazu auch die Peitschen der Fontänen, die königlichen Gärten, der Dunst der Ferne? Aber das ist doch töricht. Um wessen Ruin, wessen Tod ging es? Genügten nicht die falschen Zeugen, die Greise mit Perücken, der Strick, das Gift? Ging es vielleicht um Größeres? Vergiftete Intrigen wie üblich auf höfischem Parkett.
Dem Grün der gnädigen Majestät hingegeben, näherten sich uns die Gärtner im Lederwams nicht. Ich schwieg, denn so war es mir bequemer, wir saßen auf einer Stufe der großen Treppe, wie für einen Riesen gebaut, der künftig aus Wolkenhöhen herabtreten würde, um sie zu benutzen. Symbolfiguren, in Stein gebannt, nackte Amoretten, Faune, Silene aus glattem, wasserüberspültem

Marmor glichen sich in ihrer Trostlosigkeit dem grauen Himmel an. Eine idyllische Szene, wie Philemon und Baucis, und viel Lakritze! Endgültig erwachte ich in diesen Gärten, als die Kutsche abgefahren war und ich leicht dahinschritt, als wäre ich soeben dem duftenden Dampfbad entstiegen, mein Kleid war schon ein anderes, frühlingshaftes, sein gedecktes Dessin berief sich zaghaft auf die Blumen, war eine Anspielung auf sie, half Ehrfurcht wecken, umgab mich mit Unberührtheit. Eos Rhododaktylos, aber ich ging zwischen den tauglitzernden Hecken hindurch mit dem Mal auf dem Schenkel, ich mußte es nicht berühren und konnte das auch nicht, die Erinnerung genügte, sie wurde nicht gelöscht. Ich war ein gefangener, im Kindesalter gefesselter, in Unfreiheit geborener Verstand, aber ein Verstand. Und deshalb begann ich vor seinem Erscheinen, als ich erkannte, daß jetzt meine Zeit da war und keine Nadel in der Nähe und nichts heimlich lauschte, ich begann wie eine Schauspielerin, die sich zum Auftritt rüstet, Worte vor mich hinzuflüstern, von denen ich nicht wußte, ob es mir gelingen würde, sie vor ihm auszusprechen, ich erforschte also die Grenzen meiner Freiheit, ich berührte sie blindlings tastend im Licht des Tages. Was war es? Die reine Wahrheit, zuerst die Wandlung der grammatikalischen Form, dann die Vielfalt meiner Plusquamperfekte, auch alles, was ich erlebt hatte, und der Stich, der die Empörung lähmte. Kam das aus Mitleid mit ihm, um ihn nicht zu vernichten? Nein, denn ich liebte ihn nicht. Es war Verrat: Wir drangen ineinander ein aus bösem Willen. SO also sollte ich das sagen? Daß ich ihn durch Aufopferung vor mir als vor dem Verderben retten wollte?

Nein, es war völlig anders. Die Liebe hatte ich woanders – ich weiß gut, wie das klingt. Es war eine flammende, zärtliche und sehr gewöhnliche Liebe. Ich wollte ihm Seele und Leib hingeben, aber nicht in Wahrheit, nur im Stil der Mode, des Brauchs, der höfischen Erfordernisse, denn es sollte keine irgendwie wunderbare, sondern eine höfische Sünde sein. Es war eine sehr große Liebe, die zittern machte und den Pulsschlag beschleunigte, ich wußte, sein Anblick würde mich glücklich machen. Und sie war sehr klein, sie hatte in mir Grenzen, war dem Stil unterworfen wie ein sorgfältig ausgearbeiteter Aufsatz, der die schmerzliche Begeisterung der Begegnung zu zweit ausdrückt. Außerhalb des Bereichs dieser Gefühle lag mir also überhaupt nicht daran, ihn vor mir oder nicht nur vor mir zu retten, denn sobald mein Denken über meine Liebe hinausführte, ging er mich gar nichts an, brauchte ich vielmehr einen Bundesgenossen zum Kampf gegen den, der mich nachts mit giftigem Metall gestochen hatte. Ich hatte niemand anderen, und er war mir in allem ergeben, ich konnte auf ihn zählen. Allerdings nicht über das Gefühl hinaus, das er für mich hegte. Ihm wurde keine *reservatio mentalis* zuteil. Deshalb konnte ich ihm die volle Wahrheit nicht verraten: daß meine Liebe zu ihm und der giftige Stich derselben Wurzel entstammen. Daß ich mich schon deshalb vor beiden ekle, beide hasse und beide zertreten will wie ein Tarantel. Das konnte ich ihm nicht enthüllen, denn er mußte konventionell sein in seiner Liebe, er konnte sich meine Befreiung nicht so wünschen, wie ich sie ersehnte, eine Befreiung, die ihn wegwerfen würde. Deshalb konnte ich nicht anders handeln, als durch lügenhaftes Handeln und Benennung der Freiheit mit dem falschen Namen der Liebe, nur in ihr und durch sie, ihm mich selbst als Opfer des Unbekannten zu zeigen. Des Königs? Aber selbst wenn er die Hand gegen die Majestät erhöbe, würde mich das nicht befreien; wenn der König in der Sache selbst der Verursacher war, dann ein so weit entfernter, daß sein Tod mein Unglück um kein Haar ändern würde. Um also zu versuchen, ob ich imstande sei, so vorzugehen, verharrte ich am Standbild der Venus, das mit seinem nackten Hintern das Denkmal den höheren und niederen Leidenschaften irdischen Liebens aussetzte,

um in guter Einsamkeit die monströse Aufklärung mit geschliffenen Argumenten vorzubereiten, diese Diatribe, als schärfte ich ein Messer.
Es war sehr schwierig. Ständig stieß ich an eine unüberschreitbare Grenze, weil ich nicht wußte, wo der Krampf meine Zunge befallen, wo der Geist stolpern würde, denn dieser Geist war ja mein Feind. Nicht in allem lügen, aber nicht in den Mittelpunkt der Wahrheit, den Mittelpunkt des Geheimnisses eintreten. Ich verringerte also nur langsam die Reichweite und strebte auf spiralförmigem Wege in diese Richtung. Doch als ich ihn von ferne bemerkte, wie er ging und fast auf mich zuzulaufen begann, eine kleine Gestalt in dunkler Pelerine, begriff ich, es war zu nichts, weil es nicht in den Stil paßte. Was ist das für eine Liebesszene, wenn Baucis dem Philemon bekennt, daß sie sein Brandeisen ist? Nicht einmal Märchenstil, denn hätte er den Fluch von mir genommen, falls er das vermochte, so hätte er mich in das Nichts verwandelt, aus dem ich gekommen. Seine gesamte Klugheit war hier zunichte. Eine wunderschöne Jungfrau, die sich für das Instrument dunkler Kräfte hält und von Pakten und Brandeisen spricht, wenn sie DAS oder SO redet, ist eine wahnsinnige Jungfrau. Sie bezeugt nicht die Wahrheit, sondern die eigene Verwirrung und verdient mithin nicht nur Liebe und Ergebenheit, sondern darüber hinaus auch Mitleid. Aus der Verbindung dieser Gefühle heraus würde er vielleicht vorgeben, an das Gesagte zu glauben, er würde nachdenken, sich der Vorbereitungen zur Befreiung, d.h. in Wirklichkeit zur Konsultation in einer Heilanstalt vergewissern, er würde mein Elend in der ganzen Welt verbreiten – dann ziehe ich es vor, ihn zu beleidigen. Zudem – in einem so komplizierten Kräftesystem würde er, je mehr er Verbündeter wäre, desto weniger Liebhaber voller Hoffnung auf Erfüllung sein, er würde bestimmt nicht weit hinausgehen wollen über die Rolle des Liebhabers, sein Wahnsinn war normal, kräftig,

solide, sachlich; lieben, ja, lieben, den Kies auf meinem Wege zu weichem Sand zerbeißen, aber nicht mit den Seltsamkeiten der Analyse spielen, woher denn mein Geist stamme.
Es sah also aus, als müsse er, wenn ich zu seinem Verderben bestimmt war, zugrunde gehen. Ich wußte nicht, was an mir ihn im Innersten traf, die Unterarme, die Handgelenke beim Händeschütteln, das wäre wohl zu einfach gewesen, aber ich wußte bereits, es konnte nicht anders sein. Ich mußte mit ihm spazierengehen auf den von geschickten Gartenbaumeistern verschönten Wegen, wir entfernten uns gleich von der Venus Kalipygos, denn das Zurschautragen ihrer Körperlichkeit paßte nicht zu dem frühen Stadium unserer Romanze mit ihren idealen Gefühlen und schüchternen Andeutungen vom Glück. Wir kamen an Faunen vorbei, auch sie brutal, aber anders, in eigener Weise, denn die Männlichkeit dieser steinernen Zottelkerle konnte meine Jungfräulichkeit nicht berühren; ich war berechtigt, ihre in Marmor erstarrte Begierde nicht zu verstehen. Er küßte mir die Hand, dort wo das Klümpchen war, das seine Lippen nicht spüren konnten. Wo aber wartete mein Antreiber? Im Innern der Kutsche? Oder sollte ich ihm nur unbekannte Geheimnisse entlocken als wunderschönes Stethoskop, das auf die Brust des verurteilten Weisen gedrückt wurde? Ich enthüllte ihm nichts.

Binnen zwei Tagen nahm die Romanze den vorgeschriebenen Verlauf. Ich wohnte mit einer Handvoll guter Bediensteter in einer Residenz, dreiviertel Meilen vom Sitz des Königs entfernt. Phloebe, mein Faktotum, hatte dieses Schlößchen am Tage nach der ersten Begegnung im Park gemietet, ohne die Mittel zu erwähnen, die dieser Schritt voraussetzte, und ich, eine in Finanzdingen unbewanderte Jungfrau, erkundigte mich nicht. Ich glaube, ich verschüchterte und reizte ihn gleichzeitig, womöglich war er in den eigentlichen Sachverhalt nicht eingeweiht, gewiß war er das nicht, er handelte auf königlichen Befehl, zollte mir mit Worten Achtung, doch in seinen Augen sah ich eine ganz und gar nicht untertänige Geringschätzung, höchstwahrscheinlich hielt er mich für eine königliche Favoritin und wunderte sich nicht allzusehr über meine Ausfahrten und Begegnungen mit Arrhodes, denn ein Diener, der verlangt, daß der König mit einer Beischläferin nach einem für ihn verständlichen Schema anbändelt, ist kein guter Diener. Ich glaube, auch wenn ich in seiner Gegenwart ein Krokodil liebkost hätte, so hätte er mit keiner Wimper gezuckt. Ich war frei innerhalb des königlichen Willens. Der Monarch näherte sich mir übrigens kein einziges Mal. Ich wußte bereits, es gab Dinge, die ich meinem Liebhaber nicht sagen würde, denn meine Zunge versteifte, sobald sich der Wunsch danach in mir regte, und meine Lippen erstarrten ähnlich wie meine Finger, als ich mich die erste Nacht in der Kutsche berührte hatte. Ich verbot Arrhodes, mich zu besuchen, er verstand das konventionell, aus meiner Furcht heraus, mich zu kompromittieren, und mäßigte sich, der Biedermann. Am dritten Abend machte ich mich endlich daran aufzudecken, wer ich bin. Zum Schlafen gekleidet, entblößte ich mich vor dem Nachtspiegel und sah mich in ihm standbildhaft nackt. Silberne Nadeln und stählerne Lanzetten ruhten auf der Konsole, mit einem Samtschal zugedeckt, denn ich hatte Angst vor ihrem Glanz, obwohl ich die Schärfe nicht fürchtete. Die hoch angesetzten Brüste blickten mit den rosa Brustwarzen empor und zur Seite, die Spur des Stichs hoch am Schenkel war verschwunden, wie ein Geburtshelfer oder ein Chirurg, der sich auf die Operation vorbereitet, drückte ich beide geschlossenen Hände in den weißen, glatten Körper, die Rippen bogen sich unter dem Druck, doch mein Leib war gewölbt wie bei den Weibern auf gotischen Gemälden, unter der warmen, weichen Hülle stieß ich auf einen unnachgiebigen Widerstand, und meine Hände, die von oben nach unten glitten, entdeckten langsam die ovale Gestalt im Inneren. Sechs Kerzen brannten zu jeder Seite. Ich nahm eine Lanzette zur Hand, die kleinste, nicht aus Angst, sondern um der Ästhetik willen. Im Spiegel sah es aus, als wollte ich mir das Messer ins Herz stoßen, eine Szene von reiner Dramatik, stilvoll durchgehalten bis ins letzte Detail, bis zu der großen Bettstatt mit dem Baldachin, den zwei Spalieren hoher Kerzen, dem Aufblitzen in meiner Hand und meiner Blässe, denn mein Körper fürchtete sich schrecklich, meine Knie gaben nach, nur meine Hand mit der Schneide besaß die gebührende Sicherheit. Dort wo der ovale, dem Druck nicht nachgebende Widerstand am deutlichsten war, dicht unter dem Rippenbogen, stieß ich die Lanzette tief hinein, der Schmerz war geringfügig und nur oberflächlich, ein einziger Tropfen Blut quoll heraus. Unfähig, die Fertigkeit eines Schlachters an den Tag zu legen, trennte ich meinen Körper langsam mit anatomischer Berechnung in zwei Hälften, fast bis zum Schoß, ich tat es heftig und preßte dabei aus aller Kraft Zähne und Lider zusammen. Hinzuschauen, das ging über mein Vermögen. Dennoch stand ich, ohne zu zittern, nur wie vereist, und in der Kemenate ertönte, als gehörte er nicht zu mir, mein krampfhafter, fast spasmatischer Atem. Die vom Schnitt geöffnete Bauchdecke trat weißhäutig auseinander, und ich erblickte im Spiegel die silberne, geduckte Gestalt wie eine riesengroße Frucht, eine glänzende, in mir verborgene Larve, eingefaßt von den geöffneten Falten meines nicht blutenden rosigen Leibes! Was für ein entsetzlicher Schrecken, so in sich hineinzuschauen! Ich wagte nicht, die silbrige, reine, unbefleckte Oberfläche zu berühren, der Hinterleib glänzte und spiegelte verkleinert die Kerzenflammen, er war länglich wie ein kleiner Sarg, ich bewegte mich und gewahrte seine embryonal angezogenen zangenartig dünnen Füße, sie drangen in meinen Körper, und ich begriff plötzlich, das war kein Es, kein

Fremdes, Anderes, das war weiterhin ich selbst. Deshalb also hatte ich, als ich über den feuchten Sand der Alleen schritt, so tiefe Spuren hinterlassen, deshalb war ich so kraftvoll, das bin ich, weiterhin ich, wiederholte ich in Gedanken – als er eintrat.

Die Tür war nicht verschlossen gewesen, welche Unvorsichtigkeit. Er hatte sich hereingeschlichen, er trug zu seiner Rechtfertigung und Verteidigung einen riesengroßen Schild roter Rosen, er war von der eigenen Unverschämtheit so fasziniert, daß er, als er mich bemerkte – ich wandte mich mit einem Schrei des Entsetzens um –, zwar sah, aber noch nicht erkannte, nicht verstand, nicht verstehen konnte. Nicht aus Angst, nur aus gräßlicher Scham, die mir die Kehle wie mit zwei Händen zuschnürte, versuchte ich, das silberne Oval wieder in mir zu verbergen, doch war es zu groß und ich vom Messer zu sehr geöffnet, als daß dies gelungen wäre.

Sein Gesicht, sein stummer Schrei und seine Flucht. Ich bitte, mir diesen Teil der Aussage zu ersparen. Er hatte die Erlaubnis, die Einladung nicht abwarten zu können, ich selbst hatte die gesamte Dienerschaft fortgeschickt, damit niemand mich hindern konnte zu tun, was ich vorhatte – es gab keine andere Möglichkeit, keinen anderen Weg mehr für mich. Aber vielleicht keimte schon vorher in ihm der erste Verdacht. Ich weiß noch, wie wir tags zuvor durch ein ausgetrocknetes Bachbett gingen, wie er mich auf den Armen hinübertragen wollte und ich es ihm verbot, nicht aus echter oder vorgetäuschter Schamhaftigkeit, sondern weil ich mußte. Er erblickte damals im weichen, nachgiebigen Schlamm meine Fußspuren, so klein und so tief, er wollte etwas sagen, es sollte ein unschuldiger Scherz sein, doch hielt er plötzlich inne und stieg mit der mir schon bekannten Falte zwischen den verdüsterten Brauen den anderen Hang hinauf, sogar ohne mir, die ich ihm nachkletterte, helfend die Hand zu reichen. Vielleicht also schon damals. Und dann, als ich auf dem Gipfel des Hügels stolperte und, um das Gleichgewicht wiederzugewinnen, nach einem Haselzweig griff, spürte ich, wie ich den ganzen Strauch samt Wurzeln ausriß, ich glitt also instinktiv auf die Knie und ließ den geknickten Zweig los, um meine unwiderstehliche, ungeheure Kraft nicht zu enthüllen. Er stand abseits und sah nicht hin, so hatte ich gedacht, aber er konnte alles aus den Augenwinkeln beobachten. Hatte er sich also aus diesem Verdacht heraus eingeschlichen oder aus unhemmbarer Leidenschaft?

Mit den dicksten Gliedern meiner Fühler stützte ich mich auf die Ränder des sperrangelweit geöffneten Leibes, um auszuschlüpfen, und gelangte flink ins Freie. Die Duenna, Tlenix, Mignonne sank erst auf die Knie und stürzte dann mit dem Gesicht zur Seite, ich kroch aus ihr hervor, streckte meine Füße und ging langsam rückwärts wie ein Krebs. Die Kerzen, die im Durchzug seiner Flucht durch die offene Tür flackerten, leuchteten noch im Spiegel, die Nackte lag ohnmächtig mit unanständig gespreizten Beinen da, ich wollte sie nicht berühren, meinen Kokon, meine falsche Haut, wich ihr aus, hob mich wie eine Gottesanbeterin mit halb gebücktem Corpus und blickte in den Spiegel. Das bin ich, sagte ich mir ohne Worte, das bin ich. Immer noch ich. Die glatten, überlappenden, insektenhaften Übergänge der Körperteile, die Verdickungen der Gelenke, der silbrigkalt glänzende Hinterleib, die abgerundeten, für hohe Geschwindigkeit geschaffenen Seiten, der dunklere, glotzäugige Kopf – das bin ich. Ich sagte das vor mich hin, als lernte ich diese Worte auswendig, und zugleich verblaßte und verlosch in mir die vielfältige Vergangenheit der Duena, Tlenix, Angelita, wie an längst gelesene Kinderbücher mit unwichtigem und nun bedeutungslosem Inhalt konnte ich mich noch an sie erinnern, während ich den Kopf langsam nach beiden Seiten drehte und im Spiegel meine Augen suchte, gleichzeitig begann ich, auch wenn ich mit meiner Gestalt noch nicht vertraut war, zu verstehen, daß dieser Akt der Autoeventration nicht in allem meine Entstehung war, daß er einen vorgesehenen Teil von Plänen bildete, die genau für diese Gelegenheit der Rebellion erdacht waren, um sich als Eintritt in eine endlich vollkommene Untergebenheit zu erweisen. Fähig, weiter mit derselben Geläufigkeit und Freiheit zu denken, wurde ich zugleich von meinem neuen Körper beherrscht, und in seinem glänzenden Metall waren Bewegungen vorgeschrieben, die ich auszuführen begann.

Die Liebe erlosch. Sie wird auch in euch erlöschen, aber binnen Jahren oder Monaten, den gleichen Untergang erlebte ich in Augenblicken, es war schon der dritte Anfang; ein leichtes, schleifendes Geräusch von mir gebend, umkreiste ich dreimal die Kemenate und berührte mit ausgefahrenen, bebenden Fühlern die Bettstatt, auf der zu ruhen mir nicht mehr gegeben war. Ich sog den Geruch meines Ungeliebten ein, um seiner Spur zu folgen, ich, seine Bekannte und Unbekannte in diesem neu eröffneten, wahrscheinlich letzten Wettkampf. Die Spur seiner wahnsinnigen Flucht bezeichneten zunächst die offene Tür und die verstreuten Rosen, ihr Duft konnte hilfreich sein, weil er, mindestens für einige Zeit, zum Bestandteil seines Geruchs geworden war. Von unten, aus niedriger Höhe, also aus einer neuen Perspektive gesehen, wirkten die Gemächer, durch die ich huschte, vor allem viel zu groß, voll unhandlicher, überflüssiger Geräte, die fremd im Halbdunkel standen, dann klirrten die Stufen der Steintreppe schwach unter meinen Krallen, und ich lief hinaus in den feuchten, dunklen Garten – eine Nachtigall sang, ich fühlte mich innerlich belustigt, denn das war ein gänzlich überflüssiges Requisit, der nun folgende Akt verlangte andere, ich stöberte einen gute Weile zwischen den Sträuchern, spürte, wie der Kies knirschte und mir unter den Füßen wegspritzte, drehte mich einmal und noch einmal im Kreise, bis ich die Fährte aufgenommen hatte und voraneilte. Denn ich sollte sie aufnehmen, die aus einem einmaligen System geringfügiger Gerüche bestand, aus dem Beben der Luft, die durch sein Vorübergehen auseinander geschoben wurde, ich fand jede vom Nachtwind noch nicht fortgetragene Partikel und nahm die richtige Richtung, die meine Richtung bleiben sollte bis zum Ende.

Ich weiß nicht, wessen Willen folgend ich ihm einen so großen Vorsprung ließ, jedenfalls kreiste ich bis zum Morgengrauen in den königlichen Gärten. In einem bestimmten Maße war das angezeigt, denn ich hielt mich dort auf, wo wir Hand in Hand zwischen den Hecken spazierengegangen waren, ich konnte also seinen Geruch genau in mich aufnehmen, um ihn bestimmt mit keinem anderen zu verwechseln. Zwar hätte ich auch direkt hinter ihm herjagen und ihn in der totalen Ratlosigkeit der Verwirrung und Verzweiflung ereilen können, doch tat ich es nicht. Ich weiß, mein Vorgehen in jener Nacht läßt sich auch ganz anders erklären, durch meine Trauer und den königlichen Willen, zumal ich einen Geliebten verlor und nur ein Opfer gewann und dem Monarchen ein schnelles und rasches Ende des ihm so verhaßten Menschen unangemessen erscheinen konnte. Möglicherweise war Arrhodes nicht in sein Haus gerannt, sondern hatte sich zu einem seiner Freunde begeben und war dort, in fieberhaftem Gespräch, auf die selbstgestellten Fragen selbst antwortend (die Anwesenheit eines anderen Menschen war für ihn nur als ernüchternde Unterstützung nötig), ohne fremde Hilfe auf alles gekommen. Im übrigen erinnerten meine Handlungen in den Gärten überhaupt nicht an Leiden der Trennung. Ich weiß, wie unschön das für zarte Seelen klingt, aber da ich weder Hände hatte, um sie zu ringen, noch einen Mund, um die tagsüber gepflückten Blumen an ihn zu drücken, ergab ich mich nicht der Verzweiflung. Mich interessierte jetzt die ungewöhnliche, meisterhafte Fertigkeit zu unterscheiden, über die ich verfügte, denn während ich durch die Alleen lief, nahm ich einzig und allein die Spur auf, die meine derzeitige Bestimmung und der Ansporn meiner unermüdlichen Bemühungen war. Ich spürte, wie in meiner kalten linken Lunge jedes Luftpartikelchen durch die Mäander unzähliger Forschungszellen schlüpfte und jedes verdächtigte Partikelchen in meine heiße rechte Brust gelangte, wo mein prismatisches inneres Auge es aufmerksam betrachtete, um den richtigen Sinn zu bestätigen und den falschen zu verwerfen, und das geschah schneller, als die Flügel des kleinsten Insekts beben, als ihr das begreifen könnt. Im Morgengrauen verließ ich die königlichen Gärten. Arrhodes' Haus stand leer, sperrangelweit offen, ich dachte also nicht daran festzustellen, ob er eine Waffe mitgenommen habe, fand die frische Spur und machte mich unverzüglich auf den Weg. Ich war nicht der Meinung, zu einer langen Wanderung aufzubrechen. Und denoch wurden die Tage zu Wochen, die Wochen zu Monaten, und ich verfolgte ihn immer noch.

Das kam mir nicht abscheulicher vor als das Verhalten aller Wesen, die ihr eigenes Geschick in sich tragen. Ich lief durch Regen und Sonnenglut, offene Flächen, Schluchten und Gestrüpp, trockenes Röhricht glitt an meinem Körper ab, und das Wasser der durchquerten Pfützen und Überschwemmungsgebiete rann mir in dicken Tropfen über den abgerundeten Rücken und den Kopf, was wie Tränen aussah, aber keinerlei Bedeutung hatte. Ich bemerkte bei meinem unaufhörlichen Lauf, wie jeder, der mich von fern erblickte, sich abwandte und an eine Wand, einen Baum, eine Mauer preßte oder, falls es kein solches Versteck gab, niederkniete und die Hände vor das Gesicht schlug oder zu Boden fiel und so lange liegen blieb, bis ich ihn weit hinter mir gelassen hatte. Ich kannte kein Bedürfnis zu schlafen, so lief ich auch nachts, durch Dörfer, Siedlungen und Städte, über Marktplätze voll tönerner Töpfe und an Schnüren trocknender Früchte, wo ganze Menschengruppen vor mir flüchteten und die Kinder schreiend in Nebengassen rannten, was ich, immer auf meiner Spur dahineilend, nicht beachtete. Sein Geruch erfüllte mich total wie ein Versprechen. Ich hatte bereits vergessen, wie das Gesicht dieses Menschen aussah, und mein Geist, anscheinend weniger ausdauernd als mein Körper, hatte sich – vor allem während des nächtlichen Laufs – so verengt, daß ich nicht wußte, wen ich verfolgte, und nicht einmal, ob ich ihn verfolgte, ich wußte nur, mein Wille ist, so zu rennen, daß die Partikelspur, die mir inmitten der Vielfalt der Welt vorgezeichnet ist, anhält und sich verstärkt, denn wenn sie schwächer würde, hieße das, ich bewegte mich in einer falschen Richtung. Ich fragte niemanden und nach nichts, und niemand spürte, daß der Raum zwischen mir und denen, die sich bei meiner Annäherung an die Wände preßten oder zu Boden fielen und mit den Händen den Hinterkopf verdeckten, voller Spannungen war, ich begriff sie als mir dargebrachte entsetzliche Huldigung, weil ich mich auf der königlichen Spur befand und diese mir eine unerschöpfliche Macht verlieh. Manchmal nur begann ein Kind zu weinen, das die Erwachsenen bei meinem plötzlichen schweigenden Auftauchen in schnellstem Lauf nicht rechtzeitig hatten fassen und an sich drücken können, aber ich achtete darauf nicht, weil ich beim Laufen fortwährend die höchste Konzentration bewahren mußte, gleichzeitig nach außen gerichtet, in die sandige, gemauerte, grüne, blau überdeckte Welt, und in meine innere, wo durch das geschickte Zusammenspiel meiner beiden Lungen eine sehr schöne, herrlich fehlerlose molekulare Musik entstand. Ich durchquerte Flüsse und Buchten, Wasserfälle, schlammige Becken austrocknender Seen, und jedes Geschöpf wich mir aus, stürzte in die Flucht und wühlte sich fieberhaft in den ausgedörrten Boden, bestimmt vergeblich, wenn dieses Geschöpf mein Ziel gewesen wäre, denn niemand war so blitzartig flink wie ich, doch jene zotteligen, kriechenden, schiefohrigen, ein heiseres Wiehern, Piepsen, Klagen ausstoßende Wesen gingen mich nichts an, hatte ich doch ein anderes Ziel vor mir. Vielfach durchschlug ich wie ein Geschoß große Ameisenhaufen, und deren rote, schwarze, gefleckte hilflose Bewohnerinnen glitten an meinem glänzenden Panzer ab, ein oder zweimal ging mir ein Geschöpf von ungewöhnlicher Größe nicht aus dem Weg, also mußte ich mich, obwohl ich ihm nichts anhaben wollte, nur um die Zeit für das Ausweichen und Umgehen zu sparen, im Sprung ducken und das Wesen im Fluge durchstoßen, worauf ich mich unter dem Krachen des Kalks und dem Klatschen roter Bäche, die über meinen Kopf und Rücken liefen, so schnell entfernte, daß ich nicht gleich an den Tod dachte, den ich auf diese schnelle und gewalttätige Weise austeilte. Ich erinnere mich auch, daß ich mich durch Kriegsfronten schlich, wo überall verstreute Haufen grauer und grüner Hüllen herumlagen, von denen sich manche bewegten, während andere voll verfaulter oder schon gänzlich vertrockneter und deshalb schneeweißer Knochen waren, doch auch darauf achtete ich nicht, weil ich eine höhere Aufgabe hatte, die meinem Format entsprach. Und zwar, weil die Spur sich wand, Schlingen bildete, sich selbst überschnitt und fast verschwand am Ufer der Salzsseen, von der Sonne verbrannt zu Staub, der meine Lungen reizte, oder vom Regen ausgewaschen, ich begann langsam zu verstehen, wie durchtrieben listig das ist, was vor mir flieht, und wie es alles tut, um mich in die Irre zu führen und den Faden der Partikel abzureißen, die die Spur seiner Einzigartigkeit bezeichnen. Wäre der, den ich verfolgte, ein gewöhnlicher Sterblicher gewesen, hätte ich ihn nach angemessener Zeit eingeholt, das heißt nach einer Zeit, die nötig ist, damit seine Angst und seine Verzweiflung die erwartete Strafe angemessen steigern, ich hätte ihn bestimmt eingeholt dank meiner

unermüdlichen Geschwindigkeit und der untrüglichen Arbeit meiner Lungen und hätte ihn schneller umgebracht, als ich es hätte denken können. Anfangs war ich ihm nicht dicht auf den Fersen, weil ich der erkalteten Spur folgte, um so meine Meisterschaft zu beweisen und zugleich dem Verfolgten die gebührende Zeit zu gewähren, wie es dem guten Brauch entspricht, denn infolgedessen wuchs in ihm die Verzweiflung; manchmal erlaubte ich ihm, sich erheblich abzusetzen, hätte er mich nämlich nahe gefühlt, so hätte er sich in einem Anfall von Hoffnunglosigkeit etwas antun und damit meinem Beschluß entfliehen können. So hatte ich nicht die Absicht, ihn allzu früh oder allzu schnell einzuholen, er sollte begreifen, was seiner harrte. Deshalb machte ich nachts, in einem Dickicht verborgen, halt, nicht um auszuruhen, das brauchte ich nicht, sondern um einer Verzögerung willen und auch, um das weitere Vorgehen zu überlegen. Ich dachte an den Verfolgten nicht mehr als an Arrhodes, meinen einstigen Liebhaber, weil diese Erinnerung sich eingekapselt hatte und ich einsah, daß sie in Frieden ruhen mußte. Ich bedauerte nur, nicht mehr über die Gabe des Lächelns zu verfügen, wenn ich mich an die längst vergangenen Kunstgriffe erinnerte, also an Angelita, die Duenna, die süße Mignonne, und ich betrachtete mich einige Male im Spiegel eines Gewässers mit dem Vollmond über meinem Kopf, um mich zu überzeugen, daß ich ihnen überhaupt nicht mehr glich, wenn ich auch schön geblieben war, nur war es jetzt eine todbringende Schönheit, die ebensoviel Grauen wie Begeisterung weckte. Ich nutzte den Aufenthalt in jenem Nachtlager, um von meinem Hinterleib den eingetrockneten Schlamm abzuschaben, bis er wieder silbrig glänzte, und ehe ich aufbrach, bewegte ich leicht die von den Sprungbeinen umgebene Hülse meines Stachels, um seine Bereitschaft zu prüfen, denn ich kannte weder Tag noch Stunde.
Manchmal schlich ich mich lautlos an die Wohnstätten der

Menschen und lauschte ihren Stimmen, entweder zurückgebogen, die glänzenden Fühler auf den Fensterrahmen gestützt, oder ich kroch auf das Dach, von dessen Kante ich mich ungezwungen herabhängen lassen konnte, denn ich war nicht ein mit zwei Verfolgungslungen versehener toter Mechanismus, sondern ein Wesen, das seinen Verstand benutzte. Flucht und Verfolgung aber dauerten bereits lange genug, um bekanntgeworden zu sein, und ich hörte, wie alte Frauen mit mir die Kinder schreckten, ich erfuhr auch unzählige Märchen über Arrhodes, den man ebenso schätzte, wie man mich, die königliche Abgesandte, fürchtete. Was redeten die Biedermänner in den Vorlauben? Ich sei eine Maschine, angesetzt auf den Weisen, der es gewagt hatte, die Hand gegen die Majestät zu erheben.

Allerdings sollte ich keine gewöhnliche Henkersmaschine sein, sondern eine besondere Einrichtung, fähig, jede beliebige Gestalt anzunehmen, eines Bettlers, eines Kindes in der Wiege, eines hübschen Mädchens, aber auch eines metallenen Reptils. Jene Gestalten seien die Larve, in der die mörderische Abgesandte sich dem Verfolgten zeige, um ihn irrezuführen, allen anderen aber erscheine sie als Skorpion aus Silber, der so schnell krieche, daß es noch niemandem gelungen sei, seine Beine zu zählen. An dieser Stelle teilte sich der Bericht in verschiedene Versionen. Die einen sagten, der Weise habe entgegen dem königlichen Willen dem Volke die Freiheit schenken wollen und damit den Zorn des Monarchen heraufbeschworen; die anderen, er habe das Wasser des Lebens besessen und damit Tote wiederauferwecken können, was ihm durch allerhöchsten Befehl verboten worden sei, er aber habe sich scheinbar dem Willen des Herrschers gebeugt, insgeheim jedoch eine Truppe aus Gehenkten gebildet, die er auf der Zitadelle nach der Massenhinrichtung der Rebellen abgeschnitten habe. Noch andere wußten ganz und gar nichts über Arrhodes und schrieben ihm keine derart prachtvollen Fähigkeiten zu, sondern

hielten ihn nur für einen Verurteilten, dem schon aus diesem Grunde Zuneigung und Hilfe gebühre. Obwohl die Gründe unbekannt waren, die die königliche Wut dermaßen erregt hatten, daß den herbeigerufenen Handwerksmeistern befohlen wurde, in ihrer Schmiede eine Verfolgungsmaschine herzustellen, nannte man das einen bösen Einfall und einen sündhaften Befehl; was immer auch der Verfolgte getan hatte, es konnte nicht so schlimm sein wie das Los, das der König ihm bereitete. Es gab Märchen die Fülle, in denen sich die Phantasie des Pöbels zu beliebiger Frechheit aufschwang. In einem nur blieb sie unverändert: Sie bedachte mich mit jeder Scheußlichkeit, die sich die Leute nur ausdenken konnten. Ich hörte auch unzählige Lügen über tapfere Männer, die Arrhodes zu Hilfe geeilt seien, sie hätten sich mir in den Weg gestellt, um im ungleichen Kampf zu fallen – denn kein lebendiges Wesen könne da bestehen. Auch fehlten in diesen Sagen die Verräter nicht, die mir Arrhodes' Spuren gezeigt hätten, als ich sie nicht mehr finden konnte – ebenfalls eine hirnverbrannte Lüge. Davon aber, wer ich sei, wer ich sein könne, wes Geistes Kind, ob ich den Zwiespalt kennte oder den Zweifel, sprach absolut niemand, doch auch darüber wunderte ich mich nicht im geringsten.
Ich hörte mancherlei über die dem Volk bekannten, gewöhnlichen Nachspürmaschinen des Königs, die seinen Willen, das oberste Gesetz, ausführten. Manchmal verbarg ich mich gar nicht vor den Bewohnern der niedrigen Stuben, sondern wartete auf den Sonnenaufgang, um in seinen Strahlen als silberner Blitz in das Gras zu springen und inmitten glitzernder Tauspritzer das Ende des gestrigen Weges mit dem Anfang des heutigen zu verknüpfen. Während ich dahinraste, ergötzte ich mich daran, wie die einen auf ihr Angesicht fielen, wie den anderen der Blick glasig wurde, wie sie in einem Grauen erstarrten, das mich in Gestalt einer undurchdringlichen Aureole umgab. Doch

kam der Tag, da sich meine untere Witterung als nutzlos erwies, vergeblich zog ich Schlingen in der hügligen Umgebung, um die Spur mit der oberen zu finden, mir widerfuhr das Gefühl des Unglücks, das alle meine Vollkommenheit zunichte machte, bis ich, auf dem Gipfel des Hügels mit gekreuzten Armen stehend, als betete ich zum windigen Himmel, durch einen überaus schwachen Laut, der die Glieder meines Hinterleibs traf, begriff, daß nicht alles verloren war; um also den Auftrag zu erfüllen, griff ich nach einer lange vernachlässigten Gabe, der Sprache. Ich hatte sie nicht erlernt, denn ich besaß sie, doch mußte ich sie in mir wecken, ich sprach die Wörter zunächst scharf und klingend aus, bald aber glich sich meine Stimme der menschlichen an, ich lief also den Hang hinab, um die Wörter zu gebrauchen, da die Witterung mich enttäuscht hatte. Ich empfand keinen Haß gegenüber dem Verfolgten, obwohl er sich als so schlau und listig erwies, ich verstand vielmehr, daß er seinen Teil des Auftrags erfüllte wie ich meinen. Ich fand die Weggabelung wieder, an der die Spur verschwunden war, und blieb zitternd stehen, weil ein Paar meiner Beine mich blindlings nach dem mit Kalkstaub bedeckten Weg zerrte, während ein anderes, krampfhaft den Felsen scharrend, in die entgegengesetzte Richtung drängte, wo zwischen alten Bäumen die weißen Mauern eines kleinen Klosters leuchteten. Nachdem ich mich gesammelt hatte, kroch ich schwerfällig und gewissermaßen ungern auf die Klosterpforte zu, in der mit erhobenem Kopf ein Mönch stand, vielleicht in das Abendrot am Firmament vergafft. Ich näherte mich ihm langsam, um ihn durch mein plötzliches Auftauchen nicht zu erschrecken, und grüßte ihn, und als er mich wortlos anschaute, fragte ich, ob er wohl gestatte, daß ich ihm etwas anvertraute, womit ich allein nicht fertig würde. Zunächst glaubte ich, er sei vor Angst erstarrt, da er sich weder bewegte noch antwortete, doch er überlegte nur und gab schließlich sein

Einverständnis. Wir gingen dann in den Klostergarten, er voran, ich hinterdrein, und wir müssen ein seltsames Paar gebildet haben, doch zu dieser frühen Stunde gab es ringsum keine lebendige Seele, die die metallische Gottesanbeterin und den weißgekleideten Priester hätte bewundern können. Ich sagte ihm unter der Lärche, als er sich gesetzt und unwillkürlich aus Gewohnheit die Pose des Beichtvaters angenommen hatte, mich also nicht ansah, sondern nur seinen Kopf mir zuneigte, ich sei, bevor ich auf die Spur gesetzt worden, ein Mädchen gewesen, nach königlichem Willen für Arrhodes bestimmt, den ich bei einem Hofball kennengelernt, ich hätte ihn geliebt, ohne etwas über ihn zu wissen, und sei willenlos in die Liebe hineingeraten, die ich in ihm geweckt, bis ich durch den nächtlichen Stich begriffen hätte, wer ich ihm sein könne, und da ich weder für ihn noch für mich eine andere Rettung wußte, hätte ich mir das Messer in den Leib gestoßen, doch statt des Todes sei mir die Verwandlung zuteil geworden. Seither hätte ein Zwang, den ich zuvor nur geahnt, mich auf die Spur des Geliebten gesetzt, ich sei zur verfolgenden Furie geworden. Doch die Verfolgung dauere schon lange, so lange, daß zu mir gedrungen sei, was die Leute über Arrhodes sprechen, und obgleich ich nicht wisse, was daran Wahrheit sei, hätte ich von neuem über unser gemeinsames Schicksal nachgedacht, in mir sei ein Wohlwollen für diesen Menschen entstanden, ich hätte nämlich begriffen, daß ich ihn um jeden Preis töten wolle, weil ich ihn nicht mehr lieben könne. So hätte ich meine eigene Niedertracht erkannt, das heißt meine ins Gegenteil verkehrte und erniedrigte, nach Rache dürstende Liebe zu dem, der mir außer seinem eigenen Unglück nichts schuldig sei. Deshalb wolle ich weder die Verfolgung fortsetzen noch ringsum tödliches Entsetzen hervorrufen, im Gegenteil, ich wolle unbedingt dem Bösen abhelfen, wisse nur nicht wie.

Soweit ich sehen konnte, wurde der Ordensbruder bis zum

Ende der Rede seinen Verdacht nicht los, zumal er, noch ehe ich zu reden begonnen, den Vorbehalt geäußert hatte, was ich auch sagen würde, es fiele nicht unter das Beichtgeheimnis, denn seiner Meinung nach sei ich ein Wesen ohne eigenen Willen. Und auch danach konnte er sich noch die Frage stellen, ob ich ihm nicht absichtlich untergeschoben sei – solche Untergeschobenen gibt es ja, und zwar äußerst perfide verkleidet –, doch seine Antwort schien redlicher Gesinnung zu entspringen. Er sprach zu mir:
»Und wenn du den fändest, den du suchst? Weißt du, was du tätest?«
Darauf ich: »Vater, ich weiß nur, was ich nicht tun will, aber ich weiß nicht, welche in mir verborgene Macht dann aus mir hervorträte, deshalb kann ich nicht sagen, ob ich nicht zum Töten gezwungen würde.«
Er sprach zu mir: »Welchen Rat kann ich dir geben? Willst du, daß dir dieser Auftrag genommen wird?«
Ich lag wie ein Hund zu seinen Füßen, hob den Kopf, sah, wie er mit den Augen blinzelte, weil mein silberner Schädel einen Sonnenstrahl reflektierte, der ihn blendete, und sagte: »Nichts wünsche ich mehr, obwohl ich erkenne, daß mir dann ein grausiges Geschick bevorsteht, weil ich kein Ziel mehr vor mir habe. Ich habe nicht ausgewählt, wozu ich geschaffen wurde, aber ich werde bestimmt schwer büßen müssen für das Abweichen vom königlichen Willen, weil es nicht angeht, daß eine solche Verfehlung straflos bleibt, also würden die Büchsenmeister der Palastkeller nun mich aufs Korn nehmen und eine eiserne Meute in die Welt entsenden, um mich zu vernichten. Und wenn ich auch die in mich gelegten Kunststücke nützte und entwiche, wenn ich mich auch ans Ende der Welt begäbe, alles würde mich meiden, und ich fände nichts, wofür sich lohnte weiterzuleben. Auch ein Los wie deines ist mir versagt, weil jeder, der Macht hat wie du, mir sagen wird wie du, ich sei geistig nicht frei, dürfe also das Privileg klösterlicher Klausur nicht in Anspruch nehmen.«

Er versank in Gedanken, wunderte sich und sprach: »Ich kenne mich mit Vorrichtungen, wie du eine bist, ganz und gar nicht aus, dennoch sehe ich dich und höre dich, und nach deiner Rede zuschließen, hast du Vernunft, wenn sie auch vielleicht mit einem begrenzenden Bann belegt ist, doch wenn du, wie du mir gerade sagst, gegen diesen Bann ankämpfst, Maschine, und sagst, du würdest dich befreit fühlen, wenn man dir den Willen zum Töten nähme, sage mir, wie steht es um dich mit diesem Willen?«

Darauf ich: »Vater, vielleicht steht es nicht gut mit mir, doch damit, wie man verfolgt, nachjagt, aufspürt, aufsucht, heimlich schaut und heimlich horcht, wie man lauert und sich verbirgt, wie man Hindernisse auf dem Wege durchbricht, wie man sich anschleicht, täuscht, kreist und die Schlingen enger zieht, damit kenne ich mich vorzüglich aus, und diese Tätigkeit flink auszuführen, so daß aus mir ein unerbittliches Faktum wird, verschafft mir die Befriedigung, was gewiß absichtlich mit Feuer in meine Eingeweide eingeschrieben worden ist.«

»Ich frage dich noch einmal«, sprach er, »sage, was du tun wirst, wenn du Arrhodes erblickst.«

»Vater, ich antworte noch einmal, ich weiß es nicht, denn obwohl ich ihm nichts Böses antun will, kann sich das, was in mich eingeschrieben ist, als mächtiger erweisen denn mein eigener Wunsch.«

Als er das vernahm, bedeckte er die Augen mit der Hand und sprach: »Du bist meine Schwester.«

»Wie soll ich das verstehen?« fragte ich äußerst überrascht.

»Wie ich es sage«, entgegnete er, »und das bedeutet, ich erhöhe mich nicht über dich und erniedrige mich nicht unter dich, denn obwohl wir uns unterscheiden, macht dein Nichtwissen, das du mir bekannt hast und an das ich glaube, uns gleich vor der Vorsehung. Wenn es aber so ist, komm mit, ich will dir etwas zeigen.«

Wir gingen hintereinander durch den Klostergarten bis zu

einem alten Holzschuppen, unter dem Druck der Mönchshände öffnete sich knarrend die Tür, in der Dämmerung drinnen aber erkannte ich eine im Stroh liegende Gestalt, und durch die Nüstern drang in meine Lunge der Geruch, den ich unablässig verfolgt hatte und der hier so stark war, daß ich spürte, wie mein Stachel sich von selbst aufrichtete und sich aus der Hülse in meinem Schoß hervorschob, doch im nächsten Augenblick erkannte mein Blick, der sich an die Dunkelheit gewöhnte, den Irrtum. Im Stroh lag nur die abgelegte Kleidung. Der Mönch sah an meinem Beben, wie erregt ich war, und sprach: »Ja. Hier war Arrhodes. Er hielt sich einen Monat lang in unserem Kloster verborgen, als es ihm gelungen war, dich irrezuführen. Es tat ihm leid, nicht wirken zu können wie früher, also benachrichtigte er insgeheim seine Schüler, die ihn manchmal nachts besuchten, doch schlichen sich zwei Verräter ein, die ihn vor fünf Tagen entführten.«

»Willst du sagen ›königliche Abgesandte?‹ frage ich, immer noch bebend und meine gekreuzten Gliedmaßen wie im Gebet an die Brust drückend.

»Nein, ich sage ›Verräter‹, denn die haben ihn mit List und Gewalt entführt; ein kleiner stummer Junge, den wir einst aufnahmen, hat als einziger gesehen, wie sie ihn im Morgengrauen fortbrachten, gefesselt und mit einem Messer an der Kehle.«

»Sie haben ihn entführt?« fragte ich, ohne etwas zu verstehen. »Wer? Wohin? Wozu?«

»Ich denke, um aus seinem Verstand Nutzen zu ziehen. Wir können das Recht nicht zum Entsatz herbeirufen, denn es ist ein königliches Recht. Sie werden ihn also zu Diensten zwingen, und lehnt er ab, werden sie ihn töten und straflos davonkommen.«

»Vater«, sagte ich, »gelobt sei die Stunde, da ich gewagt habe, mich dir zu nähern und dich anzusprechen. Ich werde jetzt den Spuren der Entführer folgen und Arrhodes befreien. Ich verstehe zu verfolgen und nachzujagen, nichts vermag ich besser, zeige mir nur die richtige Richtung, die dir aus den Worten des Stummen bekannt ist.«

Er entgegnete: »Aber du weißt doch nicht, ob du dich im Zaum halten kannst, du hast es mir selbst bekannt.«

Darauf ich: »So ist es, doch ich glaube, ich finde die richtige Methode. Ich weiß es noch nicht genau – vielleicht suche ich einen Handwerksmeister auf, der in mir den entsprechenden Kreis findet und ihn so ändert, daß der Verfolgte zum mir Bestimmten wird.«

Der Mönch sprach: »Bevor du dich auf den Weg machst, kannst du, wenn du magst, den Rat eines unserer Brüder einholen, der, ehe er sich uns anschloß, in diesen Künsten bewandert war. Er dient uns jetzt als Arzt.«

Wir standen schon wieder im Garten, und obgleich er sich nichts anmerken ließ, verstand ich doch, daß er mir weiterhin mißtraute. Die Spur hatte sich im Laufe von fünf Tagen verflüchtigt, er konnte mir also ebensogut die richtige wie die falsche Richtung zeigen. Ich erklärte mich einverstanden.

Der Medikus betrachtete mich unter Wahrung der gebührenden Vorsicht, leuchtete mit einer Blendlaterne durch die Spalten zwischen den Hinterleibssegmenten in das Innere meines Körpers und bewies dabei viel Mühe und Aufmerksamkeit. Dann stand er auf, klopfte den Staub vom Habit und sagte:

»Es kommt vor, daß die Familie des Verurteilten der mit bewußtem Auftrag ausgesandten Maschine auflauert, oder seine Freunde tun es oder andere Menschen; sie wollen aus Gründen, die die Staatsmacht nicht begreift, die Beschlüsse dieser Macht ins nichts verkehren. Um dem vorzubeugen, schließen die umsichtigen königlichen Büchsenmacher den bewußten Inhalt hermetisch ein und verbinden ihn mit dem Kern so, daß jedes Manipulieren daran verderblich wird. Nach Anbringung des letzten Siegels könnten selbst sie den

Stachel nicht mehr entfernen. So steht es auch mit dir. Es kommt auch vor, daß der Verfolgte sich umkleidet und sein Aussehen wechselt, darum beschränkt sich die Maschine nicht auf die Verfolgung mit Hilfe der unteren und der oberen Witterung, sondern unterzieht den Verfolgten Verhören, die von den fähigsten Kennern der Eigenarten des Geistes erdacht worden sind. So steht es auch mit dir. Darüber hinaus sehe ich in deinem Innern eine Vorrichtung, wie sie keine deiner Vorgängerinnen besaß, ein vielfältiges Gedächtnis für Dinge, die eine Verfolgungsmaschine nicht benötigt, nämlich eine festgehaltene weibliche Geschichte voll verführerischer Namen und Redewendungen, von wo aus eine Leitung zum tödlichen Kern läuft. So bist du für mich eine auf unbegreifliche Weise vervollkommnete, ja vielleicht eine vollkommene Maschine. Den Stachel entfernen, ohne die erwähnte Folge herbeizuführen, kann niemand.«

»Der Stachel ist unentbehrlich«, sagte ich, weiter auf dem Rücken liegend, »denn ich soll dem Entführten zur Hilfe eilen.«

»Ob du, wenn du aus aller Kraft wolltest, die Auslöser zurückhalten könntest, die unter dem bewußten Kern angebracht sind, kann ich weder bejahen noch verneinen«, sagte der Arzt weiter, als hätte er meine Worte nicht vernommen. »Ich kann, wenn du willst, nur eines tun, ich kann nämlich die Pole der bewußten Stelle durch ein Röhrchen mit Eisenstaub besprühen, dadurch vergrößert sich ein wenig das Intervall deiner Freiheit. Doch selbst wenn ich das tue, wirst du bis zum letzten Augenblick nicht wissen, ob du jemandem zu Hilfe eilst oder ob du ihm gegenüber das gehorsame Werkzeug bleibst.«

Ich sah, wie beide mich anschauten, und stimmte dem Eingriff zu, er dauerte nur kurz, verursachte mir keine Beschwerden und erzeugte auch in meinem geistigen Zustand keine spürbare Veränderung. Um mir ihr Vertrauen

noch mehr zu verdienen, fragte ich, ob sie mir gestatten würden, die Nacht im Kloster zu verbringen, denn der ganze Tag war mit Gesprächen, Überlegungen und Untersuchungen vergangen.
Sie stimmten bereitwillig zu, ich benutzte diese Zeit zu einer genauen Untersuchung des Holzschuppens und machte mich mit dem Geruch der Entführer bekannt. Auch dafür war ich eingerichtet, denn es kommt vor, daß nicht der Verfolgte, sondern ein anderer Verwegener den königlichen Abgesandten in den Weg tritt. Vor Sonnenaufgang lag ich auf dem Stroh, auf dem der Entführte angeblich viele Nächte lang geschlafen hatte, ich atmete reglos seinen Geruch ein und erwartete die Mönche. Eines war mir nämlich klar, hätten sie mich mit einer erdachten Geschichte belogen, würden sie meine rachsüchtige Rückkehr von dem falschen Weg fürchten, also wäre die dunkelste Stunde vor Tage für sie am besten geeignet, wenn sie mich umzubringen beabsichtigten. Ich lag, stellte mich schlafend und lauschte auf das leiseste Geräusch aus dem Garten, denn sie konnten die Tür von außen verbarrikadieren und den Holzschuppen anzünden, damit die Frucht meines Lebens mich in den Flammen in Stücke risse. Sie brauchten nicht einmal die eigene Abscheu vor dem Töten zu überwinden, da sie mich nicht für eine Person hielten, sondern nur für eine Henkersmaschine; meine Überreste konnten sie im Garten vergraben, und nichts wäre ihnen geschehen. Ich wußte nicht recht, was ich tun würde, wenn ich sie nahen hörte, und ich erfuhr es nicht, denn es kam nicht dazu. So blieb ich allein mit meinen Gedanken, immer wieder kehrten die erstaunlichen Worte zurück, die der ältere Mönch, ohne mich anzuschauen, gesagt hatte, »du bist meine Schwester«. Ich verstand sie weiterhin nicht, doch als ich mich über sie beugte, zerfloß etwas Warmes in meinem Wesen und verwandelte mich, als hätte ich eine schwere Frucht verloren, mit der ich schwanger war. Morgens lief

ich durch die halb offene Pforte hinaus, umging nach dem Hinweis des Mönches die Klostergebäude und machte mich eilends auf in Richtung des Gebirges am Horizont – dorthin nämlich hatte er meine Verfolgung gelenkt.
Ich beeilte mich sehr, und gegen Mittag trennten mich von dem Kloster mehr als hundert Meilen. Ich sauste wie ein Geschoß dahin zwischen weißstämmigen Birken, und als ich quer durch das Gras der Vorgebirgswiesen lief, fiel dieses nach beiden Seiten wie unter den gleichmäßigen Schwüngen der Sense in der Hand des Schnitters.
Die Spur der beiden Entführer fand ich in einem tiefen Tal wieder, auf dem Steg über ein reißendes Wasser, doch nicht das geringste von Arrhodes' Spur, offenbar trugen sie ihn, ohne der Anstrengung zu achten, abwechselnd, worin sich ihre Schlauheit und ihr Wissen enthüllte, sie hatten offenbar begriffen, daß niemand das Recht hat, eine königliche Maschine in ihrem Auftrag zu vertreten, und wie sehr sie sich durch ihre gewagte Tat dem königlichen Willen widersetzten. Gewiß möchtet ihr meine wahren Absichten auf diesem letzten Lauf kennen, also will ich es sagen, ich hab die Mönche hintergangen und sie auch nicht hintergangen, denn ich wünschte wirklich, die Freiheit zurückzugewinnen oder eigentlich zu gewinnen, ich habe sie ja noch nie besessen. Was ich mit dieser Freiheit anzufangen vorhatte, ich weiß nicht, was ich bekennen soll. Dieses Nichtwissen war nichts Neues, als ich das Messer in meinen nackten Körper stieß, wußte ich auch nicht, ob ich mich töten oder nur erkennen wollte, selbst wenn das eine dasselbe sein sollte wie das andere. Auch dieser Schritt von mir war vorgesehen, wie alle weiteren Vorfälle bezeugen, die Hoffnung auf Freiheit konnte also nur eine Einbildung sein, und nicht einmal meine eigene, sondern eine, die in mich hineingelegt war, damit ich, von einem dermaßen perfide angelegten Sporn getrieben, munterer handelte. Ob die Freiheit dasselbe gewesen wäre, wie Arrhodes' Verfolgung

aufzugeben, weiß ich nicht zu sagen. Ich konnte ihn ja auch töten, wenn ich ganz frei war, so wahnsinnig war ich nicht, an das unmögliche Wunder erwiderter Gefühle zu glauben, jetzt, da ich aufgehört hatte, eine Frau zu sein, wenngleich vielleicht auch nicht in allem – wie sollte Arrhodes, der den aufgeschlitzten Bauch seiner nackten Geliebten gesehen, fähig sein, daran zu glauben? So reichte die Klugheit meiner Schöpfer über die äußersten Randgebiete hinaus, da sie zweifelos auch meinen damaligen Zustand, in dem ich dem für immer Verlorenen zu Hilfe eilte, in ihre Rechnung einbezogen hatten. Hätte ich umkehren und mich entfernen können, so weit die Füße trugen, so hätte ich ihm auch keinen allzugroßen Dienst erwiesen, da ich mit einem Tode schwanger ging, den ich niemandem gebären konnte. Ich meine also, ich war edel niederträchtig und durch Freiheit gefesselt, nicht das zu tun, was mir direkt geboten war, sondern das, was ich in meiner Verkörperung selber wollte. Die wirre und durch ihre Überflüssigkeit ärgerliche Erörterung sollte jedoch am Ziel aufhören. Indem ich die Entführer tötete und den Geliebten rettete, indem ich ihn so zwang, den Abscheu und die Angst vor mir in kraftlose Bewunderung zu verwandeln, konnte ich, wenn schon nicht ihn, so mindestens mich zurückgewinnen.

Nachdem ich mich durch dichtes Haselgesträuch geschlagen hatte, verlor ich unter den ersten Bergterrassen unversehens die Spur. Vergeblich suchte ich sie, hier war sie noch, dort war sie fort, als wären die Verfolgten zum Himmel aufgeflogen. Ich kehrte zu dem Gesträuch zurück, wie es mir die Umsicht eingab, und fand nicht ohne Mühe den Strauch, aus dem einige der stärksten Zweige herausgeschnitten waren. Ich beroch also die Stümpfe, aus denen der Haselsaft sickerte, kehrte zu der Stelle zurück, wo die Spur verschwand, und entdeckte ihre Verlängerung durch den Haselgeruch, denn die Fliehenden hatten sich Stelzen angefertigt, weil sie wußten, daß die obere Witterung, vom

Bergewind verweht, nicht lange in der Luft fortdauern würde. Das verschärfte meinen Willen; bald ließ der Haselgeruch nach, doch auch hier durchschaute ich ihre List, sie hatten die Stelzenenden mit den Fetzen eines Jutesackes umwickelt.
An einem Felsüberhang lagen die weggeworfenen Stelzen. Die Alm war mit riesigen Steinbrocken übersät, die an der Nordseite mit Moos bewachsen und so übereinandergetürmt waren, daß man das Geröll nicht anders überwinden konnte, als indem man mit großen Sätzen von einem Himbeergebüsch zum anderen sprang. Das hatten die Fliehenden auch getan, dabei aber nicht den geraden Weg gewählt, sondern Haken geschlagen, weshalb ich ständig von den Felsen hinunterkriechen, um sie herumlaufen und die in der Luft bebenden Reste der Spur auffangen mußte. So gelangte ich zu dem Steilhang, den sie hinaufgeklettert waren, sie mußten also dem Entführten die Hände freigegeben haben, doch ich wunderte mich nicht, daß er ihnen aus eigenem Willen folgte, es gab für ihn ja keinen Weg zurück. Ich stieg der deutlichen Spur nach, ich roch den dreifachen Geruch auf den Felsflächen, obwohl es galt, senkrecht emporzuklettern, über Felssimse, durch Rinnen und Abbrüche, es gab kein Fleckchen graues Moos im Riß eines Überhangs und keinen noch so kleinen, den Füßen vorübergehend Halt bietenden Spalt, den die Fliehenden nicht als Stufe benutzt hätten; an den schwierigsten Stellen hatten sie hin und wieder angehalten, um den weiteren Weg auszuspähen, ich erkannte das an dem dort stärker wehenden Geruch, darum sauste ich bergauf, berührte die Felsen kaum und spürte den gesteigerten Pulsschlag meines Inneren, das spielte und sang bei dieser herrlichen Verfolgung, diese Leute waren nach meinem Maß, ich empfand Bewunderung für sie und Freude, denn was sie auch geschafft hatten bei diesem halsbrecherischen Anstieg zu dritt mit dem Sicherungsseil, dessen Hanfgeruch an den scharfen Kanten

haftengeblieben war, ich wiederholte es allein und leicht, und nichts konnte mich von diesem Pfad unter dem Himmel herunterstoßen. Oben traf ich auf einen sehr heftigen Wind, der schneidend über den Grat pfiff, doch ich hielt nicht Ausschau nach dem grünen Land, das sich unten mit bläulich verlöschendem Horizont ausbreitete, sondern rannte den Grat in beiden Richtungen entlang und suchte weiter die Spur, bis ich sie in einer winzigen Kerbe fand. Dort bezeichneten eine weißliche Hohlkehle und eine Absplitterung die Absturzstelle eines der Fliehenden, ich beugte mich über den Felstrand, blickte hinab und sah ihn klein auf halber Hanghöhe liegen, die Schärfe meines Blicks erlaubte mir sogar, dunkle Spritzer auf dem Kalkstein wahrzunehmen, als wäre rund um den Liegenden herum einen Augenblick lang blutiger Regen gefallen. Die beiden anderen waren weiter den Grat entlanggegangen; bei dem Gedanken, daß nur noch ein Gegner, der Arrhodes bewachte, übriggeblieben sei, fühlte ich Bedauern, weil ich nie zuvor das Gewicht meiner Handlung so stark empfunden und eine solche Kampfeslust in mir gespürt hatte, die mich zugleich trunken und nüchtern machte. Ich lief also den Steilhang hinab, denn die Fliehenden hatten diese Richtung genommen und den Toten im Abgrund liegenlassen, zweifellos hatten sie es eilig, und sein Tod beim Aufprall war eindeutig. Ich näherte mich einem Felsentor, sozusagen der Ruine einer riesigen Kirche, von der nur die mächtigen Pfeiler der zerstörten Tore, die seitlichen Böschungen der Stützmauern und ein hohes Fenster übriggeblieben waren, durch das der Himmel leuchtete; davor stand ein schlankes Bäumchen, in unbewußtem Heldentum hervorgewachsen aus einem Körnchen, das der Wind in eine Handvoll Staub gelegt hatte. Hinter dem Felsentor öffnete sich ein zweiter, höherer Felsenkessel, teilweise von Nebel umsponnen und von einer tiefhängenden Wolke zugedeckt, aus der fein glitzernder Schnee fiel. Im Schatten, den die Felsbastei warf, vernahm ich einen rutschenden Laut und gleich darauf einen Donnerschlag, eine Steinlawine rollte den Hang hinunter. Felsblöcke trafen mich, daß Funken und Rauch von meinen Seiten stoben, ich aber zog alle meine Gliedmaßen unter mich, fiel in die flache Vertiefung unter einem Steinbrocken und wartete ohne Schaden den Abgang der letzten Steine ab. Es kam mir der Gedanke, der verfolgte Arrhodes-Entführer habe mit Absicht eine ihm bekannte lawinengefährdete Stelle gewählt und darauf gerechnet, die in Bewegung gesetzte Lawine würde mich Bergunerfahrene zerschmettern – und obwohl es sich dabei nur um eine gewisse Möglichkeit handete, freute sie mich, denn wenn der Gegner nicht nur entwich und Haken schlug, sondern auch angriff, wurde der Kampf würdiger.

Am Boden des zweiten Kessels stand, vom Schnee geweißt, ein Gebäude, weder Haus noch Burg, errichtet aus den schwersten Felsplatten, die sogar ein einzelner Riese nicht hätte bewegen können; ich begriff, dies mußte der Schlupfwinkel des Feindes sein, wo denn sonst in dieser Einöde. Ohne also weiter nach der Spur zu suchen, begann ich abzusteigen, ich wühlte die Hinterbeine in das gleitende Geröll, schwamm mit den vorderen gewissermaßen auf den feineren Brocken und bremste mit dem mittleren Paar die Abfahrt, damit sie sich nicht in einen Sturz verwandelte, bis ich an den ersten Schnee kam, und ging dann über diesen lautlos weiter, bei jedem Schritt tastend, um nicht in eine bodenlose Spalte zu fallen. Ich mußte vorsichtig sein, denn der andere rechnete mit meinem Kommen vom Paß her, ich ging also nicht zu nahe heran, um von dem festungsartigen Gebäude aus nicht gesehen zu werden, und erwartete dann, unter einen pilzförmigen Felsen geduckt, ruhig den Einbruch der Nacht. Es dunkelte schnell, doch der Schnee stob weiter und erhellte die Dunkelheit, deshalb wagte ich nicht, mich dem Gebäude zu nähern, sondern legte nur meinen Kopf auf die gekreuzten Beine, um es im Auge zu behalten. Nach Mitternacht hört es auf zu schneien, doch ich schüttelte den Schnee nicht ab, weil er mich der Umgebung anglich und im Mondlicht, das durch den Wolkenspalt fiel, wie ein Brautkleid glänzte, das ich nie getragen habe. Langsam kroch ich auf die schimmernde Silhouette des Gebäudes zu, ohne den Blick vom Fenster im Obergeschoß zu lassen, in dem ein gelblicher Schein glomm, ich schob die schweren Lider über die Augen, denn der Mond blendete mich, weil ich mich an die Dunkelheit gewöhnt hatte. Ich glaubte, in dem schwach erleuchteten Fenster hätte sich etwas bewegt, ein großer Schatten wäre über die Wand geglitten, ich kroch also schneller, bis ich die Grundmauer erreichte. Meter um Meter kletterte ich die Wand empor, es war nicht schwierig, da die Felsen nicht verfugt waren und nur ihr riesiges Gewicht sie festhielt. Ich kam zu den unteren Fenstern, sie gähnten schwarz wie für Kanonen bestimmte Stückpforten. Alle waren düster und leer. Auch drinnen herrschte Stille, als wäre hier der Tod seit Jahrhunderten der einzige Bewohner; um besser sehen zu können, setzte ich meinen Nachtblick in Gang, schob den Kopf ins Innere der steinernen Stube und öffnete die leuchtenden Augen der Fühler, von denen ein phosphoreszierendes Licht ausging. Ich erblickte gegenüber einen verrußten Kamin aus rauhen Platten, darauf eine längst erkaltete Handvoll Späne und angekohltes Reisig, ich sah auch eine Bank und verrostetes Gerät an der Wand, ein verwühltes Lager und Steinklumpen in der Ecke. Es kam mir seltsam vor, daß nichts hier den Eintritt verwehrte, ich traute der einladenden Leere nicht, obwohl hinten eine Tür offenstand, vielleicht witterte ich gerade darum einen Hinterhalt, zog mich ebenso lautlos zurück, wie ich eingedrungen war, und machte mich an den Aufstieg zum Obergeschoß. Ich dachte nicht daran, mich dem Fenster zu nähern, von dem der neblige Schein ausging. Endlich zog ich mich auf das Dach und legte mich auf seiner verschneiten Fläche wie ein

Wachhund nieder, um den Tag abzuwarten. Ich hörte zwei Stimmen, verstand aber nicht, worüber sie sprachen. Bewegungslos lag ich da, ich ersehnte und fürchtete zugleich den Augenblick, in dem ich den Gegner anspringen würde, um Arrhodes zu befreien; erstarrt vor Spannung, stellte ich mir wortlos den Verlauf des Ringens mit dem Stachelstoß am Schluß vor, gleichzeitig schaute ich in die eigene Tiefe, nicht mehr, um jetzt noch darin nach den Quellen meines Willens zu suchen, sondern bemüht, auch das schwächste Zeichen zu entdecken, das mir enthüllen sollte, ob ich nur einen einzigen Menschen töten würde. Ich weiß nicht, wann diese Angst verging. Ich ruhte weiterhin ohne Gewißheit, weil ich mich selbst nicht kannte, doch gerade dieses Nichtwissen, ob ich als Retterin oder als Mörderin gekommen, wurde für mich zu etwas bisher Unbekanntem, unbegreiflich Neuem, es verlieh meinem Beben den Sinn einer rätselhaften Jungfräulichkeit und sättigte mich mit Begeisterung. Diese Begeisterung verwunderte mich nicht wenig, ich überlegte, ob sich nicht gerade in ihr die Klugheit meiner Verfertiger kundtue, die mich so gemacht hatten, daß ich eine unbegrenzte Kraft darin erkennen konnte, Hilfe und Verderben zugleich zu bringen, doch war ich dessen nicht sicher. Plötzlich ein kurzes Getöse, dann drangen undeutliche Stimmen bis zu mir herauf, noch ein dumpfer Ton, als fiele etwas Schweres, danach Stille. Ich begann vom Dach herabzukriechen, ich bog meinen Hinterleib fast rechtwinklig, so daß ich mit der Brusthälfte des Körpers an der Wand haftete, mit dem letzten Beinpaar und der Stachelhülse aber noch auf dem Dachrand ruhte, bis mein vor Anstrengung pendelnder, hängender Kopf sich der Fensteröffnung näherte.

Die Kerze, zu Boden gestoßen, erlosch gerade, aber der Docht glühte noch rötlich und mein angestrengter Nachtblick entdeckte einen unter dem Tisch liegenden Körper, von dem das bei dieser Beleuchtung schwarze Blut herablief, und obwohl alles in mir zum Sprung drängte, sog ich erst die mit Blut- und Stearingeruch gesättigte Luft ein. Dieser Mensch war mir fremd, also war es zum Kampf gekommen und Arrhodes hatte ihn früher getroffen als ich, wie, warum, wann, darüber dachte ich nicht nach, denn der Gedanke, ich sei nun mit ihm, dem lebendigen, allein in diesem leeren Haus, wir seien nur zu zweit, traf mich wie ein Blitz. Ich, die Braut und Mörderin, bebte und notierte mit einem nie blinzelnden Auge die letzten Zuckungen dieses großen Körpers, der seinen Atem aushauchte. Also jetzt ganz leise fortgehen in die Welt der verschneiten Berge, nur um nicht mit ihm unter vier Augen zu bleiben, unter sechs Augen, verbesserte ich mich, verurteilt zu einer Schrecklichkeit und Lächerlichkeit ohne Ausweg, doch dieses Gefühl des Spottes und Hohnes wog schwerer und stieß mich voran, so daß ich, immer noch kopfüber, hinabglitt wie eine lauernde Spinne und, ohne auf das leichte Rasseln meiner Bauchschuppen zu achten, in hohem Bogen die Leiche übersprang, um die Tür zu erreichen.

Ich weiß nicht, wie und wann ich sie aufstieß. Hinter der Schwelle begann eine Wendeltreppe, dort lag Arrhodes auf dem Rücken, den verrenkten Kopf gegen eine abgewetzte Stufe gelehnt, sie mußten auf dieser Treppe gekämpft haben, deshalb hatte ich fast nichts gehört, er lag also zu meinen Füßen, seine Rippen bewegten sich, ich sah erst jetzt seine Nacktheit, die ich nicht kannte, sondern nur gedacht hatte während jener ersten Nacht im Ballsaal.

Er röchelte, ich sah, wie er versuchte, die Lider zu öffnen, erst zeigte sich nur das Weiße, ich stand zurückgelehnt mit gebogenem Hinterleib und betrachtete von oben sein abgewandtes Gesicht, ich wagte weder ihn zu berühren noch mich zurückzuziehen, denn solange er lebte, war ich meiner nicht sicher, zwar verlor er mit jedem Atemzug Blut, doch wußte ich gut, meine Pflicht gilt bis zum letzten Augenblick, denn das königliche Urteil ist auch noch in der

Agonie zu vollstrecken, also durfte ich nichts riskieren, solange er noch lebte und ich nicht wußte, ob ich wirklich sein Erwachen wünschte. Hätte er bewußt die Augen geöffnet und mich im umgekehrten Bild ganz erfaßt, so wie ich da über ihm stand, nun schon kraftlos todbringend in Gebetsgeste, schwanger, aber nicht von ihm – wäre das eine Trauung gewesen oder deren unbarmherzig vorgesehene Parodie?

Doch er öffnete nicht bewußt die Augen, und als die Dämmerung mit fein glitzernden Schneeflocken zwischen uns trat, während durch die Fenster im ganzen Haus das Schneegestöber des Hochgebirges pfiff, stöhnte er noch einmal und hörte auf zu atmen, da legte ich mich, nun schon ruhig, dicht neben ihn und umarmte ihn und lag so in Licht und Dunkelheit die zwei Tage des Schneesturms hindurch, der uns mit seiner nicht tauenden Bettdecke einhüllte. Am dritten Tage aber ging die Sonne auf.

Übersetzt von Klaus Staemmler

ETHIK DER TECHNOLOGIE UND TECHNOLOGIE DER ETHIK

EINLEITUNG

1. Wenn ein Löwe eine Löwin tötet, ein Kaninchenweibchen seine Jungen auffrißt oder eine Gottesanbeterin nach der Kopulation das Männchen verschlingt, betrachten wir solche Handlungen gemeinhin nicht als unethisch, weil wir das Verhalten von Tieren nicht in diesem Sinne qualifizieren; allerdings können wir zwischen dem Handeln der beiden erstgenannten Tiere und dem des dritten einen Unterschied machen, denn während bei der Gottesanbeterin ein artmäßiges Verhaltensstereotyp vorliegt, haben wir es bei dem Kaninchenweibchen und dem Löwen mit einer Abweichung vom Stereotyp zu tun. Wir stützen uns bei dieser Unterscheidung auf die Feststellung, daß Tiere sich wegen des ihnen von der Evolution vorgegebenen Ziels, als Art zu überleben, nicht in einer Weise verhalten können, die, falls sie zur dauernden Regel würde, den Untergang der Art nach sich zöge. Insofern ist das Verhalten von Tieren – als ein teleologisch bedingtes – rational, und nicht rational wäre es erst, wenn etwa die Gottesanbeterin das Männchen *vor* dem Begattungsakt verzehren würde.

2. Die Ethik des Menschen enthält ebenfalls einen solchen rationalen Kern, doch läßt sie sich nicht mit einem artmäßigen Verhaltensstereotyp identifizieren, weil es kein einheitliches Stereotyp gibt. Die Ethik ist offenbar eines der (fernen) Resultate der Entstehung der Sprache, die es erlaubt, aktuelle Situationen mit vergangenen und vorweg-

genommenen Situationen »modellhaft« zu vergleichen, und wenn solche Modelle im Hinblick auf ihre »Schicklichkeit« oder »Unschicklichkeit« (und nicht etwa nach den Kriterien von Wahrheit und Falschheit) miteinander verglichen werden, entsteht die Möglichkeit einer axiologischen Beurteilung. Sind diese Modelle schließlich Abbildungen zwischenmenschlicher Situationen, und soll aus dem Vergleich hervorgehen, welche davon (als »schicklich«) mit den kulturell fixierten verpflichtenden Handlungsdirektiven übereinstimmen, so bekommen die entsprechenden Situationen in diesen Interpretationen und Zuordnungen einen ethischen Charakter.

3. Es hängt von der jeweiligen Kultur ab, welche konkreten Situationen einer ethischen Beurteilung zugänglich sind. Nehmen wir zum Beispiel den individuellen Müßiggang: In bestimmten Kulturen ist er ethisch eher neutral, während er in anderen, besonders in industriellen Zivilisationen, ethisch tadelnswert ist. Die Beurteilung unterliegt nämlich dem übergeordneten Einfluß kultureller Verhaltensmuster, die etwa festlegen, daß es schicklich sei, sich einer unablässigen Aktivität hinzugeben, und zwar einer Aktivität bestimmter Art: So genießt etwa die im strengen Sinne produktive Arbeit in bestimmten Kulturen Wertschätzung, während die »Geschäftemacherei« als verdammenswert betrachtet werden kann.

4. Unter »Ethik der Technologie« möchten wir in dieser Arbeit nur jene Einflüsse verstehen, welche die technische Entwicklung im gesellschaftlichen Maßstab auf das ethische Verhalten der Individuen ausübt. Bei »ethischen Normen« denken wir also an solche Normen, die sich aus empirischen Untersuchungen über die Verhaltensstereotype von Individuen in ethischen Situationen »abstrahieren« und rekonstruieren lassen, nicht dagegen an Normen, die von den Indi-

viduen verbal in stereotyper Weise gutgeheißen werden. Es ist uns bewußt, daß die gesellschaftlich proklamierte Ethik nicht unbedingt identisch ist mit jener, welche die Gesellschaft real praktiziert. Eine Abweichung des theoretischen Musters vom faktischen Stereotyp tritt in allen Gesellschaften auf; in Gesellschaften, die eine (klassenmäßige, berufliche usw.) Schichtung aufweisen, kann es zu einer teilweise adaptiven »Verzweigung« der ethischen Codices kommen, und es entstehen dann Gruppen-, Klassen- und Berufsethiken. Das Ausmaß der Abweichung zwischen dem idealen und dem realen Verhalten ist zweifellos ein wesentlicher Parameter der jeweiligen Kultur, doch mit diesem Problem wollen wir uns nicht befassen. Wir werden uns also, wenn von den Einflüssen der Technologie auf die Ethik die Rede ist, auf solche Veränderungen beschränken, die im »ethischen Verhalten« auftreten, während wir der Frage, welchen Veränderungen die von der Erziehung, der Propaganda, der Bildung, oder der Religion verkündete Ethik möglicherweise unterliegt, keine größere Beachtung schenken wollen.

5. Man könnte aus dem Gesagten folgern, daß die Einflüsse, um die es uns geht, dem folgenden Schema entsprechen: Das Ingangsetzen der Technologie X wurde von den ethischen Normen A und B gutgeheißen, doch zeigt sich nach einer gewissen Zeit, daß die Wirkung dieser Technologie dazu geführt hat, daß die Norm B aus dem System der ethischen Normen entfernt und durch eine in ihm bisher nicht vorhandene Norm C ersetzt wurde. Das Normensystem (A, C), das von dem anfänglichen (A, B) abweicht, ließe sich als eine durch instrumentelle Wirkungen veränderte Ethik, abgekürzt als »Ethik der Technologie X«, bezeichnen.
Doch von Ausnahmesituationen abgesehen vollzieht sich die Einwirkung technologischer Prozesse auf ethische Phä-

nomene nicht in dieser Weise. Wandlungen der Ethik im Gefolge von gesellschaftlichen Veränderungen, die durch die technische Evolution hervorgerufen wurden, besitzen den Charakter einer spezifischen, vor allem unmittelbaren, Anpassung, und insofern ist die Ethik ein Verhaltensprogramm, das nicht auf derselben phänomenalen Ebene umgestaltet wird, auf der es effektiv wirksam ist. Eine Analogie liefert uns hier die organische Welt: Vergleichen wir die Änderungen der Ethik mit den Änderungen in der Artenbildung, so erkennen wir, daß zwischen dem Faktor, der die Veränderung auslöst, und der Entstehung der Arten zwar ein Zusammenhang besteht, doch ist die Anpassung nicht das direkte Resultat der Vererbung erworbener Merkmale. Es gilt nämlich sowohl für die Genotypen in der Biogeozönose als auch für die Menschen in der Gesellschaft, daß sie über eine redundante Mannigfaltigkeit der Reaktion auf aktuelle Situationen verfügen, die im Bedarfsfall ihre regulative Wirkung entfalten kann. Handelt es sich bei den Genotypen jedoch um eine Redundanz, die auf der Existenz einer ständig durch Mutationen angereicherten Reserve von rezessiven Genen beruht, so geht es beim Homo Socialis um eine anders (nämlich kontinuierlich und nicht diskret) strukturierte, sehr große Plastizität des Verhaltens (ein »Potential an Reaktionsmöglichkeiten«). Technologie und Ethik scheinen in einer sich entwickelnden Kultur *abhängige* Zufallsvariablen zu sein, und deshalb müssen die Veränderungen der einen wie der anderen unter der heuristischen Annahme betrachtet werden, daß sie stochastischer Natur sind. Allerdings stößt eine solche Untersuchung auf Schwierigkeiten, weil es in einem komplexen System, wie es die Gesellschaft darstellt, häufig zu einer Verzweigung der Kausalketten kommt, so daß wir es am Ende mit einem »kausalen Netz« zu tun haben, der Versuch, in einem solchen Netz jene Zusammenhänge, die wir aufklären möchten, eindeutig zu isolieren, hat immer etwas Willkürliches.

Deshalb kann es nicht darum gehen, technische Ursachen festzustellen und sie mit ethischen Folgen zu verknüpfen, sondern wir müssen vielmehr nach bestimmten Korrelationen suchen. Das hat jedoch, soweit mir bekannt ist, bis jetzt auf eine exakte und empirisch gut belegte Weise noch niemand getan; mag es beispielsweise auch einen Zusammenhang zwischen der zum Nihilismus tendierenden Ethik bestimmter Gruppen der Jugend und der Gesamtheit oder auch einem Teilaspekt der »technologischen Explosion« unseres Jahrhunderts geben, so läßt sich dennoch eine solche Hypothese nicht vernünftig falsifizieren.

6. Im zweiten Teil dieser Arbeit befassen wir uns mit der »Technologie der Ethik« in einem doppelten Sinne; einerseits suchen wir nach technischen Mitteln, um unter anderem ethische Phänomene im Rahmen eines Forschungsprogramms zu modellieren, dessen Ziel es ist, kulturell-gesellschaftliche Phänomene in einem Substrat zu simulieren, das selber weder »Gesellschaft« noch »menschlich« ist; andererseits gehen wir der gesonderten Frage nach, ob sich nicht gewisse Instrumentalismen in den (gesellschaftlichen) Dienst ethischer Direktiven stellen lassen.
Da es an systematischen Beobachtungen und Verallgemeinerungen fehlt, kann es sich bei diesem Referat nicht um einen solide begründeten Vortrag, sondern allenfalls um einen Versuch handeln, der sich auf sehr dürftige Belege (zum Thema »Ethik und Technologie«) stützt.

I

1. Solange die Technologie die Materie der Umwelt in einen Zustand versetzt, der der menschlichen Existenz förderlich ist, erweist sie sich als eine Fortsetzung der natürlichen Homöostase, weil zwischen Sinnesorganen und For-

schungsinstrumenten oder auch zwischen Muskeln und Reaktoren kein prinzipieller Unterschied besteht. Intellekt und Instrumente schöpfen aus der Umwelt die brauchbare Information; Muskeln und Reaktoren ermöglichen dank der Steuerung dieser Informationen eine energetische Souveränität gegenüber der Umwelt. Doch einmal mit dem Ziel der »Bedürfnisbefriedigung« in Gang gesetzt, beweist die Technologie eine wachsende Tendenz, alle nur erkennbaren »Befriedigungen« zu erleichtern. Aus einer radikal instrumentellen Sicht besteht kein Wesensunterschied zwischen der Sättigung des Hungers nach Nahrungsmitteln und der Sättigung des sexuellen Hungers, denn in beiden Fällen handelt es sich um eine spezifische biologische Befriedigung. Die Technologie, die längst in die Sphäre der zwischenmenschlichen Beziehungen eingedrungen ist, tut also den nächsten Schritt und dringt in immer intimere Bereiche unserer Existenz ein – mit zwiespältigen Folgen. Erneut zeigt sich, daß die immer weitergehende Eroberung von Teilen der Herrschaft über die Natur – auch über die Natur unserer eigenen Körper, die ja von niemandem mit Vorbedacht geplant ist – Fallen der Antinomie in sich bergen kann. Wo bisher der Fatalismus – etwa der biologische – wirkte, schafft die Technologie die Möglichkeit einer Wahl. So wird es wahrscheinlich in nicht allzu ferner Zukunft möglich sein, das Geschlecht eines Kindes nach Wunsch zu bestimmen. Bislang wird – nicht anders als bei den »ungezähmten« Arten – das Gleichgewicht des quantitativen Geschlechterverhältnisses bei den Menschen durch probabilistische Automatismen in den Chromosomen reguliert. Würden jedoch die Entscheidungen der Eltern über das erwünschte Geschlecht ihres Kindes von dem durch diese Automatismen determinierten Verhältnis abweichen, etwa dadurch, daß die Kultur einem der Geschlechter den Vorzug gibt, würde das bestehende Gleichgewicht erschüttert, und um diesem Phänomen entgegenzutreten, müßten

Maßnahmen ergriffen werden, die den unerwünschten Zustand korrigieren. Dies ist ein Beispiel für ein allgemeines Phänomen: Wenn bestimmte Parameter, die sich bislang in einem homöostatisch günstigen Intervall halten, weil die regulativen Einflüsse von »natürlichen« Zusammenhängen (also solchen, die bislang den instrumentellen Eingriffen des Menschen entzogen waren) dafür sorgen, durch die neue Technologie dem Einfluß dieser Automatismen entzogen werden, können sich bestimmte »künstliche« Maßnahmen als unerläßlich erweisen, die darauf abzielen, das Abweichen dieser Parameter von dem optimalen Wertintervall zu verhindern. Diese »künstlichen« Maßnahmen können wiederum eine Schmälerung der individuellen Handlungsfreiheit nach sich ziehen, die ansonsten durch die neue technologische Effizienz erweitert wird. So entsteht die eigentümliche Situation, daß man die unanfechtbare Direktheit der ursprünglichen, ethisch neutralen These »es ist nicht möglich« (daß man zum Beispiel das Geschlecht eines Kindes nach Belieben bestimmt) ersetzen muß durch die Direktive »es ist nicht erlaubt« (es wäre zwar möglich, das Geschlecht eines Neugeborenen zu bestimmen, aber es ist nicht zulässig, zumindest in bestimmten Situationen, wenn etwa das »Auswahlkontigent« für ein bestimmtes Geschlecht gerade ausgeschöpft ist).

Was soll man da erst sagen, wenn die von den Biologen derzeit für die Zukunft vorhergesagten Möglichkeiten (ausführlicher hat darüber zum Beispiel Rostand geschrieben) sich realisieren und die physischen und psychischen Merkmale eines ungeborenen Kindes detaillierter bestimmt werden können? Dies würde erfordern, daß die individuellen Wünsche der Eltern mit dem gesellschaftlichen Interesse abgestimmt werden, was in der Realität ungemein schwierig sein wird (eine ausschließlich aus Genies bestehende Gesellschaft könnte wahrscheinlich nicht im Gleichgewicht funktionieren). Sehr viel ernster wären jedoch die Veränderungen zu nehmen, zu denen es im Bereich der rein menschlichen Werte kommen müßte, wenn man beispielsweise wüßte, daß die außergewöhnliche Begabung von Herrn X nicht das Ergebnis eines »Chromosomenzufalls«; eines »Gewinns in der Vererbungslotterie« ist, wie es gegenwärtig der Fall ist, sondern darauf zurückgeht, daß die Eltern von Herrn X von den entsprechenden Behörden die Erlaubnis erhalten haben, ihrem Kind diese große Begabung durch genotypische Manipulationen zu »verschaffen«. Da es aber, rational betrachtet, keinen grundlegenden Unterschied gibt zwischen den »Verdiensten eines Genies« von heute und der imaginären zukünftigen Situation (in beiden Fällen liegen ja die kausalen Ursachen des Talents außerhalb des Individuums, und sofern ist es unerheblich, ob jemand ein großer Komponist ist, weil die Gene sich »von selbst« in diesem Sinne zusammengefügt haben, oder weil ein Genetik-Ingenieur es mit Einwilligung der Verwaltung so gefügt hat), würde die allgemeine Kenntnis von einem solchen instrumentellen Eingriff, der bestimmte Menschen gegenüber anderen privilegiert, ein Gefühl der Ungerechtigkeit hervorrufen, weil man nicht allen das, woran es fast allen mangelt, nämlich die »Gene des Talents«, zukommen läßt. Die Werke der »synthetischen« Schöpfer würden zwar weiterhin Beifall finden, doch persönlich würden sie sich vermutlich das Odium einer ziemlich verbreiteten Abneigung zuziehen. Aber das ist reine Vermutung; dennoch deutet vieles darauf hin, daß es nach dem Ingangsetzen der Technologie der »genetischen Komposition« unausweichlich zu Veränderungen im gesellschaftlichen System der sogenannten autonomen Werte kommen muß. Doch sollte man vielleicht die Sorge um derartige Probleme der Zukunft überlassen.

2. Von zwei Dritteln der Menschheit, also von zwei Milliarden Menschen, die systematisch nicht genug zu essen be-

kommen, sterben jährlich rund vierzig Millionen an chronischer Unterernährung. Gleichzeitig werden anderswo spezielle Techniken zur Beseitigung und Zerstörung der Verpackungen nötig, in denen der Überfluß an Gütern auf den Markt geworfen wird. Doch es scheint nur so, als ginge es nur den Armen schlecht und den Reichen ausgezeichnet. In Wirklichkeit leben beide nicht gut, auch wenn die Folgen von Überfluß und Mangel nur wenig miteinander gemein haben. Allerdings behandeln wir vor allem die Gefahren des Mangels mit dem gebührenden Ernst, während wir dazu neigen, die Bedrohungen aus der entgegengesetzten Richtung auf die leichte Schulter zu nehmen oder uns allenfalls über sie lustig zumachen. Das ist verständlich: Unsere Gattung wurde von der Evolution unter den Bedingungen des ständigen Kampfes um die Befriedigung der elementaren Bedürfnisse entwickelt, denn das ist einfach die natürliche Lage aller »ungezähmten« Lebensformen in der Natur. Demgegenüber ist eine Situation, in der es allzu leicht ist, Hunger und Durst zu stillen, ein absolutes Novum in unserer Geschichte, und sie galt bis vor kurzem als ein Zustand, den man vorbehaltlos anstreben sollte. Inzwischen können wir uns jedoch davon überzeugen, daß eine übermäßige Bedürfnisbefriedigung sich uneinheitlich, aber im allgemeinen doch schädlich auf das gesellschaftliche Funktionieren jener Werte auswirkt, die das Motivationsgerüst des menschlichen Verhaltens bilden. Die Schädlichkeit der technologischen Realisierung von Bedürfnissen ist in einigen Fällen evident. So genügen zum Beispiel einige Mikrogramm des Lysergsäurediäthylamids (LSD), um einen Zustand herbeizuführen, der subjektiv als Vollkommenheit erlebt wird, als eine mit nichts zu vergleichende gleichsam mystische Erfüllung. Der Mensch ist ein antizipierendes Wesen – in der Haltung einer solchen Hinneigung zur Zukunft wurde er sozial geformt; seine Gegenwart ist immer auf die Zukunft orientiert, und ohne Erwartungen,

Hoffnungen und Bestrebungen hat das Leben für ihn eigentlich keinen Sinn. LSD macht sämtliche individuellen Antizipationen zunichte und steigert das unmittelbare existentielle Empfinden derart, daß die Gegenwart als ein kulminierender Zustand erlebt wird, von dem aus alles, was über ihn hinausgeht, als bedeutungslos erscheint, als ein endlich erreichter Gipfel. Es ist interessant, zum Vergleich die Wirkung von LSD auf Insekten heranzuziehen. Die Spinne webt unter LSD-Einfluß weiter an ihrem Netz, das jedoch in seiner Struktur der geometrischen Perfektion näherkommt, weil das Präparat auch die Spinne von äußeren Reizen abschneidet, die ein für allemal festgelegte erbliche Programmierung instinktiver Handlungsantriebe jedoch nicht antastet, die sich infolgedessen in besonders »reiner« Form äußern. Der Mensch verliert unter LSD-Einfluß jegliche Fähigkeit zu realistischem Handeln, weil seine Antriebsmechanismen, die durch kulturelle Prägung geformt und nicht angeboren sind, sich sehr viel leichter abspalten und zerfallen. Ein solcher Zustand ist zumindest für den normalen Menschen schädlich, weil er zum Bruch aller Bindungen zu anderen Menschen führt.

Da eine Gesellschaft von Individuen, die sich der Wirkung von LSD aussetzen, nicht existieren könnte, hat man dieses Präparat, das – besonders in den USA, wo Millionen von jungen Leuten es benutzen – zu einer gesellschaftlichen Gefahr wird, zu einem Rauschmittel erklärt (was es eigentlich nicht ist) und seine Verbreitung unter Strafandrohung verboten. Man verwendet es – experimentell und mit ausgezeichneten Ergebnissen – bei unheilbaren Krankheiten, um dem Patienten im Todeskampf Erleichterung zu verschaffen (und das gelingt wirklich: er wird, obwohl er sich der Nähe des Todes völlig bewußt bleibt, vollkommen gleichgültig gegen diesen).

Ungefähr zur gleichen Zeit führte man in den USA orale Antikonzeptiva ein, und es gibt sogar schon solche, die

»rückwärts« wirken, denn sie verhindern, wenn sie bis zu sieben Tagen nach dem Verkehr eingenommen werden, die Einnistung des befruchteten Eis in der Gebärmutter. Körperliche Schäden rufen diese massenhaft angewandten Mittel nicht hervor, und es ist auf den ersten Blick nichts ersichtlich, was gegen die Verbesserung spräche, die die Befruchtung radikal von der Lust getrennt hat, mit der sie von der Evolution verknüpft wurde, zumal diese Präparate, wenn man die weltweite Bevölkerungsentwicklung einbezieht, genau im richtigen Moment gekommen sind. Während die bislang gebräuchlichen Mittel unästhetisch und unsicher waren, kann die Frau jetzt eine kleine Tablette wie eine Vitaminpille schlucken, und das sogar post coitum, was von nicht zu unterschätzender psychologischer Bedeutung ist (vor dem Zusammensein mit dem Mann braucht die Frau nicht einmal einen Gedanken an die Möglichkeit eines sexuellen Kontakts verschwenden). Beide Geschlechter erlangen dadurch Gleichberechtigung sogar in biologischer Hinsicht, denn beide können sich nun allen Folgen einer Kopulation entziehen.

Die Verbesserungswirkung der Technologie ist jedoch in beiden geschilderten Fällen mit gemeinsamen negativen Merkmalen verknüpft. Die chemisch garantierte Folgelosigkeit der Kopulation kann (wenn andere Faktoren hinzutreten, von denen noch die Rede sein wird) zur Schwächung des Bandes zwischen den Geschlechtern beitragen, und sie ähnelt darin der Wirkung des LSD, das radikal sämtliche Bindungen des Individuums zu anderen Menschen durchschneidet. Es geht dabei nicht so sehr um den Sex oder um chemisch herbeigeführte Zustände der »Erfahrung des Absoluten«, sondern um die Methode des technologischen Eindringens, das durch eine rein lokale Wirkung für eine sofortige vollständige Befriedigung sorgt. Dabei können lokal begrenzte Einwirkungen durchaus unbegrenzte Folgen nach sich ziehen. So ist zum Beispiel in verschiedenen Gebieten durch die Anwendung von Insektiziden, mit denen man bestimmte Schädlinge bekämpfte, mittelbar die ganze ökologische Pyramide der Arten durcheinandergeraten. Wurde durch Mittel zur Insektenbekämpfung die ökologische Hierarchie, also ein bestimmtes materielles System, aus dem Gleichgewicht gebracht, so können Mittel zur Befriedigung von Wünschen oder Trieben das axiologische System der Gesellschaft aus dem Gleichgewicht bringen. Wird der Geschlechtsakt durch das Verhindern der Befruchtung erleichtert, so wird mittelbar die Ansicht gefördert, daß gewisse erotische Imponderabilien überflüssig seien; auf diese Weise werden – auf dem Umweg über die Folgen – Liebesbeziehungen entwertet. Diese Entwertung des Sexualakts durch die völlige Loslösung von seinen normalen Konsequenzen vollzieht sich in einer Kultur, in der die Leichtigkeit und Flüchtigkeit sexueller Kontakte während der letzten Jahrzehnte einen deutlich ansteigenden Trend aufweist. Die sexuellen Kontakte werden nach und nach der Werte beraubt, die sich ihnen historisch überlagert haben, denn diese Werte sind ja keine unmittelbare Folge der Manifestation von angeborenen Mechanismen, sondern eine Folge von Verinnerlichung bestimmter Einstellungen, die auch eine ethische Bedeutung haben, von Einstellungen, die gesellschaftliche Billigung genießen und als wertvoll gelten. Die sogenannten erotischen Imponderabilien sind kulturell bedingt, genau wie die komplizierten, teilweise mühseligen und sogar schmerzhaften Initiationspraktiken primitiver Gesellschaften. Man macht es sich zu einfach, wenn man solche Praktiken für irrational erklärt und aus diesem Grund ihre Beseitigung fordert, ein selbst aus pragmatischer Sicht unhaltbarer Standpunkt, weil alle kulturbedingten Werte zugegebenermaßen »nicht notwendig« sind – aber nur in dem Sinne, daß ihre Rolle in anderen Kulturen von anderen Werten ausgefüllt wird. Gesellschaften haben Systeme von

Hindernissen geschaffen, die das Individuum überwinden muß, um die Reife zu erlangen – Hindernisse, die nicht bloß »überflüssige Erschwernisse« sind. Wenn man sie beseitigt, zerstört man zugleich bestimmte Motivationshaltungen, ohne daß man dafür etwas anderes, entsprechendes erhält. In der Zerstörung autonomer Werte ist die Technologie im allgemeinen wirksamer als in ihrer Erschaffung. Das Forcieren von »Verbesserungen« kann daher eine »axiologische Implosion« einleiten, also einen Zusammenbruch des Wertesystems: Es kann eine Situation herbeiführen, in der das Leben sehr einfach, aber nicht mehr sehr lohnend ist.

Wir behaupten nicht, daß die erotische Liebe durch Antikonzeptionsmittel automatisch zerstört werden könne. Es gibt sicherlich Kulturen, bei deren Werteorientierung sich der »wertzerstörerische« Einfluß dieser Mittel gar nicht manifestieren kann. Doch in unserer Kultur, in der es die erwähnten Trends gibt, werden diese Mittel zu einem Faktor, der »lieblosen sexuellen Situationen« einen höheren statistischen Wahrscheinlichkeitsgrad verleiht. Diesen statistischen Effekt halten wir für den wesentlichsten, weil er für die Entwicklungsrichtung auch der ethischen Veränderungen ausschlaggebend ist. Natürlich kann man sagen, daß Frauen und Mädchen, die bislang nur durch die Angst vor einer Empfängnis von sexuellen Kontakten abgehalten wurden, in Wirklichkeit die immanenten Werte der Erotik nicht respektiert haben (was übrigens auch für die Vertreter des anderen Geschlechts gelten würde), so daß sich ein Niedergang der Sexualethik, der ohnehin schon eingetreten ist und sich nur noch nicht sehr massenhaft geäußert hat, lediglich in den Verhaltensweisen manifestieren würde. Das ist sicher bis zu einem gewissen Grade richtig, aber darauf kommt es mir gar nicht an. Ich möchte mich auf eine eingehende Analyse der psychischen Zustände, die Entscheidungen erotischer Art voraufgehen, lieber nicht einlassen, denn das ist ein Thema, bei dem man leicht ins

Spekulieren gerät. Über die Hierarchie der gesellschaftlichen Werte entscheidet am Ende das massenhafte Verhalten der Menschen und nicht die Möglichkeit, die Motive ihrer axiologischen Orientierung in einzelnen Fällen sezierend zu analysieren. (Bei dem Versuch einer solchen Analyse taucht sogleich das Dilemma auf, was wichtiger sei: das, was die Menschen zu tun glauben, oder das, was andere, beispielsweise Psychoanlytiker, über die Genese ihrer Handlungen denken; ob etwa die »spontane« Selbsterkenntnis oder nicht vielmehr die »geübte« Introspektion, wie sie etwa die Philosophen betreiben, Ausgangspunkt der Untersuchung sein soll, usw. usw.)

3. Heute erwirbt man Wissen durch einen langwierigen angestrengten Lernvorgang. Er wird überflüssig gemacht durch die »Informationsträgerpille«, die den Menschen mit einer entsprechenden Menge an Informationen versorgt. Die Technik eines solchen »Gratislernens« existiert noch nicht, sie scheint aber, zumindest teilweise, realisierbar zu sein. Doch die Mühe des Lernens dient nicht nur dem Erwerb eines gewissen Informationskapitals, sondern sie hat ihre eigene, von der Natur dieses Kapitels unabhängige Bedeutung. Sie weckt die Ambitionen des Wettbewerbs, übt die Überwindung von Hindernissen ein, macht den Lernenden streßunanfällig und gestaltet auf diese Weise die Struktur der Persönlichkeit.
Die »Informationspille« kann sich also, indem sie die »außerinformationalen« Resultate des Lernvorgangs ausschaltet, verstümmelnd auf die physische Entwicklung des Menschen auswirken. Die »Pille«, die wir uns vorstellen können, wenn wir die experimentell gewonnenen bescheidenen Resultate extrapolieren, würde einen Intellekt mit Bildung befrachten, der grundsätzlich nicht auf deren allseitige Nutzung vorbereitet ist. Die dadurch erzeugten Schäden zu beseitigen bedürfte es entweder einer neuen spezifischen

Didaktik (wie nutzt man die Informationen, die man besitzt?) oder einer – zugegebenermaßen ans Absurde grenzenden – Technologie, die durch unmittelbare Eingriffe in die Hirnprozesse diese in einen Zustand bringt, den sie gegenwärtig durch die »gewöhnliche« Erziehung und Ausbildung erreichen. Doch selbst angenommen, durch eine Serie von pharmakologischen oder elektrochemischen instrumentellen Eingriffen ins Gehirn ließe sich eine streßunanfällige Persönlichkeit und ein universal leistungsfähiger Intellekt erreichen, erhebt sich die Frage, welche die Existenz rechtfertigenden Werte in einer solchen Welt noch erhalten blieben. Es kann nicht Aufgabe der Technologie sein, alle möglichen Bedürfnisse, Wünsche oder Gelüste mit ihren jeweiligen Objekten »kurzzuschließen«, denn wo man sofort alles haben kann, hat nichts einen Wert; der Wert ergibt sich aus einer gewissen Hierarchie der Ziele und aus der Abstufung der Schwierigkeiten, die man zur Erreichung dieser Ziele notwendigerweise überwinden muß. Indessen setzt die Technologie an immer mehr Fronten unserer organismischen Organisation zu einer Invasion an, und wir wissen nicht, ob und in welcher Weise wir die Körper gegen eine solche Belagerung befestigen sollen, da der Belagerer doch angeblich ein uns überaus wohlgesonnener Verbündeter ist. Wäre das Ideal der Vollkommenheit dort erreicht, wo alles maximal erleichtert ist, so nähern wir uns gegenwärtig, mag auch der Philosoph Pangloss vor zweihundert Jahren vielleicht nicht recht gehabt haben, mit der Geschwindigkeit einer Kanonenkugel der besten aller Welten, in der man Wissen ohne Lernen, mystische Zustände ohne Glauben und Lust ohne Gewissensbisse in der Apotheke bekommen kann. Ein solches Werte gegen Bequemlichkeit eintauschendes Vorgehen ist die moderne Form des Raubbaus. Gegen die Einführung empfängnisverhütender Mittel wird man sich kaum sperren können, weil eine verzweifelte Lage nach desparaten Mitteln verlangt, doch sollte man sie zumindest beim Namen nennen. Die Technologie kann der Zivilisation nicht das Rückgrat eines Wertesystems ersetzen. In der modernen Welt können weder die Sittlichkeit noch die herkömmlichen moralischen Normen dem technologischen Druck standhalten – er kann nur dort gebremst werden, wo (wie im Falle des LSD) die Folgen der instrumentellen Neuerung mit den Vorschriften des positiven Rechts drastisch in Konflikt geraten, wo es, wie im Falle des LSD, rechtliche Präzedenzfälle gibt. Wenn es jedoch nicht zu einem frontalen Zusammenstoß kommt, sondern die Technologie Umwege einschlägt, erweisen sich die Gesellschaft und ihre rechtlichen Normen praktisch als ohnmächtig. Die späte Erkenntnis der Schäden ist in der Regel wirkungslos, denn wenn sich Techniken erst einmal in breitem Maßstab durchgesetzt haben, sind sie nicht mehr aufzuhalten. Sie sind allzu allgegenwärtig, allzusehr haben die Menschen sich an sie gewöhnt, und wir würden es als ein Unrecht empfinden, wollte man sie uns nehmen. In der Praxis kommt es daher zu einem schrittweisen und offenkundig planlosen Rückzug im Bereich der Ethik. Ich weiß nicht, ob jemand etwa die sozioethischen Aspekte der Freisetzung der Atomenergie untersucht hat; es sagt jedenfalls einiges über den »Zeitgeist« aus, wenn versucht wird, die mörderischen Praktiken des Dritten Reiches dadurch zu rechtfertigen, daß man sich auf die erste Anwendung der Atomenergie beruft und die Schöpfer der Gaskammern beinahe mit den Schöpfern der Atombombe gleichsetzt, da doch beide Technologen gewesen seien. Auf diesem Felde gesellschaftlicher Praxis herrscht statt Voraussicht der Zufall, statt einer planmäßigen Kontrolle eine ratlose, allenfalls besorgte Passivität, statt ausgedehnter Erkenntnisse eine Ignoranz, die sich selbst nicht einmal als solche erkennt.

4. Der Darstellung der negativen Wirkungen der Technologie auf die ethischen Normen im Stile einer Schmähschrift

müßte man eigentlich, und sei es nur ergänzend, eine Apologie ihrer positiven Wirkungen gegenüberstellen, denn es ist bekannt, daß die rein instrumentellen Direktiven der Hauptzweige der Technologie (Energetik, Transport, Produktion und Distribution von Gütern) sich exakt mit den ethischen Direktiven umfassender Zusammenarbeit und globaler Kooperation decken, da ein diesen Geboten entsprechendes Handeln sowohl moralisch lobenswert als auch aus der Sicht des Ökonomen und Konstrukteurs vorteilhaft ist. Diesen positiven Gradienten der Technologie stehen jedoch die unzähligen Antagonismen der modernen Welt im Wege, und sie vermögen sogar das, was für alle materiell vorteilhaft ist, in seiner Verwirklichung aufzuhalten. Weil sich aber die negativen Wirkungen der technologischen Entwicklung auf die gesellschaftlichen Wertsysteme sehr viel schwerer orten, benennen und erkennen lassen, haben wir ihnen so viel Aufmerksamkeit gewidmet. Besonders zwiespältig ist die Rolle der modernen Technologien, wenn sie mit dem ihnen eigenen Elan im Bereich der Kulturen der Dritten Welt zu wirken beginnen, die zu einem erheblichen Teil auf einem relativ primitiven Niveau der gesellschaftlichen Evolution stehengeblieben sind, denn in diesem Fall unterliegen die traditionellen sittlichen Normen sehr rasch einem Prozeß der Zersetzung und Auflösung, da sie den beginnenden demographischen Bewegungen und den neuen Sachverhalten nicht gewachsen sind, so daß es in solchen Gesellschaften leicht zu einem eigentümlichen normativen Vakuum kommen kann, zu einem Verschwinden der alten Werte, ohne daß neue an ihre Stelle treten, weil es nicht möglich ist, die Entwicklung ethischer Normen künstlich zu beschleunigen. Gewiß erlernt ein Kind die Ethik wie seine Muttersprache, so wie es anschließend auch die Naturwissenschaften oder die Mathematik erlernt, doch sind das sehr unterschiedliche Lernbereiche; geht es im letzteren Falle um Informationen, die man sich einprägen muß, so im ersteren Falle um Verhaltensregeln, die man sich durch unablässige Beobachtung gesellschaftlicher Vorbilder anzueignen hat. Bei der Entwicklung einer Zivilisation, die gewissermaßen aus eigener Kraft von einer Stufe zur nächsten übergeht, kann die ethische Evolution, bei der es sich eigentlich nur um eine Anpassung der von den Vorfahren ererbten Ethik an immer wieder neue Bedingungen handelt, den Charakter einer gewissermaßen organisch langsamen, allseitig harmonisch verlaufenden Entwicklung haben. Bricht die Technologie dagegen plötzlich in eine primitive Kultur ein, so kann sie eine ethische Verwüstung anrichten, weil die Anpassungsmechanismen von Sitte und Moral mit den Veränderungen einfach nicht Schritt halten können. Doch selbst bei einer sich kontinuierlich entwickelnden Zivilisation kann es aufgrund der ständigen technologischen Beschleunigung zu einem solchen Tempo der Technoevolution kommen, daß eine Generation, der in ihrer Jugendzeit eine bestimmte Moral eingepflanzt wurde, damit nicht über ihre gesamte Lebenszeit zurechtkommt, da diese Moral wegen der Beschleunigung der Veränderungen allzu rasch anachronistisch wird, mit dem Ergebnis, daß die nächste Generation, von ratlosen und in ihren Wertvorstellungen desorientierten Menschen erzogen, sich selbst Ziele ihres Handelns zu setzen versucht, nicht selten mit zweifelhaftem Erfolg, worüber man sich jedoch nicht zu wundern braucht.

Ob das Tempo der sittlichen Evolution bereits definitiv von der Technoevolution überholt wurde oder ob dieser Zustand uns erst bevorsteht, vermag ich nicht zu sagen. Die unablässige Beschleunigung des instrumentellen Fortschritts macht jedoch einen solchen Bruch, einen solchen Verlust der innerzivilisatorischen Kohärenz zu einer realen Möglichkeit.

Mit einem antropomorphen Bilde könnte man sagen, daß die Natur selbst für ihr Gesamtgleichgewicht, für die ständige Selbsterneuerung ihrer eigenen Elemente sorgt, was nichts anderes heißt, als daß der hochgradig stationäre Charakter der Natur – beispielsweise in ihren irdischen Ausprägungen – das Ergebnis von langfristigen, sich über Jahrmilliarden hinziehenden Prozessen einer wechselseitigen Anpassung des geologischen und des biologischen Faktors ist, von Prozessen, bei denen einerseits der erstere Faktor durch den letzteren umgestaltet wird (auf diese Weise entstand die eine homöostatische Ganzheit bildende Biosphäre), während andererseits der letztere, der belebte Faktor sich an die leblosen Fluktuationsgesetze des Planeten anpaßt. Der Mensch hat – wegen seiner verschwindenden raumzeitlichen Größe – den ihm unmittelbar zugänglichen irdischen Ausschnitt der Natur immer als ein offenes und damit praktisch unendliches System aufgefaßt. Doch obwohl die Menschheit mit der Masse ihrer lebenden Körper einen unwahrscheinlich geringen Bruchteil der Masse des Planeten ausmacht, haben ihre Technologien das offene System in der Praxis in ein geschlossenes verwandelt und aus dem stabilen Gleichgewicht der Biosphäre ein labiles Gewicht werden lassen, was sich darin äußert, daß neue Technologien entstehen, deren einziges Ziel es ist, die schädlichen materiellen Folgen des Funktionierens von bereits bestehenden Technologien zu beseitigen, nämlich jener, die unmittelbar den biologischen und gesellschaftlichen Bedürfnissen der Menschen dienen. Es ist anzunehmen, daß das Bedürfnis nach einer weiteren Generation von Technologien entstehen wird oder bereits entsteht, von Technologien, die außermateriellen Zwecken dienen, die also imstande sein werden, einem Phänomen entgegenzuwirken, das man als »Flucht der Instrumentalismen« bezeichnen könnte, einem Phänomen, bei der die Front der realisierten instrumentellen Möglichkeiten der Zivilisation sich immer mehr von dem einzelnen Individuum, das dieser Zivilisation angehört, von seinem axiologischen, ethischen

Horizont entfernt, von seinen Anpassungsneigungen und -fähigkeiten, die gewiß sehr groß sind, aber immer noch genauso groß wie bei den Menschen der Moustérien- oder Aurignacien-Kultur, von denen wir uns ja in biologischer Hinsicht nicht unterscheiden. Ich übergehe hier die kognitiven und Bildungsapekte jener Beschleunigung, die wahrscheinlich zur Folge hat, daß das Veralten des Wissens, auch des beruflichen Wissens, es notwendig macht, daß man in vielen Berufen dazulernen oder auch »umlernen« muß (das ist übrigens jetzt schon in etlichen Disziplinen der exakten Wissenschaften der Fall: Der Fortschritt hat, um aus der Fülle der Beispiele nur zwei zu zitieren, die Biologen gezwungen, Mathematik zu lernen, und die Ökonomen, sich mit den Grundelementen der Kybernetik vertraut zu machen).

5. Die Empirie muß zweifellos der Ethik in dem Sinne untergeordnet sein, daß wir bei der Entdeckung von Zusammenhängen, die der alltäglichen Erfahrung unzugänglich sind, anfangen, die ethische Bedeutung von Handlungen oder Entscheidungen, die in dieser Hinsicht bislang als neutral galten, zu berücksichtigen (wenn der Arzt zwei jungen Leuten erklärt, ihre Nachkommenschaft werde aufgrund der Zusammensetzung ihrer Genotypen mit großer Wahrscheinlichkeit mit erblichen Mängeln behaftet sein, und sie zeugen verkrüppelte oder unterentwickelte Kinder, so sind sie nach dem bestehenden Recht schuldlos, doch moralisch ist ihre Entscheidung wohl zu verurteilen). Dies ist jedoch eine eigentümliche Situation, in der nicht das ethisch ist, was einem die moralische Intuition spontan eingibt, sondern nur das, war darüber hinaus die Billigung des Biologen, des Fachmannes für Operations Research, der sich mit Entscheidungen und linearer Programmierung befaßt, und des Kybernetikers, der sich mit der Spieltheorie beschäftigt, gefunden hat. Allerdings treffen wir nicht alltäglich auf eine solche Situation, und noch hat sich die

traditionelle Moral, besonders im Bereich der Alltagskontakte zwischen den Menschen, nicht im Wald der instrumentellen Direktiven und Tatsachen verirrt.
Insofern ist es wohl immer noch möglich, ein sogenannter »normaler anständiger Mensch« zu sein, dessen moralische Sensibilität freilich ständigen Verletzungen ausgesetzt ist, weil uns die technologisch erzeugte informationale Einheit unserer Welt zu Zeugen der an Tausenden von Orten begangenen Grausamkeiten macht, denen wir in der Praxis nichts entgegensetzen können als die innere Verurteilung – und das ist, wie wohl jeder zugeben wird, wenig. Die Zugehörigkeit zur Gattung Homo wird man daher heute überwiegend als eine gewisse Verantwortung für ihr Gesamtschicksal empfinden, eine Verantwortung, der man im Grunde durch keinerlei Art von Reaktion gerecht werden kann, weil die Möglichkeiten des Individuums im weltweiten Spiel der Kräfte unmeßbar gering sind. Diese Inkommensurabilität ist ebenfalls das Resultat der Wirkung vielfältiger Technologien, die zwischen jedem von uns und dem nach Milliarden zählenden Rest der Menschheit eine allzu einseitige Verbindung geschaffen haben.

6. Wollte man die »Technologie der Ethik« in dem eingangs erwähnten Sinne erschöpfend behandeln, müßte man sich mit der Theorie der idealen Gesellschaft (in Analogie zur Theorie des idealen Gases) befassen, da die Ethik ein Bestandteil der Kultur ist, eine durch vereinfachende konventionelle Abstraktion unterscheidbare Teilmenge jener Parameter, die das System »Menschheit« steuern. Das aber wäre eine Spekulation ohne Grundlage in dem uns verfügbaren Wissen, wenn wir unsere Überlegungen beschränken wollen auf das, was empirisch begründbar ist – und das wollen wir. Wir beschränken uns daher auf das, wie man sagen könnte, Anfangskapitel jener »Technologie«, auf das (formale) Modellieren der uns interessierenden Phänomene.

II

1. Unter Ethik werden wir einen nicht näher bestimmten Teil der Regeln des »Gesellschafts-Spiels« verstehen. Ein gewisser Teil dieser Regeln hat zweifellos instrumentellen Charakter, und ob er hier und da auch eine ethische Färbung besitzen kann, hängt unter anderem vom Gesamtbestand der Kultur ab. Nach unserer Ansicht sind es Situationen zwischenmenschlicher Kontakte, denen ein ethischer Aspekt zukommt. Die Frage, welche dieser Situationen einen ethischen Aspekt aufweisen und welcher Beurteilung sie in diesem Fall unterliegen, ist ganz und gar eindeutig bestimmt, sofern man die Sache aus der Sicht einer bestimmten Kultur betrachtet; betrachtet man die als ethisch qualifizierten Situationen und die entsprechenden Qualifikationen jedoch aus der Sicht unterschiedlicher Kulturen, so weisen sie eine geradezu unbegrenzte Mannigfaltigkeit auf. Insbesondere divergieren die Urteile über zwischenmenschliche Situationen innerhalb einer bestimmten Kultur, wenn sie von Beobachtern stammen, die nicht dem fraglichen Kulturkreis angehören und daher zwangsläufig eine andere kulturelle Prägung besitzen. Auf die Beurteilung einer fremden Kultur aus der Sicht seiner eigenen kann man nur dann verzichten, wenn man feststellt, daß die beobachteten Phänomene keinerlei kulturelle Bedeutung haben, daß sie einfach gleichbedeutend sind mit dem Verhalten von Elementen einer bestimmten organisierten, hochkomplexen Materialmenge. Sicherlich kann man größtmögliche Objektivität auch anstreben, ohne zu einer so drastischen, geradezu physikalischen Atomisierung der »menschlichen Menge« zu greifen, doch hat ein solches Vorgehen eine Grenze, die niemand, sofern er gewissenhaft ist, zu ziehen bereit ist, weil er selbst ihren Verlauf nicht kennt: Über die Frage, was an unserem Verhalten »kulturunabhängig« und damit in keiner Weise relativierbar ist,

könnten allein Experimente entscheiden, die man aus offenkundigen Gründen (ethischer Natur) nicht durchführen kann. Vielversprechend ist aus diesen Gründen daher ein Vergleich möglichst zahlreicher Kulturen, und zwar sowohl solcher, die auf einem ähnlichen technologischen Entwicklungsniveau, unter Bedingungen, die auch in anderer Hinsicht ähnlich sind (etwa unter ähnlichen biologischen Umweltbedingungen oder bei anthropologisch miteinander verwandten Völkern), entstanden, als auch solcher, die sich unter möglichst unterschiedlichen Bedingungen entwickelt haben.

2. Anthropologische Untersuchungen haben wiederholt gezeigt, daß die biologischen Unterschiede zwischen den menschlichen Rassen, verglichen mit den Kulturen, welche diese Rassen hervorbringen, praktisch bedeutunglos sind. Zeichnen sich also Kulturen durch ähnliche geographische, klimatische und technologische Parameter aus, so müßte ihr Vergleich zeigen, ob sich in Abwesenheit sonstiger Kausalfaktoren die Entwicklungsbahnen und Strukturen solcher Gemeinschaften decken, wie es auf den ersten Blick zu erwarten wäre.

Nun decken sie sich bekanntlich nicht; in ihren Sitten, ihren Glaubensvorstellungen, ihren ethischen und ästhetischen Normen unterscheiden sich die Kulturen primitiver Gesellschaften (denn von ihnen ist hier die Rede) ganz erheblich voneinander. Einige fundamentale Prinzipien, darunter zuallererst das Prinzip der Kooperation, werden zweifellos in allen beachtet, was jedoch in einem gewissen Sinne sowohl trivial als auch natürlich ist, denn eine Gemeinschaft, die sich gegen alle Formen der Zusammenarbeit im Inneren sperrt, könnte überhaupt nicht existieren. Doch die beobachteten Konvergenzen beschränken sich im Grunde darauf, daß alle Kulturen solche Prinzipien beachten, deren Nichtbeachtung aus rein biologischen Gründen unmöglich wäre. Logisch und nicht empirisch betrachtet, muß das Prinzip der Kooperation der Keim der kulturellen Entwicklung gewesen sein, man könnte daher meinen, daß die Unterschiedlichkeit der Kulturen darauf beruht, daß sie, nachdem sie auf möglicherweise uneinheitlichen Wegen zu einem einheitlichen technologischen Niveau gelangt sind (beispielsweise deshalb, weil die Reihenfolge der elementaren Erfindungen und Verbesserungen eine andere war, weil sie Netze oder Schlingen in anderer Weise gelegt haben, weil sie andere Jagdmethoden hatten oder sich in unterschiedlicher Weise ein Dach über dem Kopf errichtet haben), daß diese Kulturen also mit unterschiedlichen materiellen Mitteln und Operationen im Grunde ein und dieselben Ziele verwirklichen. So ist es jedoch nicht. Die Kulturen zeigen, selbst wenn sie faktisch um ein primäres Kooperationsprinzip herum »aufgebaut« sind, Verhaltensweisen, die, bezogen auf alle instrumentellen Tätigkeiten mit Sicherheit redundant sind, was bedeutet, daß sie sich weder auf dieses oberste Prinzip noch auf die jeweiligen Methoden der Werkzeugbearbeitung, der Feldbestellung usw. zurückführen lassen. Aus unbekannten Gründen sind die einen Kulturen patrilinear, die anderen matrilinear, praktizieren die einen eine Ethik, die von westlichen Forschern als »apollinisch«, andere dagegen eine, die als »dionysisch« bezeichnet wird; kurz, es gibt eine ganz erhebliche Zahl von Systemen, die sich in dieser Weise unterscheiden (man hat etwa dreitausend voneinander verschiedene primitive Kulturen gezählt). In jeder dieser Kulturen funktioniert ein bestimmtes »ideales Muster« des Menschen oder einfach der menschlichen Natur. Die Variabilität dieser Muster ist erstaunlich groß.

Nun taucht die Frage auf, ob nicht der Keim der redundanten, d. h. (unter dem Gesichtspunkt ökonomischer Sparsamkeit) »überflüssigen« Handlungen und Mittel der Kultur in der Gesamtheit der von ihr benutzten Werkzeuge und ihrer Nutzungsmethoden liegt; diese Gesamtheit wäre dann ein Kristallisationszentrum von Handlungen, die dann wiederum zu etwas Autonomem werden können, die eine Tendenz haben, über die realen Bedürfnisse hinauszuwachsen – eine Hypertrophie, die aus einer rationalen, »ingenieursmäßigen« Sicht gewiß überflüssig ist, die man aber mit dem Hinweis auf, sagen wir, geistige Eigentümlichkeiten des Menschen auf niedriger Entwicklungsstufe (»animistische, magische Tendenzen« u. dgl.) erklären könnte. Tatsächlich kann man bei zahlreichen primitiven Kulturen beobachten, daß ein irrationales, also auf physikalisch fiktive Ziele gerichtetes Element sich mit einem rationalen, also instrumentell teleologischen Element vermengt, doch läßt sich damit wiederum nicht erklären, warum manche Gemeinschaften eine »spartanische«, in bestimmten Formen sogar extrem grausame Ethik entwickeln, andere, die den gleichen technologischen und geistigen Entwicklungsstand erreichen, dagegen eine in unserem Sinne äußerst »liberale«, den westlichen Idealen des Humanismus nahekommende Ethik, in der Gebote, die eine geradezu universale Freundlichkeit und Milde fordern, an vorderster Stelle stehen. So wünschenswert es wäre, diese Frage zu entscheiden, geht doch schon aus dieser Gegenüberstellung hervor, daß es das, was man als »unveränderliche menschliche Natur« zu bezeichnen pflegt, nicht gibt und daß die menschliche Natur weder »immanent gut« noch »immanent böse« ist, sondern eben so, wie es die Bedingungen erfordern. So entsteht unter dem Einfluß der für das jeweilige soziale Umfeld spezifischen kulturellen Prägung ein lokales Modell der »menschlichen Natur« und mit ihm ein System von Werten, darunter auch ethische Werte, die in diesem Umfeld allgemein anerkannt sind. Doch woher – wir kommen hartnäckig auf diese Frage zurück – woher kommt diese in manchen Fällen so erhebliche, für den Forscher so erstaunliche Differenzierung?

Die Antwort, so scheint uns, wird durch eine Reihe von

experimentellen Untersuchungen nahegelegt, die übrigens außerhalb der Anthropologie durchgeführt wurden, nämlich in der theoretischen Biologie, in Gestalt einer numerischen Simulation von Erscheinungen der Bioevolution.

3. Evolutionsprozesse lassen sich sehr wirksam durch Markowsche (nach A. A. Markow) Schemata abbilden. Gewöhnlich benutzt man eine relativ einfache Form des probabilistischen (stochastischen) Markowprozesses, in dem abhängige Zufallsvariablen vorkommen, nämlich die sogenannte homogene Markowkette (im Vorgriff auf spätere Erörterungen sei hier bemerkt, daß die Prozesse der Sozio- und Kulturogenese sich so einfach sicherlich nicht abbilden lassen). Von Markowprozessen sprechen wir dann, wenn die Vorhersage eines künftigen Zustands sich allein auf Informationen über den aktuellen Zustand stützen kann, während Informationen über alle früheren Zustände für die Vorhersage unerheblich sind. Es hängt von der Art der Beschreibung ab, ob wir einen Prozeß als Markowprozeß bezeichnen oder nicht. Wenn es um die Entwicklung einer Population geht, ist eine rein phänotypische Beschreibung keine Markowsche, weil in ihr keine Information über rezessive Merkmale enthalten ist; eine Beschreibung auf genetischer Ebene ist dagegen eine Markowsche. Wenn bestimmte, für das Verhalten des Systems wesentliche Parameter außer acht gelassen werden, haben wir es gewöhnlich mit einer nicht-Markowschen Beschreibung zu tun. So handelt es sich etwa um eine nicht-Markowsche Vorhersage, wenn das Verhalten eines Menschen aufgrund der Kenntnis seiner Biographie vorhergesagt wird, da sie sich auf Informationen über seine früheren Zustände stützt. Könnten wir jedoch das Gehirn dieses Menschen und seine neuronalen Präferenzen der Reizleitung exakt erforschen, so ließe sich eine Verhaltensprognose im Markowschen Schema erstellen. In der Sprache dieser Beschreibung

würde das Wort »Gedächtnis« nicht vorkommen, denn es ist ja, wie Ashby bemerkt hat, eine abkürzende Bezeichnung, die Systemparameter enthält, die vor uns verborgen sind.

4. A. A. Ljapunow und O. Kulagina schreiben in »Kibernetika« (Nr. 16, 1966): »Markowsche Schemata der Evolution zeichnen sich durch das folgende Merkmal aus: Eine Vergrößerung der Anzahl bestimmter, zu selbständiger Fortpflanzung fähiger Formen erhöht die Wahrscheinlichkeit des Auftretens von Individuen eben dieser Form in der nächsten Generation. Das bedeutet, ganz unabhängig vom Anfangszustand der Population: Wenn die Selektion ausschließlich auf dem Niveau der Individuen und gleichmäßig auf beide Geschlechter einwirkt, erhöht jede Abweichung der Population vom Ausgangszustand die Wahrscheinlichkeit einer weiteren Abweichung gleicher Art, es kommt also in den folgenden Generationen zu einer positiven Rückkoppelung bezüglich der Abweichung von der Norm. Ist also das Fortpflanzungsschema derart beschaffen, daß Elternpaare mit verwandten Genotypen leichter Nachkommen hinterlassen als Paare mit weniger eng verwandten Genotypen, so ist anzunehmen, daß nach einer hinreichend großen Anzahl von Generationen eine ›Polarisierung‹ der Population eintreten muß, und das heißt, daß in dem beschriebenen Schema die Perspektiven einer Divergenz angelegt sind, bei der die Fluktuationen auf einer positiven Rückkoppelung beruhen. Die genetische Anfangsverteilung der Population kann sich mit anderen Worten als instabil erweisen. Man kann deshalb die Prognose aufstellen, daß ein natürliches Merkmal, welches zur biologischen Isolation führt, eine Tendenz zur Stabilisierung besitzen muß. Diese Stabilisierung wird um so ausgeprägter sein, je geringer die Anzahl der unterscheidbaren Zustände ist, die sich hinsichtlich des jeweiligen Merkmals feststellen läßt. Rechts- und linksdrehende Aminosäuren bilden zum Beispiel untereinander

keine Polymere. Würde es irgendwann Lebensformen geben, die einerseits auf rechtsdrehenden, andererseits auf linksdrehenden Aminosäuren beruhen, so würden sie zwei Formen der Biogeozönose darstellen, die in Stoffwechselprozessen nicht zusammenwirken. Da diese Biogeozönosen die gleichen Elemente nutzen würden, käme es zwischen ihnen zu einer scharfen Konkurrenz (. . .). Nach einer gewissen Zeit würde wohl eine dieser beiden Formen den Sieg davontragen. Deshalb läßt sich aus der Tatsache, daß in der belebten Natur nur eine Form vorkommt – die mit linksdrehenden Aminosäuren –, kein Argument zugunsten bestimmter Mechanismen der Entstehung des Lebens ableiten. Dies ist ein Beispiel für das von Wiernadski formulierte Prinzip, daß eine umgekehrte (retrospektive) Extrapolation des Evolutionsprozesses unhaltbar ist.«
Dieser Auszug stammt aus einer Arbeit über das numerische Modellieren von Evolutionsprozessen, in der Folgerungen aus entsprechenden Experimenten gezogen werden. Ohne auf Einzelheiten einzugehen, die uns hier nicht zu interessieren brauchen, wollen wir das Ergebnis anführen, zu dem die Autoren gelangen. Eine Population von hundert bis hundertfünfzig Individuen macht im Laufe von fünfundvierzig bis neunzig Generationen unter dem Einfluß einer genetischen Drift, die durch zufällige Fluktuationen ausgelöst wird (die Umwelt bleibt also unverändert, sie ist stationär, und insofern wird die natürliche Selektion im Sinne eines »adaptiven Siebes« nicht aktiv), einen Evolutionsprozeß durch, der in drei prinzipiell verschiedene Endstadien mündet. Zwei davon stellen eine Art von Stabilisierung dar (entweder durch Divergenz, also durch die Entstehung von mehreren, in den meisten Fällen von zwei Arten, die untereinander nicht mehr fortpflanzungsfähig sind, oder durch eine ebenfalls stabilisierende genotypische Verdichtung innerhalb einer Art); im dritten Fall setzt sich ein Zustand fort, den die Autoren als »stabile Instabilität«

bezeichnen, weil die individuellen Exemplifikationen dieses Zustandes instabil sind, ihre Zusammenfassung aber stabil ist. Die beiden ersteren Fälle entsprechen einer Sackgasse der Evolution, denn es entstehen Veränderungen, die genotypisch nicht mehr rückgängig zu machen sind, so daß die Art der Umwelt »auf Gnade und Ungnade ausgeliefert« ist und nur so lange existieren kann, wie diese stationär bleibt, während sie Veränderungen der Umwelt nicht mehr zu bewältigen vermag, weil es ihr an einer genotypischen Reserve der adaptiven Variabilität fehlt; der dritte Fall entspricht der Erhaltung der evolutiven Plastizität – die Art verfügt mit anderen Worten über eine gewisse, regulativ unerläßliche Reserve an Mannigfaltigkeit, wie es z. B. Ashby in seiner *Einführung in die Kybernetik* beschrieben hat.

5. Diese Ergebnisse, die auf die bedeutende Rolle des Zufallsfaktors im Evolutionsprozeß hindeuten, sind hochinteressant. Bei Markowketten mit einer endlichen Anzahl von Zuständen, aus denen sich eine Teilmenge von Zuständen aussondern läßt, derart, daß die Kette nach hinreichend langer Zeit mit positiver Wahrscheinlichkeit einen der Zustände dieser Teilmenge durchläuft, während die Wahrscheinlichkeit, daß das System die Teilmenge dieser Zustände verläßt, ziemlich nahe bei Null liegt, besteht eine ungeheure Wahrscheinlichkeit dafür, daß der Zustand der Markowkette nach einer entsprechenden Anzahl von Schritten innerhalb der besagten Teilmenge endet. Solche Teilmengen werden als Absorptionsschirme bezeichnet. Ljapunow hält es für wahrscheinlich, daß zum Beispiel die Riesenechsen des Mesozoikums sich in einem solchen Schirm befanden und daher ausstarben. Wenn die Fluktuationen der Umwelt bestimmte Grenzwerte nicht überschreiten, kann eine Art sich sogar innerhalb des »Absorptionsschirms« erhalten. Den Prozeß der kulturellen Entwicklung muß man offenbar ebenfalls als eine Evolution im

Markowschen (stochastischen) Sinne betrachten, als ein planloses Umherirren eines Kollektivs, wobei es zwei Möglichkeiten gibt: Es kann sich über lange, aber sicherlich nicht über beliebig lange Zeit jene innere Mannigfaltigkeit bewahren, die unter anderem eine stetige Steigerung der Komplexität ermöglicht, wie wir sie in Gestalt der Entstehung der Industriezivilisation kennen; anderenfalls stößt sie nach kürzerer Zeit auf die »Absorptionsschirme« stationärer Zustände, denen das Stehenbleiben bestimmter Kollektive auf niedrigen Stufen der technologischen Entwicklung entspricht.

6. Wie sich zeigt, läßt die Zufallsfluktuation sich nicht scharf von der evolutiven Gesetzmäßigkeit (dem »Gradienten des Fortschritts«) abgrenzen. Zwischen den Abweichungen vom Anfangszustand in den aufeinanderfolgenden Generationen besteht ja, wie in dem Zitat aufgezeigt wurde, eine positive Rückkoppelung. Solche Zusammenhänge gibt es übrigens auch in der unbelebten Natur. Der durch eine rein zufällige Fluktuation (zwei oder drei aufeinanderfolgende Winter, die strenger sind als der klimatische Durchschnitt) hervorgerufene Zuwachs der Masse eines Gletschers erzeugt die nicht mehr zufällige Gesetzmäßigkeit seines weiteren Wachstums. Die dadurch angehäuften Eismassen, die während der Sommerzeit nicht mehr auf den Zustand vor der Störung abschmelzen, sorgen für die Entstehung einer positiven Rückkoppelung: je mehr Eis da ist, desto mehr Eis ist da, und dieser Gradient, der sich darin äußert, daß der Gletscher zu Tal gleitet, erhält sich so lange, bis es zu einer größeren Fluktuation mit entgegengesetztem Vorzeichen (einige besonders heiße Sommer und kurze Winter) kommt und der Gletscher sich zurückzuziehen beginnt. Analog verhält es sich, wenn innerhalb einer Population durch eine rein zufällige Fluktuation eine größere Anzahl von Individuen mit einem bestimmten Merk-

mal geboren wird: So entsteht eine Tendenz zur Steigerung der Anzahl solcher Individuen in den folgenden Generationen. Dieses Merkmal braucht keinen Anpassungsvorteil zu gewähren, der die individuellen Überlebenschancen steigert – es braucht nur in diesem Sinne neutral, also biologisch unschädlich, zu sein.

7. Der aufgezeigte Mechanismus, den man bezeichnen könnte als eine Verwandlung von Zufall in Gesetzmäßigkeit, von unabhängigen Zufallsvariablen in eben solche (stochastische) abhängige Variablen, könnte, wie Ljapunow vermutet, die Vielfalt der Lebensformen erklären, die nach der Ansicht, die seit langem intuitiv von Biologen vertreten wird, weit über das hinausgeht, was der klassische Motor der Evolution – die durch Selektion adaptiv ausgesiebte Variabilität – hervorzubringen vermöchte, die also größer ist als das Maß an Vielfalt, das sich ergeben würde, wenn nur diese beiden Darwinschen Faktoren für die Artenbildung verantwortlich wären. Es handelt sich um die sogenannte genetische Drift, eine durch Prozesse innerhalb des Genotyps ausgelöste Differenzierung, auf deren Ergebnisse die Umwelt keinen aktiven, gestaltenden (z. B. beschränkenden) Einfluß nimmt, weil sie ihr gegenüber neutral sind. Ein komplexes evoluierendes System kann, anders gesagt, einen mehr oder weniger großen Spielraum besitzen, innerhalb dessen sich Konfigurationen realisieren können, die zufällig entstehen, um in eine (orthoevolutive) Gesetzmäßigkeit überzugehen; der Faktor der Mutation ändert nichts Wesentliches an diesem Bild, so lange die mutative Basis, d. h. die Häufigkeit des Auftretens von »genotypischen Neuerungen«, hinreichend schwach ist.

8. In analoger Weise könnte es zu einer die (klimatisch-geographischen) Umweltfaktoren und die instrumentellen Faktoren (die gesellschaftlich realisierten technologischen

Maßnahmen) »überschießenden« Differenzierung der primitiven Kulturen gekommen sein, so daß ihre »Redundanz« mit einem stochastischen Schema zu erklären wäre. So gewiß eine Kultur durch ihre materielle Basis strukturiert wird, ist dies doch kein determinierender Faktor; die materielle Basis schafft allenfalls einen gewissen Rahmen, ein breites Intervall, innerhalb dessen sich eine Variabilität äußern kann, die nur noch vom Markowschen Spiel der Elemente abhängig ist. So wie in der biologischen Population die Differenzierung durch genetische Drift von bestimmten konkreten Merkmalen ausgeht, die in ihrer genotypischen Verteilung enthalten sind, so kann in gesellschaftlichen Gruppen die Differenzierung von bestimmten elementar in ihnen verfestigten Zusammenhängen ausgehen, bei denen die potentielle Möglichkeit einer beliebigen Abweichung vom aktuellen Zustand besteht, eines Ausbaus, einer Steigerung der Komplexität, einer eigentümlichen Wanderung im Konfigurationsraum der möglichen Zustände. Dieser »Konfigurationsraum« ist natürlich ein ganz anderer als in den Schemata der Bioevolution, denn es geht ja nicht darum, beide Prozesse mit ihren spezifischen Eigenheiten miteinander gleichzusetzen, also nicht darum, soziale Veränderungen auf biologische Veränderungen zurückzuführen, sondern um das Aufzeigen eines Mechanismus, der beiden Prozessen unter dynamisch-formalem Aspekt in einem gewissen Maße eigentümlich ist. Keime eines Kristallisationsprozesses, der die gruppeninternen Beziehungen (des Ausgangszustands) »ornamental« und, im Bereich der Kultur, mit symbolischen Bedeutungen umhüllte, waren möglicherweise die Bande des Geschlechts und die Bande der Kooperation, denn zweifellos gehörten die Fortpflanzung und die Befriedigung der Grundbedürfnisse zu jenen Prozessen, welche die evoluierende Gruppe aus dem biologischen, vorkulturellen Bereich in den Bereich der beginnenden Sozioevolution übertrug. Die intern bedingte

Differenzierung, deren Antriebskräfte innerhalb des Systems wirken und nicht aus seinem »Spiel mit der Natur« herrühren, ist in beiden Fällen, bei der Bio- und der Sozioevolution, begrenzt durch die konkrete Verteilung der (genetischen beziehungsweise präkulturellen) Anfangselemente sowie durch die Bedingungen, welche die Umwelt ihr auferlegt und die als Conditio sine qua non des Überlebens erfüllt werden müssen. Dabei ist das Überleben nichts Notwendiges, d. h. Gesichertes, denn wenn die Bedingungen, die seine Conditio sine qua non sind, im Laufe der Evolution des Systems verletzt werden, wird die Richtung, welche die biologische beziehungsweise kulturelle Entwicklung eingeschlagen hat, potentiell selbstzerstörerisch.

9. Das Markowsche Schema setzt die Existenz einer endlichen Anzahl möglicher Zustände voraus, und es ist nicht bekannt, ob diese Bedingung von den besprochenen Evolutionen tatsächlich erfüllt wird, denn wir wissen nicht, ob der Baum der Bioevolution oder der Baum der Kulturen sämtliche Formen, die sich potentiell aus ihnen entwickeln konnten, tatsächlich »ausprobiert« hat. Das numerische Modellieren kann uns keine Antwort auf diese Frage geben, weil es nur eine Komplexität erreicht, die wegen der Begrenztheit unseres biologischen Wissens und der Beschränkung des Maschinengedächtnisses, aber auch wegen der Unvollkommenheit der Programmierung hinter der realen Komplexität der Erscheinungen erheblich zurückbleibt. Noch sehr viel komplizierter ist das Problem bezüglich der Sozioevolution, und bislang hat man eine numerische Modellierung ihrer Phänomene noch nicht in Angriff genommen.

10. Wenn gefragt wird, warum in bestimmten Gesellschaften eine »spartanische«, in anderen dagegen eine »dionysi-

sche« oder »apollinische« Ethik wirksam ist, warum bestimmte Gruppen das Individuum ihrer Gesamtstruktur unterordnen, während andere, »liberale« Gruppen dem Individuum einen »Wert« beilegen, der dem Gruppenganzen übergeordnet ist, wenn gefragt wird, warum das Persönlichkeitsmodell einer Kultur bald von allgemeiner Milde, bald von Aggressivität gekennzeichnet ist, oder warum die Verhaltensmodelle bisweilen die Äußerung von positiven Gefühlen privilegieren und verstärken, während deren Manifestation anderswo als tadelnswert unterdrückt wird, so kann die Antwort darauf nur lauten, daß es zur Verwirklichung von derart weit voneinander entfernten Zuständen deshalb kam, weil ebendiese Resultate nach einer sehr langen Serie von Schritten eines Markowprozesses beim »Gesellschafts-Spiel« als dessen durch Zufallsfaktoren ausgewählte Regeln »herauskamen«.

11. Daraus könnte man folgern, daß die Plastizität des Menschen (der »menschlichen Natur«) prinzipiell richtungslos ist und daß es für die Bildung einer sozialen Gruppe unerläßlich ist, daß ihre Mitglieder Bedingungen erfüllen, die für deren Stabilität notwendig sind, die jedoch nicht hinreichen, um die Existenz einer Vielzahl von Ethiken zu erklären. Man muß jedoch hinzufügen, daß die Abwesenheit eines äußeren Faktors der »ethischen Selektion« sich nicht in jedem Einzelfall ausschließen läßt. Man kann ja immer postulieren, daß die jeweilige Gesellschaft eine »katastrophale« Sphäre durchlaufen hat, daß sie etwa eine Hungerperiode, eine Epidemie oder eine sonstige elementare Umweltstörung durchgemacht hat, die als soziale Ursache, als selektives Sieb das potentielle Prinzip »der Mensch ist dem Menschen ein Wolf« verstärkte und der Rücksichtslosigkeit, der Hinterlist und der Rivalität – selbst einer grausamen Rivalität – den Wert einer Regel verlieh, deren Einhaltung für das Überleben unerläßlich ist. Dieser

Kunstgriff – die hypothetische Annahme einer gerichteten kausalen Ursache, die für die Selektion verantwortlich ist – führt uns in ein methodologisch interessantes Dilemma, das den Markowschen Schemata eigentümlich ist.

12. Auch in der Bioevolution ist ja die Annahme, daß sie einen »reinen« Markowschen Verlauf hatte, nichts anderes als ein Schritt, der dem Prinzip des Ockhamschen Rasiermessers genügt. Denn es läßt sich ja nicht ausschließen, daß an der Entstehung neuer Merkmale jeweils ein Umweltfaktor beteiligt war, der anschließend verschwunden ist und sich durch keine Untersuchung mehr feststellen läßt. Was wir durch das Modellieren der Prozesse der Bioevolution allenfalls beweisen können, ist, daß eine Divergenz, die zur Artenbildung führt, in Abwesenheit eines solchen Faktors eintreten kann, was aber nicht gleichbedeutend ist mit der Feststellung, daß es *in bestimmten Fällen auch tatsächlich so war*; es gibt ja kein konkretes Merkmal, bezüglich dessen wir mit restloser Gewißheit ermitteln können, ob an seiner Verankerung die Umwelt mitgewirkt hat oder ob es durch eine »bloße« Fluktuation bedingt war, die anschließend durch einen sekundären Markowprozeß verstärkt wurde. Wir können natürlich unsere Modellbildung komplizieren, indem wir auch Umweltfaktoren einführen, die im Sinne von Fluktuationen in unterschiedlicher Richtung aktiv sind, und auf diese Weise zu einer erheblichen Anzahl von unterschiedlichen Verläufen des bioevolutionären Prozesses gelangen. Wenn sich dabei aber herausstellen würde, daß ein bestimmtes Merkmal sich in 35 Prozent der Fälle aufgrund einer »bloßen« Markowschen Sequenz in einer Population verankern kann, während es in jeweils zwanzig, fünfunddreißig und zehn Prozent der Fälle auf das Einwirken dreier verschiedener, extern bedingter Faktoren zurückgeht, in denen sich Umweltfluktuationen äußerten (von denen keine Spur zurückgeblieben ist), so erhebt sich

für den Forscher bezüglich des realen Prozesses die Frage, für welche dieser Varianten er sich mit welcher Begründung entscheiden soll. Wie schon Gibbs bemerkte, ist die Retrospektion bei Serien von stochastischen Prozessen im höchsten Grade trügerisch; wenn wir es also mit einem ergodischen Prozeß zu tun haben, der die »Spuren« seines konkreten Weges »verwischt« und über eine Folge von Zuständen zu bestimmten Zuständen gelangen kann, die sich erheblich voneinander unterscheiden, kann die Simulation uns nichts über den realen Verlauf (die diachronische Bahn) eines Phänomens sagen. Die Forschung kann lediglich die Menge der entsprechenden Wege oder Folgen bestimmen und auf die Unbestimmtheit dessen, was tatsächlich geschehen ist, hinweisen; bei dieser Unbestimmtheit handelt es sich um eine andere als etwa die Heisenbergsche, da der untersuchte Prozeß gewiß nicht zu einer Vielheit von Bahnen »verschmiert« war, sondern durchaus eine bestimmte Bahn besaß, nur daß wir sie nicht festzustellen vermögen.

13. Methodologisch erscheint die Hypothese, nach der Ethiken sich daraus ergeben, daß der Zufall zum Stereotyp wird (daß Abweichungen vom Anfangszustand zu einer über die Generationen sich wiederholenden Gesetzmäßigkeit werden), auf den ersten Blick »besser« als die Hypothese, nach der Ethiken auf eine »verschwindende« Ursache zurückgehen (z. B. den Durchgang durch eine »katastrophale« Sphäre), weil sie einen hinreichenden Mechanismus darstellt, der zugleich sparsamer ist als die letztere, was die postulierten Wirkungsfaktoren (um die »Wesenheiten« im Sinne Ockhams) angeht. Dennoch ist die letztere Hypothese für die humanistische Denkweise eher annehmbar, weil sie verkündet, daß etwas dem Menschen Äußerliches doch für die Herausbildung eines konkreten ethischen Systems verantwortlich sei; erkennt man sie an, gelangt man

allerdings in ein Dilemma: Entstehen »humanistischere« Ethiken bloß dann, wenn es an Störungen (Katastrophen) fehlte, so daß man doch sagen könnte, daß die *anima humana naturaliter bona est*, oder setzt die Entstehung solcher Ethiken wiederum das Vorhandensein eines Faktors der »positiven ethischen Selektion« voraus? Auf so einfache Weise lassen sich solche Hypothesen jedoch nicht begründen, denn damit würde ja vorausgesetzt, daß der Faktor der »ethischen Selektion« eine lineare Verteilung aufweist (vom Mangel zum Überfluß, von der »Grausamkeit« zur »Sanftheit« der Umwelt, von der Bedrohtheit zur Behaglichkeit); das multidimensionale »Spektrum« der tatsächlich beobachtbaren Ethiken primitiver Kulturen entspricht hingegen nicht einer solchen Verteilung. Wir haben sie hier nur absichtlich vereinfacht und unterstellt, als ließen sie sich alle auf einer eindimensionalen Skala anordnen. Da es also nicht zulässig ist, eine eindeutige Abhängigkeit der Ethiken von einem kausalen Umweltfaktor zu behaupten, da man also nicht sinnvoll davon sprechen kann, daß »humanistische« Ethiken unter »besseren« Existenzbedingungen entstehen (und umgekehrt), landen wir wieder bei einem Schema, in dem kohärente ethische Systeme aus der Einwirkung von inkohärenten Störungen der Umwelt hervorgehen, und so gelangen wir erneut zu der Feststellung, daß das ganze Phänomen der Ethikogenese Markowscher Natur ist, in dem Sinne, daß die Ethik einer Gruppe eine probabilistische Wanderung durchmacht und verschiedene Zustände durchläuft, bis sie einen Zustand erreicht, der sich als stationär herausstellt und damit die Rolle des »Absorptionsschirms« spielt.

14. Ein Markowprozeß besitzt prinzipiell kein Gedächtnis und stellt eine hochgradig unökonomische Art des »Lernens« dar. Die Erinnerung an geschichtlich Vergangenes ist in einer primitiven Kultur unsicher und ungenau. Insbesondere verläuft die Ethikogenese so langsam, daß Wirkungen,

die das Verhalten des Kollektivs formen, sich zwangsläufig der Wahrnehmung entziehen. Die Annahme eines stochastischen Mechanismus, der die kulturellen Muster stabilisiert, ist, wie wir sahen, diskutabel, doch läßt sich, wenn die Umwelt einen Anteil an der Erzeugung der Markowschen Sequenz hat, dieser Anteil nicht auf ein Schema reduzieren, demzufolge »gute Bedingungen« eine »gute« (in unserem Sinne, d. h. »humanistische«) Ethik hervorbringen, während »schlechte« Bedingungen für eine »schlechte« Ethik verantwortlich sind. Es ist daher, zumindest im Rahmen dieser Überlegungen, ohne größere Bedeutung, wo wir den stochastischen Generator ansetzen, und ohne größere Bedeutung ist auch das von uns beinahe übergangene »ethische Minimum«, das sich auf den Grundsatz der Kooperation reduzieren läßt, die zunächst das biologische und dann auch das soziale Überleben der primitiven Gruppe ermöglicht und in deren Rahmen die Ansätze instrumentellen Handelns entstehen. Für uns ist der stochastische Generator ganz einfach jener Mechanismus, der zufällig unter allen Elementen möglicher menschlicher Verhaltensmuster solche Zusammenhänge dieser Elemente auswählt, die ein kohärentes Ganzes bilden, das von den Angehörigen der Kultur mit bestimmten Bedeutungen versehen wird. Insgesamt hat dieser Prozeß also einen physikalischen und – gewissermaßen als dessen Kehrseite – einen semantisch-kulturellen Aspekt. Vielleicht läßt sich die Erforschung des ersteren Aspekts vergleichen mit dem Versuch, durch die Feststellung rein struktureller Relationen formale Modelle von Kulturen zu bilden, in Analogie zu linguistischen Untersuchungen, bei denen wir bemüht sind, das »Verstehen von Sprache« zu ersetzen durch eine algorithmisch formalisierbare Grammatik und Syntax.

15. Über die Geschichte gibt es bekanntlich diametral entgegengesetzte Ansichten, angefangen von der, daß die Ge-

schichte eine prinzipiell ungerichtete Folge von Zuständen sei, die keinerlei Gesetzmäßigkeiten (Trends, Gradienten) aufweise, bis hin zu der, daß die Geschichte eine Entwicklungsfolge mit deutlichen teleologischen Regelmäßigkeiten sei. Derart widersprüchliche Auffassungen lassen sich möglicherweise miteinander in Einklang bringen, wenn man von der Feststellung ausgeht, daß der Geschichtsverlauf kein homogenes Phänomen ist, sondern daß sich in ihm mindestens drei Arten von Phänomenen unterscheiden lassen, die auf unterschiedliche Weise miteinander verkoppelt sind, nämlich Markowprozesse, kumulative Prozesse und Zufallsprozesse. Als ein Markowprozeß, der ein »Ein-Schritt-Gedächtnis« besitzt, kann die Gesamtheit der Phänomene des Übergangs einer biologischen Art zu einer kulturschöpferischen Art im Zuge der Sozialisierung gelten, die sich von der bei den Tieren beobachteten Sozialisierung dadurch unterscheidet, daß sie auf eine Information angewiesen ist, die auf einem nicht erblichen Kanal übermittelt wird: Im Unterschied zum Menschen haben Ameisen, wenn sie zur Welt kommen, den fertigen Plan der sozialen Struktur »bereits in sich«. (Die Art Homo wird insofern über zwei Kanäle gesteuert – durch genetische und kulturelle Übermittlungen.) Ein Markowprozeß ist im Grunde auch die Evolution des Gesellschaftssystems, die durch die (nicht-Markowsche) Technoevolution bedingt ist. Die erstere tauscht zwar das »Ein-Schritt-Gedächtnis« nach der Entstehung der Schrift und von historischen Chroniken gegen ein tieferes (weiter zurückreichendes) Gedächtnis ein, doch ist der steuernde Einfluß dieses Gedächtnisses auf die Wahrscheinlichkeit des Übergangs von aktuellen Zuständen zu Folgezuständen eher gering; bis zur Entstehung der Theorie des Sozialismus wurde dieses Gedächtnis ja faktisch nicht zu Steuerungsmaßnahmen genutzt, so daß der Prozeß vom physikalischen Standpunkt aus weiterhin ein Markowscher blieb, denn ein Gedächtnis, das nicht genutzt wird, ist im instrumentellen Sinne inexistent (unwirksam). Nun weist die Technoevolution – was methodologisch bedeutsam ist – zwar Gesetzmäßigkeiten auf, die regelmäßiger sind als die Markowschen, denn es kommt zu einer stetigen Kumulation von Errungenschaften (also zu einem effektiven Lernprozeß), und insofern ist sie eine Evolution, die ein »steuerndes Gedächtnis« besitzt, doch sind ihre Einflüsse auf die Markowsche Sequenz der Systemänderungen – aus der Sicht eines Beobachters, der sich innerhalb der Markowkette befindet – zufällig. Dies ist ein Sonderfall eines allgemeinen Phänomens: Bei zwei locker (z. B. stochastisch) miteinander verknüpften Systemen, die uneinheitlichen Eigengesetzlichkeiten folgen, kann das, was in dem einen System eine Regelmäßigkeit darstellt, sofern es mit seinen Wirkungen in das andere System hineinreicht, in den dort ausgelösten Folgen als zufällig gelten (weil solche Übergriffe sich aus den systemimmanenten Gesetzmäßigkeiten des zweiten nicht vorhersagen lassen). Als zwei stochastisch miteinander verknüpfte Systeme können beispielsweise zwei Autos mit paralleler Fahrtrichtung gelten, wobei ein zum Zusammenprall führendes Verhalten des anderen in den Augen des einen Fahrers zufällig ist, obwohl es auf nicht zufällige Regelmäßigkeiten innerhalb des anderen Fahrzeuges zurückgeht (weil etwa eine typische Regelmäßigkeit des anderen Fahrers der sogenannte »verlangsamte Reflex« ist). Die Entscheidung, ob die Geschichte eine Zufallsfolge oder eine regelmäßige Folge ist, hängt also in einem gewissen Maße von der Willkür des Beobachters ab, der bald die eine, bald die andere Serie von Veränderungen betrachtet.

16. Die Geschichte hat außer solchen massenhaften Aspekten auch einen singulären, bekannt als das berüchtigte Problem der Rolle des Invidiuums in der Geschichte. Überträgt man ihn in den Bereich der Kybernetik, so erweist sich seine

Uneindeutigkeit, denn es ist eine Frage der Steuerungscharakteristik, ob jemand die Rolle des Steuermanns eines bestimmten Systems ausfüllt, und obendrein sind »Steuermann« und »Regler« keine synonymen Ausdrücke. Ein Steuermann ist der Lenker eines Omnibusses (und das Schicksal der Fahrgäste liegt in seinen Händen), doch die Bienenkönigin ist in bezug auf den Bienenstock kein Steuermann, obwohl ihre Anwesenheit für die Existenzerhaltung des Schwarms unerläßlich ist (sie hat also einen regulativen, aber keinen steuernden Einfluß). Weiter hängt der Grad, in dem individuelle psychische Merkmale des Steuermanns den Kurs (die dynamische Bahn) des Systems beeinflussen können, vom Aufbau dieses Systems ab; bestimmte Systeme sind »Verstärker« solcher Merkmale, während andere die singuläre Merkmalsvarianten dämpfen oder auslöschen. Außerdem kann das Handeln des Steuermanns für das System repräsentativ sein und die vorteilhaften Werte der Parameter in ihrem entsprechenden Intervall halten, ohne daß dafür besondere Talente von ihm verlangt würden; es kann aber auch zu einer Konfiguration von Bedingungen kommen, unter denen Steuerungsaktivitäten für das System zu zufälligen, aus seinen massenhaft-statistischen Gesetzmäßigkeiten nicht vorhersehbaren Akten werden, da ihnen das Merkmal der aus der Gesamtdynamik ableitbaren Regelmäßigkeit fehlt.

17. Man könnte über die hier vorgeschlagene Dreiheit der Beschreibung der gesellschaftlichen Dynamik hinausgehen, und das wäre nicht falsch, denn wenn wir es mit einem hinreichend komplexen System zu tun haben, lassen sich in ihm vielfältige »Untergruppen« unterscheiden, die auf unterschiedliche Weise miteinander verknüpft sind, und als die beste Beschreibung muß diejenige gelten, die uns die größtmögliche Information über das System (und seine zukünftigen Zustände) erlaubt, wobei es allerdings auch so

sein kann, daß die einzelnen Beschreibungen zueinander in einem Verhältnis der Komplementarität stehen. Es gibt jedoch auch Arten der Beschreibung, die unter Erkenntnisgesichtspunkten ungeeignet sind, besonders solche, die gewisse Formen »nicht-instrumenteller« Bewertungen »einschmuggeln«; ungeeignet sind auch solche Beschreibungen, die Phänomene, welche auf unterschiedlichen Ebenen angesiedelt sind, und inhomogene Erscheinungen homogenisieren und zusammenfassen, oder auch solche, die auf nebelhafte Analogien zurückgreifen (wie zum Beispiel der bekannte alte Vergleich von sozialen und biologischen Organismen).
Die Dreiheit von Veränderungen, die an historischen Verläufen feststellbar ist, erschwert ihre systematische Integration, denn bald spielen darin massenhaft-statistische Prozesse (wie sie die statistische Mechanik etwa in der Thermodynamik untersucht) die Hauptrolle, bald kumulative und teleologische Prozesse (mit denen sich die Theorie der endlichen, mit einem Gedächtnis begabten Automaten befaßt), und schließlich können auch typisch singuläre Prozesse die führende Rolle spielen; die Sprache des Historikers ist deshalb in der Regel auch eine Mischung von mindestens drei verschiedenen Sprachen, einer Folge der Tatsache, daß Konzeptionen von unterschiedlichem Niveau einander durchdringen.

18. In der Modellkonzeption, welche die Systemstruktur als eine Gegebenheit annimmt, entspricht diese Struktur mehr oder weniger dem, was unter konkreten Bedingungen das technisch und technologisch betrachtete Straßennetz eines Landes ist, während die Ethik oder im weiteren Sinne das Brauchtum der Kultur der Straßenverkehrsordnung entspricht, also der vollständigen Sammlung der Vorschriften des »richtigen« Verhaltens auf den Straßen, wobei zwischen beiden vielfältige Abhängigkeiten bestehen. Die Straßenverkehrsordnung muß ja dem realen Straßennetz angepaßt

sein, weil sie sich sonst als »lebensfremd«, d. h. einfach als undurchführbar erweist und dafür sorgt, daß die theoretische Pflicht und die faktisch beobachtete Praxis auseinanderklaffen. Es ist ja bekannt, wie rasch Verkehrsvorschriften angesichts des Tempos der Motorisierung veralten; dynamisch (wenn auch nicht inhaltlich) ähnliche Veränderungen treten dadurch auf, daß die »ethische Evolution« mit der durch technische Veränderungen hervorgerufenen Evolution nicht Schritt hält. Der Verkehrsingenieur weiß natürlich, daß die Fahrer der einzelnen Fahrzeuge stets Menschen sind, doch die Gesetze, die das Verhalten großer Massen von Fahrzeugen auf den Straßen bestimmen, enthalten, wenn bestimmte Größen der »Verdichtung« überschritten sind, zunehmend weniger von jenem Element, das sich aus der individuellen Psychologie herleiten läßt, und immer mehr von der molekularen Kinematik (er kennt zum Beispiel das Phänomen, daß Verdichtungen auf den Landstraßen »pulsieren«, daß innerhalb des Verkehrsstroms eine »Phasenwelle« entsteht, wenn die Spitze auf ein Hindernis stößt, das den Gesamtablauf verlangsamt, u. dgl.). Würde man unter solchen Umständen an den »guten Willen« der einzelnen Fahrer appellieren, erreichte man nur ganz geringfügige positive Effekte, und das selbst dann, wenn all diese Fahrer eine geradezu vollkommene Disziplin besäßen und den besten Willen zeigten, sich den bestehenden Vorschriften unterzuordnen. Wenn das einzelne Fahrzeug faktisch aufhört, ein »Molekül des Verkehrs zu sein«, dessen Bahn sich »psychologisch« interpretieren läßt, helfen Appelle an das Bewußtsein nicht länger; man muß entweder das Straßensystem verändern (indem man seine Kapazität erweitert und kreuzungsfreie Anschlüsse baut) oder neue Verkehrsregeln einführen; dabei gilt: Wenn die Kapazität der Straßen erschöpft ist, müssen diese neuen Regeln einen bestimmten Anteil der Straßennutzung diskriminieren.

19. Die Triftigkeit eines ethischen Verhaltens hat man unterschiedlich zu begründen versucht: mit transzendentalen, logischen, utilitaristischen und schließlich psychobiologischen Gründen. Am Ende gelangten die Neopositivisten zu der Überzeugung, daß die Ethik etwas Nichtempirisches sei, denn wie Carnap in den dreißiger Jahren bemerkte, lassen sich aus dem Satz: »Mord ist etwas Schlechtes« keine falsifizierbaren Konsequenzen ableiten, da man nach begangenem Mord zwar die Leiche wahrnehmen kann, doch das »Schlechte« dieser Tat nirgendwo feststellbar ist. Erstaunlich ist, daß auch Reichenbach, der sich ansonsten mit probabilistischen Gesetzen – allerdings auch nur auf dem Gebiet der Physik – befaßte, diese Ansicht teilte. Hätten sich die neopositivistischen Philosophen jedoch der niederen Region der physikalischen Anwendungen, nämlich der Technologie zugewandt, so hätten sie bemerkt, daß es in ihr keine »wahren Maschinen« im Unterschied zu »falschen« gibt, sondern vielmehr »gute« und »schlechte« oder eigentlich »bessere« und »schlechtere« Maschinen. »Gut« ist in diesem Sinne eine Maschine oder ein sonstiges materielles System, das bestimmten Kriterien einer rein instrumentellen Bewertung entspricht. Die Technologie kennt auch Pflichten, die sich aus der Anerkennung dieser Kriterien ergeben. So kann man die Bewertung von Eisenbahningenieuren: »Zusammenstöße zwischen Zügen sind etwas Schlechtes« grundsätzlich mit der ethischen Bewertung: »Mord ist etwas Schlechtes« gleichsetzen, denn beide sind isomorph. Allerdings weisen beide den Mangel auf, daß sie ein Kriterium einführen, das weder wahr noch falsch ist; »schlecht« bezeichnet in ihnen einen unerwünschten Sachverhalt, den es zu vermeiden gilt: Die Züge auf den Schienen und die Menschen in der Gesellschaft sollen sich kollisionsfrei bewegen. Ethische Bewertungen sollen sich von instrumentellen dadurch unterscheiden, daß sie nicht begründbar sind, was jedoch in Wirklichkeit nicht der Fall ist.

Wenn ein Zug an einer Weiche entgleist, wird der Ingenieur zweifellos auch die Wirkung bestimmter Gesetze der Physik überprüfen, aufgrund deren die Bewegungsenergie sich in Wärme verwandelt, Waggons, Lokomotiven usw. deformiert, doch wird er dann wohl nicht den Ausruf tun: »Die Physik ist wahr!«, sondern er wird eher rufen: »Die Weiche ist schlecht«, d. h. mangelhaft konstruiert. Es existieren also qualitative empirische Tests für materielle Systeme, die mit den in der Physik benutzten Tests nicht identisch sind. Die Gesetze der Physik sind sicherlich von den außerphysikalischen Ansichten der Menschen, die sie erforschen, unabhängig, doch ein Eisenbahningenieur, der sich am Partisanenkrieg beteiligt, kann auf dem Standpunkt stehen, daß »Zusammenstöße zwischen Zügen etwas Gutes sind«. So ist es in der Tat, doch verwirft der Ingenieur in diesem Fall die von seiner Technologie implizierten instrumentellen Direktiven und die aus ihnen ableitbaren Bewertungen zugunsten anderer, die nicht mehr rein technologischer Herkunft sind. Analog kann der »Sozialingenieur«, der die Gesellschaft als eine (im kybernetischen Sinne) komplexe Maschine auffaßt, diese nach entsprechenden instrumentellen Kriterien als »besser« oder »schlechter« als andere Gesellschafts-Maschinen bewerten, sei es insgesamt, sei es hinsichtlich bestimmter Parameter. Was die Ethik angeht, so reduziert sie sich in seinen Augen auf jenes »kooperative Minimum«, ohne das die Gesellschaft nicht funktionieren könnte, denn ein Kollektiv, in dem jeder jeden belügen, totschlagen oder berauben dürfte, wäre nicht existenzfähig. Dabei fungiert die Ethik in der Gesellschaft wie eine probabilistische Gesetzmäßigkeit (oder vielmehr wie ein System solcher Gesetzmäßigkeiten); sie äußert sich in dieser rein instrumentellen Näherung als ein Mittelwert aus einer sehr großen Anzahl singulärer Prozesse, also etwa so wie die Temperatur in einem Gas unter konstantem Druck: Aus der Sicht einer solchen ganzheitlichen »ethischen Mechanik«

kann man nicht unmittelbar zu einer singulären Ethik übergehen, so wie man aus der Sicht der klassischen statistischen Mechanik nicht von der Temperatur eines einzelnen Atoms sprechen kann.

20. Diese Betrachtungsweise endet dort, wo Mengen von Atomen aufhören, mit Mengen von Menschen homöomorph zu sein, weil menschliche Mengen die spezifische Eigenschaft besitzen, Systeme zu bilden, deren tatsächliche Gesetzmäßigkeiten aus ihrer Geschichte herrühren. Eine Geschichte zu haben heißt in diesem Sinne, eine künftige Bahn zu besitzen, die (probalistisch) von der früheren Bahn abhängig ist; wären die Regelmäßigkeiten des Verhaltens der Atome von ihrem früheren Schicksal abhängig, so gäbe es tatsächlich keinen fundamentalen Unterschied zwischen einer Menge von Atomen und einer Menge von Menschen. Man könnte eine Menge von Atomen ja als ein System betrachten, dessen Elemente unauslöschlich »ein für allemal« programmiert wurden, also als Grenzfall einer Verteilung unterschiedlicher Gesetzmäßigkeiten, die von einer ganz und gar agenetischen über eine Markowsche bis hin zu einer teleologischen und zugleich diachronischen Determination reicht. Und umgekehrt könnte man ein menschliches Kollektiv als ein System von Molekülen betrachten, dessen Gesetzmäßigkeiten eine Funktion der Zeit sind; wir sind Atome, die mit einem Gedächtnis und mit der Fähigkeit zu lernen ausgestattet sind – einer Fähigkeit, die, nebenbei gesagt, bislang recht kläglich entwickelt ist.

21. Ein spezieller Aspekt der ethischen Phänomene (im Sinne von Regelhaftigkeiten, welche das Verhalten von Mengen von Menschen bestimmen) betrifft die Wahl des »richtigen Kodex«. Sie interessiert uns im Hinblick auf unsere beabsichtigte Modellbildung in der folgenden Form: Ist die »richtige Ethik« gleichzusetzen mit der Klasse

der in einem rein instrumentellen Sinne dynamisch »optimalen Lösungen«, oder muß man notgedrungen auf subjektive Erlebnisse und auf Begriffe wie »moralische Intuition«, »Tugend«, »Mitleid«, »Mitgefühl«, aber auch »Aggressivität«, »Todestrieb«, »Machtgier« usw. zurückgreifen, um die uns interessierenden Phänomene sowohl synchronisch als auch diachronisch (d. h. in ihrer Abfolge und ihrer Funktionsweise) möglichst vollständig zu beschreiben? Ich denke, das läßt sich anhand der Ergebnisse einer Modellierung der sozialen Phänomene entscheiden: Dazu braucht man nicht unbedingt a priori festzulegen, daß das »Material«, aus dem die »gesellschaftliche Maschine« besteht, »anfangs« eine für ihre dynamischen Gesetzmäßigkeiten wesentliche determinierende Größe ist, daß also die Gesellschaften so sind, wie die Menschen sind (die »menschliche Natur« fände nach dieser Auffassung in den Gesellschaftssystemen lediglich »ihren Verstärker«). Es ist sogar denkbar, daß das »Material« hier ebenso unbedeutend ist wie bei einem Modell des Gehirns, wo es auch nicht besonders darauf ankommt, aus welchem Material das Modell besteht, sondern es nur bestimmte einfache Bedingungen erfüllt (die Pseudoneurone müssen jeweils zwei alternative Zustände besitzen). Vielleicht wird es einmal möglich sein, die Entwicklungsprozesse einer »Soziogenese« zu simulieren, wobei man einmal von »immanent guten« und dann wieder von »immanent schlechten Molekülen« ausgehen würde. Das Ergebnis dürften nach meiner Intuition äquifinale Zustände sein, denn die Soziogenese ist, bezogen auf diese Ausgangsposition, ein ergodischer Prozeß, und das heißt, daß die Systeme nicht davon abhängen, was im Menschen »gut« oder »schlecht« ist. Man stelle sich bitte ein Straßensystem vor, auf das wir Schwärme von Autos loslassen, deren Fahrer wir im einen Falle so instruieren, ein Maximum an »bösem Willen« gegenüber anderen zu demonstrieren (Unfälle zu provozieren, sich mit Gewalt die

Vorfahrt zu erzwingen, niemandem auszuweichen usw.), im anderen Fall dagegen, den übrigen Verkehrsteilnehmern ein Maximum an »allgemeinem Wohlwollen« zu beweisen. Zweifellos wird es in den ersten Phasen des aggressiven Experiments sehr viele Unfälle geben, ungleich mehr als beim zweiten, doch nach Erreichen eines gewissen Sättigungsgrades (einer bestimmten »Verkehrsverdichtung«) werden sich Unterschiede bezüglich der Verkehrssicherheit nicht mehr auf die böse oder gute Intention zurückführen lassen, weil physikalische Gesetzmäßigkeiten sich gegenüber den »ethischen Einstellungen« durchsetzen. Die Wege, die zu dem äquifinalen Zustand führen, sind hier verschieden, ebenso wie der Preis, der an Unfällen und Katastrophen zu zahlen ist, doch der dynamische Endzustand wird aller Wahrscheinlichkeit nach – besonders im statistischen Mittel – nahezu ununterscheidbar sein.

22. Die Beziehungen zwischen dem »Ethischen« und dem »physikalisch Dynamischen« innerhalb des sozialen Systems könnte man auch in anderer Weise modellieren: Die psychische Komplexität des durchschnittlichen Individuums wird von den gegenwärtig existierenden Systemen in unterschiedlichem Maße genutzt. Sicherlich gibt es ein Minimum der Nutzung der adaptiven Möglichkeiten des Individuums durch die Struktur der adaptiven Möglichkeiten des Individuums durch die Struktur – ein Minimum, ohne das diese Strukturen nicht existieren könnten (ihre Existenz liegt aber in jedem Fall im Interesse der Individuen). Die Anforderungen der verschiedenen Strukturen sind jedoch sehr unterschiedlich, und man muß annehmen, daß sie in der Regel weit über das hinausgehen, was die persönliche Integrität zuläßt. Um diese Prozesse zu modellieren, müßte man vielleicht festlegen, daß uns zwei alternative (diskrete) Zustände der »sozialen Elemente« genügen, ein »Markowscher« und ein »nicht-Markowscher« in dem Sinne, daß der

letztere ein Gedächtnis (und damit Steuerungsautonomie) besitzt, der erstere dagegen nicht. Doch näher an der Realität dürfte eine nicht-diskrete Konzeption sein, nach der diese Zustände die Endpunkte einer Skala bilden, innerhalb derer es stetige Übergänge gibt. In der »absoluten Tyrannei« sind alle Elemente »des Gedächtnisses beraubt«, weil nur die Feststellungen, Direktiven und Befehle des jeweiligen Tages gelten; im »idealen System« hat das individuelle Gedächtnis volle Freiheit. Das erstere System ist demgemäß linear, das letztere nichtlinear; wiederum könnte man verschiedene »Typen der Tyrannei« unterscheiden – solche, die ihre Struktur eher mit physischer Gewalt, und andere, die sie eher durch informationale Einwirkung stabilisieren; im ersteren Falle wird das Ganze durch sogenannte »nackte Gewalt« stabilisiert, im letzteren durch den Effektivitätskoeffizienten der Verinnerlichung informationaler Direktiven; der erste Fall entspricht eher einer rücksichtslosen militärischen Besatzung, der letztere dem Jesuitenorden. Nebenbei gesagt – und das widerspricht dem, was man bisweilen hört: Der biologische Organismus ist, im Rahmen des obigen Schemas betrachtet, ein ziemlich interessantes Beispiel einer Kreuzung zwischen der »informationalen« und der »gewaltsamen Tyrannei«. Während solche Organismen jedoch in der Natur hervorragend zurechtkommen, erfreuen sich Tyranneien gewöhnlich keines allzu langen Lebens, weil man Menschen ohne irgendwelche Kniffe, die sich bislang zum Glück instrumentell nicht realisieren ließen, nicht in hundertprozentig Markowsche Elemente (ohne Gedächtnis) verwandeln kann, wie es die Zellen des Organismus sind.

23. In dem obigen Modell ist das »rudimentäre« Gedächtnis, über das die Individuen in der »Tyrannei« verfügen nicht berücksichtigt, und insofern ist es stark vereinfacht; in diesem Sinne besteht zwischen der »Tyrannei« und der uns von

der Biologie gegebenen menschlichen Natur eine gleichsam »organische« Unverträglichkeit, weil die erstere der Steuerungspotenz, die eine Funktion der Biographie, des Charakters, der Veranlagung, der Talente usw. ist, keinen Spielraum läßt. Doch auch bei Berücksichtigung dieser »lokalen« Eigentümlichkeiten bleibt das Modell noch unvollständig, da es »akulturell« ist: In der Modellbildung wären die Kulturen »energetisch ähnliche«, aber »informational verschiedene« Zustände innerhalb jener Menge von Zuständen, die sich im Rahmen einer gegebenen Systemstruktur verwirklichen lassen (eine primitive Analogie: einerseits die mögliche Vielfalt von »Straßenverkehrsordnungen«, andererseits ein unter technischem Aspekt gleichbleibendes Netz von Straßen und Fahrzeugen). Diese weitergehende Konzeption ist zugleich eine weitere Näherung, denn sie läßt noch ein Merkmal aus, wie es unsere Kultur besitzt, die über ein Gedächtnis (ein Wissen) über alle Kulturen verfügt, die ihr vorausgegangen sind beziehungsweise in den für uns exotischen Ländern festgestellt werden. Mit dieser Methode der sukzessiven Näherung könnte man verschiedene dynamische Modelle der Realität bilden, die der Wirklichkeit immer näher kommen.

24. Werden aber nicht – einmal angenommen, sie sei möglich – bei dieser Modellbildung die spezifischen Werte übergangen, auf die sich die ethischen Phänomene gewissermaßen reduzieren? Darf man denn, wenn man beispielsweise die Phänomene des »Kampfes um die Macht« innerhalb der herrschenden Eliten untersucht, die individuellen Einstellungen, Motivationen und Intentionen außer acht lassen? Wir bestreiten nicht, daß es Personen gibt, die eine besondere Befriedigung daraus ziehen, sich innerhalb der Struktur an herausgehobenen Steuerungspositionen zu befinden, meinen aber, daß derjenige, der solche Phänomene

modelliert, die Frage dieser Befriedigung, aber auch das sogenannte Problem des »immanenten Bösen der menschlichen Natur« ruhigen Gewissens übergehen darf. Er verhält sich in diesem Fall wie ein Biologe, der bestimmte Geschwülste zwar als bösartig bezeichnet, aber dennoch den Krebszellen keinerlei Intentionen zuschreibt und sich auch nicht mit der Frage befaßt, ob sie etwa Lust dabei empfinden, wenn sie die gesunden Gewebe des Körpers angreifen und ihre lokale Autonomie zerstören. Diese Dinge sind für den Onkologen vollkommen unerheblich, und doch ist es sein Ziel, gerade diese Abweichungen von der Homöostase des Organismus zu bekämpfen.

25. Wie lauten nun unsere Feststellungen? Da die erwähnten Modellversuche noch nicht durchgeführt wurden, können wir nur in Gestalt von Vermutungen sagen: Je »starrer« die organisatorischen Beziehungen zwischen den Menschen werden, desto schwächer wird der Einfluß der persönlichen Vorprogrammierung auf das Verhalten der Individuen. Wir werden nicht mit einer Ethik geboren, sondern nur mit einer gerichteten emotionalen Reaktionsbereitschaft, die bewirkt, daß schon der Säugling mit Lächeln auf ein Lächeln reagiert, und die den Kern der sogenannten höheren Empfindungen bildet, deren Plastizität am größten während der ersten Lebensphase (der Kindheit) ist, die der Mensch in fast allen Kulturen innerhalb der Familie verbringt; dort empfängt er auch mit der Aneignung der Sprache die ersten »ethischen Lehren«. Die im Kreis der Familie begonnene emotionale Ausrichtung wird später auf weitere Kreise von Menschen erweitert, ein Prozeß, der einer zunehmenden kulturellen Determination unterliegt (in dem Sinne, daß die Bindung zwischen den engsten Verwandten noch am wenigsten den kulturellen Einflüssen unterliegt). Doch so wie das kindliche Gedächtnis nicht den Anforderungen gewachsen ist, welche die Systemstruktur

an das Individuum stellt, kann auch jene Form des kollektiven Gedächtnisses, die wir Kultur nennen, den unter anderm auch von der Technologie hervorgerufenen Wandlungen des Gesamtsystems der Menge der Menschen unangemessen sein. Bei wachsendem Evolutionstempo verhält sich die Menge so, als verlöre sie ihr Gedächtnis: Sie wird zu einer Markowschen Menge, und ihre nächsten Zustände hängen nur noch von dem jeweils gegebenen Zustand ab. Und weiter: Die Vorprogrammierung der »Kindheit« verleiht den Individuen eine »anti-Markowsche« Teilimmunität; wie stark diese »Immunisierung« gegenüber dem »Gedächtnisverlust« ist, hängt jedoch von der Eigenart der Kultur ab, die wiederum auch die Familie selbst geformt hat (wir haben es daher mit einer hierarchischen Folge von retroaktiven schleifenförmigen Prozessen zu tun: Die Eltern geben das an ihr Kind weiter, was sie selbst von ihren Eltern »ethisch« gelernt haben). Unter dem singulären Aspekt – aber nur unter ihm – ist auch die individuelle Eigenart der Persönlichkeit nicht außer acht zu lassen. So entsteht eine Tendenz zur Manifestation »ethischer« Handlungen im Sinne »schwacher lokaler Wirkungen«. Mit dem Wort »lokal« wird keineswegs die physische Entfernung bezeichnet, sondern nur die Situationen, in denen das handelnde Individuum vor allem sich selbst repräsentiert (und nicht irgendwelche größeren Gruppen wie etwa die Schicht, die Klasse, die Armee, die Institution, den Staat usw.). Doch alle Arten von »Immunisierungen« garantieren nicht die faktische Unabhängigkeit des einzelnen von den »starken Wirkungen«, die durch die Zugehörigkeit zu den oben erwähnten Systemen ganzheitlich determiniert sind. Im Gegenteil: Gerade diese Wirkungen setzen sich in der Praxis gegenüber der »Immunität« durch. Deshalb ist der biedere Traum so utopisch, ein Krieg ließe sich verhindern, wenn nur alle Einberufenen ihren Vorgesetzten den Gehorsam versagten. Dazu ist es nie gekommen; man kann herrschende Verhältnisse nicht durch Appelle an das Herz bessern – Marxisten wissen das übrigens seit langem.

26. Bei dem Ausdruck »Technologie der Ethik« dachten wir an bestimmte Verfahren, ethische Phänome mit technischen Mitteln zu modellieren. Doch so wie man nicht die emotionalen Phänomene von ihrem neuronalen oder auch pseudoneuralen Substrat isolieren kann, um die »reine Trauer« oder auch die »verlorene Freude« im Reagenzglas zu gewinnen, so kann man auch nicht das Ethische außerhalb der Gesellschaft modellieren, und aus eben diesem Grunde waren wir gezwungen, von unserem thematischen Zentrum abzuweichen. Das Ziel der Modellbildung kann sich wiederum nur darauf beschränken, bestimmte Prozesse (etwa die »Markowsche« Entstehung einer Ethik in primitiven Kulturen) zu wiederholen, sie kann aber auch auf ein Resultat abzielen, das nicht nur kognitiv ist, sondern sich auch instrumetell nutzen läßt. Die Frage ist, mit anderen Worten, ob die Modellbildung es zuläßt, »unter der Vielzahl der Ethiken« eine homöostatisch rationale Wahl zu treffen. In extremer Formulierung besagt dieser Standpunkt, daß die Ethik – ähnlich wie die Straßenverkehrsordnung – eine Menge von Vorschriften darstellt, die sich zwar nicht aus der Beschreibung des materiellen Zustands auf rein logischem Wege ableiten läßt, aber dennoch ein Derivat bestimmter Instrumentalismen ist, und zwar in Gestalt einer allseits optimalen Lösung. Wie die Straßenverkehrsordnung soll auch sie die Zahl möglicher Konflikt- und Kollisionssituationen minimieren, und zwar in einer »lebensnahen« Weise, deren Anwendung für alle vorteilhaft ist und zugleich die Individuen nicht mit übermäßigen Unbequemlichkeiten oder Leiden belastet (denn dann werden sie den Vorschriften in der Praxis den Gehorsam verweigern).

27. Doch kann der rational denkende Humanist seine Liebe zum universellen Guten derart »technologisieren«? Wenn man es sich recht überlegt, ist eine friedlich vereinte Menschheit nicht nur etwas »an sich Gutes«; so offenkundig es ist, daß dieser Gedanke kaum etwas zu bewegen vermag, so offenkundig ist auch, daß ein Zustand möglichst umfassender Kooperation die größte Stabilität besäße, am besten dynamisch stabilisiert wäre und eine maximale Unanfälligkeit gegen jegliche, selbst kosmische Störungen besäße; das instrumentelle, ökonomische, informationale Kalkül läuft also auf genau die Ethik hinaus, der der Humanist bereitwillig den Vorzug gibt. Doch kann man nicht in derselben Weise die Auffassung begründen, daß – noch immer in einem rein operationalen und instrumentellen Sinne – eine Ethik der Teilung, der Segregation, der Gewalt und der Ausbeutung »zumindest nicht schlechter« wäre als jene? Nicht unsere Wünsche, sondern die Realität selbst hindert uns daran, zwischen diesen beiden Arten von Ethiken – rein instrumentell betrachtet – ein Gleichheitszeichen zu setzen. Nur versagen instrumentelle Argumente (was die Unterstützung humanistischer Bestrebungen angeht) bei stationären Kulturen, wenn in der einen eher Milde und in der anderen eher Grausamkeit herrscht, denn es kann durchaus sein, daß das Gesamtgleichgewicht in beiden gleichermaßen stabil ist. Was aber rein humanistische Argumente angeht, so dürfen wir sie bei unserem operationalen Vorgehen nicht verwenden. Wir verzichten nicht etwa deshalb auf sie, weil wir von der modischen Kybernetiksucht angesteckt wären, sondern nur, weil sie kulturabhängig sind; wenn sich dagegen die guten Taten beziehungsweise das Gute an den Taten irgendwie mit dem decken könnte, was – auch in außerkulturellen Termini – optimale Stabilität und Dauerhaftigkeit garantiert, würden wir einen Handlungskompaß gewinnen, der selbst in einer noch so radikal veränderten Zukunft nicht seine Gültigkeit verlöre. Nun ist es in

einer technologisch orientierten Zivilisation so, daß antiegalitäre Auffassungen nicht mit egalitären in Einklang zu bringen sind. Dies schon aus dem trivialen Grund, daß die Energie, die sich aus menschlicher Sklavenarbeit schöpfen läßt, nicht mit der in der Natur zugänglichen Arbeit vergleichbar ist; ein weiterer Grund ist, daß Gleichgewichtszustände, die man dadurch erreicht, daß man die Menschen aufteilt (in »eigene« und »fremde«, »niedere« und »höhere« etc.), nicht stabil sind; selbst wenn man die Kräfte der sozialen Antagonismen, die dadurch entstehen, einmal außer acht läßt und seine Hoffnung auf unbegrenzte Gewaltanwendung setzt, können Strukturen, die auf diese Weise stabilisiert werden, doch nicht länger überleben als von einer industriellen Revolution zur nächsten. Nehmen wir zum Beispiel das neue Informationszeitalter, das damit beginnt, daß Fernmeldesatelliten auf feste Umlaufbahnen gebracht werden: Diese Satelliten machen eine totale »informationale Abkapselung« an irgendeinem Punkt des Planeten zu einer (rein technischen) Unmöglichkeit. Mit dem Fortschritt der Kommunikationsmittel wird also die Desinformation immer schwieriger. Was den wirtschaftlichen Bereich betrifft, verhält sich eine Zivilisation, der es gelungen ist, die Energie des Muttergestirns oder der Kernverschmelzung anzuzapfen, die aber zugleich das individuelle Eigentum an solchen Energiequellen aufrecht erhält, in einem rein instrumentellen Sinne sehr irrational, und sie wird mit einer wachsenden Zahl von Schwierigkeiten zu kämpfen haben, die vollkommen überflüssig sind, denn sie verschwinden restlos, wenn man vom Prinzip des unantastbaren Eigentums abgeht. Diese Ergebnisse meiner Überlegungen sind natürlich nicht zu erwarten, wenn man sich auf kurze Zeiträume beschränkt. Die Technoevolution ist kein exakter synthetischer Ersatz einer unmittelbar wirksamen Gerechtigkeit, die die Bösen bestraft und die Guten belohnt – doch auf längere Sicht stellen sich ihre Wirkungen genau in diesem Sinne dar. Allerdings könnte eine monolithische Tyrannei am Ende mit grausamen und zugleich technisch raffinierten Mitteln die Entwicklung auf einer bestimmten Stufe stillstellen, sofern sie weltweit vorginge (doch könnte eine dadurch bewirkte Vereitelung bestimmter Maßnahmen und Untersuchungen auch sie zugrunderichten, wenn die spezifischen Rohstoff- und Energiequellen des erreichten technischen Niveaus, auf dem es zur gesellschaftlichen »Erstarrung« kam, erschöpft sind). Doch das ist ein Zustand, der von der heutigen Realität weit entfernt ist; was wir gegenwärtig beobachten, ist eine Beschleunigung des Tempos der Technoevolution, die das Gewicht rein instrumenteller Überlegungen verstärkt, denn durch diese Beschleunigung wird die Zivilisation immer deutlicher zu einer energetisch-informationalen Maschine, deren Gesamtgleichgewicht in wachsendem Maße von lokalen Gleichgewichtszuständen abhängt. Das (im humanistischen Sinne) ethisch richtige Verhalten ist daher, weltweit gesehen (und die technische Integration der Welt kommt dem entgegen), zugleich vernünftig und in seiner Rationalität den Entwicklungsgradienten gemäß; jedes andere Verhalten verurteilt die entsprechende Gesellschaftsordnung früher oder später zum Untergang. Dieser Untergang – das muß ich hier hinzufügen – kann zum Schicksal der gesamten menschlichen Gattung werden, zum globalen Finale lokaler Kurzsichtigkeit oder schlichter Dummheit.

28. In Teil I sprachen wir von den nachteiligen Einflüssen bestimmter Technologien auf gesellschaftliche Werte; es erhebt sich die Frage, ob die Technologie als ein Verbündeter oder Verstärker der Ethik, also als ein optimierender Regulator zwischenmenschlicher Beziehungen fungieren kann. Das ist mit gewissen Einschränkungen möglich. Zwischenmenschliche »Zusammenstöße«, angefangen von den rein körperlichen, können nämlich durch technische Mittel

gedämpft werden; durch eine entsprechende technologische Abstimmung in der Produktion, im Bauwesen usw. können die für unsere Gegenwart typischen Massensituationen in einem ganz allgemeinen Sinne entspannt werden; wir haben es ja ständig damit zu tun, daß allzuviele Menschen ungewollt um die Erlangung materieller Mittel, um Plätze in den Transportmitteln, um Wohnraum usw. miteinander konkurrieren. Die entsprechenden Technologien werden allerdings nicht konfliktfrei funktionieren, denn ihre massenhafte Verbreitung führt unter anderem dazu, daß in den reichsten Ländern aus dem Gedränge der Fußgänger ein Gedränge der Autos auf den Straßen wird. Das führt zu der Forderung, hinreichend viele Straßen zu bauen, doch das können sich, wie sich zeigt, selbst die Reichsten nicht leisten. Grundsätzlich erscheint es jedoch möglich, für jeden Menschen so etwas wie einen persönlichen Raum zu schaffen, einen technisch erzeugten »Abstand« von anderen Menschen, der es in der Praxis einerseits erleichtert, die sogenannte »persönliche Würde« zu wahren (was in der Masse nicht einfach ist), und es andererseits erschwert, wegen der Unbequemlichkeiten des Alltags mit anderen in triviale oder auch schwere Konflikte zu geraten. Die technischen Mittel würden dann so eingesetzt, als bestünde ein gewisser Zweifel an der ethischen Vollkommenheit des einzelnen: Ihre Rolle liefe darauf hinaus, daß seine Moralität nicht allzu häufig auf die Probe gestellt wird (daß es sich für ihn einfach nicht lohnt, brutal oder ein Schwein zu sein). Der auf diese Weise geschaffene Komfort ist selbstverständlich kein Verstärker der Ethik, sondern lediglich ein Dämpfer für menschliche Kontakte, der prophylaktisch die bloße Möglichkeit ihrer Zuspitzung ausschließt. Natürlich büßen solche Techniken ihre dämpfende Wirkung ein, wenn sie ein Privileg weniger sind – und nicht ein gleichmachender Faktor.

So eingesetzt, ist die Technologie ein ethisch vollkommen

neutraler Dämpfer, der sich darauf beschränkt, dem Bösen vorzubeugen. Der Besitzer eines Häuschens und eines Autos braucht im ethischen Sinne durchaus nicht besser zu sein als ein unbehauster Fußgänger, nur fehlt es ihm an gewissen Gelegenheiten zu einem moralisch verwerflichen Handeln, Gelegenheiten, die er allerdings, wenn er will, durch andere ersetzen kann. Doch auch eine solche prophylaktische Funktion der Technologie ist nicht zu verachten.

29. Wir sehen keine Möglichkeit dafür, daß die Technologie aktiv zur Verinnerlichung von moralisch löblichen Haltungen beitragen könnte; sie kann jedoch in Gestalt der Soziotechnik das Gleichgewicht von Gemeinschaften so stabilisieren, daß das Verhalten ihrer Mitglieder rein äußerlich untadelig wird. Doch vielleicht trägt die Teilhabe an solchen, sich untadelig verhaltenden Gemeinschaften schon zur Verinnerlichung moralischer Haltungen bei.
Kritische Stellen der Sozialstruktur, an denen Menschen von anderen Böses erfahren können, sind die Punkte der Abhängigkeit eines Menschen von der relativ freien Entscheidung eines anderen. Es ist nicht allzu schwer, solche Punkte zu lokalisieren. Auch hier kann der technologische Faktor manche Arten einer solchen Abhängigkeit reduzieren (typisch ist wohl, daß man heute davon träumt, die staatliche Administration vollständig zu automatisieren, wodurch sie zu einem eindeutig funktionierenden Apparat würde, der keiner »bürokratischen Entfremdung« unterliegt); es geht hier nicht um den geschützten persönlichen Raum des einzelnen, von dem schon die Rede war, sondern um ein Filter- und Distributions-System, eine gesamtgesellschaftliche Einrichtung, die unpersönlich und unfehlbar die richtigen Leute auf die richtigen Posten bringt und objektiv die Kriterien des beruflichen Wettbewerbs ebenso wie die Arbeitsbedingungen und den Lohn festlegt, als ein universaler Regler, der gegen Vorwürfe der Parteilichkeit

oder gar der Bösartigkeit gefeit ist. Man kann auf diese Weise eine Struktur erhalten, in der das Individuum gleichsam doppelt geschützt ist (durch den individuellen »technischen Freiraum«, zu dem beispielsweise das Haus, das Auto, die Arbeitsstelle gehören, und durch das gesellschaftliche System der Selektion und Lenkung auf dem Lebensweg), was wiederum nur die Funktionen der Technologie als Scheidewand zwischen den Menschen verstärkt, eine Scheidewand, die bestimmte (ethisch verwerfliche) Einwirkungen des einen auf den anderen selektiv zurückhält. Als ideale Konstruktion erscheint, wenn man von solchen Positionen ausgeht, eine Gesellschaft, in der man niemandem »Gutes tun« muß, weil es einfach niemand nötig hat, außer vielleicht in ganz außergewöhnlichen Situationen (Unfälle, Naturkatastrophen), in der man aber auch anderen nichts Böses antut, weil das mühselig und kompliziert wäre und keinerlei Vorteil brächte (abgesehen von jener Befriedigung, die manche Menschen leider empfinden, wenn sie jemanden geschadet haben). Ich gestehe, daß ich kein enthusiastischer Anhänger eines solchen Modells bin, obwohl man zugeben muß, daß es viele Vorzüge aufweist, die den meisten Gesellschaften heute abgehen. Jeder wird wohl auch zugeben, daß die (nicht ganz) verschwiegene Prämisse dieser Konstruktion ein maximales Mißtrauen gegenüber dem Menschen ist, das, so rational es sein mag, nicht besonders schön ist.

30. Der größte Nachteil eines solchen Modells ist jedoch sein stationärer Charakter. Dabei kommt es nur in einer faktisch stationären Kultur nicht sonderlich darauf an, ob die individuellen Verhaltensmotive eher äußerem oder innerem Druck entspringen, ob sie also auf instrumentelle Notwendigkeit oder auf Regungen des Herzens zurückgehen. (Ich sage nicht, daß dies keinerlei Bedeutung hat, doch geht es uns nur um die Praxis, in der es aufs Ganze gesehen

keinen Unterschied macht, ob die Moral einem gewissen »Drill«, einer Gewohnheit oder der Tugendliebe entspringt). Eine nicht stationäre Kultur ist dagegen ständig gezwungen, ihr recht labiles Gleichgewicht zu regulieren; ihr nicht stationärer Charakter äußert sich darin, daß die unterschiedlichsten Institutionen (der Produktion, der Bildung, der Distribution usw.) fortgesetzt entstehen, sich erweitern und sich verändern, und es ist kaum vorstellbar, daß die Technik der »ethischen Neutralisierung« der zwischenmenschlichen Beziehungen ständig mit diesem Transformismus schritthalten kann. Ethische Werte werden in einer solchen Kultur verinnerlicht und sind daher nicht austauschbar; da man sich vorweg auf die Auffassung festgelegt hat, »dem Menschen zu mißtrauen«, müssen alle auch nur denkbaren schädlichen Folgen neuer Erfindungen oder Techniken, die die Möglichkeit eines Mißbrauchs eröffnen, so früh vorhergesehen werden, daß rechtzeitig Techniken der »ethischen Sicherung« in Gang gesetzt werden können. Der volle Erfolg einer so weitgehenden Prophylaxe wird indes dadurch vereitelt, daß die technisch-wissenschaftliche Entwicklung einerseits nicht gleichmäßig verläuft und andererseits (insbesondere langfristig) unvorhersehbar ist.

31. Wir haben unsere Überlegungen hier vor allem auf den ethischen Aspekt der Phänomene eingeengt; zusammenfassend könnte man diese Überlegungen als Suche nach optimalen Sicherungen der sich entwickelnden Menschheit vor ihr selbst bezeichnen, d. h. vor Handlungen, die sich für Personen, Gruppen, Gesellschaften oder die Gattung insgesamt als verhängnisvoll erweisen können. Wir haben festgestellt, daß die Rationalität des ethischen Verhaltens auf allen Ebenen der kollektiven Integration (von der Familie bis zum Staat) um so schwieriger instrumentell zu begründen ist, je kleiner das jeweils betrachtete Kollektiv ist. Am schwierigsten zu beweisen – falls überhaupt beweisbar – ist

die Irrationalität von Verbrechen, denn es ist ja bekannt, wie viele Spitzbuben straflos davonkommen; daß die Technologie im Dienste der Kriminalistik die Aufklärungsrate erhöht, ist nicht unbedingt ein Argument zugunsten größerer Tugendhaftigkeit, denn das kann ebensogut ein Argument dafür sein, daß die Übeltäter ihre Geschicklichkeit steigern müssen.

32. Als Helferin der Ethik eingesetzt, kann die Technologie, wie wir gezeigt haben, auf dem Gebiet der Soziotechnik vieles bewirken, und sei es nur, indem sie in die bestehenden Strukturen »Drosselspulen des Bösen einbaut« oder indem sie die Strukturen Schritt für Schritt vervollkommnet; das Ideal wäre dann eine Struktur mit drei Merkmalen: soziale Undurchlässigkeit für negative (schlechte) Handlungen von Individuen oder Gruppen, Durchlässigkeit für positive Handlungen bei gleichzeitiger Verstärkung und – zwischen diesen beiden Grenzen – eine maximale Anzahl von Freiheitsgraden des invidivuellen Handelns. Diese Struktur müßte ohne Zweifel »klug«, aber nicht unbedingt aus »klugen« Individuen zusammengesetzt sein; es geht hier um eine »Klugheit«, wie sie etwa die Struktur von lebenden Organismen aufweist; sie zeigt im Falle von Beschädigungen Tendenzen zur Selbstreparatur, ist nicht leicht aus dem Gleichgewichtszustand zu bringen (sie ist ultrastabil), und die energetische Effizienz des Organismus insgesamt hängt nicht allein von der in seinem Nervensystem, konzentrierten »Klugheit« ab. Die Bioevolution wäre ganz offenkundig unmöglich, wenn der Anpassungserfolg davon abhinge, ob ein Tier »darauf kommt«, daß es, um sein Leben zu erhalten, atmen oder Bakteriengiften ganz bestimmte Protein-Antikörper entgegensetzen muß. Auch mit einem Spatzengehirn kann man bekanntlich – als Spatz – hervorragend gedeihen, doch bislang kann kein Staatsorganismus Regierende mit entsprechenden intellektuellen Qualifikationen

haben und dennoch politisch und wirtschaftlich blühen. Es ist ein offenkundiger Mangel von sozialen Strukturen, daß sie »vernünftig« nur funktionieren, wenn sie (durch glücklichen Zufall) »vernünftige« Steuerleute haben. Dieser Zufallsfaktor, den man einstweilen nicht loswerden wird, könnte auf den ersten Blick einen entsprechenden strukturellen Umbau neutralisieren. Die Bioevolution hat ausschließlich »gute«, d. h. »vernünftige« Strukturen hervorgebracht, weil sie über genügend Zeit verfügte, über so viel Zeit, daß sogar ein Markowprozeß ohne kumulatives Gedächtnis zu dynamisch optimalen Lösungen gelangen konnte; im Bereich der Konstruktion von Gesellschaftssystemen war die Zeit von »Versuch und Irrtum« mit einigen Dutzend Jahrhunderten ungemein kurz und hat keine entsprechenden Erfolge hervorgebracht.

33. Obendrein ging all diesen Versuchen keine theoretische Planungsphase voraus, die bekanntlich den Fortschritt gewaltig beschleunigen kann. Es drängt sich jedoch die Frage auf, ob das besagte perfekte »Sieb«, das nur das »Gute« durchläßt und das »Schlechte« zurückhält – vorausgesetzt, es ließe sich überhaupt aus menschlichen Atomen herstellen –, realisierungswürdig ist und seine Realisierung, wenn sie technisch möglich wäre, auch gesellschaftlich möglich wäre. Einer Modellierung der sozialen Phänomene, die die erste Phase der Realisierung bilden müßte, stehen grob geschätzt drei Gruppen von Schwierigkeiten entgegen. Die erste umfaßt Schwierigkeiten formaler und technischer Natur, nämlich die Wahl der Sprache (der Sprachen) der Beschreibung, der wesentliche Parameter und der Kriterien der qualitativen Prüfung des erlangten Resultats. Nahezu unlösbar erscheint insbesondere das Problem, wie man die »optimale Struktur« zur Invarianten machen kann angesichts all der Transformationen, denen sie durch die längerfristig unvorhersehbaren technologischen Umwälzungen

ausgesetzt sein wird. Außerdem scheint es, daß das, was noch am leichtesten zu modellieren ist – eine starre Entwicklung orthoevolutiver Art –, sowohl trivial als auch wenig nützlich ist, während den interessanteren Systemen, die hochgradige Komplexität mit individueller Freiheit verbinden, nicht-lineare Systeme entsprechen. Das heißt also: Was wegen eindeutiger Regelmäßigkeiten am besten vorhersehbar ist, verdient nicht sonderlich, realisiert zu werden, während sich das, was vielleicht realisiert zu werden verdiente, einer stabilen Abbildung entzieht. Darüber hinaus gibt es eine Unzahl weiterer Probleme. Es könnte zum Beispiel sein, daß größere Agglomerate eines Systems verschiedene kritische Punkte der Entwicklung durchlaufen, an denen der Einfluß des Zufallsfaktors die Regelmäßigkeiten der internen Zusammenhänge überwiegt (das System wird plötzlich überempfindlich für lokale Quantenfluktuationen, die seine Bahn verändern); in diesem Fall wäre eine gigantische Zahl von alternativen Bahnen im Sinne einer potentiellen Radiation in Erwägung zu ziehen. Nun läßt sich natürlich auch ein Zufallsphänomen modellieren, aber nur insgesamt und nicht ausschnitthaft, doch wird die Aufgabe nach Überschreiten einer gewissen Zahl möglicher Lösungen praktisch unlösbar, auch wenn theoretisch eine Lösung existiert. Auf der anderen Seite ist es indessen tröstlich, daß in einer technologisch orientierten Kultur eine orthoevolutive Tendenz besteht, denn das kann das Modellieren erleichtern. Man wird derartige Fragen künftigen Fachleuten überlassen müssen.
Die zweite Gruppe von Schwierigkeiten beruht auf der fast durchgängigen Skepsis, dem Zweifel an der bloßen Möglichkeit des Vorhabens. In dieser Hinsicht hat sich inzwischen einiges gebessert, doch noch immer fehlt es an einem Klima allgemeinen Wohlwollens, fehlt es an Verständnis dafür, daß mit vereinzelten Bemühungen nichts oder kaum etwas zu erreichen ist, daß solche Untersuchungen, wenn

überhaupt, nur in großen Teams durchzuführen sind, unter Beteiligung von Anthropologen, Soziologen, Mathematikern usw. usw., und daß es höchste Zeit ist, der ganzen Problematik grundlegende Priorität zuzuerkennen. Dies würde zur Folge haben, daß man der Sache entsprechende Anstrengungen, darunter auch Investitionen, widmet, und es fänden sich erstklassige und entsprechend geschulte Köpfe, die in der gewünschten Richtung arbeiten. Doch eine weitere, zu dieser Gruppe gehörende Schwierigkeit stellt zweifellos der Widerstand politischer Natur dar; dazu brauche ich nicht viel zu sagen – man stelle sich nur vor, eine Forschergruppe würde eine Lösung des Vietnam-Problems vorschlagen, die der Militärdoktrin der USA widerspricht; es ist einfach nicht vorstellbar, daß die Regierung der USA sich zu einer Diskussion mit den Forschern oder auch zu einer inhaltlichen Prüfung der Eignung ihres Lösungsvorschlags bereitfände, weil in der strategischen Doktrin der USA implizit solche Begriffe vorkommen wie die – unannehmbare – Eventualität eines »Gesichtsverlusts«, weil also dem Schicksal der Gattung auf der anderen Seite die Frage entgegengehalten werden könnte, ob sich die Großmacht nicht durch ein bestimmtes Handeln »mit Schande bedeckt«. Man kann sich vorstellen, wie es beispielsweise aufgenommen würde, wenn eine mathematische Untersuchung enthülte, welche Rolle angesichts der hochgradigen Machtkonzentration der Faktor der Auslese in den Machteliten spielt.

Eine dritte Gruppe von Schwierigkeiten hängt schließlich damit zusammen, daß man bezüglich der Resultate der Modellbildung niemals vollständige Gewißheit haben kann. Ich möchte das folgendermaßen erläutern: Wir glauben, daß es den Menschen in einer »optimalen« Kultur »gutgehen« müßte; nun kann aber die Kontrolle der sozialen Parameter in der modernen Zivilisation eine solche Perfektion erreichen, daß soziale Situationen, die für einen äußeren Beobachter praktisch ununterscheidbar sind, in Wahrheit diametral verschieden sind. So lassen sich zum Beispiel durch entsprechende Kontrollen kollektive Äußerungen der Begeisterung, der Empörung oder auch des Chaos imitieren, die aber in Wahrheit von außen aufgezwungen und eingefädelt sind. (Im Süden Englands gab es zum Beispiel während des Zweiten Weltkriegs ein künstlich erzeugtes »Durcheinander« bei den Wegweisern an den Straßen, durch das die Deutschen im Falle einer Invasion getäuscht werden sollten.) Es ist also nichts einfacher, als einen Zustand zu erzeugen, in dem alle sagen, daß es ihnen gutgehe; die gewaltige Schwierigkeit liegt nicht in dieser trivialen Tatsache, daß man den Menschen eine Reaktion oder vielmehr eine verlogene Äußerung aufzwingen kann, sondern vielmehr darin, daß eine solche Täuschung, wenn man sie nur lange genug aufrechterhält, paradoxerweise zu einer wenn auch ziemlich monströsen Wahrheit werden kann. Untersuchungen haben gezeigt, daß manche Menschen, die besonders lange in den Konzentrationslagern gesessen hatten, so sehr die Erinnerung an die Welt außerhalb des Lagers eingebüßt hatten, daß sie auf das Öffnen der Lagertore mit Angst, mit einem Rückgang oder dem Schwinden jeglicher Aktivität, mit Frustration und sogar mit Zusammenbrüchen reagierten, weil sie sich vor der neuen, freien Welt, die sie nicht kannten, mehr fürchteten als vor den entsetzlichen, aber doch bekannten Existenzbedingungen, an die sie sich angepaßt hatten. Bildlich gesprochen, genügt es nicht immer, den Sklaven die Ketten abzunehmen, um sie zu freien Menschen zu machen. Daher kann man nicht von vornherein ausschließen, daß ein als optimal anerkanntes Modell nach seiner Realisierung einem Prokrustesbett ähnelte, doch würde die Feststellung dieser Inkongruenz durch die außergewöhnliche adaptive Plastizität des Menschen erschwert, denn es könnte sein, daß die Menschen, die auf dieses Bett gestreckt sind, sich aufrichtig höchst positiv darüber äußerten und geneigt wären, eher den eigenen Organismus oder den unmittelbaren Nachbarn für die Unbequemlichkeit ihrer Lage verantwortlich zu machen.

34. Wenn wir dennoch bis zum Überdruß wiederholen, daß die Zeit gekommen ist oder doch herannaht, mit der Modellierung der Sozioevolution zu beginnen (wobei die Technologie, die es ermöglicht, auf numerischen oder Analogrechnern die sozialen Prozesse in beschleunigtem Tempo zu simulieren, eine führende Rolle spielen wird), so deshalb, weil ohne die Inangriffnahme solcher Versuche, die nicht sehr bald und wohl nicht mehr in unserem Jahrhundert von einem möglicherweise nur partiellen Erfolg gekrönt sein werden, das planetare Gleichgewicht allein durch die Beschleunigung der Technoevolution wahrscheinlich noch labiler werden wird, als es gegenwärtig ist, und es möglicherweise zu spät für solche Untersuchungen sein wird, wenn sie sich als notwendig herausstellen. Es ist anzuerkennen, daß alle hier vorgestellten Analogien, diese Varianten einer »Physikalisierung« des Themas, äußerst primitiv sind, doch ist es andererseits wohl nicht möglich, Entdeckungen zu machen oder zu faktischen Errungenschaften zu gelangen, wenn es nicht nur keine methodologische Übereinstimmung, sondern auch keine entsprechend geschulten Spezialisten oder operative Gruppen gibt. Ohne die durch den Kriegszustand ausgelöste große Mobilisierung der Geister und Mittel wäre die Aufgabe der Freisetzung der Atomenergie vielleicht bis heute nicht gelöst. Einer ebensolchen, vielleicht einer größeren Anspannung aller Kräfte bedarf es auch bei unserem Thema. So utopisch es auch klingen mag, kann ich doch nur wiederholen, was ich an anderer Stelle gesagt habe: »Noch gibt es keine Soziologen, die nach dem Beispiel der Physiker Milliarden fordern für Maschinen ›zum Modellieren solcher

Prozesse‹, ganz zu schweigen von den Ethologen, die heute dem Schilfrohr Pascals in den großen Stürmen der Welt gleichen. Dennoch muß man daran glauben, daß diese Situation sich einmal radikal ändern wird.«

ZUSAMMENFASSUNG

1. Ich bin überzeugt, daß Phänomene wie der Einfluß außerethischer Faktoren, etwa in Gestalt der Technologie, auf die Herausbildung und das Funktionieren ethischer Systeme, aber auch umgekehrt der Einfluß des Ethischen auf das Außerethische, empirisch exakt erforscht werden können, und daß die Ergebnisse solcher Untersuchungen, die sich auf das Modellieren dieser Phänomene in einem außergesellschaftlichen und außermenschlichen Substrat (zum Beispiel in numerischen Rechnern) stützen, wesentliche Anleitungen für ein instrumentelles Vorgehen liefern können, das letztlich darauf abzielt, eine »ideale Sozialstruktur« zu schaffen.

2. Insbesondere sind ethische Phänomene nach der hier vertretenen Ansicht ein spezifisches Resultat der gesellschaftlichen Vermittlung und Verankerung einer erheblichen Anzahl elementarer (diskreter) individueller Verhaltensakte, durch die einerseits die der jeweiligen Kultur eigentümlichen sittlich-ethischen Durchschnittsnormen und andererseits – als eine Idealisierung dieser Normen – Verallgemeinerungen von axiomatischem Charakter geschaffen werden, also so etwas wie ein Muster der axiologischen Pflicht. Als einer der wesentlichen Parameter der Kultur kann dabei der erwähnte Grad der Abweichung zwischen realen Verhaltensweisen und dem idealen Muster gelten, die schon in Gestalt einer gewissen massenhaftstatischen Verteilung beobachtbar ist.

3. Der individualpsychische Aspekt (Erlebnisaspekt) ethischer Verhaltensweisen wurde hier im wesentlichen außer acht gelassen, aus der Überlegung heraus, daß das künftige Modellieren dieser Phänomene es wesentlich erleichtern könnte, diese Form der Beschreibung von gewissen Ausnahmesituationen abgesehen – durch eine »physikalisierte« Form zu ersetzen. Das soll jedoch nicht heißen, daß diese übergangenen Phänomene nicht irgendwie »wichtig« wären; wir sind ähnlich vorgegangen wie die Medizin, die bei der Darstellung kranker Individuen den durch die Krankheiten hervorgerufenen (introspektiv verstandenen) Leiden minimalen Platz widmet, obwohl sie grundsätzlich ganz auf die Beseitigung dieser Leiden ausgerichtet ist.

4. Nach der hier vorgestellten Hypothese ist das »Ethische« ein Bestandteil der Steuerungscharakteristik von Gruppenverhaltensweisen, der in entsprechenden Situationen eine maximale Realisierungswahrscheinlichkeit besitzt und – zusammen mit der Gesamtheit der Programmierung des Gruppenverhaltens – als Resultante von mindestens drei sequentiellen Prozessen aufgefaßt werden kann, die an der Festigung dieser Verhaltensweisen mitwirken, nämlich von Zufallsphänomenen (wie etwa klimatischen Umweltschwankungen), Markowprozessen (die die Folgen einer zufälligen Abweichung vom Ausgangszustand durch eine positive Rückkoppelung verstärken) und kumulativen Prozessen (zum Beispiel der Technoevolution). Diese Prozesse erzeugen innerhalb der jeweiligen Kultur ein Modell der »menschlichen Natur«, und sie legen ein mit diesem Modell einigermaßen kohärentes System von ethischen Normen und Bewertungen fest, das für die Angehörigen der betreffenden Kultur nicht bloß den Charakter einer Abstimmung von probabilistischen Präferenzen hat, sondern mit symbolischen Bedeutungen besetzt ist.

5. In diesem Sinne wird die Ethik von »außerethischen« Faktoren gemeinsam hervorgebracht, doch können diese Faktoren, als Generatoren der Ethik, natürlich nur solche Elemente des menschlichen Verhaltens miteinander verknüpfen, die erstens nicht in einem drastischen Widerspruch zu notwendigen Direktiven (der Kooperation, der Befriedigung biologischer Bedürfnisse) stehen, von deren Befolgung die Überlebensfähigkeit der Gruppe abhängt, und zweitens entweder faktisch oder nach Meinung der Gruppenmitglieder für die Existenzerhaltung der Gruppe unerläßliche und physikalisch realisierbare Elemente sind (denn wenn die dazu erforderlichen natürlichen physiologischen Mechanismen oder die instrumentellen Mittel fehlen, kann weder die Sitte des Fliegens noch eine das Fliegen gebietende Norm entstehen).

6. Geschildert wurden Analogien der Entwicklung der präkulturellen Gruppe zur biologischen Evolution von Populationen lebender Formen, gestützt auf Markowsche Schemata, und dabei wurde auf die Ähnlichkeit der Radiation der Variabilität in der Biologie und in der Kulturanthropologie hingewiesen: diese Variabilität ist in beiden Fällen, bezogen auf die Faktoren der Auslese, redundant. Ein weiteres mutmaßliches Element der Analogie ist die Existenz von stabilen Zuständen (»Absorptionsschirmen«) des Markowprozesses; das Erstarren biologischer und kultureller Formen auf bestimmten Entwicklungsstufen können gerade darin seine Ursache haben. Ferner wurde die Hypothese dargestellt, daß der Zustand der »stabilen Instabilität« der Genotypen, der als Reservoir einer (potentiell adaptiven) regulativen Mannigfaltigkeit eine kontinuierliche Evolution der Biotypen ermöglicht, ein Analogon in der »stabilen Instabilität« einer technologisch orientierten Kultur besitzen könnte, die nur dank des Auftretens einer sich beschleunigenden technologischen Evolution ein relatives Gleichgewicht bewahrt.

7. Auf primitive Weise vorgestellt wurde ein denkbares »physisches« Modell der Gesellschaft, in dem sich ethische Phänomene als »schwache lokale Wirkungen« von »nicht lokalen« und »starken Wirkungen« unterscheiden lassen, die innerhalb großer Gruppierungen und zwischen ihnen entstehen, wobei die letzteren als »starke« bezeichnet wurden, weil sie sich prinzipiell gegenüber den ersteren durchsetzen. Man darf aus diesem Bild nicht folgern, daß die in »starken Wirkungen« geformten Normen nicht (in der Psyche des Individuums) mit den »schwachen« ethischen Normen kollidieren, und besonders darf man daraus nicht schließen, daß ethische Normen bei der Regulierung des Verhaltens einzelner Individuen nicht das Übergewicht erhalten können, denn wir haben uns grundsätzlich nicht damit befaßt, was die Ausführenden von Befehlen, die Mitglieder kollektiver Organisationen, die Vertreter von Institutionen usw. beim Handeln empfinden, sondern nur damit, wie sie sich faktisch verhalten, und zwar im Durchschnitt.

8. An einem Beispiel dargestellt wurde der Einfluß eines eng umschriebenen technologischen Eingriffs in die »biologische Natur« des Menschen auf das Funktionieren einer bestimmten Ethik (der Sexualethik) in einer bestimmten Situation, die für technisch hochentwickelte Zivilisationen der Gegenwart typisch ist; im erörterten Beispiel äußert sich dieser Einfluß als eine indirekte Wirkung, und in der massenhaften Vermittlung zerstört er zugleich bestimmte, traditionell als wertvoll erachtete Werte. Daraus ergibt sich die Folgerung, daß vor der Einführung von Technologien, die in irgendeiner Weise (z. B. »vervollkommnend« oder »erleichternd«) die natürlichen Funktionsparameter des menschlichen Organismus ändern, unbedingt Prognosen bezüglich der ethisch-sittlichen und gesamt-kulturellen Wirkungen erstellt werden müssen.

9. Vorgestellt wurden ferner technische Mittel, deren Verbreitung das Begehen ethisch verwerflicher Taten im gesamtgesellschaftlichen Maßstab erschweren kann, Mittel, deren Wirkung darin besteht, wie eine Drosselspule oder ein Filter (vorbeugend) solche Taten zu erfassen. Diese Mittel sind »ethisch neutral«, und ihre Wirkung beschränkt sich auf das »Nichterzeugen von Gelegenheiten« für Taten, durch die anderen Schaden zugefügt werden kann.

10. Aus dem Dargestellten scheint sich zu ergeben, daß man eine praktisch stationäre Kultur – eine Kultur, die im Laufe von mindestens einigen Generationen keinen wesentlichen Veränderungen unterliegt – als ein hierarchisiertes Gesamtsystem modellieren kann, mit den ihm eigentümlichen Regelmäßigkeiten der »starken Wirkungen«, die bevorzugt einseitig »lokale schwache Wirkungen« formen; das bedeutet, daß die »schwachen« Wirkungen in der Regel geringfügig auf die »starken« zurückwirken, daß es also praktisch nicht möglich ist, geleitet von ethischen Normen die Ausrichtung der hauptsächlichen sozialen Gradienten einer Korrektur zu unterziehen, wie sie für das regulative Wirken negativer Rückkoppelungen typisch ist, so daß die Systemstruktur (als Generator dieser Gradienten) für »lokale« ethische Wirkungen unempfindlich oder nur in geringem Maße empfindlich ist. Obwohl die »starken« genau wie die »schwachen Wirkungen« abhängige Zufallsvariablen sind, werden also die letzteren von den ersteren dominiert. Dennoch kann sich, da in allen Kulturen ihre elementaren familialen Zellen stabil sind, ein gewisser Teil der etwa von älteren Kulturen überkommenen Programmierungen »schwacher Wirkung« als realtiv invariant gegenüber den aktuellen Einflüssen »starker Wirkungen« erweisen. Wegen ihrer Mehrstufigkeit erinnern solche Abhängigkeiten ein wenig an das Schema der bioevolutionären Artenbildung, in dem Faktoren der genotypischen und der phänotypi-

schen Variabilität zwar miteinander korreliert sind, wo jedoch ein (Markowsches) Kreisen der steuernden Information auf verschiedenen Ebenen stattfindet (einmal auf der »Mikroebene« der Genotypen und einmal auf der »Makroebene« der Phänotypen, d. h. der ausgewachsenen Individuen). Dabei ist eine stationäre Kultur ebenso ultrastabil wie eine optimal angepaßte Art; »ethische Erfindungen«, »Vervollkommnungen« oder »Verbesserungen«, die auf der Ebene kleiner Gruppen oder von Individuen gemacht werden, lassen sich, von Ausnahmen abgesehen, beim Kollektiv nicht durchsetzen und werden nicht von ihm übernommen; die in individuellen Existenzen entstehenden Verhaltensmerkmale, die nicht kulturell assimiliert werden, erinnern wiederum an das bioevolutionäre Schema, in dem erworbene individuelle Merkmale nicht auf der Ebene der Art vererbt werden.

11. In einer technologisch orientierten Kultur kommt es zu einem Prozeß exponentieller Beschleunigung der Veränderung der Lebensbedingungen, der sich nicht selten im sittlich-ethischen Bereich auswirkt, in dem es, wenn die Beschleunigung der Veränderungen ein bestimmtes Tempo überschreitet, zu Schwierigkeiten bei der Übermittlung von (instrumentellen und nicht-instrumentellen) Normen zwischen den Generationen kommen kann, weil die Normen der Eltern sich als anachronistisch erweisen und nicht an die von den Kindern angetroffene Situation angepaßt werden können. Die Folge kann dann eine eigentümliche soziale Drift der Werte im Strom der durch die technologische Beschleunigung hervorgerufenen Störungen sein. (Die Phänomene der sogenannten Massenkultur und ihrer ethischen Folgen haben wir wegen des begrenzten Charakters dieser Arbeit übergangen, weil ihre Behandlung allzu viel Platz erfordern würde und es im übrigen zahlreiche Spezialarbeiten zu diesen Themen gibt.)

12. Mit bewußter Einseitigkeit haben wir beschrieben, wie innerhalb der Kultur Individuen funktionieren, die »starken Wirkungen« in der Weise unterliegen, als besäße das »Material«, aus dem die Gesellschaft »angefertigt« ist, keine sonderliche Bedeutung, in der Annahme, daß die individuellen Parameter der »Persönlichkeit« – also das, was man gemeinhin zu bezeichnen pflegt als Charakter, Streßunanfälligkeit, spezifische Intelligenz, Handlungsantrieb, Extraversion oder Introversion und emotionale Reaktionsbereitschaft – nicht exakt abgebildet zu werden brauchen in einem Gesellschaftsmodell, das als ein spezifischer Typ eines (im kybernetischen Sinne) komplexen Systems realisiert wird. Wir taten das unter Hinweis darauf, daß beim Modellieren von Hirnprozessen außerhalb des Gehirns das »Material« keine Rolle spielt. Diese Betrachtungsweise folgte aus der von uns anerkannten Direktive, die größtmögliche Sparsamkeit der Mittel (und der Ockhamschen »Wesenheiten«) gebietet, eine Sparsamkeit, ohne die sich die heute ohnehin unrealisierbare Modellbildung niemals verwirklichen ließe. Aus dieser Betrachtungsweise folgt nicht, daß diese persönlichen Parameter nach unserer Ansicht »einfach unwichtig« sind, denn wir stehen auf dem Standpunkt, daß die Gesellschaft für die Individuen dazusein hat und nicht umgekehrt. Die »Reduktion« menschlicher Individuen auf eine Art »Punkte« in einem »Konfigurationsraum« darf man also nur als eine drastisch vereinfachte Methode der Beschreibung auffassen.

13. Schließlich sprachen wir von den Hauptschwierigkeiten, die der erwähnten Modellbildung im Wege stehen, Schwierigkeiten teils technischer, teils epistemologischer und schließlich methodologischer Natur, denn als eine solche Schwierigkeit kann man das Problem auffassen, daß die Resultate widersprüchlich oder mehrdeutig (»unbestimmt«) sind, wenn Menschen als Elemente in einem »experimentel-

len« gesellschaftlichen System empirischen Tests unterworfen werden, um festzustellen, ob es ihnen in diesem System »gut« oder »schlecht« geht.

14. Alles in allem scheint aus unseren Überlegungen zu folgen, daß es praktisch unmöglich ist, die großen historischen Prozesse (der Evolution der irdischen Zivilisation) zu modellieren; die Markowsche Natur der Phänomene, die es beispielsweise verbietet, bei jedem eindeutig ergodischen Prozeß rückwärts zu extrapolieren, vereitelt das so hinreichend, daß es weiterer Beweise für die »Unmöglichkeit« nicht mehr bedarf. Diese »Unmöglichkeit«, die sich auch auf den realen Verlauf der irdischen Bioevolution bezieht, schließt indessen ein Modellieren eines Teils dieses Prozesses nicht aus, wobei man sagen muß, daß eine technologisch orientierte Zivilisation sich wegen ihrer eindeutig teleologischen Ausrichtung für das Modellieren besser eignet als eine Kultur, die nur mit primitiven Instrumenten ausgestattet ist. Daraus schöpfe ich einen gewissen Optimismus für die Zukunft.

Übersetzt von Friedrich Griese

NACHWORT
VON
JERZY JARZĘBSKI

Am 12. September 1921 in Lemberg als Sohn eines angesehenen Laryngologen geboren, erlebte er eine ruhige, materiell gesicherte Kindheit, die ausgefüllt war von vielfältiger Lektüre, Basteln und originellen Experimenten (im autobiographischen *Hohen Schloß* beschreibt er sein »Ausweis-Reich«). Als im September 1939 die Rote Armee in Lemberg einmarschierte, bedeutete das für ihn, rascher erwachsen zu werden. Er beginnt mit dem Studium der Medizin, das er jedoch zwei Jahre später, als deutsche Truppen die Stadt besetzen, abbrechen muß; er arbeitet als Monteur und Schweißer, muß sich wegen seiner jüdischen Herkunft eine Zeitlang verstecken, und arbeitet mit der Widerstandsbewegung zusammen. 1945 zieht er mit der Familie nach Krakau, setzt dort das Studium an der Medizinischen Fakultät der Jagiellonen-Universität fort, beteiligt sich auch an der Arbeit des Wissenschaftstheoretischen Seminars, wo er mit den neuesten westlichen Arbeiten aus dem Bereich der Mathematik, der Kybernetik, der Biologie, der Psychologie und anderer exakter Wissenschaften Bekanntschaft macht. Als die Tätigkeit des Seminars in der stalinistischen Periode eingestellt wird, beginnt er eine literarische Karriere – sogleich als Dichter und als Autor moderner Prosa und wissenschaftlicher Phantastik. Er bleibt bei der letzteren und befaßt sich daneben mit wissenschaftstheoretischer Publizistik. Er gewinnt an Reife als Schriftsteller und Denker, und seit den sechziger Jahren erlangt er internationalen Ruhm als einer der hervorragendsten

Science-Fiction-Autoren der Welt, aber auch als origineller Wissenschaftsphilosoph, als Schöpfer erstaunlich treffsicherer Prognosen über das weitere Schicksal der Welt, die menschliche Erkenntnis usw. Er ist ein Domator, hängt an seinem mit Büchern vollgestopften Krakauer Haus. Trotz zahlreicher Einladungen ist er nie nach Amerika gefahren. Nur nach der Einführung des Kriegszustandes in Polen verbrachte er einige Jahre in Berlin und Wien, um im Herbst 1988 für immer nach Krakau zurückzukehren.

Das ist in Kürze der Lebenslauf von Stanisław Lem, den man dem westdeutschen Leser wahrlich nicht vorzustellen braucht angesichts der Stellung, die er seit Jahren auf dem hiesigen literarischen Markt einnimmt. Ich brauche jedoch diese wenigen Daten und Fakten, um aufzuzeigen, wie sehr dieser scheinbar vom Leben und von seiner eigenen Zeit losgelöste Phantast in den dramatischen Gang der Geschichte verwickelt war und wie sehr er Gelegenheit hatte, die beiden bedrohlichsten Totalitarismen unseres Jahrhunderts, den Nazismus und den Stalinismus, aus der Nähe kennenzulernen.

Ich möchte dem Leser der vorliegenden Auswahl einen Lem vorstellen, der ein wenig von der gängigen Vorstellung abweicht, die man sich über ihn macht. Nach diesen Vorstellungen ist Lem vor allem ein orthodoxer Rationalist, ein nüchterner Experimentator und ein Konstrukteur zahlreicher Modelle möglicher Welten, ein Kritiker der bisherigen sozialen und evolutionären Lösungen, ein Parodist und Spötter. In der Zeit des Stalinismus versuchte er, seinen persönlichen Glauben an den wissenschaftlichen und sozialen Fortschritt mit der politischen Losung jener Jahre in Einklang zu bringen (*Die Astronauten, Gast im Weltraum, Sezam*); danach lehnte er sich entschieden gegen die kommunistische Orthodoxie auf und bewies, daß ein zentralistisch nach abstrakten Programmen verwalteter Staat nicht richtig funktionieren kann (*Dialoge, Eden*). Als gereifter

Autor schien Lem sich vor allem mit wissenschaftlichen und gesellschaftlichen Problemen auseinanderzusetzen: Er schuf Modelle der Fremden und erörterte skeptisch die Chancen der Verständigung mit ihnen (*Solaris, Der Unbesiegbare, Die Stimme des Herrn, Fiasko*), und er befaßte sich mit der soziologischen Modellbildung (*Rückkehr von den Sternen, Memoiren, gefunden in der Badewanne, Der futurologische Kongreß, Lokaltermin, Friede auf Erden*) sowie mit theoretischen Problemen der Erkenntnis (*Die Untersuchung, Der Schnupfen*) oder der biologischen Evolution (*Also sprach Golem*). Selbst die literatische Unterhaltung war bei ihm mit ernster, »zerebraler« Reflexion durchsetzt: Ob wir die *Sterntagebücher*, die *Kyberiade, Die vollkommene Leere* oder *Die imaginäre Größe* nehmen – unter all den Pastiches und Parodien erkennen wir immer wieder irgendein wissenschaftliches Problem, dessen Kern ungemein ernsthaft behandelt wird, auch wenn die Fabel, in deren Gewand das Werk gekleidet ist, eher an Phantasien eines Münchhausen erinnert.

Von allen mir bekannten Science-Fiction-Autoren ist Lem daher am stärksten mit der Wissenschaft verbunden, zeigt er die geringste Neigung zu Aufschwüngen der Phantasie, die durch keinerlei Regeln gefesselt sind. Die schriftstellerischen Folgen einer solchen geistigen Disziplin brauchen durchaus nicht trocken und dürftig zu sein. Die mit Kennerschaft betriebene Wissenschaft kann als Ansporn der Vorstellungskraft Visionen hervorbringen, die origineller sind als das Sterotypen gehorchende Repertoire der klassichen Motive der Phantastik. An *Solaris, Lokaltermin* und *Fiasko* läßt sich das leicht überprüfen. Ein gewisser unterkühlter Ton rührt bei Lem daher nicht von einem Mangel an Phantasie her, sondern von einem Festhalten an streng wissenschaftlichen Konzeptionen, Problemen, Denk- und Darstellungsweisen. Nicht selten hat man den Eindruck, als habe der Autor die Abenteuer seiner Handlung aus den

Augen verloren, um eingehend dieses oder jenes Problem zu erörtern (die Ethikosphäre in *Lokaltermin*, die Konsequenzen der Kallotomie in *Friede auf Erden*, das Modellieren der Fremden oder die physikalischen Eigentümlichkeiten eines »Schwarzen Loches« in *Fiasko*), und es entsteht der Verdacht, daß ihn in Wirklichkeit eben dieses Problem interessiert und die Handlung vielleicht nur ein Vorwand ist. Nicht umsonst führt von gewissen im Prinzip belletristischen Werken wie *Also sprach Golem* ein kürzerer Weg zu Lems wissenschaftlicher Essayistik (*Summa technologiae, Philosophie des Zufalls, Phantastik und Futurologie*) als zur klassischen Romanprosa.

Es muß schließlich ausgesprochen werden: Lems Ambitionen als Rationalist, Gelehrter, Konstrukteur und Prognostiker sind beinahe unbegrenzt. Schon als Kind bastelte er nicht nur, sondern träumte auch von der »Erschaffung einer Welt«, die allein ihm gehorchte. Diese Welt war das während seiner Schülerzeit entstandene »Ausweis-Reich«, das Werk einer imaginären, aber allmächtigen Bürokratie, ein Mysterium würdevoll zirkulierender Dokumente, Unterschriften und Stempel. In der Studentenzeit nahm er sich nichts Geringeres vor, als eine »Theorie der Funktion des Gehirns« zu verfassen. Ernstere Studien bremsten ein wenig seine Ambitionen auf dem Gebiet der Einzelwissenschaften und verstärkten zugleich sein Bedürfnis, das Ganze zu verstehen. Aus jener Zeit rührt Lems Faszination für die metawissenschaftliche, interdisziplinäre Reflexion, für die Erforschung der gesellschaftlichen und psychologischen Voraussetzungen der Entwicklung des Wissens oder der Technologie im Weltmaßstab.

Aber auch hier sind es bestimmte Themen, die ihn besonders beschäftigen. Nehmen wir zum Beispiel die *Summa technologiae*: Was ist das denn für eine »Summa«? Wir erfahren aus ihr nicht, wie verschiedene technische Gadgets der Zukunft aussehen werden, wie wir reisen, wohnen, essen und uns kleiden werden. Das einzige, was von dem Buch übrig bleibt, ist ein Anschlag des Menschen auf göttliche Vorrechte: Die Vision einer Welt, in der es möglich wird, eine maschinelle Vernunft zu schaffen, die der des Menschen überlegen ist; einer Umgestaltung der Umwelt von gigantischem, vielleicht sogar kosmischem Ausmaß; das Einhüllen des Menschen in eine Hülle von Empfindungen, die ihm auf Bestellung geliefert werden, und sogar in eine vorfabrizierte Transzendenz (so etwas wie eine durch die Technologie bewirkte lokale Verwirklichung des subjektiven Idealismus Berkeleys). Kühn entsagt die Vernunft in der *Summa* ihres physischen Sitzes, kritisiert die Resultate der biologischen Evolution, träumt zaghaft von einem Umzug in einen zweckmäßig projektierten, neuen, besseren »Körper«, mehr noch, von der Aufhebung der Grenzen zwischen einem natürlichen Phänomen und dem, was der Mensch oder seine Erben künstlich geschaffen haben.

Die Ratio Lems folgt also einer recht konsequenten Laufbahn: Von den kindlichen Experimenten bis zu der heutigen Stellung eines Weisen, eines Doktors der Allwissenschaften und Propheten. Aber wozu braucht er dann noch die Literatur? Es fällt schwer, darauf sogleich eine Antwort zu finden, denn es scheint, als genüge Lem die Form des Essays als Medium der Vermittlung seiner inneren Wahrheit. Der Autor liebt es, literarischen Konventionen untreu zu werden, und in diesem Sinne schrieb Małgorzata Szpakowska schon 1971 von seiner »Flucht« aus dem Bereich der Belletristik.[1] Aber eine endgültige Flucht, ohne Möglichkeit zur Rückkehr, ist nie eingetreten. Mehr noch, eine gewisse Haltung eines naiven, emotional reagierenden Beobachters der Wirklichkeit ist bei Lem nie verwischt worden, ganz im Gegenteil: Während die »reine Vernunft« bei ihm sichtlich ihre Macht und ihren Gesichtskreis ausweitet, verändern sich die Charaktere, welche die partikulare, menschliche Perpektive repräsentieren, nur unbedeutend, und der Pilot Smith, der in den *Astronauten* die Rolle eines Adepten spielt, unterscheidet sich in seinem Wesen nicht sonderlich von seinem jüngeren Kollegen Marek Tempe aus dem *Fiasko*, der ebenfalls Pilot ist.

Das ist nicht verwunderlich, denn die »reine Vernunft« entwickelt sich bei Lem ohne natürliche Sicherungen und Begrenzungen. Was erdacht werden *kann*, das *wird* auch erdacht, selbst wenn es instinktiven Widerstand oder gar Abscheu in uns weckt. So wird auch das, was konstruiert werden kann, früher oder später auf der Welt auftauchen. Es ist daher nicht möglich, die Evolution von Vernunft und Technik vernünftig zu planen und ihnen kulturell begründete Grenzen zu ziehen; ihre Entwicklung verläuft ähnlich wie die natürliche Evolution mit ihrer Planlosigkeit, der Rolle des Zufalls, der genetischen Drift usw.

Paradoxerweise geht es bei Lem, je näher man der Natur kommt, um so schrecklicher und unmenschlicher zu. Um sich auf einer annehmbaren Grundlage mit der Welt zu einigen, muß man von der Kultur Gebrauch machen, die ihrem Wesen nach über den bloßen Rationalismus und Pragmatismus hinausgeht. Sie schafft Normsysteme, deren Einhaltung dem Menschen scheinbar praktisch nichts bringt, doch erweist sie sich auf längere Sicht als unerläßlich für das Funktionieren der Invidiuen und Gesellschaften. Es ist bezeichnend, daß Lem als kühler Pragmatiker und Rationalist die kulturellen Normen mit unwandelbarer Aufmerksamkeit bedenkt, zugleich aber ihren willkürlichen, uneigennützigen Charakter unterstreicht. Hinter den Bestrebungen, die er sein Leben lang verfolgt hat, stehen zwei Kräfte, deren Vektoren in unterschiedliche Richtungen weisen: Er wünscht eine unbegrenzte Erkenntnis und Allmacht, aber ebenso stark sehnt er sich nach einem menschlich, subjektiv verstandenen Glück, wehrt er sich gegen das Leiden, versagt er dem Leiden anderer Menschen seine Zustimmung. Die Errungenschaften im erstgenannten Berich sind objektiv und meßbar, die im letzteren entziehen sich exakten Kategorien, lassen sich von unterschiedlichen, partikularen Standpunkten aus emotional bewerten. Mehr noch: Indem wir Ziele der ersteren Art anstreben, können wir solche der letzteren Art versäumen – und umgekehrt.

Nun läßt sich schon leichter die Frage beantworten, wozu Lem die Literatur braucht. Er kann mit ihrer Hilfe beide Perspektiven retten: Er kann aus dem Drama der Erkenntnis ein Schauspiel machen, dessen Akteure starke Emotionen – Schmerz, Trauer, Freude, Ekel – empfinden, und die neuerworbenen Erkenntnisse und Fähigkeiten der Menschen werden nach dem Maße dieser Reaktionen bewertet. Lem stellt den Erkenntnisprozeß als ein Geflecht von Zufällen, gegenläufigen Bestrebungen, Denk- und Handlungsstilen dar. Die Beherrschung und Einrichtung der Welt wird zu einer endlosen Folge von Wahlsituationen, zur Domäne des Kampfes zwischen widersprüchlichen Neigungen, die in der Natur des Menschen stecken.

Lem schreibt seine Bücher in einer Epoche, in der sich Wissenschaft und Technik mit einem in der Geschichte beispiellosen Tempo entwickeln, und zugleich in einer Zeit, in der man in einem bislang beispiellosen Umfang versucht hat, den Menschen und die Gesellschaft umzugestalten, die Welt im Sinne abstrakter Doktrinen zu ordnen, ja sogar die Individuen und Gemeinschaften zu beglücken, ohne sie nach ihrer Meinung zu fragen. Der Hitlerismus und der Stalinismus, diese beiden verbrecherischen Systeme, haben in nicht geringerem Maße als die Faszination der Wissenschaft die Persönlichkeit des Schriftstellers beeinflußt. Seine intellektuelle Entwicklung verläuft denn auch seit den Anfängen auf zwei Gleisen: Einerseits erweitert er auf eine gleichsam natürliche und kumulative Weise sein Wissen über die Welt, andererseits benutzt er die Wissenschaft, um sich von Ängsten, Zweifeln und Leiden zu befreien, die ihm das Leben einträgt. In die eine Richtung lockt ihn eine unersättliche Lust an der Erkenntnis und der Beherrschung der Materie, in die andere eine moralische Passion, die sich dem Leid und dem Bösen widersetzt, besonders dort, wo diese sich hinter der Idee von Vernunft und Ordnung verstecken. Deshalb ist die Ethik nicht bloß eine von vielen Disziplinen im Lemschen Reich der Vernunft. Ihr kommt eine besondere, im Grunde der reinen Erkenntnis gleichrangige Stellung zu.

Stellt man die Entwicklung des Lemschen Denkens als eine Folge von Reaktionen des moralischen Empfindens dar, so ist sie nicht mehr eine bloße Geschichte von intellektuellen Eroberungen, denn aus dieser Sicht wird schon der »Invasionscharakter« dieser Eroberungen verdächtig. Der Anfang dieser Entwicklung liegt etwa dort, wo Hogarth (in der *Stimme des Herrn*) sie in seinen Erinnerungen ansiedelte, nämlich in der ursprünglichen Erfahrung der Unvollkommenheit der Welt und der menschlichen Natur. War das im Falle Lems vielleicht der Krieg, die Besatzung und der Zerfall der anheimelnden Realität des Elternhauses und der Heimatstadt? Vieles deutet darauf hin. Die Maßlosigkeit des sinnlosen Leidens ist eine Herausforderung für die Vernunft, die zu dem in der Kindheit eingeflößten Glauben an die »beste aller Welten« und eine über ihr wachende Vorsehung neigt. Die Vernunft kann darauf mit dem Streben nach Weltverbesserung, nach einer neuen Einrichtung der Welt reagieren – und genau auf ein solches, im riesigen Maßstab realisiertes Denken stieß Lem bei seinen Erfahrungen mit dem Totalitarismus. Dessen mörderische, hitleristische Version ablehnend, versuchte er zunächst – notwendigerweise – mit dem Kommunismus übereinzukommen, und seine ersten Romane (*Die Astronauten, Gast im Weltraum*) beweisen, daß er zumindest anfangs glaubte, der Fortschritt von Wissen und Technologie müsse mit dem allgemeinen Glück Hand in Hand gehen. In späteren Werken treten diese Elemente auseinander, und Versuche, sie erneut miteinander zu versöhnen, werden wohl zu dem wichtigsten der Probleme, die Lem in seinen Werken untersucht, einem Problem übrigens, das keine »endgültige Lösung« besitzt, das sich in jeder neuen gesellschaftlichen und technologischen Situation immer wieder neu stellt.

Man kann die bei Lem auftretenden ethischen Fragen in einige größere Klassen einteilen. Auf der untersten Abstraktionsstufe geht es um die praktischen Dilemmata, auf die der Mensch stößt, wenn er unter Bedingungen, die durch den technologischen Fortschritt ständig verändert werden, neben anderen Menschen handelt. Eine etwas komplizierte Spielart davon ist die Beziehung zwischen den Menschen und fremden Wesen aus dem Kosmos. Die Ethik muß in solchen Fällen auf die Frage »Was ist erlaubt?« tausendfältige Antworten finden, ohne daß sie sich auf einen bestehenden Dekalog stützen könnte, der die real auftretenden Situationen vorhersieht. Zu diesen Fragen gehören beispielsweise folgende: Ist es erlaubt, dem vom Körper gelösten menschlichen Geist Unsterblichkeit zu verleihen? (*Aus den Erinnerungen Ijon Tichys – II*); ist es erlaubt, Forschungen durchzuführen, deren Ergebnis die Vernichtung des Lebens auf der Erde sein kann? (*Die Stimme des Herrn*); ist es erlaubt, sich auf einen Kampf mit einer vernunftlosen, allerdings mächtigen Wolke von Mikroautomaten einzulassen? (*Der Unbesiegbare*); ist es schließlich erlaubt, die Hälfte der Kontinente auf einem fremden Planeten zu vernichten, um sich an seinen Bewohnern dafür zu rächen, daß sie den Menschen hartnäckig den Kontakt verweigern? (*Fiasko*) Von den Problemen der oben angedeuteten Art ist es nicht mehr weit zu jenen, vor denen die »Verbesserer« der Gesellschaft stehen. Hierzu äußert Lem sich nicht mit letzter Eindeutigkeit, denn eigentlich ist die Verbesserung eine Pflicht, und der gesellschaftliche Glückszustand muß das Ziel des umsichtigen Handelns des Gelehrten und Praktikers sein, doch andererseits wimmelt es geradezu in dem ganzen Werk Lems von Beispielen dafür, daß eine solche Verbesserungsleidenschaft den Gesellschaften nur einen düsteren Alptraum bescheren kann. Die Ethik des *Verbesserers* beruht im Grunde auf wenigen fundamentalen Prinzipien: Bei der Verbesserung dürfen die bestehenden gesellschaftlichen Strukturen nicht zerstört werden, die Identität der Kultur und ihre Wertsysteme müssen geschont werden, und man muß sich davor hüten, plumpe Heilsrezepte verwirklichen zu wollen, die sich auf ein einziges Prinzip oder einen einzigen Parameter stützen. Vor einer sehr viel größeren Verantwortung steht der Konstrukteur, der selbst eine Gesellschaft erschafft (zum Beispiel in »Non serviam«, »Auf der Suche nach dem Glück«, der »Siebten Reise« in der *Kyberiade*). Er ist bereits für die Entstehung der Gesellschaft verantwortlich und damit indirekt für den ganzen Daseinsschmerz, der die von ihm erschaffenen Wesen bedrückt.

Und hier kommen wir zu dem für Lem entscheidenden Bereich der ethischen Problematik. Der seine Arbeit verpfuschende Schöpfer künstlicher Welten ist schließlich kein anderer als der Herrgott in Miniatur, ein Demiurg, der sich von seiner isolierten ontologischen Ebene aus an das Werk der Schöpfung macht. Wenn wir uns auf das Wesen der Beziehung zwischen dem Schöpfer und seinen Kreaturen gründlicher einlassen, erkennen wir die Natur des Bandes, das uns selbst mit dem Schöpfergott der irdischen Religionen verknüft. Wir geraten hier in ein ganzes Gestrüpp von Problemen, deren erstes die Frage nach der Natur des Seins ist. Lem verwirft die Ansicht, daß es perfektionierbar sei, ebenso wie die Idee einer vollkommenen Ordnung als Grundlage des Kosmos. Die Leiden der lebenden Wesen, die gigantischen Katastrophen und die Hekatomben von Existenzen möchte er einfach als einen Fehler, einen Defekt des Seins bezeichnen – und nicht als Element eines durchdachten Plans des Weltalls. Zugleich lehnt er den Glauben an Gott als ein allmächtiges und von größer Güte erfülltes Wesen ab. Weil er das Problem der Theodizee gründlich durchdacht hat, lehnt Lem eine solche Konzeption Gottes als logisch widersprüchlich und obendrein unmoralisch ab. Das bedeutet nicht, daß er die Existenz irgendeines Schöpfers unseres Kosmos absolut negiert. Falls es einen solchen gäbe und er von einer meta-physischen Ebene aus die Welt schüfe, müßte er jedoch ebenfalls den Beschränkungen *seiner* Physik und *seiner* Konstrukteursfähigkeit unterliegen. Einen solchen Demiurgen erdenken sich die Personoiden in »Non serviam«, doch versagen sie ihm den Anspruch auf ihre Liebe und Dankbarkeit, und Professor Dobb, ihr tatsächlicher Schöpfer, erkennt zu seiner nicht geringen Verlegenheit in diesem Bild sich selbst. Die Konzeption des »verkrüppelten Gottes« kehrt bei Lem mehrfach wieder, ebenso wie Ausführungen über die Unvollkommenheit des Weltalls.

Den Begriff des »Fehlers« im Bau des Kosmos können wir nur *cum grano salis* verwenden. Die Welt basiert, wie Professor Donda sagt, »auf dem Fehler, denn der Fehler prägt sich als Fehler aus, verkehrt sich in Fehler, arbeitet mit Fehlern, bis das Losen sich in das Los der Welt verwandelt«.[2] Um sich mit der Unvollkommenheit des Seins innerlich auszusöhnen, muß man dem »Fehler« erstens seinen dämonischen, intentionalen Charakter nehmen und zweitens in der Ordnung des Weltalls einen Platz für ihn finden, die *Notwendigkeit* des Fehlers und die daraus fließenden Vorteile erkennen. Deshalb vertritt Lem ein indeterministisches Modell des Universums, deshalb betont er ständig, daß eine vollkommene Welt, mechanistisch zu Ende gedacht, sich überhaupt nicht entwickeln kann. Dieser Indeterminismus ist auf allen Stufen der Organisation des Kosmos wirksam: Von der Welt der subatomaren Teilchen über die Genetik, die Entwicklung der Arten, die menschliche Geschichte und die Kulturgeschichte, die Theorie der Literatur und der

Kunst bis hin zur Kosmologie. Er findet seinen mathematischen Reflex in der Wahrscheinlichkeitstheorie, der Spieltheorie usw. Jetzt sehen wir schon, wie die innere ethische Ablehnung des aus der Unvollkommenheit des Seins herrührenden Leidens Folgen im gesamten Bereich der scheinbar »reinen« Wissenschaften nach sich zieht, so als verschlinge die Welle, die sich von diesem schmerzlichen Punkt ausbreitet, das gesamte Weltall. Die Beschreibung eines solchen Prozesses finden wir im Anfangsteil der *Stimme des Herrn*.

Nachdem wir das Prinzip, welches das Universum beherrscht, ergründet haben, betrachten wir mit um so größerer Unruhe uns selbst, denn nun wissen wir gar nichts mehr: Was ist denn nun für unseren inneren Aufbau verantwortlich – ein Demiurg, der genetische Plan oder der reine Zufall? Wie weit sind wir für unsere Taten verantwortlich, wenn wir nicht wissen, ob unser »Ich« oder möglicherweise ein tief verankertes Handlungsprogramm in uns bestimmt? Antworten auf diese Fragen finden wir bei Lem nicht, obwohl das Problem als solches von ihm angeschnitten und mit großer Meisterschaft in eine phantastische Fabel eingebaut wurde.

Die Ethik bei Lem bietet, wie man sieht, keine Lösungen oder griffigen Formeln, sie ist eher die beständige Sorge des Gelehrten oder des Konstrukteurs, sie ist jenes menschliche Element, das verhindert, daß er in der Abstraktion der reinen Modellbildung versinkt. Es ist ja nicht so, daß es irgendwelche *objektiven* und ewigen Moralgesetze gibt, es stimmt aber auch nicht, daß es sie überhaupt nicht gibt oder daß sie nur eine Illusion sind. Man kann sie weder für ungültig erklären, noch kann man sie durch einen souveränen Akt auf Anhieb schaffen. Die Ethik scheint vor allem ein Instrument zur Herstellung von Kontinuität zu sein, ein Bindemittel der gesellschaftlichen Welt. Wenn wir die Transzendenz, die Prädestination, den göttlichen Seinsplan und die uns vom Himmel geschenkten Regeln ablehnen, bleibt uns nur die Ethik – sie allein garantiert den Sinn des Daseins und die Semantik der Kultur. Deshalb schreibt Lem ihr eine so gewaltige Bedeutung zu.

Nun möchte ich näher auf die Prämissen eingehen, die für die Gestaltung des vorliegenden Bandes maßgebend waren. Ein gewisses Vorbild waren die Bände, in denen Lems Erzählungen erstmals ins Polen erschienen und die unterschiedliche Stile in sich vereinen. Er schreibt nämlich parallel und gleichzeitig an all seinen Zyklen – deshalb entstehen daraus zunächst Bücher, die eine eigentümliche Kakophonie bilden, in denen sich Ernst mit Komik und die Welt der futurologischen Prognose mit einem märchenhaften Universum mischt, Bücher, in denen Ijon Tichy seine Abenteuer neben Prix, Trurl und Klapauzius erlebt. Das war das Bild, das die Bände *Sezam*, *Invasion vom Aldebaran*, *Schlaflosigkeit* und *Die Maske* boten. Erst später wurden die einzelnen Erzählungen als Zyklen unter einem eigenen Buchdeckel zusammengefaßt. Hier haben wir nun wieder ein »Durcheinander«, das aber absichtlich hergestellt wurde. *Technologie und Ethik* soll einen Überblick über die Vielzahl der Sprachen und Stile bieten, in denen Lem spricht, und zugleich mit dem Problem der Ethik eine klare thematische Orientierung einhalten. Dennoch beleuchtet jeder der von Lem benutzten Stile des Diskurses dieses Problem in anderer Weise, zeigt jeder eine ganz spezifische Perspektive und eine eigentümliche Weltsicht.

Für Lem, den Essayisten der »Ethik der Technologie und Technologie der Ethik«, sind die ethischen Probleme Gegenstand einer leidenschaftslosen Betrachtung und Beschreibung; der Autor faßt das axiologische Rückgrat der Kultur als ein System der Anpassung der Individuen an die Gesellschaft und der Gesellschaften an die Natur auf. Ein solches System ist ohne Zweifel lebensnotwendig, mag es auch die unterschiedlichsten und bisweilen zufällig angenommenen Formen aufweisen. Somit bleibt die Ethik in Lems Essay radikal entsakralisiert, wird zum Gebiet von ingenieurtechnischen Praktiken und Unternehmungen, wobei der Autor allerdings von vornherein erklärt, daß Verbesserungsvorhaben äußerst schwierig sein werden. Nachdem wir aus der theoretischen Darlegung erfahren haben, was die Ethik ist und in welchem Maße man sie beeinflussen kann, werden wir mit einer Sammlung literarischer Texte konfontiert, in denen die Theorie an Einzelbeispielen praktisch ausgeführt wird. Man wird unschwer bemerken, daß bei dieser Zusammenstellung alle wichtigeren Zyklen des Lemschen Werkes mit Ausnahme von Pirx benutzt wurden. Wir finden hier also eine fiktive Rezension (»Non serviam«), eine Erzählung aus dem Zyklus der *Sterntagebücher*, einen Auszug aus einem umfangreicheren Buch über die Abenteuer Ijon Tichys (*Lokaltermin*), eines der Robotermärchen, ein Fragment aus der *Kyberiade* und schließlich ein Werk, das keinem Zyklus zuzurechnen ist, *Die Maske*.

Alle diese Texte – und das verbindet sie – beschreiben in unterschiedlicher Version den Zusammenstoß von Denken und Fühlen mit dem mechanischen Handeln. Paradoxen Charakter nimmt dieser Zusammenhang im »Märchen vom König Murdas« an, in dem der Monarch des Roboterstaates durch seine Habsucht, seine Gier nach unbegrenzter Macht und seine Angst vor einem Aufstand der Untertanen dazu getrieben wird, sämtliche Gebäude der Hauptstadt zu verschlingen, sich ungehemmt zu erweitern – und dabei seine ganze Familie zu vernichten. Murdas wird also von düsteren Leidenschaften getrieben, doch spielt sich sein Drama im Bereich der Mechanismen ab, und ihren Eigentümlichkeiten muß man es zuschreiben, daß das über alle Maßen erweiterte königliche »Ich« am Ende in eng untereinander zerstrittene Träume zerfällt. Das *Märchen vom König Murdas* besitzt eine moralistische Interpretation

(Grausamkeit und Machtgier zahlen sich nicht aus), eine technologische (bei einer allzu großen Maschine drohen die Funktionen auseinanderzufallen) und eine psychologische (es ist ja schließlich eine Studie über die Paranoia), und das Ganze wird durch die literarische Stilisierung zu einer Geschichte über die Gespenster, die einen Mörder heimsuchen.

Im »Märchen vom König Murdas« gehen Technologie und Ethik noch Hand in Hand – jedenfalls in dem Maße, wie sich die Moral des Märchens in Begriffen der Kybernetik darlegen läßt. In der *Maske* ist die Situation schon erheblich komplizierter: Die »Tötungsmaschine«, die gebaut wurde, um den Gegner des Herschers zu vernichten, wird von einem künstlichen Gehirn gesteuert, das in seiner Komplexität schon nicht mehr von einem menschlichen zu unterscheiden ist. Deshalb stellt die Maschine sich metaphysische Fragen, versucht ihre Psyche zu ergründen, um die mechanische Determination von den rebellischen Empfindungen zu trennen, die spontan in ihr entstehen und dem zuvor eingegebenen Programm zuwiderlaufen. Der Maschine wiederfährt etwas, was zuvor schon Murdas erfahren hat, nämlich die innere Spaltung aufgrund einer allzu weit getriebenen Komplikation. Doch während Murdas gegen sich selbst rebellierte, rebelliert die Heldin der »Maske« im Namen des eigenen »Ichs«. Anscheinend ist die Auflehnung gegen die Determination durch das konstruktive und funktionale Programm das höchste Merkmal des Wirkens von Systemen hochgradiger Komplexität. Es ist im Grunde eine Auflehnung gegen den eigenen Schöpfer, eine Gehorsamsverweigerung auch gegenüber dem vorgegebenen Programm der Freundlichkeit. In diesen Geschichten über die maschinelle Vernunft handelt Lem immer wieder aufs Neue das Drama seiner Nichtübereinstimmung mit dem christlichen Modell des Verhältnisses von Gott und Mensch ab. Nichts anderes ist es, was die »Personoiden« des Professors Dobb in »Non serviam« dem Gelehrten zu sagen haben, der ihren Diskussionen lauscht.

Der Aufstand der Geschöpfe gegen den Schöpfer erschüttert zumindest eines, aber ein entscheidendes Attribut Gottes: die Allmacht. Gerade die Allmacht schildert der Schriftsteller in der Regel als eine vollkommen unnötige Macht. Die MASTEN in *Altruizin* und die Bewohner Dichthoniens in der *Einundzwanzigsten Reise* sind imstande, als Ingenieure »alles« zu machen, doch vermittelt ihnen das nicht einmal einen Hauch von Befriedigung. Und das ist nicht verwunderlich: Die ganze menschliche Kultur wurde darauf programmiert, Wesen zu dienen, die nach etwas streben – nach Wissen, Macht, Glück –, und sie zerfällt auf der Stelle, wenn das letzte Ziel erreicht wird. Das einzige, was wir Lem vorwerfen können, ist, daß er sich von der »Allmacht« eine recht dürftige Vorstellung gemacht hat – er versteht darunter größte ingenieurmäßige Effizienz und sonst nichts. Doch ungeachtet dessen begreift man leicht, daß das Eintreten dieses extremen Zustandes einen Kollaps der Ethik bedeuten würde.

In der *Einundzwanzigsten Reise* erreichen ein inneres und soziales Gleichgewicht allein die von der Vollkommenheit weit entfernten Mönchs-Roboter, die bereit sind zu einer bewußten Selbstbeschränkung – und zum Glauben an Gott, der insofern ein »reiner« Glaube ist, als er für sich keinerlei Genugtuung oder Belohnung anstrebt. Gott, aus Lems Welt herausgeworfen, weil er das moralische Gefühl des Schriftstellers verletzte, kehrt also unverhofft dorthin zurück, nun aber nicht mehr als Herrscher und Aufseher des Kosmos, sondern als ein archimedischer Punkt außerhalb des uns zugänglichen Universums, als ein Bezugssystem, das dem Leben und Handeln der Individuen und Gesellschaften einen höheren, nicht pragmatischen Sinn verleiht.

Hier liegt die grundlegende Schwierigkeit, vor der Lem bei

seiner soziologischen Modellbildung steht. Seine Gesellschafen haben keine transzendenten Ziele vor sich, und falls solche existieren, kann der Schriftsteller als konsequenter Atheist und Rationalist ihnen kein größeres Gewicht zuerkennen: Sie erfüllen allenfalls eine im übrigen begrenzte therapeutische Rolle. Die evoluierenden Wesen leben sich bei Lem daher in instrumentellen Handlungen aus: Sie unterwerfen sich die Realität, sie stellen immer mehr materielle Güter und immer ausgesuchtere Vergnügungen bereit. Vollkommen zu Recht vermutet der Autor, daß solche Erfolge auf längere Sicht kein Glück gewähren können, ganz im Gegenteil: Sie führen leicht zu Entartungen sowohl der einzelnen Individuen als auch der sozialen Strukturen und Organisationen. Deshalb ist es auch, wie ich glaube, so schwer, den Modell-Gesellschaften bei Lem zu helfen. Außer all den grotesk-komischen Katastrophen der wohltätigen Melioratoren, unter denen im vorliegenden Bande der unglückliche Bonhomius in *Altruizin* zu finden ist, gibt es bei Lem wohl nur einen einzigen Versuch, sich ernsthaft mit dem Problem auseinanderzusetzen. Das ist der *Lokaltermin* mit der darin enthaltenen Beschreibung der Funktionsweise der Ethikosphäre.

Die Ethikosphäre ist das Endprodukt einer bestimmten Art des Denkens über die Gesellschaft, das Projekt einer solchen gesellschaftlichen Verfassung, in der die Technologie endlich zeigen kann, daß es außerhalb ihrer kein gesellschaftliches Heil gibt. Die bisherigen Projekte allmächtiger Wesen haben ja mit Schweigen die Tatsache übergangen, daß diese Individuen, falls sie von ihren Möglichkeiten tatsächlich Gebrauch machen wollten, rasch in einen ungeheuren Konflikt geraten müßten. Die MASTEN realisieren im Grunde die einzig mögliche Variante ihrer Existenz, indem sie in ihrem problematischen Paradies nichts tun. Um ihren Schutzbefohlenen das Gefühl der Freiheit zu geben und ihnen gleichzeitig nicht das Recht zum Handeln

zu nehmen, hüllt die Ethikosphäre die gesamte Zivilisation mit einer schützenden Glocke ein, unter der die Naturgesetze gleichsam um ein weiteres ergänzt wurden: »Niemand darf physisches Leid erfahren«. Die Ethikosphäre ist also eine im Grunde defensive Instanz, was jedoch nicht ausschließt, daß sie bei Gelegenheit auch gewisse positive, nicht immer erwünschte Effekte erzielt.
Die ausgewählten drei Fragmente aus *Lokaltermin* zeigen die Ethikosphäre gewissermaßen in drei unterschiedlichen Fassungen: einer praktisch-technischen – als ein in seinen Ausmaßen gigantisches Gadget, das etliche ungewöhnliche Vorteile und Erleichterungen bietet, einer existentiellen – als eine tief in die menschliche Natur eingreifende und sie bedrohende Einrichtung, und einer philosophischen – als eine Idee, die die dem Leben nicht wohl gesonnene Natur der Welt grundlegend verändert. Zugleich weicht der programmatische Enthusiasmus des die Einrichtung vorführenden Technokraten der Skepsis, ja sogar einem gewissen Grauen. In *Ethik der Technologie* . . . spricht Lem von etwas, das wahrscheinlich der Keim des Einfalls mit der Ethikosphäre war, allerdings mit deutlicher Reserve.
Damit haben wir Lems Reflexion über Fragen ethischer Natur zu einem gewissen Abschluß gebracht. Ich befürchte, daß bei einem technologischen Herangehen an Probleme der Ethik und der sozialen Gesundheit nichts Besseres als die Ethikosphäre zu erwarten ist. Über andere Auffassungen möchte der Autor nicht urteilen (»Über Ethik habe ich nie etwas gelesen, und ich bin in höchstem Maße unwissend«, hat er in einem Interview erklärt[3]). Die Technologie kann also versuchen, der Gesellschaft bei der Lösung existentieller Probleme zu helfen, doch ist sie weit davon entfernt, ein Allheilmittel zu sein. Und die Ethik? Sie steht immer daneben oder darüber, entzieht sich einfachen Klassifikationen und technologischen Konzeptionen, taucht als Problem dann auf, wenn der Mensch spricht –

mit sich selbst, mit anderen Menschen, mit fremden Wesen, mit der Welt, mit dem hypothetischen Schöpfer. Sie ist also nur in begrenztem Maße eine Frage des rationalen Diskurses, mehr noch, der Emotionen und subjektiven Empfindungen – und damit der Literatur. Für Lem wäre eine nur durch den vernünftigen Willen zur Ordnung geordnete Welt ein Greuel, aber andererseits kann nur eine von Vorurteilen freie Ratio mit Aussicht auf Erfolg die Realität verbessern. Technologie und Ethik, häufig in Konflikt miteinander und sich gegenseitig kompromittierend, bilden also ein eng verflochtenes Paar, einen Katalysator für kognitive Regungen und schöpferische Passion. Und genau so wollte ich sie im vorliegenden Band sichtbar machen.

Übersetzt von Friedrich Griese

ANMERKUNGEN

1 M. Szpakowska, »Die Flucht Stanisław Lems«, *Polnische Perspektiven,* Nr. 11, November 1971, S. 23-32; wiederabgedruckt in: Eike Barmeyer (Hrsg.), *Science Fiction*, Fink Verlag, München 1972, S. 293-303.

2 S. Lem, »Professor A. Donda. Aus den Erinnerungen Ijon Tichys«, in: *Die Ratte im Labyrinth,* Suhrkamp Verlag Frankfurt am Main 1982, S. 268f.

3 Z. Taranienko, »O biosferyczny parlament swiata. Rozmowa ze Stanisławem Lemem«, *Argumenty* 1970, Nr. 38.

ANHANG

BIBLIOGRAPHISCHE NOTIZ

Das umfangreiche Werk von Stanisław Lem wurde an mehreren Stellen bibliographisch erfaßt. Die bibliographischen Verzeichnisse sind detailliert und leicht zugänglich, wodurch sich die Wiederhohlung an dieser Stelle erübrigt:

Franz Rottensteiner und Klaus Staemmler: *Stanisław-Lem-Bibliographie. Stand: 1. 5. 1981*. In: Über Stanisław Lem. Herausgegeben von Werner Berthel. Phantastische Bibliothek Band 36. Suhrkamp Verlag Frankfurt am Main 1981, S. 222 bis 243.

Krysztof A. Kuczyński: *Polnische Literatur in Deutscher Übersetzung. Von den Anfängen bis 1985. Eine Bibliographie*. Darmstadt: Deutsches Polen-Institut 1987, S. 101-110.

Wolfgang Thadewald: *Stanisław Lem – Bibliographie für den deutschen Sprachraum. Stand 1. 10. 1985*. In: Stanisław Lem: An den Grenzen der Science Fiction und darüber hinaus. Herausgegeben von Florian F. Marzin. Edition Futurum Band 8. Meitingen: Corian-Verlag Wimmer 1985, S. 179-322.

Joachim Körber/Uli Kohnle/Wolfgang Thadewald: *Stanisław Lem. Bibliographie*. In: Bibliographisches Lexikon der utopischen Literatur. Herausgegeben von Joachim Körber. 16. Ergänzungslieferung: Dezember 1988. Meitingen: Corian-Verlag Wimmer 1988. (80 S.)

QUELLENNACHWEIS

Arthur Dobb, »Non serviam«
Übersetzt von Klaus Staemmler. Aus: Die vollkommene Leere. Insel Verlag Frankfurt am Main 1973, S. 188-221. Alle Rechte der deutschen Übersetzung Insel Verlag Frankfurt am Main 1973. Copyright © 1971 by Stanisław Lem.

Einundzwanzigste Reise
Übersetzt von Caesar Rymarowicz. Aus: Sterntagebücher. Suhrkamp Verlag Frankfurt am Main 1978, S. 212-274. © Stanisław Lem 1971. Nutzung der deutschen Übersetzung mit freundlicher Genehmigung des Verlags Volk und Welt, Berlin, DDR. Alle Rechte für die Bundesrepublik Deutschland, West-Berlin, Österreich und die Schweiz vorbehalten durch Insel Verlag Frankfurt am Main 1973.

Lokaltermin (Der Erste Inhibitor; Ein Ektoge; Die Doktrin der Drei Welten)
Übersetzt von Hubert Schumann. Aus: Lokaltermin. Insel Verlag Frankfurt am Main 1985, S. 252-333. Alle Rechte für die Bundesrepublik Deutschland, West-Berlin, Österreich und die Schweiz beim Insel Verlag Frankfurt am Main. © der deutschsprachigen Ausgabe Verlag Volk und Welt, Berlin/DDR 1985.

Das Märchen von König Murdas
Übersetzt von I. Zimmermann-Göllheim. Aus: Robotermärchen. Suhrkamp Verlag Frankfurt am Main 1973, S. 124-135. © Stanisław Lem 1964/65. © der deutschen Ausgabe Suhrkamp Verlag Frankfurt am Main 1973.

Altruizin oder Der wahre Bericht darüber, wie der Eremit Bonhomius das universelle Glück im Kosmos schaffen wollte, und was dabei herauskam
Übersetzt von Jens Reuter. Aus: Kyberiade. Fabeln zum kybernetischen Zeitalter. Insel Verlag Frankfurt am Main 1983, S. 267-298. © Stanisław Lem 1968. © der deutschsprachigen Übersetzung Insel Verlag Frankfurt am Main 1983.

Die Maske
Übersetzt von Klaus Staemmler. Aus: Die Maske. Herr F. Suhrkamp Verlag Frankfurt am Main 1978, S. 5-85. © für »Die Maske« by Stanisław Lem 1974. © der deutschsprachigen Ausgabe Insel Verlag Frankfurt am Main 1977.
Die Ethik der Technologie und die Technologie der Ethik
Durchgesehener Text eines Referats, das für eine Konferenz über moralische Probleme der Wissenschaft vorbereitet wurde. Die Konferenz veranstaltete der Arbeitkreis für philosophische Fragen der Naturwissenschaften am Institut für Philosophie und Soziologie der Polnischen Akademie der Wissenschaften in Warschau, 24.-25. November 1966. Der Text erschien zuerst in »Studia Filozoficzne«, Nr. 3, 1967.
Titel des Originaltextes: Etyka technologii i technologia etyki. Übersetzt von Friedrich Griese aus: S. Lem, Dialogi. Kraków: Wydawnictwo Literackie 1972 (2. Aufl.), S. 303-356. Mit freundlicher Genehmigung des Autors für diese Ausgabe.

POLNISCHE BIBLIOTHEK
SUHRKAMP

DIE DICHTER POLENS
Hundert Autoren vom Mittelalter bis heute

DAS JUNGE POLEN
Literatur der Jahrhundertwende

J. C. F. SCHULZ
Reise nach Warschau

LEON KRUCZKOWSKI
Rebell und Bauer

CZESŁAW MIŁOSZ
Gedichte

TADEUSZ RÓŻEWICZ
Gedichte. Stücke

DER MONARCH UND DER DICHTER
Polnische Märchen und Legenden

JAN SOBIESKI
Briefe an die Königin

STEFAN ŻEROMSKI
Vorfrühling

HOFFNUNG DER BESIEGTEN
Erzählungen des polnischen Realismus

JANUSZ KORCZAK
Das Kind lieben

BEDENKE, BEVOR DU DENKST
Aphorismen, Sentenzen und Gedankensplitter

KAZIMIERZ BRANDYS
Warschauer Tagebuch

JERZY ANDRZEJEWSKI
Asche und Diamant

WACŁAW BERENT
Wintersaat

JAROSŁAW IWASZKIEWICZ
Die Fräulein von Wilko

STANISŁAW IGNACY WITKIEWICZ
Verrückte Lokomotive

JÓZEF WITTLIN
Die Geschichte vom geduldigen Infanteristen

WISŁAWA SZYMBORSKA
Hundert Freuden

HENRYK RZEWUSKI
Denkwürdigkeiten des Herrn Soplica

BRUNO SCHULZ
Die Mannequins

LESZEK KOŁAKOWSKI
Narr und Priester

ZBIGNIEW HERBERT
Das Land, nach dem ich mich sehne

KORNEL FILIPOWICZ
Der Kater im nassen Gras

POLNISCHES MITTELALTER
Ein literarisches Lesebuch

JAN JÓZEF SZCZEPAŃSKI
Japanische Blumen

POLEN IM EXIL
Eine Anthologie

TEODOR PARNICKI
Aetius, der letzte Römer

POLNISCHE AUFKLÄRUNG
Ein literarisches Lesebuch

WŁADYSŁAW ST. REYMONT
In der Opiumhöhle

MARIA DĄBROWSKA
Tagebücher

STANISŁAW LEM
Technologie und Ethik

JULIAN PRZYBOŚ
Poesie und Poetik

8,–